CRIS GUTERRES

CONVERSAS COM ELISAMA SANTOS

PAZ & TERRA

ARROMBANDO PORTAS

"Escrever o primeiro parágrafo de um livro é uma missão desafiadora. Provoca aperto no peito e frio na barriga, um frio que mistura borboletas de paixão e medo de estar fazendo merda." [1]

Elisama Santos começa um de seus livros com essa frase, e não poderia haver melhor forma de traduzir o que sinto ao escrever sobre ela. Como contar a história de uma mulher que fez da comunicação a sua grande ferramenta de transformação? Que teve coragem de questionar padrões enraizados, de desafiar estruturas, e que, por meio da escrita, abriu espaço para tantas outras mulheres?

Escrevo este texto depois de uma longa conversa com ela, em sua casa, onde tudo parecia se movimentar ao mesmo tempo. O som das vozes se misturava ao latido do cachorro, aos passos apressados dos filhos, ao ronronar dos gatos que se enroscavam pelos cantos. A casa estava cheia. A mãe, a irmã, uma amiga próxima, o marido, todos circulavam pelo espaço, trocando palavras e risadas, como se a casa não fosse apenas uma morada, mas um organismo vivo, pulsante. E, no centro, estava ela, vestida de amarelo, como um sol que ilumina sem pedir licença. A cor vibrava em sua pele, contrastando com o verde intenso da paisagem que se espalhava além da janela.

A casa, cercada pela natureza, parecia respirar junto com ela. A vista ampla e os ventos brancos que entravam pela varanda faziam daquele espaço um refúgio, um lugar de respiro, longe do ritmo frenético de São Paulo. "Eu vi e decidi que queria morar aqui", contou,

---

1. *Conversas corajosas*, p. 21.

como se fosse óbvio. E, de alguma forma, era. Essa escolha impulsiva, essa confiança no sentir, define muito do que ela é. Elisama é feita de certezas que vêm do peito, de passos dados sem olhar para trás. Ela se move guiada pela intuição, e, até quando hesita, já sabe a resposta.

Quando entrou em contato comigo me convidando para escrever este livreto para o box *Relacionamentos saudáveis*, aceitei sem pensar. Não ponderei se haveria tempo hábil, não me questionei sobre o tamanho do convite, apenas me apeguei à minha imensa admiração por sua obra. A resposta saiu automática, sem espaço para dúvidas: "Claro que sim!" Mas, segundos depois, veio o medo. Um medo concreto, daqueles que pesam no estômago. A responsabilidade de escrever sobre alguém como Elisama não é pequena. Como traduzir a potência dessa mulher sem diminuir sua história, sem deixar escapar os detalhes que fazem dela quem ela é?

Se existe uma palavra que a define, essa palavra, certamente, é *coragem*. E talvez seja exatamente por isso que eu me identifico tanto com ela. A coragem sempre foi um dos meus principais motores, a base de cada escolha, o impulso que me faz seguir em frente mesmo quando as incertezas gritam. Elisama também construiu sua trajetória nesse movimento, não na ausência de medo, mas na capacidade de enfrentá-lo.

Em todos os seus livros existem reflexões sobre a coragem. É possível compreender através da leitura de seus escritos que a coragem, muitas vezes, é um ato silencioso. Ter coragem não é não ter medo. Coragem é seguir adiante mesmo quando as pernas tremem, quando a voz falha, quando tudo dentro de nós diz que é mais seguro ficar onde estamos. Foi assim que Elisama se tornou a mulher que é hoje, seguindo adiante, mesmo quando tudo ao seu redor impedia que ela continuasse.

Ela sabe que o medo faz parte. E mais do que isso: entende que o medo não é o inimigo. Talvez seja por isso que, depois do susto inicial, eu tenha respirado fundo e me comprometido ainda mais com essa missão. Porque, se tem algo que aprendi ao longo da vida, e com Elisama, é que o medo só paralisa quem não o encara de frente.

Elisama encarou. Desde o começo.

Nossa autora nasceu em Feira de Santana, na Bahia, em um ambiente onde as regras eram claras e inquestionáveis. Sua casa era um espaço de disciplina e organização, regido por um pai policial e uma mãe evangélica que acreditavam na obediência como princípio fundamental para a criação dos filhos. "Eu sou uma mulher preta do interior da Bahia. Não tive ninguém abrindo porta para mim. Tem uma música da Duquesa que eu adoro ouvir quando estou na academia treinando: 'Mesma perna que corre/ É a mesma que arromba a porta.' Então, essa perninha aqui arrombou muita porta que ninguém abriu, entendeu?"

Se não havia espaço para ela, Elisama criou. Se não havia quem dissesse "vem", ela foi.

Desde cedo, desenvolveu uma relação intensa com o silêncio. Não o silêncio da paz, mas o silêncio da contenção. O silêncio de quem aprende que falar demais pode ser perigoso. O silêncio de quem entende, desde a infância, que perguntas podem ser vistas como afrontas e que discordar pode ser interpretado como desrespeito. Ela cresceu em um ambiente onde a obediência era regra, onde existia um jeito certo de ser criança, de ser menina, de existir. "Crescemos ouvindo que a nossa voz interna não sabe de nada. Que não podemos confiar nos nossos sentimentos e sensações. Que apenas a mamãe, o papai e os demais cuidadores sabem do que precisamos e o que queremos; afinal, 'criança não tem querer'."[2]

E, se criança não tem querer, também não tem voz.

Mas, mesmo nesse cenário de rigidez, Elisama nunca foi uma criança passiva. Sua mente inquieta não aceitava respostas prontas nem regras sem explicação. "Eu questionava muito, era sempre muito questionadora. Por que não posso falar? Por que não tenho querer? Por quê? Eu recebi muito tapa na boca, era vista como respondona, ousada. 'Essa baiana é ousada!' Depois que me tornei advogada, virei a doutora ousada, a doutora respondona, a doutora bocuda."

Ela não apenas percebia as incoerências à sua volta, mas as desafiava. Nesse cenário de rigidez, Elisama carregava uma inquietação interna. Ainda menina, já percebia que nem todas as regras faziam sentido e que havia algo desconfortável em aceitar verdades absolutas sem espaço para discussão. Sua mente afiada buscava compreender os porquês nunca explicados. Quase todas as vezes em que ousava questionar, encontrava o olhar duro de quem não estava disposto a dar respostas.

O ambiente evangélico no qual cresceu reforçou esse padrão de comportamento. A igreja era um lugar de fé, mas também de dogmas incontestáveis. A salvação exigia renúncia, as mulheres deviam se portar com docilidade e, acima de tudo, a dúvida não era

---

2. *Por que gritamos*, p. 24.

bem-vinda. O medo do erro, do pecado e da inadequação pairava sobre cada atitude.

Meninas, especialmente, aprendem rápido as regras do jogo: "Boas meninas não reclamam, não incomodam e fazem tudo o que precisa ser feito com um sorriso no rosto." E assim, Elisama aprendeu que, para ser aceita, deveria engolir as palavras que lhe queimavam a garganta, aceitar os limites que lhe eram impostos e não demonstrar qualquer desconforto. Essa construção social recaiu sobre ela durante toda a infância e adolescência, moldando sua relação com o próprio corpo, com a fala e com sua identidade.

O silêncio imposto nem sempre vinha de fora. Com o tempo, ele se internalizou. Quando menos se espera, já não é mais necessário que alguém nos diga para nos calarmos. Aprendemos a nos silenciar antes mesmo que as palavras consigam se formar.

Mas, para Elisama, esse silêncio – apertado demais para conter todas as perguntas e inquietações que fervilhavam dentro dela – nunca foi um destino. Ele foi um impulso. Se as palavras eram castigadas quando ditas em voz alta, ela as transformaria em força de uma outra maneira.

Ela não apenas quebrou o silêncio, mas ensinou outras mulheres a fazerem o mesmo. Sua voz, que um dia foi abafada, tornou-se uma das mais potentes do país.

Desde cedo, seu pai afirmava com convicção: "Essa menina vai ser advogada." Ele via nela um espírito combativo, alguém que defendia os injustiçados e sempre tinha argumento para tudo. "Eu sempre fui muito briguenta, sempre fui de botar dedo na cara, e meu pai falava: 'Você vai ser advogada que defende todo mundo, tem argumento para tudo, briga demais'", ela relembra com humor. O direito parecia um caminho possível para quem queria entender e transformar o mundo como delegada de polícia.

Com o passar dos anos, ela se formou e começou a advogar na área de defesa do consumidor. Foram cinco ou seis anos nessa profissão, mas algo dentro dela continuava desalinhado. O direito, na prática, era um campo repleto de burocracia e um sistema que muitas vezes parecia emperrado. A eficiência não dependia apenas de competência ou preparo, mas de navegação política, favores e paciência para lidar com processos que não andavam. "Eu não me achava ali dentro, embora eu fosse uma advogada muito boa." Era um jogo de insistência, de empurrar papéis que pareciam não se mover sozinhos.

OS USOS
DA RAIVA

Elisama nunca escondeu sua relação com a raiva. Pelo contrário, sempre escreveu sobre ela com honestidade e coragem. Durante a nossa conversa ela desabafou: "A raiva é o sentimento que me lembra de onde vim, das vezes em que precisei gritar para ser ouvida, das situações em que fui silenciada e precisei me defender." Desde cedo, entendeu que sentir raiva não a tornava errada, mas, sim, humana. No entanto, ao longo do tempo, aprendeu que demonstrá-la poderia ter consequências desagradáveis.

"Eu sempre soube que tinha raiva, mas passei muito tempo sem saber o que fazer com ela." A raiva não some, ela se acumula, e quanto mais tentava reprimi-la, mais o sentimento se manifestava de formas inesperadas. Então Elisama o trouxe para a luz, sem medo de encará-lo de frente. Para muitos, a raiva é vista como um defeito, algo a ser controlado ou reprimido, mas estamos diante de um sentimento que precisa ser, sobretudo, compreendido. "A raiva pode ser um aviso", declara, deixando claro que o problema nunca foi sentir, mas sim o que fazemos com o que sentimos.

A raiva sempre esteve lá. Desde menina, desde os primeiros "engole o choro" ouvidos, nos momentos em que sentiu que não podia questionar nem discordar. Mas a raiva ensina. Foi ela que ajudou Elisama a questionar padrões, que a impulsionou a não aceitar o que lhe diziam ser inquestionável.

Foi a partir de uma tomada de consciência que Elisama começou a olhar para a raiva com outros olhos. Não mais como se ela fosse uma inimiga, mas uma emoção legítima, que precisava de espaço para ser compreendida. Tanto que decidiu tatuar "c'alma" no braço, numa tentativa quase irônica de lembrar a si mesma de respirar antes de explodir. "Tatuar 'c'alma' no braço foi quase um grito interno. Porque a raiva sempre me acompanhou."

Enquanto aprendia mais e mais sobre si, Elisama formou-se em direito, casou-se com o namorado Isaac e, tempos depois, descobriu a gravidez de Miguel, seu primeiro filho, de uma forma que parece até cena de filme. Ela parou de tomar anticoncepcional e, pouco tempo depois, teve um sonho vívido: "Tive um sonho, grávida. Sonhei que alguém encostava em mim e falava: 'Você tá grávida.' Aí eu dizia: 'É um menino, o nome dele é Miguel.'"

Era um nome que nem estava na lista de possibilidades, mas a certeza que veio no sonho se tornou irrefutável. Quando contou para o marido, ele levou como mais uma das suas ideias improváveis: "Até então ele tinha pensado: 'Mais uma loucura de Elisama.'" Mas ela sabia. Fez um primeiro teste de gravidez, que deu negativo. Só que ela não se convenceu. "Isso é porque você quer muito a gravidez", diziam, mas ela retrucava: "Tá, eu sei que sou ariana, sei que tudo para mim é pra ontem, mas eu estou grávida!"

O segundo teste confirmou: Miguel estava a caminho.

A chegada da maternidade trouxe transformações profundas, embora, no início, ela acreditasse que tudo seguiria um roteiro já conhecido. "Eu tinha ali a ideia de que eu ia ficar seis meses com ele em casa, depois ia voltar para o meu escritório, trabalhar normalmente como advogada... que Miguel ia ser educado como fui educada, no tapa, no grito, na palmada, para saber quem é que manda."

Com o filho no colo, porém, ela percebeu que não queria repetir padrões, e sim construir algo diferente.

Durante o primeiro ano de vida de Miguel, segurou sua raiva de uma maneira que nunca havia feito antes. Controlava cada gesto, cada tom de voz. "Depois que Miguel nasceu, eu passei a controlar minha raiva o tempo todo. O tempo todo! Eu sentia que precisava ser diferente, porque ser mãe era ser outra mulher, era ser calma, paciente, amorosa, compreensiva o tempo inteiro. E então, toda vez que a raiva subia, eu respirava fundo, eu engolia..."

Nesse momento da conversa, sentada no sofá da sua casa, ela se ajeitou, cruzando as pernas, enquanto a gata Ava, sempre desconfiada, passava rápido entre nós. Claro que Elisama teria um bicho assim, um animal que briga, que impõe limites, que se defende se for preciso. "Eu entendo essa bicha!", soltou, rindo, observando a felina se afastar para um canto seguro. Como se, de alguma forma, aquela gata traduzisse um pedaço dela própria, a resistência, a necessidade de marcar território, de não aceitar menos do que merece.

A Elisama mãe recém-parida estudava obsessivamente sobre desenvolvimento infantil e fazia de tudo para seguir a cartilha da mãe pacífica e compreensiva. Enquanto Miguel crescia, a raiva, aquela que ela acreditava ter domado, começou a se manifestar nele também. "À medida que o pequeno crescia, no entanto, eu via o que não queria ver. Brinquedos lançados longe na hora da frustração. As mãozinhas fechadas e o rosto vermelho nos momentos de contrariedade. Era ela: a raiva. Aquela contra a qual eu sempre havia lutado."

A raiva acumulada não some. Ela se esconde, se comprime, se rearranja dentro do corpo. E, um dia, encontra uma fresta para sair. Tudo desmoronou quando Elisama descobriu a segunda gravidez, de Helena. Miguel tinha 1 ano e 11 meses, e o medo e a ansiedade da nova gestação a levaram ao seu limite emocional. "No meio do caos da descoberta, dos meus medos, da minha ansiedade, a máscara da mãe tranquila caiu." Foi nesse momento que aconteceu o episódio que mudou sua visão sobre si mesma e sobre a maternidade.

Miguel era um bebê ativo, cheio de energia, que testava limites como qualquer criança saudável. Mas, naquele dia, algo dentro de Elisama estava prestes a transbordar. A casa estava para arrumar, as noites maldormidas se acumulavam, o cansaço pesava nos ombros. "Foi um dia qualquer, não aconteceu nada de extraordinário. Mas foi o dia em que eu surtei."

Elisama conta essa história com os olhos presos em um ponto distante, como se revivesse aquele dia. A voz vacila em alguns momentos, mas segue firme. O ambiente ao redor parece desacelerar enquanto ela reconstrói a cena com palavras.

Miguel insistiu. Pediu algo, depois pediu de novo. E de novo. Elisama segurou a primeira resposta atravessada, depois a segunda. Mas, na terceira, o controle se desfez. "Eu gritei. Gritei muito."

Ela segurou os braços de Miguel com força, tentando conter a explosão que fervilhava dentro dela. Seu corpo tremia, os lábios pressionados em uma tentativa inútil de segurar a raiva. A mente acelerada gritava que ela era violenta, grosseira, nervosa. Sentiu o coração disparado, um nó no estômago. O medo de quem se torna exatamente aquilo que mais tentou evitar.

Soltou os braços dele e correu para o banheiro. Chorando compulsivamente, pegou o telefone e ligou para a irmã, com a voz entrecortada pelo desespero: "Eu não nasci para ser mãe. Gente nervosa como eu não deveria ter filhos. Um dia eu vou fazer uma merda muito grande. Coitado desse menino, coitada dessa menina que está na minha barriga!"

Chorou até não ter mais forças. Quando saiu do banheiro, ainda se sentindo a pior das mães, encontrou Miguel sentado no sofá. Aproximou-se, cheia de culpa e frustração. Foi então que viu: a força que usara para conter a própria raiva tinha machucado seu filho. Suas unhas deixaram marcas nos braços pequenos dele. Enquanto Elisama se afogava em culpa e vergonha, Miguel olhou para o próprio braço, depois para ela, e disse: "Mamãe, a gente tem que cortar a sua unha!"

Aquela frase atravessou Elisama. O filho tinha visto um lado dela que ninguém mais via. Que não aparecia nas redes sociais, que ela tentava esconder até de si mesma. E, mesmo assim, continuava amando-a. "Aquele dia mudou a minha história. Mudou o meu relacionamento comigo mesma. Ele continuava me amando. Eu precisava me amar também."

Naquele momento, ela iniciou um processo de paz com quem era. Percebeu que brigar com suas emoções não levaria a lugar nenhum. Precisava se acolher. Se amar. Sem condicionais, sem "quando eu for mais calma". Apenas se amar.

Foi a partir dessa experiência que Elisama começou a mudar sua relação com a raiva. Em vez de tentar anulá-la, passou a compreendê-la. E entendeu que educar sem violência não tinha relação com ser uma mãe perfeita e sempre calma, mas com aprender a lidar com os sentimentos, nomeá-los e buscar novas formas de expressá-los. A maternidade não a tornou menos brava, mas a ensinou a se olhar com mais gentileza.

Foi a partir dessa tomada de consciência que Elisama começou a estudar profundamente a comunicação não violenta. A escrita veio como uma necessidade, uma ferramenta de aprendizado e também de partilha. Porque a raiva não é inimiga. "A raiva pode ser um aviso. E eu entendi que precisava escutar esse aviso, em vez de ignorá-lo."

Esse episódio não fez de Elisama uma mãe ruim. Fez dela uma mãe que aprendeu. Uma mãe que começou, naquele dia, a se reconstruir de um jeito mais verdadeiro.

Essa virada foi um momento importante de sua trajetória. Ser mãe fez com que revisitasse suas próprias dores e questionasse tudo o que tinha como certo. Foi ali que começou sua transição e, sem saber, estava prestes a iniciar um novo capítulo da sua vida.

Elisama nunca teve medo de recomeçar, mas a transição do direito para a psicanálise e, depois, para a escrita, não foi um plano previamente traçado. Na verdade, foi um movimento de sobrevivência.

Depois do dia em que gritou com Miguel e se trancou no banheiro, chorando, algo dentro dela mudou. "Fui fazer psicanálise porque entendi que era isso: eu precisava entender, eu precisava me entender." O direito, que já não a preenchia, ficou definitivamente para trás. A psicanálise foi um espelho. Pela primeira vez, ela não estava estudando apenas para compreender o outro, mas para se compreender. Durante anos, tinha obedecido ao aprendizado de que algumas emoções eram permitidas e outras precisavam ser silenciadas, mas, agora, ela precisava resgatar essa voz interna, confiar em sua intuição e reaprender a nomear suas próprias emoções.

Largar uma profissão e se lançar no desconhecido não é fácil. O dinheiro precisava entrar, as contas continuavam chegando. Foi então que começou a fazer bolo para vender. Sim, bolo. "E eu era criticada por isso, viu?", relembra. As pessoas olhavam para ela e perguntavam: "Você estudou direito para quê? Para vender bolo?" Como se mudar de rota fosse sinônimo de fracasso. Mas ela não se abalava. "Eu fazia bolo e vendia feliz, porque eu sabia que aquilo era um meio, não um fim. Eu sabia que estava indo para outro lugar."

Enquanto os bolos saíam do forno, as palavras começavam a ganhar espaço no papel. Elisama sempre teve muito a dizer e encontrou nas redes sociais um canal para isso. Seus textos no Facebook, escritos com a mesma espontaneidade com que falava, começaram a viralizar. "Eu escrevia e as pessoas compartilhavam. Escrevia de novo, e compartilhavam mais." Sem perceber, estava construindo uma audiência, um público que se identificava com suas reflexões sobre maternidade, educação, comunicação não violenta e relações humanas. A necessidade de monetizar seu conhecimento também a impulsionou a transformar essa presença on-line em uma fonte de renda. A partir da interação com seguidores, surgiu a demanda por palestras e grupos de mães e pais, o que consolidou sua trajetória como comunicadora e especialista em educação parental.

"As pessoas começaram a me chamar para falar sobre o que eu escrevia. Eu ia, falava, explicava. E aquilo começou a fazer sentido." A mulher que um dia se viu perdida entre processos e burocracias agora se encontrava no palco, conversando com famílias e educadores sobre temas que realmente importavam para ela.

A escrita e a fala se entrelaçaram até que a organização de um livro se tornou inevitável. Mas quem publicaria uma mulher que ainda não tinha nome no mercado editorial? "Aí veio o financiamento coletivo", conta. Lançou a campanha, reuniu apoio, arrecadou dinheiro suficiente e publicou seu primeiro livro de forma independente. Foi um risco, mas um risco necessário. "Então o livro *Tudo eu!: Confissões de uma mãe sincera* saiu e as pessoas compraram, deu certo."

A internet foi a grande virada na trajetória de Elisama. Se tivesse seguido o caminho tradicional, batendo à porta de editoras, de veículos de comunicação convencionais e de organizadores de palestras, talvez tivesse ouvido muitos nãos antes de conquistar espaço. Em vez de esperar que alguém validasse sua voz, ela usou as redes sociais para construir seu próprio palco. A audiência cresceu, porque ali, naquelas postagens, muitas mães, muitos pais e cuidadores encontravam uma linguagem acessível e uma abordagem realista sobre as dores e delícias da criação dos filhos. Não havia a promessa de uma maternidade perfeita, mas sim a possibilidade de uma experiência consciente.

E foi assim, escrevendo e compartilhando, que Elisama virou referência sem precisar pedir permissão. Seus textos rodavam de tela em tela, alimentando discussões e despertando interesse de gente que jamais teria esbarrado em seu nome se dependesse dos caminhos formais da indústria editorial ou dos circuitos acadêmicos. A internet não apenas fez com que fosse ouvida, mas também lhe permitiu construir um público que já reconhecia seu trabalho, antes mesmo de qualquer chancela institucional. A rede social foi sua ponte, sua vitrine e sua editora, tudo ao mesmo tempo. Pois, como ela mesma já tinha avisado, se a porta estiver fechada, ela encontrará um jeito de arrombá-la.

O caminho deu tão certo que, algum tempo depois, veio uma ligação inesperada. Uma editora grande – a Paz & Terra – queria saber se ela tinha um livro pronto. Aquilo que parecia um convite para um novo patamar também era um teste e Elisama sabia que não poderia desperdiçar aquela oportunidade. "Eu não tinha um livro, né?", ri ao lembrar. Mas, sem hesitar, respondeu com firmeza: "Tenho, sim, só estou revisando." Era uma mentira estratégica, mas também uma afirmação de fé no próprio talento. Desligou o telefone com o coração acelerado e um pensamento certeiro: "Agora preciso escrever."

Não havia tempo para dúvidas nem espaço para se intimidar. Diante da maior chance de sua carreira até então, fez o que sempre fez: arregaçou as mangas e colocou as palavras no papel. O livro, que antes não existia, começou a ganhar forma através da mesma energia que lhe impulsionou no início, ou seja, a certeza de que sua voz merecia ser ouvida.

E assim começou mais um capítulo de sua história. Elisama nunca esperou a validação do mundo para seguir em frente. Ela cria, arrisca, aprende e transforma. E foi assim que se tornou escritora.

EDUCANDO OS SUJEITOS DO FUTURO

Educação não violenta marca a estreia de Elisama Santos em uma grande editora e já se apresenta como uma obra madura, corajosa e generosa, escrita por uma mulher que decidiu, antes de ensinar, aprender sobre si. E o que ela aprendeu com os filhos, com os erros, com os estudos e com a escuta é o que oferece à leitora: um convite honesto e prático à transformação das relações familiares, com base no respeito, na empatia e na responsabilidade emocional.

Ao longo das páginas, Elisama nos lembra de que o amor, por si só, não basta. Que gritar, punir ou ameaçar não são ferramentas educativas, mas reações condicionadas por práticas autoritárias repetidas por gerações, que confundiram obediência com respeito. Ela parte de uma premissa simples e poderosa: as crianças são pessoas inteiras, com sentimentos legítimos, desejos, dores e limites. E o papel do adulto, ao educar os sujeitos do futuro, não é controlá-los, mas guiá-los – o que exige, antes de tudo, autoconhecimento.

Esse não é um livro que idealiza a maternidade nem a paternidade, tampouco as crianças. Elisama não romantiza os desafios diários. Ela reconhece o cansaço, a culpa, o desespero de não saber como agir. Mas, em vez de fórmulas prontas, oferece ferramentas: a escuta ativa, a comunicação não violenta, a inteligência emocional e o olhar compassivo sobre si mesmo. Porque, como ela mesma diz, educar um filho é, inevitavelmente, um reencontro com a própria criança interior.

Lendo *Educação não violenta*, aprendemos que muito da rigidez com que tratamos os outros, especialmente os pequenos, nasce da rigidez com que fomos ensinados a lidar com nossas próprias emoções. Que é possível ensinar responsabilidade sem recorrer ao medo.

Que acolher o choro de uma criança não é mimá-la, mas lhe dar a segurança de que o mundo é um lugar onde ela pode sentir. E que ser firme e empático ao mesmo tempo não é contraditório, é necessário.

Quem se guia por esse livro encontrará mais do que um guia de educação: encontrará um espelho. Elisama nos convida a olhar para nossas dores, nossas práticas automatizadas, nossos discursos herdados. E faz isso com generosidade e sem julgamento. Ela mostra, capítulo a capítulo, que é possível abandonar tanto o autoritarismo quanto a permissividade e construir, com as crianças e conosco mesmos, uma relação baseada em cooperação, respeito mútuo e humanidade.

Educação não violenta é, portanto, um livro sobre filhos, sim, mas, antes disso, é sobre pais, mães e cuidadores. Sobre quem fomos e quem queremos ser. Sobre a chance de, ao educar, também nos curarmos. Lê-lo é, além disso, compreender a jornada de quem o escreveu. Elisama não apenas pensou esse livro, ela o viveu. Cada linha carrega a voz de quem atravessou o sertão baiano com uma fome insaciável de leitura e de sentido. Por isso, ao folhear suas páginas, temos a nítida impressão de que estamos conversando com alguém que é uma amiga de muitos anos. Que já sentiu, assim como nós, o peso das expectativas, o aperto da culpa, a vontade de acertar. E, ainda assim, ousou fazer diferente.

Depois da publicação, o impacto. Vieram inúmeras mensagens de mães que se enxergaram no livro, mulheres que, pela primeira vez, se sentiram autorizadas a questionar sua forma de se relacionar com os filhos e com o mundo. E, também, vieram as críticas. Em alguns espaços, Elisama não foi completamente aceita. Não fez os cursos determinados, não percorreu o caminho acadêmico esperado, não se moldou aos grupos que ditam as regras da comunicação não violenta no Brasil. Mas a verdade é que ela nunca precisou da validação de ninguém para saber que o que construiu é real.

NOMEANDO
O GRITO

Quando perguntei a Elisama sobre o que veio depois de *Educação não violenta*, fiquei com a sensação de que ele faz parte de um ciclo que não se encerrou. O livro trouxe novas perguntas, talvez porque seja um espelho da própria história da escritora, um espaço no qual ela se permitiu enxergar com mais nitidez as camadas da raiva, os silêncios que a precedem e o grito que rompe barreiras.

Enquanto ela me contava sobre a escrita de *Por que gritamos*, seu segundo livro, eu percebia em sua voz uma mistura de alívio e reconhecimento. O livro não era apenas uma obra sobre parentalidade, mas um eco de tudo o que ela havia sentido e aprendido sobre a raiva, essa emoção que tantas vezes nos atravessa sem que saibamos nomeá-la, acolhê-la ou transformá-la.

Ela me falou sobre os silêncios que antecedem os gritos, o peso das palavras não ditas que acabam explodindo de forma abrupta. Refletindo sobre o dia em que gritou com Miguel, seu filho, percebeu que aquele momento não era apenas um instante isolado, mas a imagem de uma história inteira. Escrever *Por que gritamos* foi, para ela, um exercício de ressignificação. Cada capítulo se tornou uma busca por compreensão, um exercício de olhar para trás e entender como fomos ensinados a lidar, ou a não lidar, com nossas emoções.

Era impossível ouvir Elisama falar sobre o seu processo de escrita sem sentir que *Por que gritamos* é um manifesto, um convite para olharmos para dentro e entendermos as raízes do nosso próprio grito. Afinal, antes de gritarmos com nossas crianças, quantas vezes fomos silenciadas? Antes de perdermos a paciência, quantas vezes fomos ensinados a engolir o que sentimos?

A escrita de *Por que gritamos* foi um processo de cura, mas também uma escolha corajosa. Ao contar sua história e trazer sua vulnerabilidade para o papel, Elisama não apenas ajudou outras pessoas a compreenderem a raiva, ela nos deu permissão para questioná-la, para acolhê-la e, finalmente, para transformá-la.

Se tem uma coisa que Elisama faz bem é abrir caminho para conversas sinceras, daquelas que fazem a gente rir de nervoso e, no segundo seguinte, querer abraçar nossa criança interior para lhe dizer: "Calma, tá tudo bem!" *Por que gritamos* não é um manual da mãe perfeita (graças a Deus, né?), mas um convite para entender por que, no meio da exaustão, do boleto vencendo e da criança pedindo atenção, a gente solta aquele grito que arrepia até o vizinho do andar de cima.

Mais uma vez, Elisama nos faz refletir sobre como fomos criadas, como aprendemos, ou não, a lidar com os sentimentos e, principalmente, como tudo isso molda nossa forma de maternar. Ela lembra que nossos pais fizeram o melhor que podiam, mas agora é nossa vez de escolher um caminho diferente, que não precise de tanto grito nem de tanta culpa. O livro não passa pano para a nossa sobrecarga, pelo contrário! Ele escancara como o mundo exige que nós, mulheres, consigamos dar conta de tudo e ainda sorrir no final do dia. Só que, adivinha? A gente não precisa carregar esse peso sozinha.

O mais bonito dessa leitura é perceber novamente que educar sem violência não é algo que tem relação apenas com os filhos, mas com a gente também. Tem a ver com se ver com mais carinho, acolher as próprias falhas e entender que errar faz parte do pacote. Afinal, ninguém aqui nasceu com um tutorial de como ser mãe e, se nasceu, perdeu o PDF no e-mail do universo. Entre um capítulo e outro, Elisama nos dá aquele abraço de palavras, nos lembra de que somos suficientes e que podemos, sim, criar filhos com amor e limite, sem precisar gritar para ser ouvida.

A obra nos convida a aceitar todos os nossos sentimentos como parte fundamental da experiência humana, mostrando que conhecer nosso mundo interior é crucial. Elisama aborda a mãe que busca controle excessivo, o pai que luta contra a frustração, os adultos que repetem padrões da própria infância. Em vez de nos culpar, ela nos oferece uma perspectiva compassiva, lembrando que a raiva é um sinal e que o descontrole pode ser uma oportunidade de mudança.

Ao fim, é um livro sobre se libertar do peso da culpa, do perfeccionismo e da ideia de que educar é um campo de guerra. Elisama nos mostra que pode ser mais leve, mais consciente e até divertido. E, se tem uma coisa que eu, Cris, aprendi com essa leitura é que a gente precisa parar de querer dar conta de tudo – e começar a cuidar da gente também. Porque, no fundo, educar é isso: ensinar para os filhos aquilo que a gente ainda está aprendendo.

Um ponto forte presentes nos dois primeiros livros de Elisama é que ela não se limita ao ambiente familiar. Elisama traz um olhar para a sociedade e para a maneira como a educação que damos hoje molda nossas crianças. A reflexão aqui vai além de "como eu educo meu filho", chegando a questões como responsabilidade social, inteligência emocional e o impacto no mundo de uma criação consciente. Como comunicadora, vejo isso como um dos grandes diferenciais de suas obras: ela não propõe apenas que a gente crie filhos "bonzinhos", obedientes e que não fazem escândalo no mercado, e sim que a gente forme seres humanos emocionalmente saudáveis, capazes de se comunicar, de lidar com frustrações e de viver em comunidade.

No fim das contas, os dois primeiros livros de Elisama são para quem quer construir relações mais verdadeiras, tanto com os filhos quanto com o mundo. Educar é um processo contínuo em que não há fórmula mágica, há caminhos mais conscientes e afetuosos. Esses livros são a bússola para quem quer caminhar em direção a uma educação mais empática, sem perder o bom humor e a sanidade. Elisama faz a gente rir, chorar e, principalmente, acreditar que é possível educar com mais leveza.

*

Enquanto nós duas conversamos sobre a história de *Por que gritamos*, Elisama me conta sobre a sua deliciosa mania de ler compulsivamente tudo o que vê pela frente. Quando criança, sua tia assinava a revista *Veja* e, folheando aquelas páginas, a pequena sempre caía na mesma lista, a dos livros mais vendidos da semana. Ela folheava as edições com curiosidade. Aquele espaço parecia um território inalcançável, um lugar reservado para escritores distantes, gente que vivia em outro mundo. "Eu olhava aquela lista, mas nunca me imaginava como uma das pessoas ali." Seu interesse era saber quais eram os livros mais lidos, estar informada sobre o que movimentava o mercado literário. Naquela época, sua relação com a leitura já era intensa, mas sequer cogitava que um dia seu nome pudesse estar impresso em uma daquelas páginas.

Quando *Por que gritamos* entrou na lista dos mais vendidos da *Veja*, Elisama levou um susto. Não que duvidasse da força do seu trabalho, mas, entre tantas responsabilidades e projetos, não tinha parado para pensar na grandiosidade daquela conquista. "Eu sou essa pessoa, né? Que alcança um marco e já está olhando para a próxima coisa", admite. O número de exemplares vendidos já havia alcançado um feito gigantesco para qualquer autor brasileiro, mas a confirmação de que seu nome estava ali, impresso na revista com que cresceu folheando, bateu diferente. Foi como se, por um instante, o tempo tivesse voltado e ela pudesse olhar para aquela menina de 12 anos, nerd, apaixonada por livros, que jamais imaginaria estar ali.

Foi preciso que alguém dissesse em voz alta para que a ficha caísse. "Aí uma amiga falou: 'Seu nome está na *Veja*!' E eu fiquei: 'Caramba, meu nome está na *Veja*!'", ri, ao lembrar. A emoção veio com um choque de realidade: ela, uma mulher negra, vinda do sertão baiano, havia chegado aonde pouquíssimos chegam, e tinha feito isso do seu jeito, sem abrir mão da sua voz. Foi um momento de reconhecimento, não apenas do mercado, mas dela consigo mesma. Um lembrete de que sua trajetória, construída à base de coragem e autoconfiança, tinha valido a pena. E que, por mais que a vontade fosse seguir adiante, ali estava um instante que merecia ser celebrado.

Mas *Por que gritamos* não chegou lá por acaso. O livro toca em camadas profundas, não porque oferece soluções prontas, mas porque escancara perguntas que muitos evitam fazer. E, mais do que um sucesso editorial, o livro virou semente. Espalhou um novo vocabulário sobre afeto, respeito e escuta ativa por salas de aula, grupos de mães, consultórios e redes sociais. Nesse percurso, Elisama se firmou como uma voz que não grita, mas ressoa. Que não impõe, mas convida. E talvez esteja aí seu maior talento: dizer verdades difíceis com a delicadeza de quem já precisou acolher a própria dor.

Neste momento da nossa entrevista, eu já estava saboreando um delicioso bolo que Elisama havia feito para me receber, quando chegaram seus filhos, Miguel e Helena. Sorridentes e felizes, entraram na casa com a energia vibrante de crianças que acabam de voltar da escola, empolgados e cheios de histórias para contar.

Miguel, com os olhos brilhando de entusiasmo, foi o primeiro a falar, descrevendo com gestos largos a aventura do dia. Helena, mais observadora, esperou a sua vez, mas logo se juntou ao irmão, compartilhando suas próprias descobertas enquanto preparava um espaço onde pudesse fazer a tarefa escolar. A casa, que já pulsava com a presença de todos, ficou ainda mais cheia de vida.

Paramos a entrevista por alguns momentos para ouvi-los. Elisama, com seu jeito acolhedor, escutava os filhos com atenção genuína, fazendo perguntas e incentivando cada detalhe das narrativas. Entre um pedaço de bolo e uma risada, percebi que aquele espaço não era apenas um lar, mas um porto seguro, um lugar onde a comunicação fluía livremente e onde cada voz, independentemente da idade, tinha espaço para ser ouvida.

Depois de *Por que gritamos*, ela deu um passo ainda maior: em *Conversas corajosas*, ampliou essa discussão para todas as relações humanas. O grito se transformou em silêncio, o silêncio virou escuta e a escuta se tornou um ato de resistência.

APRENDENDO A ESTABELECER LIMITES

Há livros que chegam até nós como respostas para perguntas que ainda não conseguimos formular. *Conversas corajosas* foi esse livro para mim. Li suas páginas como quem busca um espelho, e o que encontrei foi mais do que reflexos: foram convites. Convites para pensar a maternidade para além do sacrifício, para repensar os limites como parte do amor, para entender que "ser mulher" e "ser mãe" não são identidades que precisam se dissolver uma na outra.

Se nos livros anteriores ela já se mostrava uma autora capaz de unir teoria e vivência com delicadeza e firmeza, *Conversas corajosas* representa um amadurecimento do seu pensamento e da sua escrita. Não se trata apenas de um livro sobre comunicação, é uma reflexão profunda sobre os afetos, os silêncios e os limites que constroem, e muitas vezes desconstroem, as nossas relações. Em vez de oferecer fórmulas, ela nos convida a um percurso: o de reconhecer o que sentimos, nomear o que desejamos e sustentar conversas que, embora desconfortáveis, podem ser transformadoras.

O ponto de partida é a pergunta: O que é coragem? Mas logo percebemos que essa não é uma questão única, ela se desdobra em muitas outras. Como aprendemos a calar? Por que temos tanto medo de dizer o que importa? Quem fomos ensinados a proteger quando silenciamos o que sentimos? A autora propõe um deslocamento de olhar: coragem não é ausência de medo, é presença. É permanecer inteiro mesmo na dúvida. Em um tempo de polarizações e respostas prontas, ela escolhe o caminho mais delicado, e mais desafiador, o da escuta.

A força do livro está na maneira como combina o político e o íntimo. Algo que atravessa desde o modo como respondemos a um pedido de desculpas até como enfrentamos estruturas que nos oprimem. Falar, neste contexto, não é apenas expressar uma ideia, é criar espaço para que a vida aconteça de maneira mais honesta. E escutar é mais do que esperar a vez de falar, é se permitir ser afetado, rever suas certezas, enxergar o outro para além das projeções.

Elisama escreve com a força de quem já se perdeu nesses papéis e precisou desenhar novas fronteiras para si. Ela fala sobre como crescemos sem aprender a colocar limites em nossas relações e que, por isso, na vida adulta, sentimos culpa quando tentamos fazê-lo. Somos treinados para dizer "sim", para evitar conflitos, para manter a harmonia às custas do nosso próprio bem-estar. "Confundimos dependência, codependência, tomar conta e abrir mão dos nossos limites com o amor." [3]

Quantas vezes me vi exatamente nesse lugar? Aprendendo que amar significava estar sempre disponível, que ser mãe significava abdicar de mim, que ser amiga significava anular alguns dos meus desejos ou que ser companheira era ceder o tempo todo? Mas *Conversas corajosas* me ajudou a nomear o que eu já intuía: que não posso me perder para me tornar o que o outro espera de mim. Que o cuidado que ofereço aos outros precisa começar comigo.

Um dos trechos que mais me marcou foi este:

> A comunicação não violenta me mostrou a importância dos meus limites e como comunicá-los de maneira respeitosa. Aprendi a entender o que está vivo em mim e dividir

---

3. *Conversas corajosas*, p. 65.

> isso com quem convivo e amo. E aprendi, principalmente, a aceitar que o outro também tem o direito de me demonstrar os seus limites.[4]

É um fragmento simples, mas que reverbera profundamente. Principalmente porque, nós mulheres, não fomos ensinadas a ouvir nossos limites. Fomos ensinadas a ignorá-los. Crescemos acreditando que, para sermos boas mães, boas mulheres, boas profissionais, precisávamos estar sempre disponíveis. Mas o que acontece quando essa disponibilidade nos consome? Quando olhamos para nós mesmas e não sabemos mais onde termina a mulher e onde começa a mãe, a companheira, a amiga?

Compartilhei trechos desse livro nas minhas redes sociais, porque senti que precisava dividir essa descoberta. Presenteei amigas, porque sabia que outras mulheres também precisavam ler essas palavras e se reconhecer nelas. Talvez *Conversas corajosas* pudesse ser para outras pessoas o que foi para mim: um respiro, um alívio, uma permissão.

Cada capítulo é tecido com exemplos do cotidiano, histórias reais e metáforas que nos aproximam dos temas mais densos. A imagem da dança, por exemplo, percorre todo o livro como símbolo das relações humanas: não há harmonia a dois se não há escuta individual. Ninguém dança bem com o outro sem antes conhecer seus próprios passos, seus ritmos, seus limites. Essa metáfora nos ajuda a compreender que conversar exige presença, disponibilidade e, prin-

---

4. *Conversas corajosas*, p. 45.

cipalmente, o reconhecimento da nossa própria vulnerabilidade, esse terreno frágil e fértil, no qual nascem as conexões mais verdadeiras.

Ao trazer suas vivências como mãe, mulher negra e educadora, Elisama quebra o tom distante dos especialistas e convida a leitora para uma conversa frente a frente. Há algo de muito delicado na forma como expõe suas falhas e fracassos, sem cair na armadilha da confissão performática. O que se vê é um compromisso genuíno com a complexidade da vida. Assumir a raiva, a insegurança, a culpa ou a necessidade de aprovação não é sinal de fraqueza, e sim de maturidade emocional. Não estamos falando de coragem como heroísmo, mas como disponibilidade para sustentar o que é verdadeiro.

Um outro ponto impactante do livro é quando ela afirma que nosso maior gesto de presença é não fugir da conversa. Não se trata de discursos eloquentes, mas da habilidade de permanecer ali, mesmo quando é desconfortável, mesmo quando não há garantias de final feliz. É nesse ponto que o livro se torna um guia sutil para os vínculos e se encontra com as obras anteriores de Elisama. Ele nos lembra de que manter relações saudáveis exige mais do que boa intenção, exige prática, consciência e, sobretudo, disposição para rever a si mesmo.

Ao final da leitura, não saímos com uma lista de tarefas ou um plano de ação. Saímos com a inquietação necessária para transformar nossos hábitos de comunicação e nossos modos de amar. Saímos com perguntas, com reflexões, com o desejo de tentar de novo, mas, dessa vez, com mais clareza sobre o que realmente importa. *Conversas corajosas* não é um livro de respostas, é um convite a recomeçar a escuta, a reorganizar os afetos, a abrir espaço para o que pulsa. Um livro que lembra que a verdadeira transformação acontece quando temos disposição para sustentar o que é difícil e delicadeza suficiente para não nos perdermos no processo.

Elisama escreve para todas as pessoas que, em algum momento, se perderam tentando caber nas expectativas alheias, que engoliram seus próprios desejos, acreditando que cuidar do outro era o bastante. Se existe algo que aprendi com *Conversas corajosas* é que falar sobre nossos limites não nos afasta do amor, muito pelo contrário, nos aproxima dele. Porque só quem se cuida pode cuidar do outro sem se perder no processo.

UMA MULHER PRETA DO SERTÃO BAIANO

No fundo, o que une os três livros de Elisama Santos é esse olhar generoso e, ao mesmo tempo, afiado sobre a forma como a gente se relaciona com o mundo, começando pela gente mesmo. É uma travessia que parte do íntimo e se desdobra nas relações mais importantes da vida: com os filhos, com quem nos cerca, com o passado que ainda nos atravessa e com o presente que pede coragem. Cada livro tem seu ponto de partida, mas todos caminham juntos, como se fossem capítulos de uma mesma conversa longa, profunda, às vezes desconfortável, mas sempre necessária.

Em *Educação não violenta*, ela nos convida a repensar a base da criação infantil, aquela que recebemos e, muitas vezes, repetimos sem perceber. Fala de respeito, empatia, da importância de reconhecer as emoções, as nossas e as das crianças, e de abandonar, de uma vez por todas, a ideia de que educar é punir ou recompensar. É um chamado para educar com presença e intenção, para trocar o grito pela escuta, a obediência cega pelo vínculo verdadeiro. É sobre guiar e não sobre controlar.

Já em *Por que gritamos* o mergulho é mais fundo. A conversa vira espelho. Aqui, a autora nos leva a olhar para dentro e a encarar a raiz das nossas explosões, aquelas que a gente gostaria de evitar, mas que escapam quando estamos exaustos, sobrecarregados ou simplesmente com a alma em carne viva. Ela fala sobre as feridas da infância, sobre os gatilhos emocionais que carregamos sem nomear e sobre a urgência de fazer as pazes com a nossa própria história. É um livro que dói e cura. Que sussurra no nosso ouvido: "Calma, tem uma criança aí dentro pedindo cuidado."

E então vem *Conversas corajosas*, que costura tudo isso e leva o debate para além da parentalidade. Porque, afinal, a forma como educamos é só um reflexo de como fomos educados para existir no mundo, e isso inclui como amamos, como brigamos, como pedimos perdão, como dizemos "não". É sobre colocar limites com amor, lidar com temas difíceis sem fugir e parar de viver relações baseadas em meias palavras e silêncios engolidos. Aqui, a vulnerabilidade não é sinal de fraqueza, é ponte. É o que permite que as conexões deixem de ser rasas e passem a ser de verdade.

Juntos, esses três livros formam uma espécie de mapa. Um caminho de volta para casa. Um lembrete de que educar filhos, cuidar das relações e transformar a forma como nos comunicamos com o mundo são, na verdade, gestos que começam com um compromisso íntimo: o de não se abandonar. O de olhar para si com honestidade. O de escolher, todos os dias, fazer diferente. A singularidade da obra de Elisama está justamente aí, na coragem de dizer que não há mágica, mas há escolha. E que toda mudança começa quando a gente se trata com a mesma compaixão que deseja oferecer aos outros. No fim das contas, a proposta é simples: educar sem violência, amar sem sufocar, conversar sem se esconder. E viver com mais verdade.

*

Falar sobre os livros de Elisama é, antes de tudo, falar sobre um processo de reconhecimento. Reconhecer-se nas próprias dores, nos próprios silêncios, nas próprias potências. Mas é também reconhecer quem escreve – não como alguém que chega com verdades absolutas, mas como uma mulher que aprendeu a se escutar para, então, encontrar sua forma de falar com o mundo. E talvez seja isso que torna sua escrita tão potente: ela vem de um lugar vivido. É totalmente acessível a maneira como Elisama pensa a comunicação. Para ela, comunicar-se é atravessar o ruído. É rasgar o próprio peito, costurar com palavras aquilo que a vida insistiu em deixar em carne viva. E é justamente por ter construído sua voz nesse campo de batalha que sua história precisa ser contada, não só pelas ideias que defende, mas pela forma como ousou dizer o que precisava ser dito, mesmo quando ninguém estava escutando. Porque mesmo sem palco, sem plateia, sem moldura, Elisama falou. E continuou falando. E foi assim que, palavra por palavra, ela construiu o lugar de onde hoje fala com tanto pertencimento.

A comunicação é a ferramenta mais poderosa que temos para transformar o mundo. Mas, por muito tempo, essa ferramenta esteve nas mãos de poucos. Para quem cresce fora dos grandes centros, para quem vem do sertão, das periferias, de espaços historicamente marginalizados, comunicar-se nunca foi apenas sobre falar, e sim sobre encontrar brechas para se fazer ouvir em meio a ruídos, para resistir ao silenciamento.

Elisama entende isso em cada palavra que escreve, porque sua própria existência é um ato de comunicação. Ela sabe que falar não é neutro. Que cada história que carregamos define a forma como somos escutadas ou ignoradas. Foi assim que Elisama construiu sua voz, falando sem esperar que alguém a legitimasse. Primeiro dentro de casa, depois, nas redes sociais, nos livros, nos palcos, nos textos que escreveram sua história antes mesmo que ela se reconhecesse como escritora.

E agora, sentada ali no sofá da sua casa, entre risadas e pausas carregadas de significado, ela me conta essa história com a tranquilidade de quem não precisa provar nada para ninguém. Suas palavras atravessam o ambiente com a mesma força que perpassam o papel. "O que eu fazia, quem fazia era eu, uma mulher preta do sertão baiano. Tudo que eu faço tem essa lente." Sua fala não vem suavizada. Não é moldada para caber nos ouvidos alheios. Elisama fala como quem já entendeu que não precisa se encaixar. "A gente precisa parar de tentar caber em espaços que não foram feitos para a gente."

Elisama acreditou, até determinado momento de sua vida, que existia um caminho certo para ser escritora, um percurso linear e bem definido que ela nunca tinha seguido. Mas o tempo e as páginas publicadas dissolveram essa ilusão. O caminho de Elisama era o que fazia sentido para ela, e só isso importava. "Descobri uma superdotação há três anos. E compreender esse funcionamento me fez entender que eu não tinha que fazer o caminho que todo mundo faz. Eu sou autodidata, é isso mesmo. É isso aí. Quem quiser ache bom, quem quiser ache ruim."

E foi assim, escrevendo sem pedir permissão, sem carimbo de aprovação, que se tornou escritora. Sem cerimônia, sem seguir o manual, apenas fazendo: "O orgulho da escritora foi conquistado muito arduamente, porque eu não fiz o caminho que todo mundo faz."

Elisama nunca aceitou ser menos do que aquilo que sabia que podia ser. Desde criança, já dizia "não" para as caixas em que tentavam colocá-la, mesmo quando ainda não sabia exatamente como lidar com as consequências desse impulso. "Eu nunca coube", ela diz, e talvez essa seja a melhor definição para uma mulher que construiu seu caminho rompendo portas, às vezes com delicadeza, às vezes no grito, mas sempre com a certeza de que havia espaço para ela no mundo.

Sua escrita começou como um canal de escape, uma necessidade de compartilhar o que aprendia com a maternidade e com a vida. Mas logo se tornou algo maior, um chamado. As redes sociais foram sua trincheira, a plataforma onde ela construiu sua audiência e se fez ouvir. "Essa página vai ter que dar dinheiro de alguma forma", decidiu, em um momento de urgência e virada. E deu. Mas deu, porque, por trás de cada post, cada crônica, cada insight compartilhado, havia uma voz que falava com verdade, e a verdade atrai e conecta.

Mas, como acontece com aqueles que nunca se sentem totalmente pertencentes, Elisama demorou a se reconhecer escritora. Assinou contratos, lançou best-sellers, virou referência. Ainda assim, por muito tempo, preenchia formulários com hesitação. "Sou escritora?", se perguntava. Foi só depois de *Conversas corajosas* que conseguiu dizer isso sem titubear. "Foi aí que enchi a boca para falar: Sou escritora." Mas, mesmo antes disso, escrever já era um espaço de liberdade. "A escrita é o lugar onde eu corro solta", ela diz, tentando traduzir em palavras a sensação de fluidez absoluta. É aquele momento de filme, de campo aberto, onde tudo é possível. Quando está escrevendo, não há fórmulas, não há regras, não há controle. "Não sei de onde veio essa personagem, não sei de onde veio esse livro. Só veio."

E é justamente essa entrega absoluta que faz com que sua escrita seja tão potente. Elisama não escreve para atender demandas editoriais. Escreve porque precisa, porque as palavras transbordam dela. "Eu sou muito intensa. Não me peça para ir no raso, porque eu não sei." Cada livro que nasce dela carrega essa intensidade, esse mergulho sem medo naquilo que precisa ser dito.

Hoje, seu nome está impresso em listas que, quando menina, Elisama lia com uma mistura de admiração e incredulidade. E, sim, ela chorou ao ver seu nome na *Veja*. Chorou porque lembrou da menina de 12 anos que folheava aquelas páginas sem se imaginar ali. Chorou porque, ao contrário do que tantos temiam, o mundo não a triturou. Pelo contrário, ela arrombou portas, fez seu próprio espaço e, no caminho, abriu passagem para tantas outras que viriam depois. Elisama nos ensina que se a porta está fechada, a gente arromba.

A verdade é que ela sempre escreveu. Primeiro como sobrevivência, depois como libertação. Hoje, escreve porque quer. Porque pode. Porque se reconhece nesse lugar que construiu para si mesma, tijolo por tijolo, palavra por palavra.

Se o mundo não está pronto para escutá-la, problema do mundo. Ela fala mesmo assim.

OUTROS LIVROS DE ELISAMA SANTOS

VAMOS CONVERSAR:
UM PEQUENO ANTIMANUAL DE COMUNICAÇÃO NÃO VIOLENTA PARA A VIDA REAL

Numa época em que o diálogo muitas vezes tem sido substituído por discussões acaloradas e falta de empatia, *Vamos conversar* nos propõe repensar a forma como nos relacionamos e nos comunicamos. Elisama Santos sistematiza neste livro o que aprendeu em seus anos de vivência e estudo da comunicação não violenta (CNV). E não é, de forma alguma, um manual de receitas: em vez disso, oferece sugestões para a construção de caminhos para uma vida mais aberta ao diálogo, favorecendo a expressão e a escuta de sentimentos e necessidades de maneira objetiva, sem julgamentos.

MESMO RIO

Nesta estreia literária de Elisama Santos, acompanhamos a história da família Soares: a mãe, Maria Lúcia; o pai, Benedito; e os três filhos: Lucas, Marília e Rita. Ao longo da vida, a mãe estabeleceu com cada filho uma relação específica. É zelosa com um e impaciente com o outro. Ama um deles sem ressalvas, enquanto o outro sente que precisa abrir mão de seus sentimentos para ser acolhido. As consequências disso vão sendo reveladas paulatinamente, como um copo que vai se enchendo aos poucos, gota a gota, dia após dia, por toda a vida, até que transborda.

Ao escrever o romance, Elisama partiu da ideia de que, do mesmo modo que “ninguém pode entrar duas vezes no mesmo rio”, é impossível ser a mesma mãe para todos os filhos. E isso, invariavelmente, deixa profundas marcas em todos. É um convite a adentrar nas águas caudalosas e nos meandros nada óbvios desse curso intenso que é a dinâmica familiar.

ENSAIOS DE DESPEDIDA

No segundo romance de Elisama Santos, conhecemos a advogada Cristina, que, após vinte anos de casamento, começa a escrever sobre seu cotidiano, registrando seu dia a dia e seus pensamentos mais secretos para que a filha entenda os motivos que a fizeram deixar o lar. Ao narrar sua complexa e inimaginável vida íntima, Cristina não só relata as décadas que passou anulando a si mesma em prol de uma fantasia de família como também reescreve a história de linhagens de mulheres. *Ensaios de despedida* é um livro sensível, que capta profundamente a dor e a beleza da relação hereditária entre mulheres. Tendo como premissa o impacto do dito e do não dito entre elas, Elisama Santos nos revela os caminhos escondidos, e muitas vezes intrincados, para o acolhimento e a compreensão entre diferentes gerações.

O PRIMEIRO MERGULHO

COM ILUSTRAÇÕES DE ANA CARDOSO

Estreia de Elisama Santos na literatura infantil, *O primeiro mergulho* retrata o apoio fundamental que as amizades oferecem e a importância de cada passo em direção aos nossos sonhos. As ilustrações encantadoras ficam por conta da premiada artista Ana Cardoso.

SOBRE CRIS GUTERRES

Jornalista, apresentadora e colunista com mais de 20 anos de experiência em comunicação multiplataforma, atua na interseção entre informação, cultura e impacto social, conduzindo conversas relevantes sobre temas como diversidade, saúde mental, comportamento e equidade de gênero e raça.

Apresentou o programa *Estação Livre* na TV Cultura, assina uma coluna no UOL Universa e é presença constante em eventos nacionais e internacionais, como SXSW, Web Summit, Rio2C, além dos fóruns do Pacto Global da ONU. Mediou painéis de personalidades de renome, como Viola Davis e Jodie Foster, e de executivos de grandes empresas.

Seu trabalho é pautado pela escuta qualificada, pelo olhar crítico e pela busca por diálogos que gerem transformação dentro e fora das telas.

Este livreto foi composto na tipografia
Arnhem, em corpo 10/18. Nas aberturas e destaques,
foi utilizada a tipografia Revelstoke.
Impresso em papel pólen natural na Geográfica.

CONVERSAS CORAJOSAS

ELISAMA SANTOS

CONVERSAS CORAJOSAS

COMO ESTABELECER LIMITES, LIDAR COM TEMAS DIFÍCEIS E MELHORAR OS RELACIONAMENTOS ATRAVÉS DA COMUNICAÇÃO NÃO VIOLENTA

1ª edição

Paz & Terra
Rio de Janeiro
2025

EDITORA PAZ & TERRA
Rua Argentina, 171 – São Cristóvão
20921-380 – Rio de Janeiro, RJ
Tel.: (21) 2585-2000
www.record.com.br

Seja um leitor preferencial Record.
Cadastre-se e receba informações sobre nossos
lançamentos e nossas promoções.

Atendimento e venda direta ao leitor
sac@record.com.br

Texto revisado segundo o novo Acordo Ortográfico da Língua Portuguesa de 1990.

CIP-BRASIL. CATALOGAÇÃO NA PUBLICAÇÃO
SINDICATO NACIONAL DOS EDITORES DE LIVROS, RJ

S234c

Santos, Elisama
Conversas corajosas: como estabelecer limites, lidar com temas difíceis e melhorar os relacionamentos através da comunicação não violenta / Elisama Santos. – 1ª. ed. – Rio de Janeiro : Paz & Terra, 2025.

ISBN 978-65-5548-155-6

1. Comunicação interpessoal. 2. Conflito interpessoal. 3. Coragem. 4. Administração de conflitos. I. Título.

21-70501 CDD: 158.2
CDU: 316.772.4

Leandra Felix da Cruz Candido – Bibliotecária – CRB-7/6135

Impresso no Brasil
2025

Aos meus filhos, Miguel e Helena, que me ensinaram a abraçar
a minha vulnerabilidade. Para estar com eles aprendi a estar comigo.
E já não me abandono mais.

"[...] mamãe só me deixou ir embora depois de garantir que estava ao meu lado. Percebi que eu tinha me afeiçoado a ela e que ela havia me libertado. Ela havia me libertado de uma sociedade que me teria feito pensar que eu era a ralé da ralé. Ela me libertou para a vida. E, a partir daquele momento, eu tomei as rédeas da vida e disse: 'Estou com você, pequena.'"

Maya Angelou, *Mamãe & eu & Mamãe*

SUMÁRIO

PREFÁCIO

Joice Berth

É possível traduzir a essência deste *Conversas corajosas* em uma única frase: Corajoso é abraçar a convicção de que precisamos conversar.

Mas ele vai além da sua própria essência. Muito além, eu diria. Ele percorre o *quartinho de bagunça* de nossa mente, trazendo à tona, de maneira muito despretensiosa, muitas de nossas inquietações e necessidades, engolidas junto do choro que escondemos no silêncio da noite, na companhia lúdica do nosso bom e velho travesseiro.

O livro descreve com uma generosidade acolhedora caminhos que desvendam os mistérios tão simples e, ao mesmo tempo tão complexos, das relações humanas. Começa abordando um poderoso elemento, que funciona como motivador, mas também como chave para nos abrir as portas as quais, muitos de nós, talvez, ainda sequer saibamos que existem ou que podem ser abertas. Essa jornada não é gratuita, no sentido emocional. Traz muitos ganhos e oferece ferramentas para expandir o melhor que temos e que muitos de nós não sabemos, já que é práxis na sociedade mais punir o parecemos ser do que compreender como construímos essa aparência.

O curioso é que essa ação é práxis porque é única, uma vez que todos agimos assim e experimentamos as consequências dessa atitude naturalizada em algum momento de nossas relações. Mas o ganho maior de embarcar nessa jornada é a descoberta de como as relações humanas podem ser belas. Não por acaso, a autora, Elisama Santos, usa a dança como analogia para compreendermos a reflexão e a prática aqui propostas. Ao acertarmos o ritmo e compreendermos a coreografia proposta, nossas relações fluem, nos divertem, nos tensionam, mas, acima de tudo, nos ensinam a expandir os limites que pensamos ter.

A beleza de que estamos tratando aqui não é aquela dada pela estética física, padronizada, que dita aparências aceitáveis e desejáveis a serem perseguidas, obrigando pessoas a se deformarem para caber em uma única e idealizada forma. Estamos falando da beleza que não vemos, mas que podemos sentir. Não é a beleza palpável, material, que acessamos e que por isso mesmo nos ilude tanto. A verdade da beleza está na impossibilidade de aprisioná-la ou padronizá-la. Por isso nossas relações são receptáculos perfeitos para guardar essa beleza, pois um dos elementos que constituem a boa relação é a liberdade de ser e de apreciar o que o outro é, sem interferência da ilusão ou das armadilhas criadas por nosso inconsciente coletivo e individual.

Diferentemente dessa tal beleza física padronizada (seja dos corpos ou de qualquer outra invenção humana), que solicita intervenções mecânicas para, talvez, se concretizar (concretizar no sentido estrito de endurecer, tornar tudo estático e impessoal), a beleza das relações humanas demanda a intervenção da boa conversa. E é aqui que o elemento fundamental precisa ser utilizado. E que elemento é esse?

A coragem.

Mas nesses tempos de polarização, onde tudo se bifurca de tal forma que estabelece diversos monólogos carregados de violentas manifestações de insatisfação, impossibilitando que as ideias se ramifiquem, a boa conversa consegue intervir e evocar a beleza das relações humanas?

A coragem como componente ativo das nossas conversas é suficientemente boa para acertar nossos desencontros entre ouvir/escutar, dizer/falar? E, principalmente, a coragem pode ser um catalisador das potências de nossas ideias e necessidades, capaz de transformar as ruidosas mágoas e insatisfações, que se formam na lacuna das comunicações entre pessoas?

Pois bem, Elisama Santos, nesta obra tão importante, nos mostra que sim. Ora utilizando suas próprias vivências, ora lançando mão de toda sua bagagem de psicanalista, educadora, escritora e mãe, ela nos conduz a uma viagem transformadora e nada previsível rumo aos questionamentos que abrem as portas do nosso ritmo afetivo. Este é necessário à configuração da nossa coragem, que, quando bem canalizada, nos instrumentaliza para a prática da boa conversa e para a apreciação e o cultivo da beleza das relações humanas.

Relembro aqui a banda Barão Vermelho (lembra?), que, nos idos da década de 1980, esteve nas paradas de sucesso com a música "Pense e dance". Ela chegou até a ser trilha sonora de uma obra da teledramaturgia. Dessa música destaco a frase marcante: "saudações a quem tem coragem"

O gigante Guimarães Rosa, em seu clássico da literatura *Grande Sertão: Veredas*, nos conta através de Riobaldo Tatarana que "o que a vida quer da gente é coragem".

E aqui Elisama nos chama, com a empatia de quem atendeu anteriormente esse chamado, a compreender em qual momento de nossa vida devemos realmente investir coragem. Sim, investir. Porque há pessoas que pensam que coragem se aplica ou se mede por atos grandiosos ou manifestações heroicas, oferecidos ao crivo público quase como um sacrifício ou um pedido de redenção para o suposto pecado do medo (cuja existência é repudiada ou cujo sentimento é admitido).

Mas há aqueles que acreditam que coragem é vencer medos e enfrentar grandes perigos. E talvez esta seja uma das melhores provocações do livro: o que é essa tal coragem? Por que e onde é exigida pela vida?

É relativamente fácil ser corajoso dentro do roteiro estabelecido pela norma social, que costuma exigir mais aparência do que essência. Podemos empreender tais atos ou manifestações cênicas de luta contra o medo. No entanto, haverá algo para desmentir a crença sobre coragem e, principalmente, testar se realmente dominamos ou vencemos o medo. Isso será feito quando nos colocarmos diante do maior desafio social da atualidade, que realmente exige de nós a verdadeira coragem, tão decantada e desejada como validação de nossa altivez humana. Até que nos conscientizemos de que é possível nos abrir para dialogar de maneira franca, justa e eficiente, com o propósito de chegar a um denominador comum, ou ainda mergulhar em experiências complexas que podem assustar, como é o caso da existência humana, em toda sua plenitude, que exige de nós muito mais do que disponibilidade. Exige o exercício da coragem de admitir que pessoas são universos a serem (re)conhecidos, de tal maneira que possamos, lá no fundo, encontrar um espelho que nos auxilie no enfrentamento de nossa própria complexidade.

Talvez, a árdua tarefa que não estamos conseguindo realizar seja justamente derrubar o medo desse processo fundamental para nosso autoconhecimento. E, por isso, ou fugimos dele, ou o envernizamos com agressividades, ranços e hostilidades injustificadas.

"É importante lembrar que,
para dançar bem com o outro,
faz-se necessário dançar bem sozinho."
Elisama Santos

Pensando sobre o que a coragem significa, acabamos inevitavelmente tropeçando em outro entendimento necessário, que merece ocupar um tempo de nossas reflexões mais produtivas: o medo. O senso comum reveste nosso entendimento para que acreditemos que coragem e medo são antagônicos, opostos. Em suma, coragem seria vencer o medo. Isso não é de todo errado, mas é certamente incompleto, na medida em que nos dá uma rota de fuga para não aprofundar essa ideia. Dominar nossos medos é uma manifestação da coragem.

Mas, para vencer o medo, antes precisamos localizá-lo dentro de nós, ou, mais do que isso, devemos investir coragem para esmiuçar as causas do medo, sua natureza, o momento aproximado que esse sentimento passou a fazer parte de nossa vida tão intimamente, a ponto de criar uma *lombada* emocional. E esse é outro convite presente nas páginas deste livro.

De maneira intimista e segura, Elisama Santos nos estende a mão, e nos sentimos acolhidos com exemplos fictícios e reais que ela nos apresenta, como quem pergunta: vamos tentar?

O brilhantismo deste livro pode ser apreciado em diversos momentos, mas sobretudo naqueles em que afirma e reafirma que nosso maior ato de coragem é não fugir de nenhuma conversa, e, sim, construir estratégias para que elas aconteçam de maneira plena, natural e efetiva.

A autora, dotada de profunda sensibilidade, nos deixa cientes de que todos os caminhos propostos não são fórmulas místicas ou mirabolantes que prometem resolver nossas falhas de comunicação em um passe de mágica. Muito pelo contrário. Ela pontua bem que somos profundezas que colidem com a profundeza do outro para se complementar, se reinventar ou se transformar.

E somente através da coragem que emerge da simples compreensão dessa dança interminável é que conseguimos realmente expandir e ver a expansão do outro, amparar e sermos amparados nesse caminho, identificando belezas delicadas ou turbulências desafiadoras que fazem parte da música que nos conduz a transformações necessárias em nosso comportamento.

Mas a autora também nos alerta que em uma conversa corajosa temos diversos momentos de exercício de coragem, já que principalmente nós, mulheres, somos condicionadas a não estabelecer limites, a aceitar desconfortos desnecessários para não desagradar o outro, a viver em função do bem-estar alheio, mesmo quando isso implica renunciar ao nosso, entre outros entraves que colocam em risco a eficiência daquilo que precisamos comunicar sobre nós. Uma vez que não comunicamos nossas profundezas, desafinamos a música que conduz as relações e damos ao outro o direito inconsciente de também recorrer a esses trunfos para mudar de ritmo ou simplesmente aderir a uma coreografia menos angustiante, embora menos produtiva.

Tomar as rédeas das nossas conversas as qualifica como "corajosas", e isso significa que criaremos um ambiente propício para extrair o melhor delas.

CARTA AO LEITOR E À LEITORA

Você já parou para pensar no que compõe uma boa conversa? O que faz com que determinados encontros sejam fluidos, leves e vibrantes, e outros, densos e doloridos? O que transforma o encaixe perfeito em um cabo de guerra? Acredito que relacionamentos são como uma dança. Não posso dançar em par ou em grupo se não estou conectada com quem está perto, se não escuto a música e a forma com que ela reverbera em mim e no outro. Não posso dançar com alguém se não entendo um pouco do seu ritmo interno e se não percebo como o ritmo do outro mexe com meu próprio ritmo. Somos diferentes em cada parceria. A dança é uma arte. Relacionar-se, também.

Por vezes, mesmo com muitos esforços, atenção e desejo de dançar lindamente, pisamos no pé do parceiro ou parceira, ou saímos machucados pelos descompassos da vida. Há, também, a dança que parece perfeitamente ensaiada com o outro, mas que não se sintoniza com as batidas do nosso coração e, silenciosamente, machuca. É importante lembrar que, para dançar bem com o outro, faz-se necessário dançar bem sozinho. Conhecer os nossos ritmos, passos, gestos e gostos é essencial para que consigamos dançar com autenticidade. Saber os nossos limites nos faz conscientes do quanto estamos dispostos a abrir mão e do que precisamos cuidar e defender com a alma.

Já dancei quando não queria dançar, apenas para agradar o outro. Já sentei quando o corpo inteiro pedia movimento. Já pisei no pé alheio porque estava focada demais nos meus desejos e com pouca disponibilidade para ajustar o passo. Já quis me ajustar ao passo alheio mesmo sabendo que o preço a pagar era alto demais e não valia a pena. Já me violentei, já violentei o outro. Já pedi silêncio gritando, já silenciei meus gritos internos quando tudo o que precisava era liberá-los alto e bom som. E estou assumindo esses meus desacertos aqui, no comecinho do nosso caminho, para que você saiba que nossa relação não se dará de um lugar de desigualdade. Não sou exímia professora da dança das relações, mas uma aprendiz que compartilha o que aprende, enquanto aprende. E que corajosamente assume as próprias imperfeições como parte da própria humanidade. Sou maior que elas, sei disso. E desejo que você saiba que é maior também.

Este livro convida você a exercitar a coragem. Coragem de dizer não. Coragem de dizer sim. Coragem para saber o momento de fechar os olhos e deixar a dança brotar como um organismo vivo entre duas pessoas. Coragem para tirar os sapatos e dançar do jeito mais engraçado e autêntico que você consegue. Coragem para assumir os momentos que pedem uma apresentação solo. Coragem para sentar, chorar, respirar e se recuperar das danças que pediram quase todas as forças que havia em seu corpo. Coragem para recomeçar. Coragem para parar. Coragem para rasgar os manuais que mais oprimem que libertam. Coragem para sustentar os limites. Para respeitar as lágrimas. Coragem para ouvir e para falar, porque não há outra forma de viver com alegria e força que não corajosamente. Coragem para ser você, mesmo quando isso parece uma absoluta loucura.

Conversaremos sobre o significado de coragem e como é importante redefinirmos o que aprendemos sobre ela, dando à palavra um sentido mais amplo e potente. A partir desse aprendizado, conversaremos conosco, com os nossos sentimentos e características, com as nossas belezas e feiuras, abrindo nosso olhar sobre nós e as nossas vulnerabilidades. A partir dos ensinamentos da comunicação não violenta, falaremos sobre como construir conversas que respeitam o outro sem desrespeitarem a nós mesmos. Você vai ganhar um novo olhar sobre os conflitos e tudo o que eles podem ensinar sobre você, sobre o outro e sobre a vida.

Nas próximas páginas, vamos desvendar as camadas ocultas das conversas, as falas que deixamos de dizer e escutar. Vou dividir com você histórias de pessoas que acompanhei, com quem convivi ou que escutei nas diversas trocas que experimentei nos últimos anos. Acredito que as histórias nos fazem aprender de um jeito único e especial e, exatamente por isso, elas estão sempre presentes nos meus trabalhos. Espero que, entre os vários contos, encantos e desencantos aqui compartilhados, você consiga encontrar os caminhos necessários para despertar em si a coragem de que necessita para viver com inteireza. Mas, antes que você confunda as coisas, isto não é um manual. Não vou ensinar você a conquistar a autoestima perdida em três dias. Não vou oferecer passos para convencer ninguém a fazer o que você quer, da forma que você quer. Não vamos falar sobre vidas perfeitas, não vamos reduzir a felicidade a frases de efeito, meritocracia e força de vontade. Foco, força e fé não nos levarão a lugar algum sem boas doses de autoconhecimento, autocompaixão e escuta do que está vivo em nós e no outro. Isto é um antimanual. Uma negação dos passo a passo que se multiplicam na velocidade da luz e que reduzem as relações humanas a um jogo previsível de interesses. Somos amplos, imensos, e nenhuma definição universal de sucesso ou felicidade será capaz de abarcar toda a nossa complexidade. Das chantagens emocionais às acaloradas discussões políticas, veremos que somos maiores que um jogo de mocinhos e vilões.

Espero que a nossa conversa desperte em você uma profunda conexão com os seus sentimentos e necessidades. Que você aprenda a sustentar o seu sorriso e as suas lágrimas com igual respeito. Que consiga escutar o outro e trocar passos de dança conectados e harmoniosos pela vida afora. E que jamais esqueça que, independentemente dos erros e tropeços do caminho, você merece amor, carinho e respeito sendo quem você é.

Que não te faltem disposição, amor e energia para começar e recomeçar a dançar sempre que necessário.

Um abraço apertado,
Elisama Santos

CAPÍTULO 1

(RE)CONHECENDO A CORAGEM

O que você entende como coragem e como isso pode guiar as suas ações

Escrever o primeiro parágrafo de um livro é uma missão desafiadora. Provoca aperto no peito e frio na barriga, um frio que mistura borboletas de paixão e medo de estar fazendo merda. Veja bem, eu amo escrever e, modéstia à parte, sei que o faço muito bem. Mesmo após já ter lançado mais de um título (com sucesso), são muitas e muitas as perguntas, os medos e as inseguranças que brotam em minha mente cada vez que decido que é chegada a hora de escrever um novo livro. *Decido* talvez não seja a palavra que realmente faz jus ao que acontece. Eu sinto uma comichão, uma espécie de rebuliço interno, uma coisa viva e pulsante que precisa ir para o mundo na forma de escrita. Apenas obedeço, porque não é o tipo de rebuliço que vai embora fácil. E escrevo. Acontece que, entre essa decisão e as primeiras mensagens de leitores e leitoras me dizendo que amaram o livro, há um longo caminho de ansiedade, oscilação emocional, medo, angústia, euforia, alegria e felicidade. E esse caminho começa agora, com este primeiro capítulo.

Neste primeiro capítulo, preciso equilibrar meu desejo de agradar o leitor e a leitora e fazer com que se interessem pelos capítulos seguintes, com a mensagem que quero passar e que pode doer um tanto e levantar resistência neles. Preciso abaixar o volume da voz interna que me pergunta quem eu penso que sou para escrever mais um livro. Aquela voz, que nos visita dizendo que as nossas conquistas e realizações foram apenas uma pitada de sorte e nos faz duvidar das nossas capacidades. *Lista de mais vendidos de novo, querida? Vai sonhando!* Preciso, também, abaixar o volume da voz que diz que tenho que escrever um livro que seja melhor que os outros ou vou decepcionar a editora e os leitores e leitoras que me perguntam, com enorme frequência, quando virá meu novo sucesso. Preciso desapegar das ideias de sucesso e fracasso, porque ambas deixam os braços pesados demais para que a escrita flua.

Estar sentada em frente ao computador, encarando uma tela em branco, é, para mim, neste momento, um ato de coragem. E por que fui tão específica com esses *para mim* e *neste momento*? Porque, em cada situação, momento ou pessoa, a coragem se mostra de formas diferentes. Já fui corajosa ao dizer "não" para o convite de escrita de um livro que não fazia sentido para mim. Já fui corajosa ao ir, quando o medo pedia que eu apenas me encolhesse e ficasse. Fui corajosa ao ficar, quando as ansiedades e angústias pediam que corresse com a maior velocidade possível, sem olhar para trás. Já tive coragem ao prosseguir e ao desistir. E você também.

Assim que decidi que o tema deste livro seria a coragem de encararmos a vulnerabilidade do encontro conosco e com o outro, perguntei em minhas redes sociais o que cada pessoa entendia como *coragem*. Algumas pessoas me responderam, indicando que são atos:

"É ser uma mulher negra, mãe solteira de dois filhos, sendo um com autismo."

"É acreditar que posso ser um bom pai, acreditar que posso ser bom como vocês, mães."

"É eu ser mãe."

"Coragem é permanecer casada."

"Coragem é me divorciar do marido perfeito, porque meu coração pede isso mais que tudo."

"Coragem é ser eu mesma."

Outras tantas me falaram os conceitos de coragem que abrigam em si:

"Coragem é a força que nos impulsiona a fazer o que precisa ser feito quando estamos anestesiados pelo medo."

"É uma força com a qual nascemos."

"É reconhecer sua humanidade e vulnerabilidade."

"É sentir mais vontade que medo e ir com medo mesmo, porque a vontade é maior."

"É entrar na batalha, com medo mesmo."

"É agir com o coração calmo, sem turbilhão emocional interferindo."

"É ficar de cara com os medos e não ceder."

"Não é ausência de medo, mas força para seguir."

"Coragem é ter fé."

"É se despir emocionalmente, sem medo dos julgamentos."

"Um sentimento intenso, firme e fomentador de atitudes, sejam movimentos ou permanências."

"É como o parto, você sabe que vai acontecer e, mesmo com medo, você mete a cara e vai."

"Olhar para si mesma com realidade e encontrar carinho e amor."

Foram tantas as respostas, que seria impossível compartilhar todas aqui. Ler cada uma delas foi uma experiência única, porque me conectou com a diversidade de um conceito muito utilizado e, talvez por isso mesmo, tão esvaziado. A forma com que encaramos a coragem e como nos vemos atendendo ou não aos nossos padrões interfere na nossa disposição e força para seguir. Interfere na quantidade de *nãos* que engolimos enquanto dizemos "sim" para o outro. A realidade é que todos nascemos com predisposição para a coragem, capazes de pequenos e grandes atos corajosos. Todos experimentamos a coragem muitas e muitas vezes ao longo da jornada, mesmo que não tenhamos dado para os nossos atos esse nome. E, quanto mais reconhecemos e treinamos o músculo da coragem, mais forte ele fica. E mais vivos e felizes nos sentimos.

Fazendo as pazes com o medo

Muitas das respostas que recebi nas redes sociais traziam o medo como parte da definição de coragem. Dificilmente pensaremos em um sem trazer o outro à mente. O medo nos diz que devemos deixar as coisas como são, que não devemos nos mexer, salvo se for para algum lugar mais seguro. A coragem, por sua vez, nos convoca ao risco, ao incerto, ao que não tem controle. O medo odeia a possibilidade, por mais remota que seja, da falta de controle com o resultado. Ele treme ao imaginar que pisaremos em um solo que não pisamos antes. Faz o corpo suar, as pernas tremerem, os braços pesarem, o calor interno esfriar. Repete obsessivamente o *Pare*, como uma canção infantil grudenta, dessas que não saem da cabeça, por mais esforços que façamos. E os pensamentos de que não conseguiremos e não seremos bons o suficiente gritam em um tom tão ensurdecedor que fugir ou lutar parece a única opção possível.

Acredito que escolher a coragem é lembrar que existem mais opções que as enumeradas obsessivamente pelo medo. Lembrar e escolher outras opções não significa que o medo irá desaparecer e será completamente suprimido por uma onda de coragem que nos fará esquecer as possíveis consequências dos nossos atos. Agir corajosamente nada tem a ver com destemor. Não chegaremos ao ponto em que o medo desaparecerá por completo. Decisões importantes trarão verdadeiros turbilhões emocionais a nós, e isso não diz respeito à nossa covardia ou bravura, mas à nossa humanidade. Aceitar que todas as sensações físicas e emocionais que o medo traz fazem parte da nossa experiência neste mundo nos tira do modo *batalha contra o medo*. Não há batalha. Você não está em guerra. Baixe as armas, porque essa percepção desperdiça energia e força. Você não vai derrotar o medo.

Lembro que, na minha infância, havia uma propaganda de TV que conseguia ilustrar muito bem o que significa o medo. Em cena, mãe e pai conversavam quando a criança informava que iria sair para andar de bicicleta com os amigos. Os pais, com receio dos machucados e dores possíveis, enrolavam a criança com plástico bolha, espumas, EPIs e, para finalizar e deixar clara a forma que enxergavam o próprio filho, colavam nele um adesivo escrito FRÁGIL, em letras grandes e chamativas. Você se imagina em guerra com esse pai ou essa mãe, que confunde insegurança com cuidado? Que perde a mão no momento de deixar a cria viver o que precisa viver e deseja que ela simplesmente fique parada em uma redoma? Esses pais não precisam de guerra, mas de limites. O medo também.

Os cuidadores que superprotegem não estão errados em todas as suas tentativas de cuidado. Observar os riscos, evitar machucados desnecessários e ponderar as atitudes mais adequadas a serem tomadas é importante para a manutenção da vida. Sentir medo nos impede de atravessarmos uma avenida movimentada em horário de pico e de pular do vigésimo andar apenas para experimentar a sensação de voar por alguns segundos. Portanto, ele é essencial para que você aumente as suas chances de viver mais alguns anos. O problema é que essa preocupação é, por vezes, exagerada. E perdemos a perspectiva dos riscos que valem ser vividos e dos que não valem.

Em uma cena do filme *Procurando Nemo*, a personagem Marlin, pai de Nemo, em uma conversa com a Dory sobre o filho, diz que prometeu a Nemo que nada lhe aconteceria. Dory, com um olhar surpreso e intrigado, responde: "Coisa estranha de se prometer. Se nada acontecer ao Nemo, então NADA vai acontecer ao Nemo!" Parece muito óbvio, mas não é. Se prometemos que nada vai acontecer, então, nada vai acontecer. Podemos evitar os joelhos ralados da queda da bicicleta, mas também estaremos evitando o coração acelerado de êxtase que as primeiras pedaladas provocam. Evitaremos o vento no rosto, a sensação deliciosa de se levantar depois de uma queda e seguir. Evitaremos a companhia dos amigos, as gargalhadas e a diversão com o grupo. Não acontecer nada não é uma boa opção.

Marina cresceu em uma família praticante ativa do catolicismo. Participava de todos os encontros e missas da igreja, e foi em uma delas que conheceu o marido. Após anos de casados e de uma vida construída seguindo as regras da religião, percebeu que as crenças que faziam sentido para a menina já não se encaixavam na vida da mulher que se tornara. Acontece que abrir mão da religião não era uma coisa simples, visto que o catolicismo fora parte constituinte de sua própria personalidade e uma das bases que sustentava a relação. A ideia de ter uma conversa para comunicar ao marido que havia mudado as suas crenças pessoais lhe despertava um medo indizível. Ensaiava várias e várias vezes dizer o que pensava, mas a coragem parecia se esvair cada vez que ficavam frente a frente. Tinha medo de perder o parceiro, o companheiro, o amigo. Achava que a reação dele lhe traria uma dor que não conseguiria suportar. Foram meses de conversas com o terapeuta e com o espelho, de idas às missas e aos encontros sem a mais remota vontade, porque o medo a paralisava e fazia parecer que as opções que tinha eram apenas duas: silenciar as suas novas descobertas sobre si mesma em nome do casamento ou abrir mão da relação em nome do que descobrira sobre si mesma. Enredada nos caminhos estreitos criados pelo medo, via-se oprimida pela própria vida. Até que a vontade de assumir as próprias escolhas gritou internamente em tom tão alto que Marina decidiu que, se o preço para assumir as suas crenças era terminar o relacionamento, ela o pagaria. Viveu, então, um processo interno de despedida do casamento e do marido. Quando finalmente decidiu conversar com ele, certa de que o final da relação era inevitável, percebeu que seus medos a fizeram perder a clareza da situação. Não existiam apenas as duas opções que foram obsessivamente repetidas por todo aquele tempo. Em um diálogo, que foi acolhedor, amoroso e honesto, descobriu que ser leal com quem era tornava a relação ainda mais forte. E descobriu, também, que muito mais coisas a uniam ao marido além da religião.

Conversas são, por sua própria natureza, incontroláveis. São vivas e brotam do encontro com as nossas profundezas e as profundezas do outro. Conversas ditas difíceis, que envolvem decisões importantes, então… Não sabemos a reação que a nossa fala despertará, não sabemos como vamos agir ou o que vamos sentir diante do que nascerá na troca com o outro. Como não sentir medo dessa construção? Da nossa vulnerabilidade, que se apresenta de forma tão intensa nessa ausência de certezas e previsibilidade? Como não sentir as mãos suarem e o estômago doer quando, dos rumos da conversa, podem sair os novos rumos da nossa vida? Crises no casamento, incômodos no trabalho, dificuldades na relação com amigos. Que caminhos podemos tomar para respeitar o que é importante para nós sem que atropelemos o outro? E como podemos respeitar e cuidar do outro e da relação sem machucar pedaços importantes de nós mesmos?

Ao acreditar que existiam apenas duas possibilidades, Marina caiu em uma das maiores ciladas que o medo nos impõe: a certeza de que estamos em uma bifurcação, com apenas duas saídas e nenhuma chance de retorno. Que as nossas opções são determinantes e urgentes. Entretanto, quando sussurra em nossos ouvidos as suas previsões trágicas, a mãe superprotetora está nos fazendo a promessa que o Marlin fez para o Nemo. E, em vez de gritar que ela está agindo como uma louca e entrar na tal batalha contra o medo, precisamos agradecer a sua preocupação, colocar limites em seus devaneios e seguir. Não temos a opção de seguir o nosso rumo sem essa voz, apavorada, nos dizendo que devemos ficar imóveis. Mas podemos entender que ela tem o lugar e o momento certo de ser escutada, momento esse que normalmente inclui um perigo real e intenso, como estar de frente para um leão, ou a poucos passos de cair da sacada do prédio.

Quanto mais importante a decisão, a conversa, o passo que daremos, mais alto a voz apavorada falará. E por vezes os primeiros movimentos serão com ela gritando muito alto em nossos ouvidos. Por vezes, dou ao medo um tempo para expor todos os seus pavores em minha mente. *Querido medo, você tem vinte minutos para correr solto e livre. Aproveite. Acabado o tempo, você vai me deixar trabalhar, amar, sorrir, chorar e viver sem me ameaçar a cada suspiro. Todas as vezes que aparecer fora de horário, eu vou te lembrar que podemos nos encontrar amanhã.* Como um filme de terror assustador, deixo que fale, que desenhe os piores cenários, que me diga todas as inúmeras possibilidades de fracasso que me esperam na próxima esquina. E, após visualizar a criatividade *over* da minha mente roteirista de dramalhões mexicanos, eu respiro e sigo.

Tudo o que ele cria em nossa mente são apenas pensamentos. Somente pensamentos. Por mais que a voz falhe, que a garganta seque, que as pernas tremam e o corpo pareça uma fonte de sensações assustadoras, a maior parte dos nossos medos é apenas uma projeção assustada da nossa mãe superprotetora. Que diminui com o nosso cuidado emocional e com nossa exposição. Por vezes, apenas experimentar a situação nos fará enxergar, assim como Marina, que a vida possui mais possibilidades do que as que imaginamos. Nos próximos capítulos, falaremos da construção de conversas que corajosamente cuidam do que importa para nós e para o outro. E não vejo forma de iniciar essa conversa senão olhando para a nossa coragem — e para os nossos medos — de perto.

Muito além de acolher, nomear e defender o que importa para nós, precisamos entender que o outro também possui o direito inalienável de fazê-lo. Já parou para pensar nisso? Encontrar-se honestamente com o outro é encarar de frente a possiblidade de conhecer lados nossos e dele que não queríamos. De escutar "não", de ter os planos desfeitos e refeitos. Não há certeza de final feliz, não vivemos em um musical da Broadway. Marina poderia ter escutado que a religião era um ponto essencial para a manutenção da relação e que, assim como ela precisava cuidar do que importava para si mesma, ele também precisava cuidar do que importava para ele mesmo. Muitas vezes preferimos a dúvida e ficamos aprisionados em situações que nos oprimem, porque acreditamos que não conseguiremos lidar com o que o outro realmente quer e pensa. Chantageamos, manipulamos, choramos, sofremos e fazemos sofrer tentando evitar um colapso que já existe. Tapamos o sol com a peneira, porque, assim como podamos a nossa subjetividade, não suportamos enxergar a subjetividade do outro. O que aconteceria se a conversa com o marido não acontecesse? Fingir que estava bem faria as suas angústias e seus medos desaparecerem? Ficaria feliz, de uma hora para a outra, por decidir silenciar a própria dor? Desistir da conversa seria uma das formas possíveis de lidar com um caos, não de evitá-lo. O colapso já havia acontecido, afinal.

Mulheres, homens e a coragem

Há um contexto social para lidar com a coragem, e não podemos encarar as nossas formas de vivenciá-la sem olhar para o que aprendemos quando éramos crianças. Meninas não são educadas para serem corajosas. São treinadas, desde muito novas, para serem perfeitas. "Não bagunce o cabelo!", "Sorria!", "Se comporte, você é uma mocinha!", "Você não consegue fazer isso, deixa que eu faço!", "Não incomode!", "Seja boazinha!", "O que a tia vai pensar de você?". As frases que aprisionam meninas em um papel de criaturas boazinhas que fazem todos felizes são inúmeras e, sem nenhuma dúvida, tomariam páginas e páginas de um livro. Quer fazer um teste? No próximo aniversário de criança que você participar, observe os pequenos brincando. Perceba quantas vezes as mães e os pais de meninas levantam para ajeitar-lhes os cabelos, os laços, fitas e enfeites da roupa. Quantas vezes se aproximam dizendo que vão cair, que não podem subir aqui ou ali. Quantas e quantas vezes gritam: "Você está de vestido, não pode brincar assim!" Perceba em quantos segundos estão ao lado delas quando caem ou se machucam.

Que mensagens as meninas recebem ao serem tratadas assim? De que forma aprendem a enxergar as próprias possibilidades e impossibilidades? Se todos já temos os cuidadores que superprotegem dentro de nós, o que acontece quando as pessoas ao redor amplificam essa voz e suas preocupações? O que acontece quando os adultos que socializam essa menina estão tão empenhados quanto o medo de não deixar que nada lhe aconteça? *Risco* vira a grande palavra proibida. Mulheres são obcecadas por fazer o que é certo, do jeito certo, chegando a um resultado perfeito, e isso não é algo biologicamente explicável, mas uma produção social passada de geração a geração em diversas culturas.

Uma pesquisa realizada em 2014 pela famosa empresa de tecnologia HP constatou que mulheres só se candidatam a uma vaga de emprego se preenchem 100% dos requisitos da vaga, enquanto os homens se candidatam com cerca de 60% das habilidades exigidas. Arriscar não ser perfeita é algo impensável para a maioria das mulheres. Aprendemos a jogar o jogo do tudo ou nada desde muito novas. Ou somos absolutamente perfeitas no que fazemos, ou simplesmente não tentamos! Em seu livro *Corajosa sim, perfeita não*, Reshma Saujani descreve um comportamento muito comum nas alunas do curso de programação Girls Who Code, oferecido pela sua empresa:

> Todas as professoras contam a mesma história. Em algum momento das primeiras aulas, uma garota chama a professora e diz que não está conseguindo. A professora olha para a tela e vê que a página do editor de texto está em branco. Se ela não soubesse o motivo, pensaria que a aluna passou os 20 minutos anteriores contemplando a tela. Mas basta clicar em "Desfazer" algumas vezes para constatar que a aluna de fato escreveu linhas de programação e apagou tudo. Ela tentou. Quase conseguiu. Mas não fez tudo absolutamente certo. Em vez de mostrar quanto tinha conseguido avançar, preferiu não mostrar nada. É perfeição ou nada.

Mulheres escolhem empregos seguros, namoros seguros, fazem cortes de cabelo seguros. Sim, cortes de cabelo. Em regra, mulheres não se arriscam a mudar radicalmente o corte ou a cor dos cabelos, mesmo sabendo que não é algo definitivo e que, em poucos meses, ele volta ao *normal*.

Se a tentativa de fazer algo novo é assustador e contrário a tudo que a mulher foi ensinada a fazer, os níveis de dificuldade alcançam patamares estratosféricos quando acrescentamos à equação o relacionamento com o outro. Meninas são presenteadas com bonecas e utensílios domésticos, são treinadas a cuidar e pensar no outro em quase todas as suas ações. Fazer o outro feliz é parte da definição de ser uma boa esposa, mãe, filha, profissional. Fomos educadas para desejar o reconhecimento constante do outro, tendo a aprovação e os elogios como combustível para continuar caminhando. Ofereça possibilidades de uma viagem ou passeio a uma mulher e certamente ela irá pensar, antes de tomar a decisão, em todos que estão diretamente ligados a ela no seu dia a dia. Qual é o lugar a que os filhos desejam ir, qual o preferido do namorado, qual é o sonho da mãe. Inúmeras vezes me pego priorizando o funcionamento familiar sem sequer considerar o que realmente quero. Esse comportamento tem um preço que inclui, geralmente, ressentimento, mágoa, estresse e a necessidade de calmantes para conseguir dormir. Não digo que devemos ser egoístas e pensar apenas em nós, mas precisamos saber o que queremos para saber os nossos limites em nossas negociações.

Há um tempo li a respeito de um experimento realizado pela rede norte-americana de TV ABC News em parceria com o psicólogo Campbell Leaper, professor da Universidade da Califórnia. Os pesquisadores distribuíram limonada com sal para grupos de meninos e meninas e perguntaram se acharam boa. A maioria dos meninos, antes mesmo de serem perguntados, demonstraram a sua insatisfação com um "Eca, que horrível!". Já as meninas tomaram TODA a limonada e só falaram do gosto intragável do líquido após certa insistência dos pesquisadores. Quando eles perguntaram por que elas beberam e não falaram nada, a resposta foi: "Não queríamos que eles ficassem chateados." Assim que li fiquei chocada, não somente porque as meninas, que tinham por volta de 9 anos, tomaram uma limonada intragável e não falaram nada, mas porque, dependendo da situação e do momento, eu também não diria. Certamente não beberia, mas provavelmente deixaria de lado, sorriria educadamente e seguiria sem deixar claro que achara terrível o gosto do líquido. Chocada com essa constatação, liguei para algumas amigas. "Se uma pessoa te oferecesse uma limonada com sal em vez de açúcar, você diria que estava ruim?" A resposta de todas elas foi a mesma: "Depende!"

As tentativas das meninas se posicionarem e reclamarem de algo são imediatamente rechaçadas pelos adultos próximos. Dizer o que pensa, demonstrar limites e reclamar de qualquer coisa é motivo suficiente para receber o rótulo de menina malcriada. E Deus nos livre de recebermos esse rótulo, porque meninas malcriadas não são elogiadas, não recebem nota 10, não são o exemplo. São aquelas que não devemos ser. Queremos elogios, queremos ser reconhecidas. Ser a melhor vicia. Nós nos viciamos em reconhecimento e elogios e não percebemos que eles deixaram de fazer o efeito fantástico que faziam à medida que crescemos. Elogios não nos dão paz e tranquilidade, não cuidam dos nossos interesses, não melhoram as nossas noites de sono. Ser a menina dos olhos do papai e a preferida da professora da pós-graduação não tem o mesmo efeito de quando tínhamos 5 anos e tirávamos 10 nas provas. A vida adulta não fica mais fácil quando se é perfeita. Mas a maioria das mulheres não sabe disso.

Enquanto as meninas foram treinadas para serem impecáveis, perfeitas, lindas e educadas, os meninos foram treinados para desafiarem de frente o medo e a gravidade. Ganham carrinhos, blocos de montar, espadas. São estimulados a levantar depois da queda e a tentar novamente e novamente. Lembra do exemplo que citei sobre a festa de aniversário infantil? Quantos pais e mães de meninos você vê levantando para pentear os cabelos dos filhos ou limparem incessantemente as suas roupas? Quantas vezes impedem que escalem, corram e tropecem? Quantas e quantas vezes a palavra *coragem* é usada na educação dos meninos? O grande problema é que essa tal coragem, tão estimulada nos meninos, se reflete em bem pouca habilidade em lidar consigo e com o outro nas relações. A confusão entre coragem e bravura torna os meninos mais destemidos, quase irresponsáveis nos desafios da vida, mas imaturos e pouco inteligentes emocionalmente nas relações.

Certa vez, enquanto me preparava para uma palestra, uma moça se aproximou. Em um tom de voz baixo, contou que estava muito feliz em participar do evento, mas acreditava que não ficaria até o final, porque estava com o marido, um militar endurecido pela vida, e ele tinha aceitado ir depois de muita insistência sua. Sorri, disse que entendia, nos abraçamos e ela seguiu para a cadeira. Volta e meia, durante o evento, eu olhava na direção dos dois. Ela sorrindo, ele, sério. Assim que o evento acabou, uma fila para autógrafos dos livros se formou. Para a minha surpresa, ele estava na fila, ela, não. O tema do encontro tinha sido as emoções e eu sei que pode levantar grandes resistências em quem escuta, por isso tive um tanto de receio ao ver o homem alto e de feição dura na fila. Na sua vez, ele me abraçou. E chorou. "Pela primeira vez na vida, o menino que eu fui recebeu colo. Eu nem sabia que isso tinha me feito falta. Obrigado."

Aos meninos, apenas uma emoção é validada e permitida: a raiva. Podem sentir raiva, brigar, gritar, surtar, bater. Todo o resto lhes é reprimido. Medo? Não pode! "Você é um homem ou um saco de batatas?" Tristeza? Jamais! "Homem não chora!" Assim como as frases sobre ser uma boa menina são quase impossíveis de serem listadas, as frases sobre engolir as emoções e demonstrar *força* para os meninos são infinitas. Falta-lhes colo, carinho, conversa. A simples informação de que um bebê é um menino ou uma menina já determina o tom de voz, o número de palavras e o jeito que as pessoas vão falar! Um bebê! À medida que crescem, essa diferença só aumenta. Como mãe de um menino e de uma menina, vejo essa construção de homens frios e incapazes de lidar com as próprias emoções diariamente. Meu filho é menos abraçado e acolhido que a irmã. As pessoas cobram dele uma postura menos emotiva e arrematam com a frase absurda: "Você já é um homem!" Ele escuta que já é um homem desde os 2 anos, como se uma única palavra pudesse resumir toda a infinidade de possibilidades de suas ações.

Sem conseguir vivenciar a tristeza, a frustração, o medo, a angústia e todas as outras emoções humanas, os homens ficam presos na raiva e na irritabilidade. Bravos, mas não corajosos. Meninos assustados e solitários aprisionados em homens com caras furiosas. Mesmo os mais calmos e tranquilos, diante dos desafios, tendem a explodir, por terem aprendido que existem apenas duas opções: engolir ou gritar. Oscilam entre raiva de si mesmos, do outro ou da vida. Se a coragem está diretamente ligada a seguir o coração e cuidar do que está vivo nele, é impossível praticá-la sem um olhar atento às próprias emoções. E a educação destinada aos meninos os afasta dessa conexão.

Veja bem, nenhuma dessas constatações é uma sentença sobre como você irá lidar com os seus sentimentos e os do outro nas relações. Não é um aprisionamento, mas justamente o oposto, uma libertação. Saber que mulheres são socialmente treinadas para cuidar do outro e anular os próprios desejos nos faz perceber que a vontade de calar, se encolher e duvidar da própria força é algo esperado e que não fala da nossa coragem, não mede as nossas capacidades. Saber que homens são educados para não escutar — a capacidade de escuta é diretamente proporcional ao quanto somos educados — e que são estimulados a impor as próprias vontades sem considerar o outro e as suas necessidades pode torná-los mais atentos aos seus impulsos e ao que importa para o outro. Estar consciente dessas informações nos faz perceber que a coragem é uma escolha difícil. Não é o natural para a maioria de nós. Não é o caminho que tomaremos automaticamente. Pede esforço, dedicação. Pede a capacidade de respirar fundo, sentir o medo gritar alto… e ir com ele mesmo.

Quando o nosso valor não está em jogo

Comecei a dividir um pouco da minha vida e rotina nas redes sociais em 2015. Em um lugar onde todo mundo postava as melhores fotos, os melhores sorrisos e os seus melhores lados, eu escrevia sobre as minhas dificuldades na vida de mãe. Estava em casa, com um menino de 2 anos e um bebê de 7 meses. Era o meu segundo puerpério, e a maternidade estava bem longe de ser o mar de rosas com cheiro de jasmim que reinava nos compartilhamentos dos outros. Eu amava meus filhos, não me arrependia de tê-los, mas não me sentia completa, plena e todas as coisas que dizem que boas mães sentem. Escutei, diversas vezes, que era muito corajosa em falar tudo aquilo. Eu não via nenhum texto ou crônica questionando se o papel exercido pela mulher na sociedade é um ato de coragem. Eu apenas estava sendo honesta com o que sentia, nem mais nem menos.

Com o tempo, a maternidade saiu do foco da minha escrita, e passei a falar mais sobre como lidar com os comportamentos desafiadores dos meus filhos. Tanto estudo e conhecimento precisava ser compartilhado. Eu queria transbordar o que estava aprendendo. Aos poucos me tornei umas das maiores referências sobre não violência no país. E a minha escrita continuava — e continua — honesta com o que eu vivia, e isso quer dizer que eu dividia mais que os meus acertos. Lembro de certo dia ter escrito que tinha gritado com as crianças até a garganta doer. Expliquei o que pensava, o que estava sentindo, o motivo pelo qual o grito explodiu como um pedido de socorro. Pouco tempo depois, uma pessoa querida me ligou. "Como você tem coragem de escrever algo assim? Como você fala isso na internet, você ensina sobre educação, não pode falar que agiu assim!" Eu sorri, acolhi a preocupação e disse: "Eu faço merda, essa consciência me faz cada vez melhor. Meus erros não mudam o meu valor."

Não encaramos as nossas feiuras, porque acreditamos que, se assumirmos os nossos lados mais sombrios, não teremos o mesmo valor. Não seremos merecedoras de amor, de carinho e de respeito. Só gente boa merece isso. Queremos pertencer ao grupo das pessoas boas, então mentimos para nós mesmos sobre o que sentimos, sobre quem somos, sobre o que vivemos. Temos um medo tão grande de olhar para o que vive em nós que nos agarramos à personagem que criamos para sermos amados e aceitos. Acontece que o mundo não se divide entre pessoas boas e pessoas más. Jung dizia que a totalidade não é a perfeição, mas o ser completo. Melhor ser inteiro a ser bom. Aprender que nosso valor não está no quanto nossas características são socialmente aceitas nos impulsiona à coragem de assumir todos os nossos lados. Ser inteiro é uma escolha mais corajosa que buscar a perfeição.

Nenhum de nós nasceu duvidando do próprio valor. Nenhum ser humano nasceu com medo de chorar demais e perder o amor do adulto que lhe cuidava. Ao nascermos, simplesmente sabemos que somos maravilhosos como somos. O conceito de bondade não está fora, mas dentro de nós, não exclui pedaços nossos, mas acolhe todos. Contudo, conforme vamos crescendo, os adultos próximos nos mostram que esse amor não é tão garantido assim. Que a bondade não está em acolhermos todos os nossos lados, mas em mostrar para o outro apenas os pedacos que ele quer ver. Papai não gosta de mim quando sinto raiva? Aprendo a engolir a raiva e a mentir sobre a sua existência. Mamãe me diz que reclamo demais e isso a deixa triste? Aprendo a reclamar mentalmente enquanto sustento um sorriso no rosto. Ou reclamo e me considero alguém muito ruim por agir assim. De repente, alguns pedaços nossos parecem equivocados demais, falhos demais, ruins demais. São feios e não combinam com a beleza que aprendemos que devemos ter. Mostrar cada um desses pedaços nos faz menos merecedores de amor. Diminui o nosso valor.

Demorei a entender que todo "Você é tão corajosa por dividir isso com a gente!" partia de um lugar de "Você não tem medo de que deixem de gostar de você?". Os abraços, os beijos, o carinho, a admiração e, em tempos de redes sociais, os *likes* são prêmios de bom comportamento. Aprendemos isso. Temos essa convicção profundamente inserida em nossa mente por uma educação baseada na recompensa e na punição e não temos coragem de convocar todas as nossas partes a conviverem juntas. A serem integradas em nós. Mentimos para nós e para o outro, como a criança que quebrou o brinquedo da irmã por ciúme e tem medo de ser castigada pelos pais. Mesmo com os pedaços estilhaçados do brinquedo nas mãos, ela chora, diz que não quebrou e nega o próprio ciúme, porque não pode perder o amor do papai e da mamãe.

O que você vai descobrir sobre si quando tiver coragem de assumir as próprias feiuras? Só aprendemos a lidar com o que aceitamos que existe, portanto, para que as nossas feiuras não nos dominem e passem a dominar as nossas ações, precisamos aceitá-las. Precisamos reconhecer que são partes importantes de nós mesmos. E que, em uma situação, a característica pode nos ajudar e, em outra, nos atrapalhar, como qualquer coisa na vida. A diferença entre o veneno e o remédio está na dose. Tenho acolhido a Elisama que treme de raiva e que perde a paciência quando provocada. Ela é incrível quando se depara com injustiças. Tenho acolhido a Elisama mandona. Ela é maravilhosa quando o caos impera e precisamos de um direcionamento rápido e eficaz. Acolho a Elisama impulsiva, quase irresponsável, ela é a mola propulsora de grandes mudanças na minha vida. Acolho a Elisama sedenta por aprovação, ela tem a sua função em aumentar o padrão de qualidade do meu trabalho. Acolho a Elisama codependente que deseja ver todo mundo feliz, ela me ajuda a ter empatia com quem está ao meu redor e a me conectar com o sentimento do outro com muita facilidade.

Desreguladas e mal trabalhadas, elas podem me dar muita, muita dor de cabeça. Atrapalham a minha relação comigo e com o outro, e só conhecendo cada uma delas posso lidar com essas características de maneira saudável. A Elisama que treme de raiva pode reagir com agressividade em momentos completamente desnecessários. Pode procurar brigar com a própria sombra nos seus piores dias. A Elisama mandona vira uma tirana insuportavelmente controladora se não encontra os limites colocados por mim. Tem uma enorme tendência a querer tudo do seu jeito, desde a posição do papel higiênico no suporte do banheiro à forma de trabalho do marido. Juro que ela consegue ser bem louca. A Elisama impulsiva é um perigo se não encontra a que está se esforçando diariamente para se tornar ponderada. Os seus impulsos vão desde comprar utensílios domésticos completamente inúteis a decidir mudar de casa e bairro de uma hora para a outra. A Elisama sedenta por aprovação pode ler o mesmo comentário criticando-a em um de seus posts nas redes sociais 457 milhões de vezes e escrever 747 respostas diferentes e não enviar nenhuma. Ela repassa obsessivamente na cabeça uma fala errada ou um gesto *inadequado*, tentando consertar o que não tem — e não precisa — de conserto. A Elisama codependente pode colocar a felicidade do outro acima da sua própria, se anular e depois se afundar em raiva e ressentimento. Ela tem uma forte tendência de se definir pelo que faz e não por quem é.

Consegue perceber que nenhuma das suas características é boa ou má? Que nenhum pedaço seu precisa ser excluído e apartado do todo? Que você é bom ou boa como é e que conhecer os pontos fortes e sensíveis de cada lado seu vai fazer com que seja mais inteiro e mais potente? Nenhuma das suas descobertas sobre si mesmo interfere no valor que você tem. Boas pessoas, que possuem somente características fofas e lindas, que sentem apenas sentimentos que cabem no cartão de dia das mães, pais ou namorados, não existem. Simplesmente não existem. Nenhum gesto, ato, característica ou descoberta sobre você muda o fato de que você merece amor, carinho e respeito. Você faz merda, erra e tem pensamentos horríveis. Eu também. E tudo bem.

Um novo conceito de coragem

Quando liguei para Marina e falei que dividiria a história sobre como ela comunicou ao marido sobre as mudanças em sua forma de ver a vida, porque ilustraria bem o que eu queria falar sobre coragem, ela me respondeu: "Mas eu não fui corajosa. Me achei tão covarde por ter desistido!" A coragem associada a bravura, a não desistir, a dar conta de tudo, sem medo e com segurança emocional, nos impede de assumir os nossos atos corajosos. E quando não os enxergamos, vemos somente um pedacinho da nossa própria potência.

Brené Brown, pesquisadora, cientista social da Universidade de Houston e escritora norte-americana que é referência mundial quando o assunto se trata de vulnerabilidade, conta que a palavra coragem vem de *cor*, que significa coração, e a definição original da palavra significaria "Contar a história de quem você é com todo o seu coração". Uma definição muito diferente da que aprendemos em nossa infância e que está na maioria dos dicionários de língua portuguesa, como o *Houaiss*, que descreve *coragem* como

1. moral forte perante o perigo, os riscos; bravura, intrepidez, denodo
2. firmeza de espírito para enfrentar situação emocionalmente ou moralmente difícil "armou-se de c. para rever o amigo moribundo"
3. qualidade de quem tem grandeza de alma, nobreza de caráter, hombridade "a c. dos santos e dos heróis" "teve a c. de assumir o próprio erro"
4. determinação no desempenho de uma atividade necessária; zelo, perseverança, tenacidade "desde jovem, revelou c. no trabalho"
5. capacidade de suportar esforço prolongado; paciência "não vou ter c. de entrar nessa fila"
6. pej. ousadia; desfaçatez "teve a c. de mentir deslavadamente"

Aprendi, ainda muito nova, que a melhor forma de lidar com o medo era colocar a minha cara mais assustadora e encará-lo de frente. O que me assusta não me paralisa, pelo contrário, me faz acelerar o passo, juntar toda a raiva que cabe no meu ser e dar um grito de guerra ao estilo *Coração valente*. Quem me vê de fora pode acreditar que caibo nessa definição de bravura e valentia. Corajosa! Acontece que, na maior parte das vezes, a minha atitude é um ato de medo absoluto. É o meu medo gritando tão alto que tudo o que faço é correr, e gritar, e rugir para que ele cale a boca e me deixe em paz. Se encarar o que me provoca medo é a forma mais rápida de fazê-lo calar a boca, então vamos nessa. Esse ímpeto de atacar esconde a minha covardia. Esconde a criança apavorada dentro de mim. Tenho exercitado a coragem de esperar. De não responder imediatamente. De escutar o medo, entender o seu cuidado excessivo. De respirar e ficar com a angústia e seus efeitos em meu corpo. A garganta seca, o aperto no peito, a dor no estômago. Não preciso fugir deles como quem foge da morte. Posso ficar. E decidir ficar, contendo todos os meus ímpetos de batalha, é a escolha mais corajosa que posso adotar.

A minha definição de coragem abarca mais que os resultados dos nossos atos. É maior que uma ilusão de que o medo não existe mais. Coragem é seguir o coração, mesmo com medo. É abraçar as vulnerabilidades e saber que o resultado das nossas ações não nos define. É saber que somos maiores que qualquer erro ou falha. E é lembrar que, independentemente de qualquer coisa, merecemos amor, carinho e respeito sendo quem somos.

Não cuidaremos dos nossos limites em uma conversa sem sentir medo do que o outro irá pensar, fazer ou falar. Os pensamentos obsessivos sobre o que deveríamos falar ou fazer não vão desaparecer até sermos expostos ao que nos assusta. Não seremos perfeitos e impecáveis, e toda busca por nos colocar nesse lugar irá nos violentar e/ou violentar quem convive conosco. Escolheremos a coragem sempre que nos lembrarmos de que merecemos pertencer. Há uma grande diferença entre pertencer e caber, e o medo nos empurra para caber. Pertencimento não nos machuca. Pertencer é saber que somos amados sendo quem somos. É saber que o nosso valor não é uma moeda em uma mesa de negociação, ao lado do afeto e do carinho. O pertencimento é confortável como uma roupa feita sob medida. Acontece que, buscando atender à nossa necessidade de pertencer, aceitamos o seu antônimo, que se parece tanto com o pertencimento que confunde. Nós nos encolhemos para caber em formas que existiam antes de nós, como quem precisa deitar na cama para fechar a calça jeans e a retira, no final do dia, com o corpo cheio de marcas, mostrando o preço do que aperta. Por vezes, para caber, acrescentamos em nós pedaços que não são nossos. Mentimos sobre as nossas conquistas e realizações, sobre quem somos e o que fazemos. Caber pode até trazer uma ou outra vantagem, mas quando deitamos na cama à noite, sem os enchimentos que nos aumentam, as máscaras que nos escondem ou as faixas que nos apertam, sabemos que não somos a imagem que queremos passar. E que o que recebe amor não é quem somos.

O medo de perder o carinho, a admiração e a aceitação de quem está ao nosso redor nos faz caber. Ele narra para nós, insistentemente, as tragédias que nos esperam se formos honestos com o que somos e com o que desejamos. Ele promete que nada vai nos acontecer, mesmo sabendo que não pode cumprir essa promessa. O medo nos diminui e aprisiona em relações que nos machucam, nos dizendo que é o máximo que podemos ter/ser, que não merecemos mais. A coragem nos lembra de que somos o suficiente. Que temos o tamanho perfeito, mesmo com todos os nossos defeitos e imperfeições. Que temos coragem de encarar, assumir, acolher e defender o nosso tamanho.

Resumo do capítulo

- A coragem se mostra de formas diferentes em cada momento e situação.
- A forma com que encaramos a coragem e como nos vemos atendendo ou não aos nossos padrões interfere na nossa disposição e força para seguir.
- O medo odeia a possibilidade, por mais remota que seja, de falta de controle com o resultado e treme em imaginar que pisaremos em um solo que não conhecemos. Ele é um cuidador que superprotege e nos promete que nada vai acontecer se seguirmos os seus conselhos. Nada acontecer não é uma boa opção.

- Um encontro honesto com o outro é encarar de frente a possibilidade de conhecer lados nossos e dele que não queríamos. De escutar *não*, de ter os planos desfeitos e refeitos, visto que, assim como temos o direito inalienável de cuidar do que importa para nós, ele/ela também o tem. Não há certeza de final feliz, a vida não é um musical da Broadway
- Mulheres são educadas para ser perfeitas e não correr riscos, homens são educados para suprimir as próprias emoções e as do outro, tornando a coragem uma escolha intencional que, por vezes, exige esforço e dedicação.
- Aprender que o nosso valor não está no quanto nossas características são socialmente aceitas nos impulsiona à coragem de assumir todos os nossos lados. Ser inteiro é uma escolha mais corajosa do que buscar a perfeição.
- Coragem é seguir o coração, mesmo com medo. É abraçar as vulnerabilidades e saber que o resultado das nossas ações não nos define. É saber que somos maiores que qualquer erro ou falha. E é lembrar que, independentemente de qualquer coisa, merecemos amor, carinho e respeito sendo quem somos.
- Buscando atender a nossa necessidade de pertencer, aceitamos o seu antônimo, o caber, que se parece tanto com seu sinônimo que pode nos confundir. E sofremos quando nos encolhemos ou inflamos para caber na forma alheia.
- A coragem nos lembra de que somos o suficiente. Que temos o tamanho perfeito, mesmo com todos os nossos defeitos e imperfeições. Que temos coragem de encarar, assumir, acolher e defender o nosso tamanho.

CAPÍTULO 2

PRIMEIRO EU

A importância de conhecer os próprios limites e o que realmente importa para você

A palestra havia acabado, e eu estava conversando com os participantes que permaneciam na sala. Érica se aproximou, inquieta. O olhar misturava raiva e angústia, a voz trazia um choro embargado. "Elisama, eu gosto muito do seu trabalho, mas eu discordo completamente do que você disse sobre ninguém ter a obrigação de me fazer feliz ou cuidar de mim. Meu marido tem, sim, a obrigação de valorizar o que eu faço e pensar em minha felicidade! Ele é o meu marido! Para que a gente casa, então?" A minha fala sobre ninguém ser obrigado a nos fazer felizes foi dita no comecinho da palestra e, pelo que pude notar, Érica ficou presa nisso. Ali estava o foco de uma vida, a intenção de todos os seus esforços, e eu não podia lhe dizer nada que desfizesse mais os seus sonhos do que essa informação.

Érica era a esposa dedicada, a mãe dedicada, a empregada dedicada. Abria mão de seus sonhos, de suas vontades e de seus quereres em nome da felicidade de todos que estavam ao seu redor. Fazia tudo isso por amor, dizia. E, como amor era sinônimo de anular-se, amargava a certeza de que não era amada ou valorizada por quem estava ao seu redor, já que ninguém se anulava por ela. Os seus esforços pareciam invisíveis. Ninguém enxergava o tempo que passava planejando, calculando e executando coisas pelo bem alheio. Contar para si mesma a história de que não queria nada em troca pelas suas atitudes era a mentira que Érica mais repetia. A realidade é que ela queria, sim. Queria amor, queria reconhecimento. Queria que alguém preenchesse o vazio emocional que a fazia esquecer das próprias necessidades para olhar desesperadamente para as do outro. Ela queria o colo e o amor que não recebera numa proporção boa o suficiente quando criança. Queria algo que não encontraria, algo que nem ela oferecia a si mesma. O pior de tudo é que não tinha a menor consciência do que queria, e, sem essa consciência, não fazia ideia do que pedir e como pedir. Como os outros não adivinhavam as suas necessidades, guardava rancor e ressentimentos por quase todas as pessoas que conhecia. Esse rancor e esse ressentimento também não eram olhados e nomeados, porque se tratava de sentimentos ruins, que não combinavam com a pessoa boa que ela era.

Comecei a estudar novas formas de comunicação em 2012, quando o meu filho mais velho nasceu. Eu queria educá-lo sem bater e não fazia a mais remota ideia de como criar um filho sem os famosos castigos e palmadas, não sabia que existia vida para além das recompensas e punições. Quando me deparei com a comunicação não violenta, percebi que tinha encontrado uma espécie de tesouro. Eu, a menina brava, a ariana briguenta, podia falar de outros jeitos, bastava treinar. No começo eu pensava assim, que comunicação era um processo de falar com o outro. Com o tempo entendi que se tratava de algo muito mais intenso e profundo, que se eu queria transformar a minha relação com meus filhos, meu marido, meus pais, meus amigos, eu precisava começar pelo denominador comum: eu.

As conversas que temos com nós mesmos transbordam para as nossas relações. Os relacionamentos são transbordamentos de nós, das nossas dores e dos nossos anseios, das nossas feridas e das nossas curas. Por isso é tão importante ter consciência de quem somos e do que queremos, do que estamos sentindo e precisando, porque ninguém tem a obrigação de ser receptáculo das nossas frustrações. Já que transbordamos em nossas relações, é bom que estejamos conscientes de que transbordamentos são esses, do que nos inunda e do que nos sobra. Precisamos de uma maior consciência do que estamos pedindo e de como estamos pedindo, porque estamos sempre nessa busca pelo dar e receber nas relações. Érica não fazia ideia do que estava pedindo, e, se nem ela mesma sabia o que estava pedindo, como alguém poderia atendê-la?

O que aprendemos sobre limites

Durante o processo de pesquisa para a escrita deste livro, perguntei em minhas redes sociais quem tinha medo ou dificuldade de dizer "*não*". Vou compartilhar com você algumas respostas:

"Sim, é automático, para não causar discórdia com o outro, pro outro não ficar com raiva."

"Tenho vergonha de dizer 'não'."

"Tenho dificuldade de dizer 'não' quando é só porque não quero fazer algo, como se isso não fosse motivo suficiente."

"Tenho dificuldade de dizer 'não' para a minha família, quando digo me sinto mal e fico justificando tudo!"

"Sempre! Não gosto de sentir que desagradei o outro e não gosto de conflito."

"Tenho medo de dizer 'não' no trabalho e parecer que não estou à disposição."

"Sim, quando admiro a pessoa ou quando tenho medo de perder o emprego. Eu quero agradar."

"Digo 'não' algumas vezes, por isso, sou taxada de chata."

"Quando sinto que a expectativa da pessoa é grande e sei que vou desagradar causando frustração."

"Só em relações hierárquicas, em relações horizontais consigo delimitar melhor os limites."

Foram mais de trezentas respostas, quase todas listando as dificuldades em dizer "não" e colocar limites nas relações. É interessante perceber que, em uma sociedade em que muito se fala sobre colocar limites na educação da criança, a maioria de nós tenha dificuldade em dizer "não". A realidade é que existiam, sim, limites claros dentro de casa, quando éramos crianças, mas esses limites não eram os nossos. Sabíamos o que irritava os nossos pais a ponto de sermos castigados física ou emocionalmente. Sabíamos o que era ou não permitido fazer em casa, mesmo que as regras não fizessem sentido para nós. Existia uma hierarquia da importância dos quereres e desejos da família, e os nossos não estavam na lista de prioridades. Veja bem, não estou falando que o ideal é deixar a criança fazer tudo o que deseja, do jeito que deseja, mas que podemos acolher o querer sem, necessariamente, atendê-lo. Para entender melhor esse conceito voltado à educação, você pode ler *Educação não violenta* e *Por que gritamos*, livros que publiquei em 2019 e 2020, respectivamente.

Enquanto os limites dos adultos — em regra, de um dos adultos, o pai — eram claros e precisos dentro do lar, os nossos limites simplesmente não existiam. A nós cabia apenas dizer "sim". Dizer "não" podia render castigos, palmadas ou chantagem emocional. "Criança não tem querer" foi uma das frases mais repetidas para as crianças da minha geração, e nós interiorizamos isso, assim como os nossos pais haviam interiorizado esse conceito antes de nós. Se não temos querer, como criaremos bordas protetoras do nosso querer? Como vamos defender o que importa para nós se crescemos entendendo que não podíamos sequer ter interesses particulares?

A cada "não quero comer feijão!", escutamos que éramos mal-agradecidos e mal-educados. Quando falamos que não gostávamos da escola, provavelmente escutamos que não reconhecíamos os esforços dos nossos pais e não valorizávamos as oportunidades que tínhamos. Quando dissemos que não queríamos voltar para casa, escutamos que "tudo bem, fique aí, então, volto sem você". Das mais diversas formas e jeitos, aprendemos que dizer "não" machucava quem estava ao nosso redor e nos colocava em um risco iminente de abandono. Aprendemos que quem ama diz "sim" e faz o outro feliz. Pessoas boas não causam desagrado. Evitam conflito. E essa confusão entre dizer "sim" e amar distorce as nossas relações até hoje.

Há quem diga "não" sem medo, porque assumiu a postura defensiva do *não preciso que você goste de mim*. Em uma ou outra postura, ainda estamos assumindo que fazer o que o outro deseja e lhe demonstrar amor são sinônimos. Não estou dizendo aqui que não exista quem consiga colocar limites de maneira saudável e respeitosa consigo e com o outro, mas que alcançar essa capacidade é uma conquista, uma escolha antinatural diante da educação que recebemos. No padrão educacional de "se fizer isso, mamãe vai ficar triste", desenvolvemos formas de lidar com o *não* que não são saudáveis para nós ou para as nossas relações.

Limites são bordas que protegem o que importa para cada um de nós. São cuidado, e não há relação emocionalmente saudável e equilibrada que não precise dessas demarcações. Uma relação que não nos permite dizer "não" é uma relação difícil demais para estar. Ela nos cobra um preço alto, que traz consequências danosas para nós, para o outro e para a relação. Érica diz "sim" para os desejos de todos da família, enquanto diz "não" para o que realmente quer. Na verdade, ela sequer sabe o que quer. Foram tantos e tantos anos focando no que o outro precisava, que ela já não sabia o que realmente queria. Quando criança, o foco era fazer a mãe feliz, não incomodá-la. Escutava, diariamente, uma lista imensa dos sacrifícios que a mãe fazia por ela; qualquer querer parecia inadequado e excessivamente exigente. Ter necessidades para além do que era oferecido pela mãe era causar-lhe ainda mais dor que a que ela já sentia. Não podia querer ou pedir. Não podia dizer "não". À medida que crescia, essa insegurança passava para outras relações. Tinha medo de dizer "não" para as amigas, para os colegas, para as professoras. Ao casar e ter filhos, o foco era fazê-los felizes. Érica não sabia seu prato preferido ou qual o seu maior sonho.

A comunicação não violenta me mostrou a importância dos meus limites e como comunicá-los de maneira respeitosa. Aprendi a entender o que está vivo em mim e dividir isso com quem convivo e amo. E aprendi, principalmente, a aceitar que o outro também tem o direito de me demonstrar os seus limites. Dizer e escutar *não* incomoda. E é responsabilidade de cada um de nós lidar com esse incômodo, entender o que ele fala sobre nós. Entender onde toca, que medos desperta, cuidar de cada uma dessas informações que nos traz. Há outra dificuldade, talvez a maior delas: sustentar o limite. Manter-se firme no *não*. Lembro de uma aluna, Márcia, que decidiu dizer "não" pela primeira vez para a mãe. Havia anos um determinado assunto a incomodava e ela tinha decidido que, quando ocorresse novamente, comunicaria seu limite e diria "não". Corajosamente cumpriu o que havia prometido a si mesma, mas entrou em pânico logo depois. Ela me falou, desesperada, que queria ligar para a mãe e voltar atrás. Que não conseguia dormir diante da possibilidade de ter lhe causado algum sofrimento. Como uma criança sedenta por aceitação, ela apenas queria dizer: "Mãe, eu faço tudo que você quiser. Você vai ficar feliz? Mãe, você ainda me ama?"

No primeiro capítulo, falamos sobre o conceito de coragem e do quanto precisamos lembrar, diariamente, que o nosso valor não está na mesa, sendo negociado em todas as nossas interações. Demonstrar e sustentar os limites é lembrar disso. É ultrapassar as camadas do medo de não ser aceito e se conectar com o que realmente importa. Nos próximos tópicos, vamos falar dos passos para uma comunicação que nos coloca em uma postura de conexão com a vida. Que fala de limites que trazem liberdade. E de como podemos lidar com as nossas emoções com respeito e empatia. Quando encontrei Márcia, uma semana depois das mensagens que trocamos sobre o que havia ocorrido com a sua mãe, ela estava aliviada. Passado o susto de ter escutado *não*, a mãe lhe telefonou perguntando o que a incomodava, compartilhando que não fazia ideia que aquela situação magoava a filha em um nível tão profundo. A abertura dada pela mãe gerou uma conversa linda e corajosa entre ambas. Não vou dizer que viveram felizes para sempre, você já é grandinho e grandinha o suficiente para saber que a vida não funciona assim. Mas posso afirmar que sustentar aquele limite foi um divisor de águas na relação das duas.

Codependência e felicidade

Ao escutar Érica e sua desconexão com as próprias necessidades, identifiquei, imediatamente, um comportamento comum em muitas pessoas: a codependência. Em *Codependência nunca mais*, a autora, Melody Beattie, descreve o codependente como um tomador de conta. Acho essa uma definição fantástica. O codependente toma conta da vida do outro, dos problemas dos amigos, das decisões dos companheiros e companheiras. Se mistura à vida do outro de forma tão profunda que se perde de si mesmo. Costuma demonstrar força e é muito confiável em suas realizações, mas o faz com uma entrega que ultrapassa os próprios limites. A codependência não nos permite ver os nossos limites. E damos a isso o nome de amor. De dedicação. De amizade.

Viver para o outro é violento conosco e com quem recebe o peso de ser o foco das nossas atenções. É desrespeitoso com o tempo e as capacidades alheias. Você não precisa viver para ninguém além de você, salvo quando se tem filhos pequenos que realmente dependem de você para se manterem vivos e saudáveis. Existe uma diferença imensa entre apoiar e sustentar o outro a ponto de não o deixar reconhecer a força das próprias pernas. Por muito tempo eu quis aliviar a dor de todos ao meu redor. Eu realmente acreditava que a função de quem ama era resolver os problemas, era tomar conta. E eu sempre fui uma excelente tomadora de conta. Certa vez, quando Isaac, meu marido, perdeu o emprego, decidiu abrir uma empresa de camisetas personalizadas. Achei a ideia maravilhosa. Mas em vez de apenas apoiá-lo e escutá-lo quando necessário, resolvi tomar a frente de tudo. Criei logomarca, encontrei possíveis fornecedores, decidi o tipo de estampa que era a cara dele. Tomei conta e achei que o estava apoiando, mas não. Aquilo era um extrapolar dos limites, e era, de certa forma, arrogante, porque no fundo eu acreditava que saberia lidar com as coisas melhor do que ele mesmo.

Depois de anos e anos escutando dos nossos cuidadores "Você está tirando a minha paciência!", "Assim eu fico triste!", "Você me fez te bater!", aprendemos que somos os responsáveis pelo sentimento do outro. Que temos o poder de fazê-lo feliz ou triste. Que, se nos esforçarmos bastante, teremos uma vida completamente controlada e isenta de sobressaltos. Responsabilizar o outro pelo que sentimos é a consequência direta desse pensamento. Nesse jogo de responsabilidades, deixamos de assumir o compromisso pela responsabilidade com nós mesmos. Entendemos que adivinhar os nossos pensamentos e necessidades é uma prova de amor e vivemos tentando adivinhar os pensamentos do outro para provar o nosso valor. No fundo, esse comportamento de tomar conta do outro vem de uma convicção de que não somos bons o suficiente. *Já que não mereço o seu amor, então, precise de mim.*

Se eu lesse algo parecido com isso há alguns anos, daria uma gargalhada. Achava que tinha uma autoestima maravilhosa e que era muitíssimo bem-resolvida. Tomava conta do problema dos outros e tinha a solução para tudo porque me considerava uma pessoa inteligente e legal. E ficava com raiva quando a pessoa decidia adotar posturas diferentes das que aconselhei porque a amava e ela estava sendo estúpida. Já que o mundo se dividia entre pessoas boas e pessoas ruins, eu obviamente fazia parte do primeiro grupo, e qualquer deslize que me afastasse da figura de pessoas boas era responsabilidade do outro. Eu me considerava maravilhosa e incrível. Até que comecei a fazer terapia, buscando entender a minha relação desregrada com a comida. E encontrei lados meus que simplesmente não conhecia. Que foram escondidos de mim por tanto tempo que precisei de ajuda para encontrá-los. Sim, eu era — e sou — uma pessoa muito legal, mas não só isso. E vivia cansada, estressada, irritada e me julgando injustiçada e desvalorizada por quem estava próximo, sem ter a mais remota ideia do motivo. Por anos deixei que algumas relações se desintegrassem, fingindo não me importar com o que estava acontecendo. Em minha forma de ver a vida, gente forte não sentia, logo, se você quisesse partir, dissesse que não gostava de mim ou me rejeitasse, o problema era seu. E agia como uma criança que é expulsa da brincadeira pelos amiguinhos e, magoada e triste, se veste de raiva e indiferença, cruza os braços e diz: "Eu não queria mesmo!"

Cuidar do outro nos impede de nos conectarmos com a nossa própria dor. Com o medo, com a sensação de desamparo. Faz-nos desviar de olhar para os lados que não queremos conhecer de nós mesmos, porque, como disse no capítulo anterior, o contato com esses lados nos faz duvidar do nosso próprio valor. Mas não há conversa sincera e verdadeira sem essa conexão. E não há conexão com o outro quando nos sentimos superiores a ele, quando achamos que temos as respostas e que, se ele nos escutar, tudo ficará bem e feliz. Não ficará, não se não nos abrirmos para o que realmente queremos e precisamos. Se não atravessarmos a nossa lama, a nossa escuridão. Todos temos lados sombrios; sinto muito se você ainda nutre a ilusão de que é apenas um lindo e brilhante raio de luz. Somos esse lindo raio de luz, também, mas não somente. Somos complexos. Maravilhosamente complexos.

Quando perguntei para Érica o que considerava mais absurdo na ideia de que ninguém era obrigado a cuidar dela e fazê-la feliz, ela respondeu que assim os relacionamentos não seriam justos. Onde estava a igualdade de dedicação? O que faria valer todos os sacrifícios que fazia diariamente? Enquanto pensava no bem da família e se dedicava inteiramente ao marido e filhos, Érica colocava na conta deles o seu cansaço, as coisas que deixava de fazer, a própria frustração. A dívida só crescia, junto com o ressentimento. Eu não podia dizer para ela que tudo aquilo era em vão. Perguntei o que ela faria se não tivesse essa obrigação. Se não se visse como a responsável por tomar conta de todos ao seu redor e de sustentar o mundo com as próprias mãos. Parou, pensou. Ficou em silêncio, até que chorou copiosamente. "Eu não sei o que eu quero, estou tão cansada da minha vida, eu nem me reconheço mais nas coisas que faço. Eu já nem sei existir."

Quando tomamos conta do outro, esquecemos como é existir. E esquecemos, também, que o outro existe. Ficamos aprisionados em termos de obrigações, culpa, medo. Nós nos definimos pelo que fazemos e realizamos, e nos desconectamos da potência de simplesmente existir. De nos relacionarmos porque escolhemos e não porque precisamos ou porque precisam de nós. Não estou dizendo que não faremos nada pelo outro. Nessa visão maniqueísta que aprendemos a adotar sobre a vida, achamos que as opções são viver pelo outro ou ignorar os seus anseios, mas temos muito mais cores nessa paleta. Quando honramos a nossa existência no que fazemos, o cuidado com o outro é uma escolha que não deixa conta em aberto no final.

Além do mais, deixar que o outro experimente as suas próprias capacidades e frustrações o fortalece. Depois da experiência com meu marido e a loja de camisetas, comecei a observar melhor o meu funcionamento, a entender os meus impulsos e a ter coragem de seguir os caminhos diferentes do habitual. Uma amiga me ligou pedindo apoio para um projeto. Queria lançar um curso online, estava com uma ideia maravilhosa de como tudo seria, mas não tinha coragem de sustentar um projeto desses sozinha. Imediatamente a Elisama super-heroína, codependente tomadora de conta se mexeu dentro de mim. A vontade era falar que eu sabia como salvá-la, que faria tudo com ela, que a gente daria um jeito! Respirei. Lembrei que quando me coloco nesse lugar fico em desigualdade com o outro e, com a intenção de ajudá-lo, costumo causar o efeito contrário: enfraquecê-lo. Eu me ofereci para ajudá-la a desenhar a aula, disse que estava à disposição para dividir a minha experiência e que confiava que ela faria algo lindo. Eu não faria por ela, como era o meu padrão. Um tempo depois ela me disse que tomou um susto quando neguei o convite. Mas que foi importante para a própria trajetória descobrir que conseguia dar aquele passo sozinha.

A comunicação não violenta não é um método para melhorar a sua capacidade de convencer o outro a fazer o que você quer. Não é mais uma ferramenta para influenciar as pessoas. Não será o caminho perfeito para mostrar para a sua sogra o quanto ela está equivocada sobre o que pensa sobre você. Estarmos conectados com a nossa intenção, com o que está vivo em nós é o cerne de todo o processo, é o ponto mais precioso para uma conversa corajosa. Enquanto estivermos apegados ao tomar conta do outro, estaremos privados do poder de confiar em nós e nele. Estaremos privados do nosso direito de dizer e escutar *não* e de lidar com tudo que ele desperta. Estaremos diminuindo a nossa existência.

Entre a realidade e o que vejo

Conversas não são uma arena para decidir quem está certo ou errado. Não são uma chance de convencermos o outro de que o nosso ponto de vista é o correto. São preciosas oportunidades de conexão: com o outro, com nós mesmos, com a vida. Pedem curiosidade e abertura, mas, com o nosso excesso de rigidez e certeza, perdemos essas oportunidades de nos ligar profundamente ao outro. Ok, preciso ser honesta. Aprender a enxergar a beleza da conversa, do conflito e do encontro foi um dos aprendizados mais difíceis da minha vida. Sempre que lia ou escutava Marshall Rosenberg, psicólogo esquematizador da comunicação não violenta, falar que escutar o outro é uma dádiva, que dividir o que vive em nós é um tesouro, eu pensava: *Que alucinógeno essa criatura usou? Tem pôneis e um arco-íris de glitter nessa fantasia também?*

Aprendi a entrar em um conflito para ganhar, a me preparar para uma conversa difícil como quem se prepara para a guerra. Eu me armava dos meus julgamentos e me colocava na postura de *o ataque é a melhor defesa*, porque, claro, o que o outro dizia era um ataque, um julgamento sobre as minhas qualidades, as minhas capacidades, o meu jeito de ver a vida. Na maior parte das vezes, desistia de uma conversa antes mesmo de começar. Lembra que contei da postura do *quer ir embora, vá, não vou sentir falta!*? Pois bem, era uma espécie de lema de vida. *Não me importo, eu não preciso de ninguém.* Acontece que, no fundo, eu sabia que precisava, e, quando eu gostava muito de alguém, fingia não ver os seus deslizes, porque as opções possíveis eram: manter as relações exatamente como eram e engolir alguns sapos ou encerrar abruptamente, engolir a dor e seguir dizendo que “tô nem aí, quem perdeu foi você”. Conversas eram um campo escorregadio, cheio de armadilhas e minas. Consegue compreender como eu achava absolutamente desconectada da vida real a ideia de que um conflito é um presente?

Até que percebi que a maior dificuldade não estava na forma com que eu falava, no jeito que o outro me respondia ou no nível de raiva que algumas atitudes me despertavam. A forma com que eu enxergava as situações ditava todo o resto, e eu sequer percebia que a forma com que eu via as situações e a maneira como elas realmente estavam acontecendo não eram a mesma coisa. Faz muito sentido que o primeiro passo para vivenciar a comunicação não violenta seja observar sem julgar, porque os nossos julgamentos são apenas isso, julgamentos. Não são a realidade, são a nossa forma de ver a realidade. Coisas diferentes! Não, eu não vou começar agora a pregar que precisamos de uma sociedade menos julgadora e repetir frases como "menos julgamento, por favor". Vamos seguir julgando, diariamente. Vamos seguir achando o corte de cabelo daquele colega esquisito, a voz daquela outra irritante. Vamos continuar recebendo a visita de pensamentos que criticam o outro e o colocam em um lugar de algoz de nós mesmos. Julgar faz parte da vida. Não gasto nem um pouco da minha preciosa energia lutando contra os julgamentos e não acho que você deve gastar a sua. É mais útil e rico para nós e para as nossas relações investirmos a nossa energia em duas frentes: lembrar que o que pensamos sobre a realidade e o que ela de fato é não são a mesma coisa; e entender que os nossos julgamentos falam sobre nós, não sobre o outro.

Observar sem julgar é descrever a realidade como ela é. A maioria de nós acha que faz isso, que sabe observar, mas normalmente não é assim que acontece. Somos, todos nós, contadores de histórias. A nossa mente cria histórias sobre nós, sobre o outro, sobre as relações. São verdadeiros dramalhões dignos de novela. Essa voz narra a realidade há tanto tempo que nem percebemos a sua presença e já a confundimos com a realidade. Misturamos as duas com muita frequência. E para nos comunicarmos de forma não violenta, precisamos separá-las. Vamos ver um exemplo:

Eu pedi que ele trouxesse um iogurte para mim e, para variar, esqueceu. É sempre assim, só se importa com ele mesmo.

Troque *iogurte* por *analgésico*, ou *uma fatia de torta*, ou *a correspondência na portaria do prédio*. Quem nunca pensou algo assim? Sabe qual o problema desse pensamento? Está cheio de julgamentos. Ele nos distancia da realidade, nos irrita e nos desconecta do que precisamos. A observação se encerra em *eu pedi que trouxesse um iogurte e ele não trouxe*. Todo o resto é pensamento. São camadas e camadas que colocamos na realidade pelos mais diversos motivos. Olhar e entender esses motivos amplia o nosso conhecimento sobre nós. Quantas brigas começamos porque estamos apegados à forma com que estamos vendo as coisas? Quantas vezes somos passivo-agressivos porque nos magoamos com algo que o outro sequer teve a possibilidade de saber?

Quando acreditamos em um pensamento entendendo que ele é a realidade, somos arrastados por uma sequência de pensamentos que acaba por nos engolir. Veja que eu escolhi usar um exemplo bobo, de um pedido simples: "Quando estiver voltando do trabalho, você pode parar na padaria e comprar um iogurte para mim?" O pedido não atendido despertou o primeiro pensamento: *Eu pedi que ele trouxesse um iogurte para mim e, para variar, esqueceu. É sempre assim, só se importa com ele mesmo.* Esse pensamento puxa alguns outros. *Eu faço tudo para essa relação dar certo, mas quando peço a mínima coisa, esquece. Esqueceu, porque não era prioridade, porque* eu *não sou prioridade.* Depois de todos esses pensamentos, que comportamentos teremos? O que moverá as nossas falas? As conversas que temos com o outro são continuações das conversas que temos com os contadores de histórias em nossa mente. Podemos imaginar que, nesse caso, as chances de desenvolvermos um encontro empático e que respeita a nós e ao outro são muito pequenas.

Não vamos parar de julgar, mas podemos parar de acreditar nos nossos julgamentos. *Eu pedi que ele trouxesse o iogurte e ele esqueceu. É sempre assim, só pensa nele mesmo. Egoísta! Hum… ok, estou julgando. E o que está acontecendo? O fato é que ele não atendeu meu pedido. Estou com raiva… Eu estava com muita vontade de comer iogurte. E fico magoada quando ele erra e não se importa em reparar o erro, porque essa demonstração de empatia é importante para mim. Fico achando que não se importa comigo como eu gostaria. Assim que me acalmar vou conversar com ele. Agora ainda estou bem chateada.* Observar é não se perder nas vozes internas. Em momento algum vou dizer que você não deve ficar chateado ou chateada, sentir raiva, ficar magoado ou magoada. Não espero que você foque no lado bom das coisas e agradeça porque tem alguém de quem reclamar. Todos os sentimentos são importantes e falam muito sobre nós. Agradecer por tudo e fingir que não estamos com raiva, magoados e chateados é violento com o que vive em nós. Segundo um grande amigo meu, Alexandre Coimbra Amaral, essa gratidão forçada equivale a colocar *chantilly* na merda. Eu concordo.

Então, não estou entregando para você uma tigela de *chantilly* para sair espalhando pelo que lhe acontece. Pelo contrário, o convite é que olhe para a realidade sem deixar que seus julgamentos interfiram nela.

Vamos a mais alguns exemplos dos nossos vários julgamentos diários:

- Quando dizemos que alguém *é* alguma coisa, estamos aprisionando a pessoa em apenas um pedaço dela mesma. Ninguém é *somente* bacana, doce e gentil ou cruel, burro e grosseiro. Ao utilizar o verbo *ser*, estamos nos desconectando da realidade e da arte de apenas observar. Mesmo que o utilizemos, volta e meia precisamos lembrar que ninguém é uma coisa só. Que a pessoa que consideramos bacana e gentil também tem os seus dias de egoísta e mal-humorada. Que quem consideramos cruel também tem os seus gestos de doçura.

Certa vez os meus filhos estavam brigando, e Miguel, o mais velho, gritou com a irmã, chamando-a de insuportável. Eu disse: "Filho, expresse o que precisa sem rotular a sua irmã. Ninguém é uma coisa só." Ele, cheio de raiva e no auge dos seus 7 anos, olhou para a irmã e disse: "Você é insuportável, chata e mentirosa! Pronto, três coisas, e não uma só."

- A raiva nos impede de ver além dos nossos julgamentos. Se precisar respirar fundo, correr um pouco ou fazer algum outro movimento para extravasar a raiva e encontrar o ar necessário para separar os julgamentos da observação, o faça.
- Palavras como *sempre*, *nunca*, *frequentemente*, *raramente* também engessam a pessoa em apenas um comportamento, além de despertarem uma reação de autodefesa imediata quando as utilizamos em uma conversa. Se eu digo que você NUNCA escuta, é provável que pare de me escutar para buscar em sua memória um instante que prove o meu equívoco. Se queremos que as pessoas se conectem a nós, não faz sentido criar distrações para que elas se percam da conexão. Prefira falar sobre as duas últimas vezes ou algum período de tempo determinado.
- Tente lembrar que você não tem dons adivinhatórios. "Você vai quebrar a cara se continuar com esses amigos!", "Você não vai entrar para o time jogando desse jeito!", "Tenho certeza de que ele não vai conseguir resolver isso!" Por mais que você acredite verdadeiramente nos indícios — ou na intuição — que tem e que embasam a sua opinião, ela não deixa de ser uma

opinião. E previsões baseadas em opiniões não são certezas. Isso quer dizer que você nunca mais vai se aventurar em previsões para o futuro? Claro que não! Apenas garanta que as suas previsões não sejam lidas por você como verdades absolutas, enquanto esconde seus reais sentimentos. "Tenho medo de que se magoe com essas amizades", "Acredito que as exigências para o time são bem altas, tenho receio de que ainda não esteja pronto", "Estamos diante de um problema tão complexo, temo que seja demais para a experiência dele". Os nossos julgamentos não falam se somos bons ou ruins, não falam sobre o outro, mas, sim, sobre o que sentimos e precisamos e que, talvez, sequer tenhamos consciência. São pistas do que está vivo dentro de nós. Se parar de acreditar em todos eles e começar a prestar mais atenção na mensagem codificada, o que vai descobrir sobre você?

Essa tal necessidade

Depois de nos perguntarmos *o que está acontecendo?* e separarmos a realidade dos nossos julgamentos sobre a realidade, é hora de nos conectar com os sentimentos que essa realidade desperta em nós. *O que eu estou sentindo?* é o próximo passo. Acontece que temos uma dificuldade muito grande em reconhecer os nossos sentimentos. Se eu pedir que você pare a leitura neste momento e escreva três adjetivos sobre o que leu até aqui, é provável que leve poucos segundos para concluir a tarefa, sobretudo se tiver a certeza de que as suas opiniões não serão lidas por mim. "Interessante, instigante, legal." "Chato, entediante, repetitivo." Agora, se em vez de pedir que escreva o que pensa sobre mim ou sobre o livro, eu peça que descreva o que está sentindo neste momento, colocando a limitação de que não poderá usar as palavras *triste*, *feliz*, *bem*, *mal* e *normal*, de quantos minutos você vai precisar? Quantas palavras o seu vocabulário possui para descrever o que acontece dentro de você?

Arrisco dizer que muito poucas. Não fomos ensinados a olhar para as nossas emoções, muito menos a cuidar delas. O que sentimos sempre foi tido como errado, exagerado, inadequado. Cada vez que a frustração nos visitou quando crianças, os adultos próximos nos criticaram e afirmaram o quanto era inadequado sentir o que estávamos sentindo. As gerações que cresceram escutando "você quer um motivo de verdade para chorar?" não sabem reconhecer os próprios motivos. Essa tal necessidade que nos move, mas que fica escondida por baixo de enxurradas de pensamentos. Todas as nossas ações buscam atender a uma necessidade, o problema é que, na maior parte das vezes, não estamos conscientes dessa necessidade e buscamos formas desastradas de atendê-la. Antes de falar sobre os detalhes que podem mudar a nossa forma de pedir propriamente dita, precisamos olhar para o que antecede o pedido, para o caminho entre o que sentimos e necessitamos e o que pedimos ao outro. Exercitar a curiosidade nos faz tirar as camadas que distanciam aquilo de que precisamos do que estamos falando e fazendo. Isso nos tira do modo automático e torna as nossas ações mais conscientes. Buscar uma comunicação não violenta não é apenas um presente para a nossa relação com o outro. Não é uma forma de tornar o outro mais feliz, mas algo que melhora a nossa própria vida. Nós nos colocamos a serviço de tornar os nossos dias mais maravilhosos! Quando escuto o que estou sentindo e precisando, posso pedir algo que realmente satisfaça a minha necessidade.

Recebi um telefonema de uma amiga me contando que o resultado de uma biópsia que ela havia feito tinha saído. "É câncer." A preocupação e o medo me invadiram, e passei uns minutos desnorteada. Engoli o choro, como volta e meia fazemos, achando que podemos silenciar os sentimentos, e segui o dia. Pouco tempo depois, vi a louça suja na pia e iniciei uma série de reclamações direcionada ao meu marido: "Você deixou a louça suja e era a sua vez de lavar! Custa seguir o que a gente combinou? Eu só queria ver a casa limpa!" Meu coração estava acelerado, os pensamentos apareciam freneticamente em minha cabeça. Ao perceber os sinais físicos da raiva, entendi que não tinha a ver com a louça suja. Respirei fundo e lá estavam o medo, a tristeza, a preocupação, a angústia. A vida de alguém que eu amava muito estava em risco, e a raiva era a forma que eu conhecia de expressar os meus sentimentos, de fugir da minha vulnerabilidade. Eu estava fazendo uma cara assustadora para o medo que me assustava, mas quem estava à minha frente era o meu marido, não o medo. Parei a briga imediatamente. "Amor, me abraça, eu estou com muito medo." Encostada no peito dele, chorei até soluçar. Deixei a dor existir em vez de fugir dela. Eu não precisava da louça limpa, eu precisava de acolhimento. Entender o que eu realmente precisava para além dos devaneios da minha mente me possibilitou pedir algo que podia tornar o meu dia melhor. Esse é o grande presente de exercitarmos a atenção pelo que vive em nós: podemos nos conectar uns com os outros de uma maneira mais profunda e verdadeira.

Os sentimentos são bússolas que apontam para as nossas necessidades que estão ou não estão sendo atendidas e, quando os escutamos, aprendemos muito sobre nós. Mas eles ficam escondidos em camadas e camadas de pensamentos que nos distanciam do que está vivo em cada um de nós. Ficam soterrados nos julgamentos sobre o outro e seus comportamentos e sobre nós e o que achamos que deveríamos sentir. Nós nos perdemos e ficamos ausentes de nossa própria vida. É essencial nos lembrarmos que os pensamentos e julgamentos são uma camada que precisamos atravessar para chegar ao que realmente importa. O que estou sentindo? O que a realidade desperta em mim? Na história que contei, assim que percebi os sinais físicos da minha raiva, entendi que estava perdida em meus pensamentos. Que tanta raiva não vinha apenas da louça na pia, mas dos lugares que aquela louça estava ocupando em minha cabeça. A louça era a desculpa de que eu precisava para gritar e brigar. Eram o desvio que eu estava tomando para não encarar o medo e a angústia. O fato de me conectar com meus sentimentos me trouxe novamente para o presente. Voltei a respirar. E pude pedir ajuda.

Para que os nossos pedidos realmente satisfaçam ao nosso coração, precisamos sair da mente tagarela e nos encontrar com o que sentimos. Precisamos ter a coragem de olhar com honestidade para o que queremos. Quando perguntei para Érica o que ela estava sentindo em relação ao marido, ela não soube dizer. Simplesmente não conseguia. Ficava presa em "ele tem que fazer a parte dele", "eu sinto que ele não me ama como eu gostaria", "eu sinto que não somos felizes". Expliquei que *eu sinto* não precisa de mais nada além de uma palavra. Frustração, tristeza, angústia, medo, êxtase, satisfação, insatisfação, irritação, temor, surpresa, preguiça, infelicidade, impaciência, horror, abandono, pavor, enjoo, exaltação, ciúme, arrependimento, fascinação, alegria, curiosidade, encantamento, carinho, esperança, segurança, inspiração, motivação, excitação. Tantos sentimentos, e nenhum deles precisa de *que* ou algum complemento para que faça sentido. Érica ainda estava em seus pensamentos e julgamentos, e eu queria que descêssemos mais uma camada, que nos aprofundássemos um pouco mais. Depois de algumas tentativas, ela conseguiu dizer que sentia tristeza e frustração.

Enquanto estava perdida em seus pensamentos, Érica se enredava em uma sequência infinita de julgamentos. *Sentia* que o marido não a amava, e esse pensamento a levava para outro julgamento sobre ele, sobre ela, sobre a impossibilidade de sucesso do casamento. Esse é o caminho que aprendemos e do qual precisamos sair, intencionalmente. Os pensamentos são a camada que precisamos atravessar para chegar ao que sentimos. Ao entender que sentia tristeza e frustração, pedi que pensasse no que esses sentimentos falavam sobre ela. O que era importante e não estava sendo atendido? O que aqueles sentimentos comunicavam sobre as suas necessidades? A resposta veio com mais uma confusão que a distanciava de si mesma. "Eu preciso que ele me apoie e me escute." Expliquei que as necessidades não vêm com o endereço correto de quem deve atendê-las. Esse era o *como* atendê-las; eu gostaria que ela me dissesse o *o que*. Pedi que ela saísse do "estou triste porque ele não me escuta e apoia" para "estou triste porque eu gostaria/queria/desejava/esperava..."

A confusão entre estratégia e necessidade é comum e costuma ser a raiz de muitos dos nossos desentendimentos e brigas. A necessidade se refere ao que nos alimenta física e emocionalmente, ao que precisamos e pode tornar nossa vida melhor e mais feliz. A estratégia está relacionada ao que podemos fazer para atender a nossa necessidade. Ao *como*. Érica precisava de apoio, reconhecimento e escuta, e uma forma de ter a sua necessidade atendida era que o marido o fizesse. Uma forma, não a única. O marido atendê-la era uma estratégia. Quando nos aprisionamos à estratégia, esquecemos que existem outros caminhos para atendermos as nossas necessidades. Quanto mais nos sentimos encurralados em um beco sem saída na forma de atendermos o que precisamos, mais as atitudes desesperadas para conseguirmos o que queremos parecem a única possibilidade. Falaremos melhor disso no próximo capítulo.

Uma conversa corajosa é uma conversa conectada com o nosso coração. Os quatro passos da comunicação não violenta são uma forma de estabelecer essa conexão. Não são uma receita de bolo, mas perguntas que nos fazemos e que nos mantêm vivos e ativos nas nossas trocas. São luzes que iluminam nosso caminho para dentro de nós mesmos. Podemos resumi-los em quatro perguntas:

- *O que está acontecendo?* Esse é o momento em que questionamos os nossos pensamentos e separamos o julgamento do fato. Enquanto estivermos perdidos em nossas histórias mentais, estaremos desconectados de nós e do outro.

- *O que eu estou sentindo?* Enquanto estamos focados em imaginar os motivos dos comportamentos dos outros ou rotular as suas ações e personalidade, gastamos a nossa energia em algo que não podemos mudar. E, se tivéssemos o poder de mudar, não nos sentiríamos satisfeitos com essas mudanças se elas não estivessem alinhadas com o que realmente precisamos. Só nos conectamos com nosso coração se o escutamos. Lembrando que estamos julgando todas as vezes que utilizamos a palavra *sentir* acompanhada de *que*. O sentimento verdadeiro está algumas camadas mais profundo.
- *O que eu quero/preciso/desejo/necessito/espero?* Esse é o momento de nomear o nosso desejo. O que eu espero? De que preciso? Qual a minha necessidade que, atendida, fará a minha vida melhor? Nós não aprendemos a pensar no que fará nossa vida melhor. Aprendemos a sobreviver. Percebi isso quando meus filhos nasceram e a justificativa das pessoas que discordavam da minha forma de educar era: "Eduquei os meus filhos batendo, e eles não morreram," "Comeu açúcar no mingau e não morreu", "Gritei e não morreu." Não morrer era a comprovação de que as coisas deram certo. A coragem nos convida a ir além da sobrevivência. E nesse lugar que vai além da sobrevivência está o que queremos, precisamos, esperamos. Ao responder essa pergunta, lembre-se de que a estratégia e a necessidade são coisas diferentes. Você não precisa que a sua mãe apoie seus sonhos, você precisa de apoio e gostaria que esse apoio viesse dela. É de apoio que precisa, e ele não tem um único caminho para chegar até você. Separar necessidade de estratégia amplia as nossas possibilidades e nos conecta com o que realmente importa para nós.
- *O que o outro pode fazer para me ajudar a suprir essa necessidade?* Esse ponto importantíssimo desenvolveremos a seguir.

Pedidos conscientes

Estamos sempre pedindo. Sempre! Sabe o "falei por falar", que repetimos várias vezes sem pensar? Pois bem, ele é uma mentira. Todas as nossas trocas são pedidos. Ou agradecimentos. Marshall Rosenberg afirmava que tudo o que falamos se divide entre *por favor* e *obrigada*. O grande problema é que não temos consciência disso, e, na maioria das vezes, esse *por favor* não está alinhado com o que realmente sentimos e precisamos. Nos próximos capítulos, vou ajudar você a identificar o *por favor* dito pelo outro. Nesse momento, vamos entender os vários pedidos que fazemos sem consciência e como podemos alinhá-los com o que vive em nós.

Ao fazermos um pedido, é importante que estejamos conectados com a intenção de tornar a nossa vida mais maravilhosa. De tornamos os nossos dias e os dias dos outros melhores, porque, sim, eles podem ser melhores. Não estou afirmando que viveremos em um conto de fadas de pura alegria e felicidade, mas que, mesmo em meio às angústias e tristezas, as chances de ter as nossas necessidades atendidas aumentam quando os nossos pedidos estão sintonizados com o desejo de cuidar de nós e do outro. Quando estamos presos na intenção de provar que estamos certos, nos desconectamos do que realmente importa para nós. O mesmo acontece quando estamos focados em ser aceitos. No capítulo anterior, falamos sobre caber e pertencer, e, sempre que você deixa de falar algo, com a intenção de caber, a sua necessidade de pertencimento continuará não atendida. Por mais desconfortável e estranho que pareça demonstrar o que realmente deseja e sente, é muito mais desconfortável se limitar para caber em formas que não nos representam.

Cuidar do que importa para você não é sinal de egoísmo, mas de responsabilidade. Alguém paga a conta do que não é dito e cuidado. A sua saúde, o seu bem-estar, o seu relacionamento. Por mais que acreditemos que abrimos mão do que desejamos por amor, guardamos ressentimentos e mágoas pelo que fizemos. Temos o nosso caderninho mental com os *fiz por você* listados e organizados em ordem de mágoa, e deixamos que essa lista coordene as nossas atitudes, sem que tenhamos noção disso. É claro que, para nos relacionarmos com alguém, faremos coisas que não estão em nossa lista de *maiores prazeres da vida*, mas o faremos porque estamos conectados com o desejo de cuidar do outro, e não porque desejamos evitar o estresse e a briga. A diferença parece sutil, mas nos leva para caminhos bem diferentes. Há um exemplo que costumo dar e que ilustra bem o que digo. Imagina que seu parceiro ou parceira convida você para jantar com um casal de amigos. Você não gosta do casal e está em um dia difícil, a única coisa que deseja é relaxar, tomar um banho e ver uma boa série na TV. Assim que ele faz o convite, os pensamentos invadem a sua mente. *Eu estou exausto(a). Detesto aqueles dois, não estou com paciência para ser simpático(a) com ninguém. Se eu disser* não, *já sei que ele(a) vai encher meu saco! Vou* TER QUE *ir.* A partir desse discurso interno, você tem algumas opções;

- *Atender e fazer o que o outro quer, acreditando que não tem opção.* Esse é bem comum para muitos de nós, que crescemos com foco em obedecer, e com muito medo de punição. Nós nos vemos sem opção e atendemos o que o outro quer, oprimidos pelo *tenho que*. Neste caso, a lista de *fiz por você* cresce, e mesmo que não tenhamos a coragem de admitir, achamos que o outro nos deve algo. Agora o seu parceiro deve a você o relaxamento que você não teve, o conforto do pijama que foi adiado, a preguiça no sofá que você não aproveitou. A partir daí, todo erro ou falha dele é cobrado com juros, pois você já fez sacrifícios demais para ainda ter que tolerar a humanidade do outro. O simples ato de entrar numa rua errada no trânsito vira uma briga ou uma interminável sessão de caras e bocas e atitudes passivo-agressivas, dependendo da sua personalidade. É provável que a sua noite termine com uma insuportável dor de cabeça, como um aviso claro do seu corpo de que você passou algumas esquinas do seu limite. Consegue perceber que, quando você faz algo porque *tem que* fazer, alguém paga o preço?
- *Interpretar o pedido como falta de cuidado e brigar para se defender.* Aqui esquecemos que nem tudo o que o outro faz ou pensa tem a intenção de nos atingir. Entendemos que o pedido é uma falta de cuidado e de valorização dos nossos esforços. "Eu detesto aqueles seus amigos e não sou obrigado(a) a ir. Não quero. Você não consegue perceber o quanto estou exausto(a)? Trabalhei o dia inteiro, atendi clientes insuportáveis, não saio de casa nem que o Will Smith me convide para sair. Se você fosse menos egoísta, ia ver que não tenho a mínima condição de sair de casa! Mas você só pensa em você mesmo(a), acha que o mundo é do tamanho do seu umbigo!" Nesse momento o nosso coração não está na

conversa. Estamos imersos nos pensamentos e julgamentos e gritamos a dor, o cansaço, a vontade de colo e amparo. Ferimos e saímos feridos de trocas assim.

- *Dizer* não *de maneira empática e respeitosa.* Nesse momento estamos conectados com nosso coração e também conseguimos lembrar que a atitude do outro fala sobre o coração dele. Não nos ofendemos com o seu pedido — falaremos mais sobre isso no capítulo sobre escuta — e decidimos atender à nossa necessidade de descanso e relaxamento. "Amor, vejo que é importante para você ter companhia nesse encontro. Acontece que tive um dia bastante complicado e preciso relaxar e recuperar as minhas energias. Você pode ir sem mim ou pode remarcar para um dia que eu esteja mais disposto(a). Qual das duas opções parece melhor para você?" Percebe que podemos respeitar o nosso limite sem necessariamente ofender e desrespeitar o outro? Em momento algum a fala foi ofensiva. Existe uma garantia de que o outro vai aceitar lindamente o nosso limite? Claro que não! Mas estamos conectados com nosso coração e assumimos a responsabilidade de cuidar dele em vez de cobrar que o outro o faça.
- Escolher atender o pedido, assumindo a responsabilidade pela escolha. Em vez de acreditar na ladainha mental de "tenho que atender ou vamos entrar em mais uma briga", você percebe que é importante para o outro e decide que pode atendê-lo. Mesmo sentindo cansaço e um desejo grande de relaxar, acredita que atender o pedido é um gesto que cuida de coisas importantes para a relação e para você. E ressignifica a escolha, sem acreditar que está fazendo um sacrifício por amor. "Amor, vejo que é importante para você e eu quero te fazer companhia. Hoje tive um dia bastante complicado e desejo muito descansar. Podemos ir e estar de volta às 22h? Como essa ideia soa para você?"

Existem muitos caminhos possíveis para lidarmos com as situações, e quando escutamos as nossas necessidades conseguimos cuidar melhor do outro e de nós. Precisamos ter coragem de nos perguntar o que queremos. *O que eu quis dizer quando falei isso com ele? O que eu queria quando me expressei daquela forma?* Sair do modo automático de viver exige coragem, mas os frutos são inegáveis para todas as nossas relações! Somos constantemente movidos pelo desejo de cuidar, de amparar, de ver a nós e ao outro felizes, mas o fazemos brigando, reclamando, ameaçando, porque em vez de nos conectar com o que realmente desejamos, estamos sintonizados com o medo de não ter atendido o que desejamos. Esse medo é um péssimo guia. As quatro perguntas nos ajudam a alinhar o que falamos e fazemos com o que precisamos.

Assim que a pandemia de Coronavírus foi deflagrada, em março de 2020, uma amiga me ligou para falar sobre os pais idosos. As evidências científicas mostravam que a população acima de 60 anos era a mais vulnerável ao vírus e que, por isso, deveriam ser as mais diligentes nos cuidados que preveniam o contágio, incluindo o principal deles, o isolamento social. Acontece que os pais dela não aceitavam ficar em casa. Ela me contou que perdeu a cabeça e brigou com ambos, que eles eram irresponsáveis e só faziam o que queriam.

— Falei que eles iam morrer, os dois, e que eu não iria ao enterro! Custa o quê ficar em casa?

— Dá muito medo saber que eles estão expostos ao vírus, né?

— Tenho medo de que eles morram!

— Sim, posso perceber. Você os ama demais, eles são importantes e é duro imaginar que podem sofrer por algo evitável.

— Nossa, não consigo nem pensar!

— Posso te fazer uma pergunta? Quando você falou com eles, estava sentindo o amor ou o medo?

— Ai… o medo…

— O medo fala bem alto mesmo. O que mudaria na sua fala se você estivesse conectada com esse cuidado e esse amor?

Por um tempo conversamos sobre o cuidado e o carinho que ficam abafados pelo medo, pelas inseguranças, pelos pensamentos e julgamentos. Após a nossa conversa, as falas com os pais já não estavam repletas de ameaças e medo, e por isso geraram uma conexão diferente. Sem precisar defender a própria autonomia, os pais dela a escutaram. Cada grito que você deu em sua vida escondia um cuidado com algo que importava para você, e que se perdeu. Ao focarmos no que estamos observando, sentindo e precisando, o pedido não sairá do medo, mas dessa conexão com o cuidado. A intenção já não será fugir do medo, mas acolher e cuidar do que importa. Quando falamos conectados com esse cuidado, o outro já não precisa se defender. Pode escutar, também, o que vive em nós. Pode se conectar com esse desejo de cuidado. Não teremos certeza de que o fará, porque cada um de nós tem a sua história, e quem foi julgado a vida inteira demora para compreender que existem outras formas de se relacionar, mas, ao falar assim, aumentamos as nossas chances de uma escuta verdadeira.

Depois de encontrar a resposta para o que você está observando, sentindo e precisando, é hora de formular um pedido consciente e que diminui as resistências de quem nos escuta.

- *Faça pedidos afirmativos.* Peça o que quer e não o que não quer. Pedidos negativos deixam em aberto o que realmente desejamos. Imagine que você está em um restaurante e, ao fazer o pedido, diz para o atendente: "Eu não como carne e também não gosto de cebola." Quais as chances de ele adivinhar o que você deseja e trazer um pedido que satisfaça a sua vontade? Nos nossos relacionamentos, sem perceber, fazemos coisas parecidas, tão ilógicas quanto. Falamos o que não queremos e esperamos que sejamos atendidos no que queremos. "Não quero que você trabalhe tanto" não fala do desejo de ter mais companhia. "Não conte para a sua família sobre os nossos planos" não deixa claro o seu desejo de privacidade e cuidado com os seus projetos. Apesar de parecer óbvio, não é. Nunca é. E o óbvio precisa ser dito.
- *Faça pedidos exequíveis.* Como indiquei no tópico anterior, o óbvio precisa ser dito. O que parece óbvio para você não é para mim, por um simples motivo: somos seres diferentes. Cada um de nós experimentou sensações diferentes ao longo da vida e guardou em si significados diferentes para cada palavra. Por mais que acreditemos que as palavras que expressam sentimento possuem apenas um significado (o nosso), cada pessoa tem uma forma de compreender e vivenciar esses conceitos. Em vez de pedir cuidado, carinho, apoio, amor, escuta, fale como a pessoa

pode atender esse pedido. Como alguém demonstra cuidado para você? De que forma pode demonstrar que está escutando? Que atitude pode adotar para que você tenha satisfeita a necessidade de apoio?

- O mais interessante dessa reflexão é perceber que, muitas vezes, o que queremos é impossível de ser atendido e que a raiz da nossa frustração não está no que o outro faz, mas em nossa expectativa irreal. Lembro de uma vez que eu conversava com o meu pai e, quando discordei dele, ele me disse que eu não o honrava. Ao escutar aquela frase, tomei um susto. Como assim não o honrava? Nunca o havia tratado mal, reconhecia e agradecia as coisas bacanas que fizera por mim. A afirmação me parecia absurda! Tive vontade de brigar, de reagir. Até que percebi que a palavra *honra* tinha cores diferentes para ele e para mim. Perguntei, com curiosidade, o que ele entendia por *honra*. "É você pensar se vai me orgulhar antes de agir." Concordamos que eu não o honrava, não de acordo com o conceito que ele tinha estabelecido como honra. E arrisco dizer que ninguém o fará. Quantas vezes confundimos "você não me escuta!" com "você não faz as coisas do jeito que eu disse que deveria fazer", como se escutar e seguir o seu conselho fossem a mesma coisa? Quantas vezes confundimos "você não me ama" com "você não adivinha os meus desejos antes mesmo de eu desejar"?
- Em vez de falar: "estou com saudades, gostaria de ver você mais vezes", fale o que significa o "ver mais vezes" para você. "Sinto saudades, o que acha de nos encontrarmos uma vez por mês para tomar um café, ver um filme e nos divertir juntos?" Quais das duas frases deixa clara sua intenção e seu desejo? E qual delas facilita a vida de quem deseja atendê-lo? Se sairmos do campo das obrigações e acreditar que temos vontade real de nos conectar uns com os outros, que as pessoas que amamos e que nos amam desejam tornar a nossa vida e a delas mesmas mais maravilhosa, facilitamos que isso aconteça quando deixamos claro o que desejamos, pois damos ao outro a oportunidade real de melhorar nossa vida!
- *Faça pedidos conscientes.* Estar consciente do que está pedindo é ter a coragem de se conectar com a sua intenção. Já que não falamos apenas por falar, o que desejamos com as nossas palavras? Quer ter um retorno,

saber o que a pessoa pensa a respeito do que você disse? Então, é melhor perguntar do que se irritar por ter falado e a pessoa ter permanecido em silêncio. "Eu gostaria de saber o que você pensa a respeito do que falei." Por vezes não queremos saber a opinião do outro nem o que pensa sobre o que fizemos ou falamos, então, podemos ser honestos com esse desejo de receber apenas empatia. "Hoje tive um dia difícil e gostaria de desabafar e receber um abraço e escuta. Você acha possível apenas me escutar, sem conselhos, e me abraçar?" Saber o que desejamos faz com que pedir seja mais fácil. Diminui a frustração, o ressentimento e as brigas.

Quando conseguimos escutar o que está vivo em nós e assumimos a responsabilidade de cuidar de cada descoberta que fazemos, os relacionamentos não viram prisões que custam o nosso bem-estar e a nossa felicidade. Lembre que limites são importantes e conhecer e defender os seus torna a vida melhor.

Resumo do capítulo

- A maioria de nós não aprendeu a cuidar dos próprios limites quando crianças e, por isso, defender o que desejamos na vida adulta exige esforço e atenção intencionais.
- Limites são bordas que protegem o que importa para cada um de nós. São cuidado, e não há relação emocionalmente saudável e equilibrada que não precise dessas demarcações. Uma relação que não nos permite dizer "*não*" é uma relação difícil demais para estar.
- Confundimos dependência, codependência, tomar conta e abrir mão dos nossos limites com amor.
- Quando tomamos conta do outro, esquecemos como é existir. E esquecemos, também, que o outro existe. Ficamos aprisionados em termos de obrigações, culpa e medo. Nós nos definimos pelo que fazemos e realizamos, e nos desconectamos da potência de simplesmente existir. De nos relacionarmos porque escolhemos, e não porque precisamos ou porque precisam de nós.

- A comunicação não violenta não é um método para melhorar a sua capacidade de convencer o outro a fazer o que você quer. Não se trata de mais uma ferramenta para influenciar as pessoas. Não será o caminho perfeito para mostrar para a sua sogra o quanto ela está equivocada sobre o que pensa sobre você. É nos conectarmos com a nossa intenção, com o que está vivo em nós, e esse é o cerne de todo o processo, o ponto mais precioso para uma conversa corajosa.
- Julgar faz parte da vida e é importante lembrar que o que pensamos sobre a realidade e o que ela realmente é não são a mesma coisa, ao mesmo tempo que entendemos o que os nossos julgamentos falam sobre nós, não sobre o outro.
- Observar sem julgar é descrever a realidade como ela é. Rotular, usar palavras como *sempre, nunca, jamais* e confundir previsões com a realidade são expressões de julgamento que atrapalham a conexão.
- Os sentimentos são bússolas que apontam para as nossas necessidades que estão ou não sendo atendidas. Quando os escutamos, aprendemos muito sobre nós. Mas eles ficam escondidos em camadas e camadas de pensamentos que nos distanciam do que está vivo em cada um de nós.
- Quatro perguntas podem nos ajudar a entender o que está vivo em nós: *O que está acontecendo?, O que estou sentindo?, O que eu quero/preciso/desejo/necessito/espero?, O que o outro pode fazer para me ajudar a suprir essa necessidade?*
- Pedidos corajosos estão conectados com a intenção de tornar a nossa vida mais maravilhosa. Devem ser afirmativos, exequíveis e conscientes.
- Limites são importantes, e escolher conhecer e defender os seus torna a vida melhor.

CAPÍTULO 3

MAIS QUE MOCINHOS(AS) E VILÕES(ÃS)

As pequenas chantagens emocionais do dia a dia — e como sair delas

A cena é um clássico do cinema ou das novelas. Uma personagem descobre um segredo da outra e a manipula com a intenção de conseguir o que quer. A vilã ou vilão — porque quem faz as ameaças é sempre uma pessoa má — transforma a vida do mocinho ou da mocinha em um inferno. O nosso herói ou heroína sofre abrindo mão do que quer e age de acordo com a cartilha do chantagista em nome da defesa de algo maior, normalmente a vida de alguém que ama muito. Ou para salvar o casamento, ou a carreira que tanto lutou para criar. Fato é que aprendemos que a chantagem emocional é um jogo entre alguém malvado, cruel e egoísta e uma pessoa bacana, batalhadora e esforçada. Duas pessoas com adjetivos opostos em uma luta do bem contra o mal.

Na vida real as coisas não são exatamente assim. As pequenas — e grandes — chantagens do dia a dia não envolvem um vilão e um mocinho e tampouco um segredo grave que, se tornado público, pode destruir a vida do chantageado. No cotidiano, as trocas chantageadoras envolvem pais, filhos, cônjuges, amigos e colegas de trabalho. Em lugar do tal segredo, temos ameaçados o amor do outro, a aceitação, o carinho, o emprego, a promoção no emprego, a guarda dos filhos, o futuro planejado, a imagem que criamos para nós. Fantasiada de senso de obrigação, culpa e medo, a chantagem emocional permeia grande parte das nossas relações e sequer nos damos conta do que estamos vivenciando.

Aprendemos a fazer chantagem e a sermos chantageados ainda muito novos. A base da educação de crianças, na maior parte das famílias, é a chantagem emocional. "Você só vai ganhar o brinquedo *se* arrumar o quarto", "*Se* você não sair daí agora, eu vou te bater!", "Assim você deixa a mamãe muito triste", "Eu vou adoecer com você agindo assim!", "Desse jeito você nem parece minha filha, não merece o sobrenome que tem", "Vamos fazer uma viagem incrível quando você merecer". Por mais educacionais que essas frases pareçam, são, todas elas, demonstrações claras de chantagem emocional. Ameaças, promessas de recompensas, vitimismo, uso do senso de obrigação. Trocas que desconsideram o mundo interno de quem escuta essas frases, seus sentimentos e necessidades, e resumem todo o diálogo à vontade de quem pede/exige, não importa o quanto custe ao outro atendê-la.

Não o fazemos porque somos maus, ruins, vilões de novela. A chantagem surge da ausência de conhecimento de outras formas de agir. Ela aparece quando o medo fala mais alto que o desejo de cuidado e amor. Todas as relações possuem algum grau de manipulação. Aquela voz dengosa que insiste mesmo que o outro diga "*não*". A irritação porque as coisas não aconteceram da forma planejada. A briga quando o outro decide que tem outras prioridades além de atender às nossas necessidades. Volta e meia somos manipuladores, porque vivemos em uma sociedade que utiliza o medo, a culpa, o senso de obrigação e a vergonha como principais motivadores para conseguir o que quer. A manipulação passa a ser uma chantagem emocional que exige nossa atenção e nosso cuidado quando custa a energia, felicidade e disponibilidade de alguém. Quanto da vida do outro estamos exigindo para termos os nossos anseios atendidos. E quanto pagamos da nossa própria vida enquanto atendemos o que o outro quer e espera de nós?

Será que é chantagem?

"Você vai ter coragem de viajar em pleno Natal? O que eu vou falar com o seu pai? O que eu vou fazer com as coisas que já planejei para o final de ano, sem você e as crianças aqui? Meu Deus, eu não esperava por essa. Mas tudo bem, meu filho, pode ir. Se divirta em sua viagem, seu pai e eu damos um jeito, sozinhos em casa no Natal."

"Acho que você é uma profissional muito boa, pode subir muito na carreira. Se fizer tudo o que eu falar aqui na empresa, essa promoção vai chegar rapidamente."

"Amiga, só você pode me ajudar a resolver esse problema. Eu não sei o que vai acontecer com a minha carreira se você não conversar com a equipe do RH. Eu acho que vou perder o emprego; como vou pagar o plano de saúde da minha mãe?"

"Quer dizer que você não vai comigo para a festa da empresa? É a sua decisão? Sinceramente, se você me amasse nem levantava a possibilidade de me deixar ir sozinho!"

"Eu não vou suportar perder você, a minha vida vai acabar. Não faz isso comigo, você sabe que eu tenho depressão, não faz isso comigo!"

Temos pouca consciência sobre o que é a chantagem emocional e como ela está presente em nossas relações, por isso comecei este capítulo trazendo para você frases que são comuns em muitas relações e que são demonstrações claras de chantagem. Há um tempo assisti a uma cena em uma das minhas séries favoritas, *This is us*, em que mãe e filha conversavam. A mãe criticava, reclamava e exigia coisas da filha, e ela, tensa e cansada, explodiu: "Você sabe por que meus irmãos e eu não visitamos você? Porque perto de você falta ar!" Já reparou que algumas relações criam uma atmosfera tão densa e pesada ao nosso redor que fica difícil respirar? Que o ar entra e sai de maneira tão rápida e acelerada que não conseguimos relaxar? Perder a autonomia e o direito de cuidar dos próprios desejos e necessidades tem um preço alto, que pagamos com nosso bem-estar e nossas relações, não somente a relação em que somos chantageados. Isso acontece por um motivo muito simples: não conseguimos compartimentar a vida e separar cada relação em caixinhas distantes umas das outras. As dores e os sentimentos se misturam. Depois de um dia inteiro prendendo o ar em uma relação insuportavelmente desgastante com o chefe, é ilusão acreditar que você chegará em casa com tranquilidade e disposição para lidar com as demandas da relação com os filhos, com o companheiro ou companheira, com a família. O cansaço e o estresse vão desconectar você do cuidado e conectar você com o medo, com a vontade de parar a dor. E, nessa sintonia, a chantagem vai parecer a única saída. Chantageados costumam atuar como chantagistas em outras relações — por vezes, na mesma.

No livro *Chantagem emocional* a terapeuta Susan Forward discorre sobre a chantagem emocional e todas as suas nuances, mostrando, inclusive, os tipos de chantagistas. A classificação é importante para sabermos identificar as situações que vivenciamos e como lidar com elas. É com base nesse estudo que desenvolverei este capítulo. Nomear a chantagem como tal nos traz maior clareza sobre como agir e fortalece a certeza de que precisamos respeitar e defender nossos limites, porque o outro, perdido em seus próprios medos e angústias, não o fará. Não é uma forma de rotular alguém, mas de identificar a situação. A chantagem emocional é o caminho que muitos de nós aprenderam a trilhar para atingir os próprios objetivos, e identificar quando estamos dançando entre os dois polos nos traz a liberdade de romper os ciclos.

Assim como não é uma demonstração de falha de caráter, a chantagem também não condena as relações ao rompimento. Podemos construir novos caminhos para nos relacionar; existe vida após a identificação de problemas nas nossas relações e comunicação. Claro que esse caminho de reconstrução da forma de se relacionar não será responsabilidade apenas de um. E, caso o outro não esteja disposto a mudar a forma de atuar na relação, o melhor caminho talvez seja o rompimento, mas essa não é a regra. Não temos apenas as possibilidades *abandonar as relações ou ficar, doa a quem doer.* Identificar em nós a vontade de construir formas mais respeitosas e profundas de nos conectarmos é o passo mais importante para iniciar esse cuidado com as relações. O final feliz não significa uma garantia, mas permanecer numa relação que custa a nossa paz e a tranquilidade representa, por si só, um sofrimento que nos rouba a felicidade! Temos medo de dar nome às coisas, porque assim não poderemos mentir para nós mesmos e criar justificativas para as atitudes do outro que nos machucam. Mas não dar nome não diminui a nossa dor. Identificar as situações em que somos chantageados e chantagistas exige coragem. E pode mudar nossa vida

O "não" que dizemos e ouvimos não é um *não* universal, mas um *não* para aquilo que é proposto, como é proposto, no momento em que é proposto. Ao identificar a chantagem e decidir dar passos para que ela acabe, estamos dando *não* para a relação nos moldes em que ela se apresenta, da forma em que ela se apresenta. E é o chantageado que precisa dar esses passos, porque raramente quem pratica a chantagem emocional vai passar, do nada, a enxergar o outro e as suas necessidades. Estabelecer limites que protegem o seu querer é sua responsabilidade. Uma relação que nos retira a possibilidade de dizer "não" é uma relação que custa muito para nós, mesmo que não assumamos isso. Como dito anteriormente, vamos analisar os principais tipos de chantagistas, segundo o estudo realizado por Susan Forward.

CASTIGADORES

Os castigadores são os que utilizam a punição como principal método para conseguir o que querem. Eles se dividem em *ativos* e *silenciosos*. Os castigadores ativos são o tipo mais evidente de chantagistas, porque deixam clara a desconsideração com o que desejamos ou pensamos, no momento em que fazem as suas exigências. Deixam claro o jogo de poder que envolve a chantagem e se colocam em lugar de superioridade com quem chantageiam. "Se você não assinar o divórcio, eu vou tomar a guarda das crianças." "Você não precisa ficar para a reunião, não tem problema... mas não ache ruim se amanhã tiver outro funcionário no seu lugar." "Você vai comigo para a casa da minha mãe ou eu não vou para a festa na casa da sua amiga."

O medo de quem escuta as ameaças dos castigadores faz com que esqueça as possibilidades que tem. Diante das ameaças, gritos e humilhações, a sensação de desproteção e desamparo cresce em um nível muito alto, a ponto de não ser possível escutar os próprios sentimentos. Essa é, aliás, uma das características da chantagem emocional: ela aumenta os sons naturais da culpa, do medo e do senso de obrigação a um volume tão alto que impede o raciocínio claro. No caso dos castigadores, nos vemos em uma encruzilhada, presos entre dois caminhos: fazer o que o castigador quer ou assumir as infinitas dores que certamente virão da punição após a negativa.

As ameaças não são uma arma de pessoas ruins, mas a repetição de um aprendizado infantil. O castigador se coloca em lugar superior na relação e acredita que os seus castigos e punições ensinarão ao chantageado o que ele precisa aprender. Consegue reconhecer a repetição da dinâmica presente na relação de pais e filhos? Como disse lindamente Paulo Freire, "Quando a educação não é libertadora, o sonho do oprimido é se tornar opressor." Ao sentir medo, insegurança e angústia, o castigador utiliza a arma que conhece para suportar a dor: ameaça, grita, brada. Por mais que pareça uma demonstração de poder, a raiva esconde a própria fragilidade. Experimente, em um momento em que estiver só ou com alguém que apoia você, repetir frases ameaçadoras que já escutou. Grite as frases e depois perceba o que acontece em seu corpo. Os sintomas que percorrem seus braços e pernas, a ansiedade presente em seu coração. São sinais claros de medo, não de poder. Medo de perder o poder sobre si e o que acontece em sua vida, além da convicção de que a única forma de proteger esse poder é subjugando o outro, porque relacionamentos seriam uma disputa constante de poder em que um perde e o outro ganha. E, já que alguém tem que perder, que não seja o castigador.

CASTIGADORES SILENCIOSOS

Marisa estava em um casamento aparentemente feliz. Tinha um marido amoroso e gentil, com quem se relacionava bem, que jamais gritava ou se descontrolava, como escutava nas histórias das amigas sobre os seus maridos. Acontece que a relação feliz e harmoniosa ruía sempre que dizia "não" ao companheiro. Apesar de não gritar, a arma utilizada por ele – a indiferença e o silêncio – retirava as suas forças e o seu chão. Inicialmente, as situações em que isso ocorria eram muito pontuais. O dia em que ela decidiu passar um fim de semana com a mãe em um hotel rendeu uma semana sem se falarem. Ao chegar em casa, o marido estava com o rosto sisudo e silencioso, e assim permaneceu por alguns dias, até que ela, culpada e angustiada, pediu perdão, assumiu sua decisão como um erro e prometeu jamais repeti-lo. Com o passar dos anos, o comportamento piorou bastante. O que ocorria em situações muito específicas passou a acontecer por qualquer discordância. A expectativa de viverem o silêncio torturante deixava Marisa sem ar. O relacionamento já não parecia tão feliz. Existia uma tensão constante, a sensação de que, a qualquer momento, o clima da casa mudaria e pareceria um cemitério. E Marisa odiava cemitérios. A situação chegou a um extremo: Marisa queria cortar o cabelo e tinha medo do silêncio do marido. Um corte de cabelo. A autonomia sobre o próprio corpo. Definitivamente, algo precisava mudar em sua relação.

Os chantagistas castigadores silenciosos são sutis. Não gritam, não enlouquecem, não ameaçam. Não dizem o que vão tirar de você se não atender exatamente o que desejam. Mas torturam mesmo assim. A punição é silenciosa, mas não menos eficaz. Eles se tornam um lembrete vivo de que você não fez o que queriam. E só. Sem troca, sem interação. A indiferença é um dos maiores medos da nossa infância. Deixa em aberto o que o outro está sentindo, e as criações da nossa mente a partir do medo dão cores tenebrosas ao silêncio. Quando aconselho pais que estão vivenciando situações de muitos maus comportamentos dos filhos, pergunto como está a conexão e a atenção que estão ofertando para a criança, porque ela precisa de atenção e tentará consegui-la, mesmo que seja ruim, com gritos e castigos. Inconscientemente, aprendemos que atenção ruim é melhor que nenhuma atenção. O castigador silencioso aprendeu isso, e usa essa informação a seu favor. E o chantageado, ansioso para encerrar os contornos de tortura que o silêncio tomou, aceita qualquer coisa, promete qualquer coisa, desde que a dor pare.

Marisa racionalizava os comportamentos do marido, justificando um a um. Utilizava os conhecimentos que tinha sobre a infância do companheiro para manter-se enredada em seus quereres. As situações que não nos custam muito de nossa vida, nossa energia e nosso bem-estar não pedem muita racionalização e justificativa, são mais fluidas e claras. Os momentos em que repetimos mil vezes para nós mesmos que esse ou aquele comportamento são aceitáveis e normais, que estamos sendo intolerantes e bobos e que não custa nada atender ao querer do outro são sinais claros de que algo está errado em nossas escolhas, que elas não estão alinhadas com os desejos do nosso coração. Saber que os comportamentos do marido eram motivados por sentimentos e necessidades que ele tinha, que a história de vida dele não o ensinou a conseguir o que queria de forma diferente, não justificava Marisa abrir mão da própria liberdade. Ela era esposa, não terapeuta dele. Este é um dos pontos mais difíceis quando pensamos em adotar uma comunicação empática e respeitosa, saber o limite da empatia e do acolhimento. Entender o que nos cabe e o que não é nossa responsabilidade, visto que não podemos correr o risco de nos misturar ao outro a ponto de não saber quem somos.

AUTOPUNITIVOS

Júlio recebeu uma proposta de trabalho em uma cidade mil quilômetros distante de onde morava. A vaga era a realização de um sonho. Atuaria em um ramo que adorava e seria gerente geral das filiais da empresa. Era uma proposta irrecusável. Mas, no meio do caminho tinha uma pedra. Cada vez que pensava em deixar a mãe, o corpo doía de medo do que podia acontecer. Ele morava em uma casa vizinha à dela e, mesmo casado e com três filhos, fazia pelo menos uma refeição por dia com a mãe e o pai. Júlio se sentia responsável pela felicidade da mãe e não fazia nada que pudesse chateá-la. O que ela faria se ele fosse embora? Conversou com a mãe sobre a possibilidade de mudança, e a reação dela foi ainda pior que a esperada. "Vou morrer sem você aqui. Eu vou adoecer. Você sabe que não aguento uma tristeza dessa. Meu Deus, o que eu vou fazer? Você vai aceitar, meu filho? Você sabe que eu quero que você seja feliz, quero mesmo, mas o que vou fazer sem você e os meus netos? Você já ganha bem, não precisa ir embora. Onde está meu remédio de pressão? Tenho certeza de que a minha pressão está alta, estou passando mal." E agora, o que faria? Como conviveria com a culpa se a mãe realmente adoecesse a ponto de falecer? A possibilidade de perdê-la parecia tão real, quase palpável, que a felicidade pela proposta de emprego se dissipou. Tornou-se um castigo ter que tomar uma decisão que, segundo os seus medos, poderia custar a vida da mãe.

Quando falamos dos limites da empatia e do cuidado com o outro, alguns tipos de chantagem são os mais perigosos e difíceis de lidar. Enquanto os castigadores despertam nosso medo sobre o que podem fazer conosco, os autopunitivos despertam nossa culpa em relação ao que pode acontecer com eles. O que podem fazer se não atendermos exatamente o que querem, do jeito que querem? Os autopunitivos nos fazem acreditar que todo sofrimento que experimentarão na vida será responsabilidade nossa. Conseguiremos viver com a culpa de sabermos que fomos responsáveis pelo sofrimento de pessoas que amamos e admiramos? Podemos conviver com o rompimento de obrigações sociais que aprendemos ainda muito novos?

Os chantagistas autopunitivos ampliam a culpa e o senso de obrigação em níveis quase enlouquecedores. Eles nos fazem acreditar que só existem dois caminhos: fazermos o que querem ou empurrá-los em um penhasco de intensa dor e sofrimento. Eles nos ameaçam com a própria saúde e o próprio bem-estar. Em casos extremos, nos ameaçam com sua própria vida. "Se você me deixar, eu me mato." Acontece que não podemos conter o impulso autodestrutivo de quem quer que seja. Não podemos fazer ninguém feliz, essa não é nossa responsabilidade. Você pode ajudar com indicações e tratamentos terapêuticos, acompanhamentos de pessoas qualificadas para cuidar. São muitas as possibilidades mais saudáveis para todos os envolvidos do que abrir mão do seu querer para evitar uma tragédia que não existe.

Uma coisa os filmes e produções de mídia sempre acertam: a chantagem não tem fim. É uma ilusão acreditar que é somente uma ocasião pontual, que vai acabar, que é somente dessa vez. Não, não é só dessa vez. Cada vez que atendemos ao pedido do chantagista para acabar com seu sofrimento e com o nosso, não acabamos com a dor, mas apenas a adiamos. E a próxima dor, a próxima chantagem, o próximo sofrimento e a próxima angústia certamente virão. Na realidade, a tendência natural é que se tornem cada vez mais frequentes, porque o chantagista se acostuma a ter seu querer atendido e fica cada vez mais demandante.

SOFREDORES

Carlos e Henrique eram amigos e estudavam em um mesmo curso de pós-graduação. Carlos estava acumulando muitas funções: se dedicava à monografia que precisava apresentar ao final do curso, acabara de abrir uma empresa e estava concluindo os trâmites necessários para a adoção do primeiro filho com o marido. Enquanto vivia uma das melhores fases da vida, que, apesar de demandante, se alinhava com a realização de alguns sonhos, o amigo Henrique parecia estar sempre com problemas. A todo tempo reclamava da namorada e do relacionamento que parecia caminhar para o fim, e da mãe, com quem morava. Certo dia, após descrever com detalhes as crises que vivia, Henrique pediu que Carlos assumisse parte da escrita da monografia dele, visto que não estava emocionalmente bem e certamente não daria conta de concluir. O que começou como apenas um pedido acabou com um ultimato: "Só você pode me ajudar. Se eu não entregar essa conclusão, não vão me aceitar no emprego de que eu tanto preciso. Você sabe que só estão aguardando o certificado, e eu não vou conseguir entregar! Você tem noção do quanto isso vai ser trágico para mim? Cara, eu não aguento mais morar com a minha mãe e não ter grana para sair com a minha namorada! Você pode mudar a minha vida!"

Carlos sabia que não podia assumir tamanha responsabilidade, sobretudo naquele momento da vida. Mas não conseguia lidar com a possibilidade de não diminuir o sofrimento de alguém. Que tipo de amigo seria se não ajudasse Henrique? A dúvida e a angústia pareciam consumi-lo, e a cada mensagem que recebia perguntando se podia ou não *ajudar* o amigo, ficava mais ansioso. De repente, encontrar o amigo e colega nos corredores da universidade tornou-se uma tortura. O rosto sempre sisudo e pesaroso de Henrique despertava em Carlos grandes doses de culpa pela própria felicidade. Como era possível ser feliz enquanto se negava a ajudar o amigo a sair do poço de dor em que estava mergulhado?

Os chantagistas sofredores despertam o nosso salvador interior. Tocam em nossa vontade de reduzir o sofrimento do outro e na obrigação infantil de fazer mamãe e papai felizes. A narrativa detalhada dos próprios sofrimentos, com o pedido de salvação, faz parecer que, se não atendermos o que pedem, seremos pessoas ruins, malvadas e sem coração. Lembra que a maioria de nós aprendeu que o mundo se divide entre pessoas boas e pessoas ruins? Os sofredores apelam para esse maniqueísmo e nos fazem duvidar da nossa própria bondade e humanidade. Descrevem o próprio sofrimento com riqueza de detalhes, bem como o sofrimento que viverão se não fizermos o que querem. Enquanto os autopunitivos afirmam que vão começar a sofrer se não atendermos aos seus quereres, os sofredores atribuem a nós a única saída da dor em que já estão inseridos. Nós nos tornamos sua tábua de salvação. Somente nós podemos salvá-los.

A urgência é uma das maiores características da chantagem emocional. Você não tem tempo de pensar, de ponderar, de procurar saídas. Precisa fazer o que é pedido, como é pedido, no momento em que é pedido. Você, só você. Falta o ar, e tudo que você deseja é respirar novamente, com alívio. Acontece que o chantagista sofredor tem no sofrimento um estilo de vida. Desenvolveu a personagem de mártir que é vítima do mundo, azarada e injustiçada, como forma de lidar com a própria existência. Ele não vai parar de sofrer se você atendê-lo, apenas vai mudar o sofrimento. Os chantagistas sofredores se ofendem com a nossa incapacidade de ler os seus pensamentos e salvá-los da própria dor, e seguem ofendidos e magoados, porque esperam do outro o que ninguém pode dar. Atender a um sofredor é um trabalho para a vida inteira, daqueles excessivamente cansativos e exigentes.

TANTALIZADORES

Carla era uma funcionária exemplar. Chefiava um setor importante de uma empresa de cosméticos de médio porte e se esforçava diariamente para manter a produção de maneira adequada e eficiente. Certo dia foi convocada para uma reunião com os seus superiores, e nela foi apresentada a uma ideia incrível. Haveria uma ampliação na empresa e ela seria promovida a diretora-geral. Para que isso realmente acontecesse, precisava se dedicar à construção do projeto de funcionamento e implantação de uma nova ala. Carla investiu muita energia nesse projeto. Foram noites dedicadas à empresa, horas e horas de trabalho não remunerado, tudo em prol de uma recompensa maior que logo viria. Na data em que informariam se o projeto fora aprovado e quando seria implementado, Carla foi parabenizada pelo brilhantismo do seu trabalho e informada de que, para que tudo desse realmente certo, o setor que estava sob a sua responsabilidade precisava atingir uma meta de produtividade duas vezes mais alta do que a que normalmente atingia. A decepção foi enorme. Apesar de elogiada pelos chefes, a recompensa prometida não veio; no lugar dela, mais uma condição. Será que, se realmente atingisse a meta, a promoção viria? Será que o tal projeto realmente existia ou era uma forma de mantê-la desesperadamente produtiva na empresa?

Sabe aquela cena de alguém andando a cavalo com uma espécie de anzol com açúcar ou cenoura preso na ponta, para que o animal caminhe? Pois bem, os tantalizadores são os que montam no cavalo enquanto seguram o anzol. São os chantagistas mais sutis, porque não prometem nos castigar ou não nos fazem duvidar de nós mesmos, mas em lugar disso oferecem uma recompensa, um presente, uma felicidade, um pote de ouro no final do arco-íris. As promessas variam entre promoções e recompensas profissionais a amor, aceitação na família e amizade. A mensagem é: *eu tenho algo que você quer e precisa e vou dar desde que você faça exatamente o que quero, quando quero, do jeitinho que quero.* Acontece que a recompensa nunca vem, não por inteiro.

Um tantalizador não dá de coração aberto, não faz nada com a intenção de tornar a sua vida mais maravilhosa. Eles agem em interesse próprio, enxergam as relações como uma constante troca de favores e usam nossa vontade de nos realizar profissionalmente, ser amados e aceitos como moeda de troca para alcançarem o que desejam.

Entender que existem vários tipos diferentes de chantagem faz com que consigamos reconhecer o que nos acontece nas relações. É importante dizer que uma mesma relação pode ser permeada por tipos diferentes de chantagem, e, por vezes, quem é chantageado de uma forma costuma ser chantagista de outras formas. Percebe como é complexo, como existem muitas nuances?

Os roxinhos emocionais

Existem machucados que deixam feridas que doem constantemente até que melhorem. Existem outros que, em vez de deixarem feridas abertas e expostas, causam *apenas* hematomas. Eu costumo chamar esses hematomas de *roxinhos*. Pequenas e grandes manchas arroxeadas que normalmente não doem, mas que, quando tocadas por alguém, nos fazem experimentar dores agudas. Nosso corpo emocional é cheio desses roxinhos. São hematomas que ficaram depois das trombadas, pancadas e lutas que travamos vida afora. A maior parte dessas dores não foi cuidada quando ocorreu. Grande parte delas, sequer tivemos consciência de que aconteceram. Mas ficaram marcadas em nossa história e regem muitas das nossas ações — e reações — no dia a dia, sobretudo nas relações mais íntimas.

As chantagens emocionais são um grande reflexo desses roxinhos. Quando as fazemos ou quando cedemos a elas, estamos com essas dores latejando e apenas queremos que parem. A forma que aprendemos a fazê-las parar, assim como tentar sarar os roxinhos, é, em regra, um aprendizado infantil. São ligações que fizemos como crianças sobre o que causava e o que aliviava a nossa dor. Ferramentas desenvolvidas por uma criança com pouco recurso psicológico e emocional para cuidar de si e lidar com o que lhe fazia sofrer. Queremos que a dor passe, que o medo passe, que a angústia vá embora. Não aprendemos que as dores fazem parte da vida e que pedem atenção e cuidado. Aprendemos a fugir da tristeza, da ansiedade, da frustração, como se fosse possível selecionar o que vamos sentir. Nessa busca constante de fugir dessa dor, desenvolvemos formas de lidar com o que acontece. E quem convive conosco aprende o que engatilha essas reações primitivas, o que dispara a nossa dor. Esse aprendizado do que funciona conosco é utilizado por quem pratica a chantagem emocional, ou seja, quem ensina ao chantagista como chantagear você é você mesmo.

Respira, não estou culpando você por absolutamente nada. Estou informando que, sem perceber, agindo como age, reprisando histórias da sua infância e mecanismos que aprendeu nos seus primeiros anos de vida, você ensinou a quem te chantageia as ferramentas que usar com você. Tomar consciência disso é maravilhoso, porque você ganha a linda oportunidade de romper esse ciclo. Se para a chantagem funcionar você precisa repetir o comportamento que tem, cabe a você fazer com que ela pare de surtir efeito. Raramente o fim da chantagem virá do chantagista, já que a chantagem funciona! Nos próximos tópicos, falaremos sobre como fazer isso, mas já adianto que não será tomando responsabilidades que não são suas. Não será convencendo ninguém a nada. O cuidado conosco e com os nossos limites é o grande segredo para a mudança.

Todos temos uma história. Nenhum de nós brotou absolutamente do nada nas relações. E essas histórias reverberam em nossas formas de ver a vida, de entender o que o outro diz, de agir quando queremos algo. Aprendemos ou desenvolvemos em algum trecho da caminhada cada conceito que carregamos em nós. Assim como estamos em nossas relações com nossas feridas e curas, com nossas luzes e sombras, as pessoas com quem nos relacionamos também estão. Mais uma vez repito: não estamos aprisionados nos papéis de vilões e mocinhos, a vida não é simplista como aprendemos que era.

Marisa, que era casada com um castigador silencioso, trazia em sua história motivos para ter tanto medo do silêncio. Era filha única e cresceu com o pai e a mãe, vendo uma relação entre eles conturbada e infeliz. O pai era um homem sisudo e grosseiro, que gritava diante dos desagrados, enquanto a mãe permanecia em silêncio profundo ao escutar os gritos do marido. Após as crises e brigas, o clima na casa ficava tenso e pesaroso. Por diversas vezes, ela compartilhava com as amigas que a família parecia viver em um constante funeral, faltava apenas um caixão com um corpo no meio da sala. Assim que saiu de casa, Marisa experimentou uma vida mais leve. Decorou a própria casa de forma divertida e animada e, consciente e inconscientemente, buscou fugir do clima de funeral que foi tão presente em sua infância. Quando o companheiro adotava o silêncio como forma de lidar com que o desagradava, a Marisa adulta e a Marisa criança se misturavam. Sentia o medo, a angústia, a ansiedade que foram presença frequente na infância. Experimentando uma dor tão profunda, fazia qualquer coisa para que ela parasse, inclusive assumir erros que não cometera e violentar os próprios limites.

O trauma não fica preso ao momento em que aconteceu, mas permeia outras ocasiões e, quando vivemos situações semelhantes às que causaram o trauma, experimentamos emoções e sensações físicas que o revivem, como se estivesse acontecendo novamente. Nosso funcionamento psíquico não é lógico e linear, não atende às regras da física. Passado e presente se misturam em um emaranhado muitas vezes difícil de desfazer. A criança assustada que fomos preenche o adulto e governa as suas atitudes. Manda, grita, ameaça e se faz de vítima, como o chantagista, ou atende, obedece e implora à mamãe que lhe tire do castigo, como o chantageado. Apertamos o *replay* de cenas que vivemos, oscilando entre os papéis de oprimido e opressor. Não sei listar quantas pessoas me procuram falando: "Elisama, prometi que jamais agiria como o meu pai, eu sei o quanto me machucou o que ele fez, mas, quando percebo, estou falando exatamente com as mesmas palavras, parece que sou ele."

Identificar esses gatilhos e colocar o passado no passado é uma tarefa imensa, que pede autoconhecimento, paciência e, na maioria das vezes, alguns anos de trabalho terapêutico. Não será natural e simples, mas nos liberta para decidir como vamos agir e para escrever novas histórias para nós mesmos. Tenho uma tendência bem grande a adotar a postura do chantagista castigador. Diante do medo, do cansaço ou de qualquer sentimento que me lembre da minha própria vulnerabilidade, meu padrão é tornar-me assustadora. A curiosidade de entender o que dispara as minhas reações me faz cada vez mais consciente e autônoma diante da vida. Buscamos autonomia e liberdade, e só as teremos realmente quando aprendermos a separar o passado do presente, construindo novas ações para além das repetições automáticas do que vivemos.

Júlio, o filho da mãe autopunitiva, mantém a dinâmica estabelecida na infância. Era o filho bonzinho, o que jamais desobedecia e que sempre fazia a mamãe feliz. Aprendeu a colocar na felicidade do outro a medida da própria competência e valor. Cresceu sem escutar os próprios sentimentos, necessidades e quereres, e reproduzia o papel do filho exemplar no trabalho, no casamento e em outras relações. Quando a mãe afirmou que adoeceria por culpa dele, Júlio viveu seu maior pesadelo de infância. Sentiu-se como a criança que desapontou a mamãe, com pavor da possibilidade de ser abandonado pelos pais, de quem dependia. Na infância, o medo de abandono é um medo de morte. Ser abandonado pelos pais significa perder o teto onde morar, a comida que sustenta. É uma possibilidade real de morrer. Ao escutar as ameaças de sofrimento da mãe, Júlio voltou a ser a criança que não pensa logicamente e não questiona os pais, sentindo o maior dos medos, o *abandono definitivo*, a mãe morta.

Cada um de nós tem inúmeros roxinhos emocionais que são pressionados pelos comportamentos do outro ou pelas surpresas da vida. Assim como Marisa tinha os padrões que a aprisionaram no papel que ocupava no casamento, cedendo à vontade do marido para retomar a sensação de paz e tranquilidade, ele também tinha em sua história raízes que o levaram a se silenciar diante do desagrado. O chantagista não age por maldade, mas por inabilidade de agir de maneira que respeite a si e ao outro ao mesmo tempo. Mas antes que essa afirmação ative em você a capa esvoaçante do super-herói ou da super-heroína, você não pode salvar ninguém de si mesmo, não pode ensinar como se relacionar. Acreditar que podemos transformar quem convive conosco é uma ilusão que maltrata e fere todos os envolvidos.

A motivação por trás da ação

A vergonha, a culpa, o medo e o senso de obrigação são motivadores comuns em nossa sociedade. Aprendemos que precisamos dessa dor para sermos melhores, para agirmos de maneira adequada. Não fomos ensinados a construir uma vida melhor e mais maravilhosa, mas a fazer o que deve ser feito, ou sofrer as vergonhosas e dolorosas consequências dos nossos atos. Desde os primeiros meses de vida, somos treinados a valorizar o que o outro vai pensar em detrimento do que sentimos ou queremos. "Olha a moça olhando você chorar!", "Que coisa feia um menino tão bonito agir assim!" Não há qualquer menção ao nosso mundo interior. Precisamos focar no que o outro pensa sobre nós para sermos aceitos. A chantagem emocional amplifica essas mensagens, elevando o seu volume a um nível ensurdecedor, por isso é tão difícil enxergar saídas quando estamos vivendo uma situação assim.

Susan Forward utiliza a sigla FOG para nomear o clima criado pelo chantagista e que impede o chantageado de ter clareza na situação. *Fog* significa *neblina* em inglês, e, nos estudos de Susan Forward, se torna o acrônimo de *Fear* (medo), *Obligation* (obrigação) e *Guilt* (culpa). O chantagista cria uma neblina densa e espessa que dificulta a visão. Com a culpa, o medo e o senso de obrigação gritando tão alto, apenas queremos que a dor seja aliviada, que o barulho diminua, que alcance um grau que sejamos capazes de suportar. Queremos respirar novamente, porque o ar denso e pesado parece nos sufocar em vez de nutrir a vida. Nesse lugar primitivo, ansioso e angustiado, topamos qualquer negócio para sentir alívio, mesmo que isso nos custe paz e bem-estar. O desejo por um alívio imediato nos coloca nos lugares mais irracionais de nós mesmos. Queremos apenas que pare, que a dor pare.

Todos temos medos, inúmeros deles. Medo de sermos abandonados, medo de ficar sozinhos, medo de perder quem amamos. Medo da exposição das nossas falhas, medo de não ser aceito, medo de ser mal-interpretado. Medo da raiva do outro. Medo de perder a vida. Alguns medos são tão primitivos que não fazem o menor sentido se os olharmos de perto, mas temos medo de olhá-los de perto, e por isso ele segue nos dominando.

Pedro entrou em contato comigo porque estava com dificuldades de conversar com a esposa e queria demonstrar um limite de maneira não violenta. Ele iniciou a conversa contando que Joana, a esposa, costumava insistir muito quando queria algo e que esse comportamento fazia com que cedesse, mesmo quando não queria. Ele acabava fazendo o que ela queria e lhe enviando a conta depois, com mau humor, ressentimento e respostas ríspidas. A dinâmica estabelecida acabava por ferir os dois. Perguntei por que ele não dizia "não".

— Tenho medo de que ela fique chateada.

— E o que acontece se ela ficar chateada?

— Vai ficar reclamando e enchendo meu saco.

— E o que acontece se ela ficar reclamando e enchendo seu saco? Quanto tempo essa situação dura?

— Sei lá... uma hora ela para.

— E por que você tem medo de que ela fique chateada?

— Não sei.

— Tenta descrever o seu maior medo de quando ela fica chateada. O que você acha que ela vai fazer? Descreve a situação. Você tem medo de que ela vá embora se você disser que não vai sair para jantar ou viajar com a família dela?

— Acho que tenho... Mas é meio irracional, porque ela não vai embora por causa disso. Só que eu fico tão agoniado que prefiro fazer o que ela quer.

Pedro não estava em um relacionamento com chantagem emocional. Joana costumava reclamar após um *não* e logo parava, não ameaçava lhe tirar absolutamente nada, não entrava nos ciclos do sofredor ou do chantagista autopunitivo. Mas Pedro era filho de uma mãe chantagista, que havia lhe tirado a autonomia e o poder de escolha durante toda a infância, adolescência e parte da vida adulta. Estava acostumado com a dinâmica de se relacionar com o feminino dizendo "*sim*" apenas para encerrar o assunto, enquanto guardava rancor e ressentimento, culpando o outro pelas dores que vivenciava. Ele repetia o comportamento que havia estabelecido com a mãe, sem sequer dar a si mesmo ou à esposa a oportunidade de construírem juntos uma nova dinâmica na relação. Quando decidiu que começaria a demonstrar os próprios limites, Pedro pôde olhar para o medo de perto e enxergar o quanto esse medo era irracional e primitivo. Quando não conseguia dizer "não", era o Pedro criança com medo do abandono da mãe, não o Pedro adulto conversando com a esposa. Se relações em que a chantagem emocional não está presente despertam nossos medos de forma tão profunda, imagine situações em que o medo é conscientemente usado para nos apavorar!

Olhar para o próprio medo de frente pode nos fazer enxergar que ele é bem menor do que acreditávamos. E que, por mais assustador que possa parecer, observá-lo com cuidado e atenção nos dará a oportunidade preciosa de desenvolver ferramentas para lidar com ele. Quanto mais fugimos do medo, maior ele fica, menos definidos são os seus contornos, maior o seu domínio sobre nossas atitudes. Parafraseando Carl Jung, o que negamos nos subordina, o que aceitamos nos transforma.

E como estamos falando de subordinação, precisamos olhar de perto o senso de obrigação que tanto nos oprime e nos invisibiliza nas relações, e que costuma nos enredar em relações de chantagem emocional. Filho, marido, esposa, funcionário, chefe, amigo são rótulos sociais que interferem diretamente na forma com que lidamos conosco e com o outro. Nossas expectativas mudam quando colocamos essas palavras na equação, porque cada uma delas carrega em si um grande peso. O que é uma boa esposa? E um bom marido? O que é um bom filho ou filha? E o bom amigo? Quantas e quantas vezes atendemos ao que o outro quer porque acreditamos que esse é nosso papel na relação, sem pensar no que está vivo em nós ou no outro? Uma das perguntas mais bonitas que aprendi com a comunicação não violenta é: *onde está a vida nessa conversa?* A vida é o que não cabe nas caixinhas de certo ou errado, bom ou ruim. A vida é o que pulsa, que sente, que deseja, que anseia, que quer conexão porque precisa do fluir natural do dar e receber como algo que dá mais sentido para a existência. E essa vida se esconde nas nossas trocas, quando começamos a falar em termos de obrigações, do que temos que fazer e do que o outro tem que fazer.

A obrigação nos faz perder o prazer de fazer algo pelo outro. Perdemos a alegria e a disposição porque estamos fazendo o que *tem que* ser feito. E cobramos do outro que faça o que também *tem que* ser feito para que o nosso *tem que* valha a pena. "Faço tudo por você, sou uma excelente esposa, você tem que me apoiar também!", "Eu sou uma mãe excelente e você não me valoriza, como pode me dizer 'não' depois de tudo que fiz por você?", "Agindo assim você nem parece a funcionária exemplar que é!", "Filhos precisam honrar pai e mãe!", "Amigos não deixam outros amigos na mão, você tem que me ajudar!" Os exemplos são inúmeros e caberiam em um livro inteiro. São várias as situações em que nos perdemos nas obrigações diárias nas relações e esquecemos o que queremos e por que fazemos o que fazemos, nos momentos em que nos desconectamos de nós e do outro. Onde está a vida nessas conversas?

Outra forma de usar o senso de obrigação na chantagem emocional é a gratidão. Em nossa sociedade, aprendemos a sermos gratos por muito pouco e entendemos que a gratidão nos vincula eternamente a quem nos ajudou quando precisávamos. "Estive ao seu lado quando você precisou mudar de emprego, apoiei e fiz inúmeras ligações para que voltasse para o mercado de trabalho. Só estou pedindo que pague o curso que desejo fazer! Como você não percebe que é o mínimo que pode fazer por mim?" O mínimo que podemos fazer às vezes se torna algo enorme que sufoca, que rouba a autonomia e a disposição e que torna o dar e receber natural da vida algo pesaroso, uma troca vazia de interesses. Podemos sentir gratidão sem perder a autonomia sobre nós e as nossas escolhas. Faça porque *tem que* fazer, porque, se não agir exatamente como esperado, o título de boa mãe, bom filho, bom marido, bom funcionário, ou seja lá o que for, lhe será retirado. E sem isso você será o extremo oposto. Nenhum de nós quer ser o extremo oposto.

Não estou dizendo que você só fará o que quer, do jeito que quer, mas que é preciso se conectar à vida para que as relações fluam de uma maneira mais saudável. Os *tem que* podem ser substituídos por *eu escolho fazer isso porque que quero aquilo*". Escolho acordar de madrugada para cuidar do meu filho porque quero que ele cresça saudável e com um vínculo forte comigo. Escolho permanecer nesse emprego porque quero a segurança que ele me proporciona. Quando colocamos nesses termos, os *tem que* se encerram. E o que fica precisa ser olhado com atenção e ser remanejado. Cuidar do outro e contribuir para a sua felicidade alimentam nossa própria felicidade, mas, quando pagamos com o nosso bem-estar e alegria, o custo fica alto demais. O melhor é fazer escolhas que nos possibilitem assumir responsabilidades sem nos aprisionar a situações que nos fazem perder a conexão conosco e com o outro. Podemos cuidar dos nossos pais porque queremos vê-los bem, não porque somos obrigados e precisamos ser bons filhos. O fato de nos conectarmos com o que realmente sentimos e cuidar de nós enquanto cuidamos do outro e das relações faz a vida ser melhor. É uma missão difícil calibrar as responsabilidades e os cuidados do dia a dia com a tendência natural de fugir do que nos causa desconforto e dor. Não é possível viver sem dor, toda relação pede doação e entrega. Acontece que o preço para cuidarmos das nossas relações não pode ser descuidar de nós mesmos. É claro que, por vivermos em uma realidade de grande desigualdade social, para parte da população as escolhas, sobretudo as que envolvem trabalho, saúde e educação são mais limitadas e menos autônomas. Construir uma estrutura social mais igualitária permite que cada indivíduo consiga fazer escolhas reais e que tornam a vida melhor, em vez de ter como opções o *ruim* e o *menos pior*. O que deveria ser básico se torna privilégio.

O último item do FOG, a culpa, é utilizada de maneira tão desproporcional e violenta que nos faz perder a noção de quem somos e do que queremos. A perspectiva sobre quem somos muda, e nos enxergamos de maneira rasa e incompleta. Para além de errarmos, nos tornamos o erro. Às vezes nem chegamos a errar, mas o chantagista descreve as nossas supostas falhas de maneira tão intensa e convicta que duvidamos de quem somos e dos nossos valores. Conheci Milena há alguns anos e, na época, ela vivia um relacionamento abusivo com o então namorado. Ela era uma mulher bonita, inteligente e bem-humorada quando estávamos sozinhas, mas, perto dele, se tornava silenciosa e tensa. Certo dia recebi uma ligação dela, chorando muito, dizendo que tinha feito algo terrível e que, por causa dela, o namorado havia perdido o emprego. Quando busquei entender o que aconteceu, tomei um susto. Milena havia marcado de ir ao cinema com algumas amigas e comentou com o namorado naquela manhã. Horas depois ele teve uma reunião de trabalho e fora demitido do emprego. Encontrou com ela nervoso e irritado e disse que perdeu o emprego porque ela o tinha provocado logo pela manhã. De uma maneira distorcida e equivocada, o namorado a convenceu de que marcar de ir ao cinema com as amigas tinha causado a demissão dele! Eu fiquei chocada; como alguém poderia ter caído em uma história tão mal contada? Mas hoje entendo o poder da FOG e a desorientação que a chantagem emocional provoca.

Milena duvidou das próprias qualidades e capacidades e se perdeu na culpa por algo que sequer provocou. Estava disposta a agir como o namorado queria, como forma de reparar a dor que supostamente causara. Ele sabia disso e estava disposto a usar esse desejo dela de expurgar a própria culpa para conseguir o que bem quisesse. No caso de Milena, a culpa era nitidamente irreal e desmotivada, mesmo que ela não fosse capaz de enxergar isso sozinha. Mas e quando somos realmente responsáveis por algo que prejudicou o outro e as relações? Qual o limite entre repararmos os nossos erros e deixar que a outra pessoa nos puna e chantageie porque erramos? Será que nos sujeitarmos à vontade do outro é a melhor maneira de nos sentir bem com quem somos e com as nossas ações? E se, em vez da justificativa absurda dada pelo namorado, Milena tivesse perdido em um investimento todo o dinheiro que tinham juntado para o casamento? E se o tivesse traído? Que atitudes deveria tomar para reparar o erro? Quanto deveria fazer por ele para que a conta fosse paga? Em quantos relacionamentos os nossos erros se misturam à definição de quem somos e nos colocam em posição de desigualdade com o outro? Quantas vezes escutamos "você me deixou triste", "você me decepcionou" e buscamos fazer com que o outro se sinta feliz, animado, realizado, como se tivéssemos o poder de fazê-lo?

O medo, a obrigação e a culpa estão presentes na nossa vida e fazem parte da existência. Quando são utilizados para que façamos algo pelo outro, tornam-se componentes perigosos de uma neblina que turva a nossa visão, nos desorienta e desestabiliza. É impossível viver feliz e saudável quando se está perdido em meio a essa densa atmosfera. É insustentável manter-se em relações que distorcem a nossa visão de quem somos, maximizam as nossas dificuldades e defeitos e menosprezam a nossa complexidade. Quando essas vozes falarem alto, respire e lembre da pergunta: *Onde está a vida nessa conversa?*

Mudando o funcionamento da engrenagem

A chantagem é mantida porque funciona. Simples assim. A melhor forma de fazê-la parar é fazer com que pare de funcionar. Ok, essa parte não é tão simples assim. Na realidade, é bem complexa, por tudo que falamos até aqui. Mexe com a nossa história de vida, com as nossas angústias e medos. Faz passado e presente se misturarem e nos leva a lugares primitivos dentro de nós mesmos. Lidar com situações dolorosas nas nossas relações é um exercício intenso de autoconhecimento e autocuidado. Não é fácil e indolor. Realmente, a opção fácil, simples e gostosinha não veio no pacote quando falamos sobre resolver os desencontros nas relações. Acontece que permanecer nas relações em moldes que nos causam dor também não é. Enxergar as pequenas e grandes chantagens emocionais do dia a dia e buscar formas de lidar com elas é assumir a responsabilidade de transformar a vida em algo mais maravilhoso. As relações podem ser melhores se assumirmos a nossa parte nessa transformação. É importante dizer que a nossa parte jamais será cem por cento. Jamais. Uma relação precisa ser cuidada por todos os envolvidos nela. Acreditar que você pode amar por dois, cuidar por dois e escutar por dois é uma das maiores mentiras que aprendemos sobre relacionamentos.

Este é um livro que fala sobre conversas corajosas e que usa a não violência como base do conteúdo. Desejo que você não confunda, em momento algum, a postura não violenta com passividade, com a ideia romântica/opressora de um amor que pode, sozinho, sarar todas as feridas e cuidar de todos os problemas de uma relação. Não acredito em ser não violento com o outro enquanto nos violentamos. Um dos princípios da comunicação não violenta é enxergar o humano por trás da fala e do grito, nos conectarmos à humanidade do outro, aos seus sentimentos e necessidades, e criar, pelo diálogo, uma ponte que nos une. Mas para fazermos isso sem nos perder da nossa própria humanidade, precisamos estar fortalecidos e conectados com nós mesmos, ou corremos o risco de nos misturar ao outro a ponto de não saber mais quem somos e o que queremos. Sim, escutar e nos conectarmos ao outro é lindo, mas, por vezes, é inviável, sobretudo quando há desigualdade nas relações. Por vezes, a atitude menos violenta que podemos tomar é cuidarmos de nós sem levar todos os comportamentos do outro para o lado pessoal. É sairmos do jogo de mocinhos e vilões e enxergar que o outro tem os próprios motivos para agir como age e que não temos, naquele momento, condições emocionais de ofertar a escuta e o cuidado de que precisa sem que nos esvaziemos das nossas forças e anulemos as nossas necessidades.

As dicas que darei agora têm como base mudar a dinâmica de chantagem emocional presente nas relações, sem demonizar nenhuma das pessoas envolvidas, e entender que, em determinadas situações, as nossas energias estão focadas em colocar bordas que cuidam do que vive em nós. Por muito tempo acreditei que, por estudar a não violência e adotá-la como farol da minha vida, eu precisava ser empática e compassiva com o outro até o ponto em que ele precisasse. Acreditei verdadeiramente nisso e, por algum tempo, anulei algumas das minhas necessidades porque precisava ofertar escuta para que a fala fosse bem recebida. Mas, como dito até aqui, cada um de nós tem sua história e, muitas vezes, por mais cuidado e atenção que tenhamos com a nossa fala, ela será recebida de forma julgadora pelo outro. Se apenas eu escuto e cuido da relação, ela deixa de estar conectada com o dar e receber natural da vida. Dediquei um capítulo exclusivo à escuta neste livro, mas não se esqueça de que, em algumas situações, o máximo que você conseguirá ofertar à relação é o cuidado com os seus limites. Vamos às dicas.

- *Você é bom(boa) o suficiente.* Uma das principais características da chantagem emocional é a dúvida que impõe sobre as nossas qualidades e capacidades, sobre o lado que ocupamos no jogo entre mocinhos e vilões. Se não atendermos ao que nos é exigido, seremos pais ruins, filhos ruins, esposas e maridos ruins, amigos ruins, funcionários inadequados. Loucos, descontrolados, fracos, irresponsáveis. A mensagem é sempre a mesma, ou você faz o que eu quero, ou você é *o* problema. É importante lembrar que somos maiores que um *sim* ou *não* que daremos ao outro. Continuamos merecendo amor, carinho e respeito sendo quem somos. Podemos ter contribuído com a manutenção da chantagem emocional quando atendemos a exigência feita pelo chantagista, mas jamais seremos a causa da chantagem. A responsabilidade pelo que se faz e fala é de quem faz e fala, jamais do outro. Esse fortalecimento das próprias convicções e valores, do que é nossa responsabilidade e do que é responsabilidade do outro melhora as relações e nos melhora nas relações.

- *Não é sobre você.* A chantagem é uma estratégia aprendida antes da relação em que ela acontece – em regra, na infância. É uma forma de lidar com o medo de não conseguir o que quer e é disparada por angústias muito primitivas. Cada um dos exemplos de chantagem que citei ou que você tenha em mente neste momento é vivenciado por duas pessoas com histórias de vida únicas e especiais. Não é sobre o que você faz ou não, mas sobre como cada um aprendeu a lidar com os próprios medos e angústias. Por mais que você conheça a história de vida do outro, lembre-se de que não é capaz de salvá-lo dos seus traumas e crises. Você não causou esses traumas e não tem o poder de fazê-los desaparecer. Você não é superior ou inferior a quem chantageia — lembre-se de que, provavelmente, você também faz chantagem nessa ou em outras relações. É saudável e libertador entender que não é sobre nós a forma como o outro lida com as dores e alegrias que vivencia.
- *Encare seu medo.* Nomeie seu medo. Olhe para ele. Qual será o pior cenário possível se você disser "não" e demonstrar o seu limite? O que pode acontecer se você buscar cuidar da sua autonomia na relação? Olhe para o medo com curiosidade e investigue os seus motivos. Por vezes temos medo das consequências do *não* e do rompimento que pode vir a acontecer se cuidarmos do que precisamos e, por isso, pagamos pela manutenção da relação com o rompimento do que é importante para nós. Nós nos ferimos para não machucar a relação, o que é ilusório, porque, feridos, não estamos inteiros, e acabamos por ferir também. Nenhuma relação pode ser saudável se machuca quem está nela. Um *nós* saudável pede um *eu* e *você* saudáveis também. Importante: uma relação em que existe a possibilidade de agressão não é uma relação que deve ser mantida, não há conversa que deva ser estabelecida. Não alimente a ilusão de que pode mudar isso; um limite essencial foi ultrapassado, simplesmente saia.

- *Você suporta lidar com a dor.* Quase todas as pessoas que cedem ao que o outro pede – sem conversar sobre o que sentem e precisam – dizem não colocar o limite porque não suportariam a reação do outro. Essa ideia de que não suportaremos as consequências dos nossos limites nos aprisiona em situações adoecedoras. Você suporta. Suporta o olhar triste e magoado da sua mãe, bem como escutar a frase "você vai me fazer adoecer". Você suporta o silêncio do seu marido ou esposa. Você suporta a reação do seu chefe. Você suporta, nenhuma dessas dores vai causar a sua morte ou a morte do outro. Demonstrar limites, sobretudo nas primeiras vezes, é extremamente desconfortável. E você suporta lidar com esse desconforto, porque não há mudança sem incômodo. A expectativa de que as mudanças ocorrerão de forma leve e indolor, com muita facilidade, nos paralisa. Não será natural, será o oposto disso, e essa dificuldade não fala das suas qualidades ou defeitos, dos seus talentos ou incapacidades. O que torna um comportamento fluido e natural é a prática, a repetição. Não espere que seja fácil, não será. A maioria das nossas reações foi aprendida na infância, o que quer dizer que vivemos esses medos profundos no começo da nossa vida e sobrevivemos a eles. Se quando criança, com menos condições físicas, emocionais e psicológicas, você suportou, por que não haveria de suportar agora? Você dá conta, em prol da relação que deseja construir consigo e com o outro.
- *Não dê respostas imediatas.* Uma das principais características das chantagens emocionais é a urgência. Quem chantageia tem pressa de se livrar dos próprios medos e ansiedades. Tudo é para ontem. Acontece que, na maior parte das vezes, as respostas podem ser dadas após ponderação e reflexão. Por vezes respondemos imediatamente porque também queremos nos livrar da pressão, das palavras, da ansiedade e do medo que gritam em situações que nos assustam. Lembre-se de que você suporta. E peça um tempo. "Essa é uma questão importante e eu preciso pensar", "Dou uma resposta assim que analisar melhor as coisas", "Preciso de um tempo para refletir". Essas respostas dão espaço para que você pondere, escute os seus sentimentos e necessidades e se

conecte com o cuidado consigo e com as relações. Provavelmente o chantagista vai pressionar. Vai dizer que não pode esperar, que é urgente. Respire. Você suporta lidar com os seus medos. Ele/ela suporta lidar com os dele/dela.

- *Reflita.* O que o pedido feito desperta em você? Atendê-lo fere algo que é importante? Pense, reflita, observe. Analise a situação com calma, sem tentar se convencer de que não custa nada atendê-lo. Escute o que está vivo em você, o que sente, precisa, conforme expliquei no capítulo anterior. Nessa ponderação, esqueça os rótulos: chantagista, mãe, pai, marido, chefe. Escute os seus sentimentos e se responsabilize pelas suas ações e escolhas. Escute seu corpo. Por vezes racionalizamos excessivamente os assuntos enquanto a resposta está clara em cada milímetro do nosso corpo. Enquanto diz: "Não custa nada!", como estão seus ombros? E a sua barriga? A sua garganta? As suas costas? O que fica tenso e o que relaxa? O que dói? Ninguém está escutando os seus pensamentos, as suas reflexões, não reprima o que realmente sente, não se perca nos julgamentos sobre si e sobre o outro. Converse consigo mesmo e não se desvie do que está vivo nessa conversa.
- *Planeje o que e quando vai conversar.* Temos a tendência a esperar que as situações mudem sem a nossa interferência. Sofremos, nos machucamos e esperamos que, na próxima vez, as coisas sejam diferentes. Que a família perceba a pressão desnecessária que faz e pare. Que a chefe enxergue que você trabalha melhor quando tem seu tempo e ritmo respeitados. Que o marido ou esposa finalmente entenda que você tem limites e os respeite, mesmo que você nunca os comunique ou sustente. Não vai rolar. Em regra, as pessoas estão presas aos seus próprios dramas e dificilmente vão enxergar o que você deseja, sem que isso seja devidamente comunicado. Não espere que a próxima vez seja diferente, mas exercite agir diferente da próxima vez. Se você seguiu os passos anteriores, já sabe o que deseja e já decidiu sua resposta. Agora é o momento de pensar em quando vai comunicá-la e em como vai fazê-lo. O momento e o lugar são muito importantes. Escolha um ambiente com uma carga emocional menor e que desperte menos ten-

são em você. Talvez o jantar em família não seja o melhor momento para comunicar a mudança para os seus pais. Talvez o final de um dia tenso de trabalho não seja o momento adequado para conversar com seu marido ou esposa sobre os problemas do casamento. Existem momentos que facilitam e que dificultam a conversa, existem lugares que nos deixam tensos e lugares que nos deixam mais confiantes. Escolha o melhor lugar para você.

- *Depois de escolher o lugar, planeje o que vai falar.* Nesse passo, pense em todas as respostas possíveis que virão da pessoa. O que ela normalmente fala nesses momentos? Que frases costuma dizer? Se possível, anote. Escreva as frases e pense em respostas possíveis para cada frase. Respostas em que você não se defende e não ataca. Sempre que se defende ou ataca você abre espaço para a infinita contra-argumentação do outro. Em situações em que está emocionalmente frágil e sem condições de escutar empaticamente, foque em demonstrar o seu limite de maneira respeitosa. Em *Chantagem emocional*, Susan Forward sugere algumas respostas para a demonstração de limites diante das situações de chantagem. "Essa é uma decisão sua", "Eu realmente espero que não faça isso... e essa é uma escolha que apenas você pode fazer", "Podemos conversar novamente quando estiver mais calmo, o que você acha?", "Quando você me insulta, tenho dificuldade de escutar o que realmente deseja", "Percebo que essa é a forma que está enxergando a situação", "Entendo que esteja chateada, e a minha decisão está tomada", "Nenhum de nós é vilão ou herói, apenas queremos coisas diferentes".
- *Escolher uma resposta emocionalmente saudável evita que sejamos reativos e façamos o que os nossos padrões geralmente ditam.* Amplia as possibilidades. Falarei sobre escuta ativa nos próximos capítulos.
- *Ensaie as respostas emocionalmente saudáveis.* Repita várias vezes, andando pela casa, dirigindo, tomando banho. A cada repetição, elas parecerão menos estranhas e mais aplicáveis, mais possíveis. E ajuste as suas expectativas. Talvez a pessoa aja de maneira mais acolhedora, pondere os próprios comportamentos e escute o que está vivo em você. E talvez não. Talvez ela escute apenas os próprios medos e angústias,

que imagine os piores cenários e que isso impeça a conexão. Talvez abrir mão do que acredita e deseja requeira uma desconstrução acima do que o outro pode ofertar. E talvez, mesmo escutando o que vive em cada um, vocês percebam que os caminhos que desejam trilhar são diferentes entre si. O final novelesco pode não acontecer. E tudo bem. Não dá para evitar a demonstração de limites por medo de destruir a relação quando o preço a ser pago é a destruição de quem somos, aos pouquinhos. Nenhuma relação será tão duradoura quanto a sua consigo mesmo. Dessa você não poderá fugir. Que tal começar a cuidar dela de maneira mais afetiva — e efetiva?

Eliminando a opção da chantagem

Estudar sobre a chantagem emocional me causou uma explosão de ideias que eu precisava compartilhar e, por isso, gravei uma sequência de vídeos nas minhas redes sociais. Para minha surpresa, grande parte dos comentários dizia: "Elisama, me ajuda, descobri que sou muito chantagista. E agora?" O reconhecimento das próprias chantagens diárias foi um choque para grande parte das pessoas que me acompanhavam. Talvez, neste ponto da leitura, você esteja percebendo que utiliza a chantagem em muitas das suas relações e que ela é, de certa forma, o seu padrão. Como agir diante dessa descoberta? O que fazer com uma forma de lidar com os sentimentos que já está tão enraizada em sua história?

As dicas a seguir buscam estimular o entendimento das ações que disparam a chantagem bem como construir novos caminhos e formas de agir:

- *Reconheça que é um padrão aprendido e que não define quem você é.* A chantagem emocional não nos torna bons ou maus, vilões ou mocinhos. Não fala sobre o nosso caráter. É uma estratégia que aprendemos, em regra, ainda crianças, para conseguirmos atender às nossas necessidades. É a base da educação tradicional, fundamentada em punição e recompensa. A maioria de nós foi ensinada a agir de maneira adequada por medo da punição, por medo da vergonha ou da culpa que sentiríamos se desapontássemos nossos pais. A desconexão conosco e com o outro é uma consequência direta da educação que recebemos. Para além disso, foi, também, a forma com que vimos os adultos agirem entre si, com os amigos, funcionários, chefes, pais e irmãos. Quem utiliza a chantagem cresceu em um ambiente em que ela acontecia de forma intensa e comum, por isso, eliminar a opção da chantagem exigirá atenção, esforço e dedicação, como toda mudança importante que adotamos em nossa vida.

- *Existem outras estratégias, você possui opções.* No capítulo anterior, expliquei a diferença entre necessidade e estratégia e que, na maior parte dos nossos conflitos, estamos apegados a estratégias sem ter real noção das nossas necessidades. Quando fazemos chantagem emocional, acreditamos que a única forma de conseguirmos o que queremos é exigindo, ameaçando, gritando, nos fazendo de vítima, oferecendo recompensas. Quando atendo pais e mães, escuto: "Elisama, eu só ameaço quando a conversa não funciona!", "Eu já tentei de tudo e ele não me atende, daí eu grito!" Não enxergarmos outras saídas não significa que elas não existam. Quando sentir vontade de ameaçar, gritar ou se colocar como a grande vítima das situações, respire e se pergunte: "Que estratégias não estou enxergando nessa situação?"
- *Nomeie a sua necessidade.* Para encontrar estratégias é essencial que você nomeie o que está vivo dentro de você. Como dito anteriormente, o que vive em nós está algumas camadas abaixo dos nossos julgamentos e pensamentos. Perceba do que precisa. Acolha. Após nomear o que sente, as possibilidades de estratégias surgirão. Importante: necessidades não são apenas as necessidades físicas. Crescemos tendo foco nas necessidades físicas e desconsiderando as emocionais. Apoio, acolhimento, descanso, lazer, comunhão e tantos outros são necessidades emocionais importantes que sequer nomeamos e reconhecemos sua urgência em nossa vida. A necessidade é um caminho amplo e nos tira dos becos estreitos das estratégias que aprendemos como únicas possibilidades.

- *Ninguém é obrigado a nada, peça de maneira não violenta.* Conversas baseadas em obrigações nos distanciam de nós e do outro. Reconheça aquilo de que precisa e peça de maneira não violenta, seguindo as quatro perguntas que apresentei anteriormente. "O que está acontecendo?", "O que estou sentindo?", "O que eu quero/preciso/desejo/necessito/espero?", "O que o outro pode fazer para me ajudar a suprir essa necessidade?"
- Em vez de: "Você é minha esposa, tem que ir comigo ao jantar!" Tente: "Eu assumi o compromisso de ir ao jantar hoje e estou me sentindo inseguro, pois os donos da empresa estarão lá. Preciso de apoio e companhia e gostaria muito que você pudesse ir comigo. Sei que está cansada e não quero que seja algo pesado para você. O que você acha de ir comigo? Você acha possível? Existe algo que eu possa fazer que facilite as coisas? Assim abandonamos o *tem que*, o *preciso que você faça!* e falamos em termos de sentimentos e necessidades.
- *Aceite que o outro tem o direito de dizer "não".* Escutar "não" costuma ser difícil e, para a maioria de nós, é demonstração de rejeição. Dói. Frustra. E nós precisamos aprender a lidar com essa frustração e com essa dor. Acolher as nossas angústias sem despejar no outro a responsabilidade de nos fazer felizes. Você pode ligar para alguém para desabafar e pedir escuta. Pode escrever todos os palavrões que vierem à sua mente em um papel. Pode tremer de ódio. E deve assumir que tudo isso é seu e que você cuida desses sentimentos. Você suporta lidar com a sua dor. Ela não vai te engolir ou matar. Se não tem conseguido suportar, procure ajuda. Só não temos o direito de impor dor ao outro porque não conseguimos lidar com a nossa própria dor. Você possui o direito de cuidar do que importa para si. O outro, também.

Perceber as dificuldades na comunicação e as falhas na dinâmica da relação nos dá a maravilhosa oportunidade de ajustarmos o passo e transformar o encontro em algo seguro, acolhedor, amoroso e fortalecedor. São incríveis começos, mesmo que o relacionamento chegue ao fim, visto que relações com chantagens emocionais não fazem bem a ninguém.

Resumo do capítulo

- A educação tradicional é baseada em chantagem emocional e, por isso, a chantagem segue tão presente em nossas relações.
- A chantagem surge da ausência de conhecimento de outras formas de agir. Ela aparece quando o medo fala mais alto que o desejo de cuidado e amor. Não é um jogo entre vilões e mocinhos e, em regra, quem é alvo de chantagem em uma relação também é chantagista na mesma ou em outras relações.
- Nomear a chantagem como tal nos traz mais clareza sobre como agir e fortalece a certeza de que precisamos respeitar e defender os nossos limites, porque o outro, perdido em seus próprios medos e angústias, não o fará. Não é uma forma de rotular alguém, mas de identificar a situação. A chantagem emocional é o caminho que muitos de nós aprenderam a trilhar para atingir os próprios objetivos, e identificar quando estamos dançando entre os dois polos nos traz a liberdade de romper os ciclos.
- Os chantagistas castigadores são os que utilizam a punição como principal método para conseguirem o que querem e se dividem em ativos e silenciosos. Os chantagistas autopunitivos ampliam a culpa e o senso de obrigação a níveis quase enlouquecedores. Eles nos fazem acreditar que só existem dois caminhos: fazermos o que querem ou empurrá-los em um penhasco de intensa dor e sofrimento. Eles nos ameaçam com a própria saúde e bem-estar. Em casos extremos, nos ameaçam com a própria vida.
- Os chantagistas sofredores despertam nosso salvador interior. Tocam em nossa vontade de reduzir o sofrimento do outro e na obrigação infantil de fazer mamãe e papai felizes. Enquanto os autopunitivos afirmam que vão começar a sofrer se não atendermos os seus quereres, os sofredores colocam em nós a responsabilidade pela única saída da dor em que já estão inseridos. Nós nos tornamos a sua tábua de salvação. Somente nós podemos salvá-los.
- Os chantagistas tantalizadores são mais sutis, porque não prometem nos castigar ou não nos fazem duvidar de nós mesmos, mas em lugar disso oferecem uma recompensa, um presente, uma felicidade, um pote de ouro no final do arco-íris.

- Susan Forward utiliza a sigla FOG para nomear o clima criado pelo chantagista e que impede o chantageado de ter clareza na situação. *Fog* significa *neblina* em inglês, e nos estudos de Susan se torna o acrônimo de *Fear* (medo), *Obligation* (obrigação) e *Guilt* (culpa). O chantagista cria uma neblina densa e espessa que dificulta a visão. Com a culpa, o medo e o senso de obrigação gritando tão alto, apenas queremos aliviar a dor, que o barulho diminua, que alcance um grau que sejamos capazes de suportar.
- O trauma não fica preso ao momento em que aconteceu, mas permeia outras ocasiões e, quando vivemos situações semelhantes às que causaram o trauma, experimentamos emoções e sensações físicas que o revivem, como se estivesse acontecendo novamente. A criança assustada que fomos preenche o adulto e governa as suas atitudes. Manda, grita, ameaça e se faz de vítima como o chantagista, ou atende, obedece e implora à mamãe que o tire do castigo, como o chantageado. Apertamos o *replay* de cenas que vivemos, oscilando entre os papéis de oprimido e opressor.
- Nem sempre temos espaço emocional para a escuta do outro e, em determinadas situações, a atitude menos violenta que podemos tomar é cuidar das bordas que nos protegem nas relações, sem aprisionar o outro no papel de algoz de nós mesmos.
- As principais dicas para lidar com a chantagem são: lembrarmos que somos bons o suficiente, que a situação de chantagem não é sobre o alvo, mas sobre o chantagista; encararmos e nomearmos os nossos medos e fortalecer a convicção de que suportamos as consequências das nossas escolhas; é também importante não darmos respostas imediatas, para que possamos refletir sobre o que sentimos em relação ao pedido e planejar a forma como comunicaremos os nossos limites.
- Para eliminarmos a opção da chantagem, precisamos reconhecer que ela não nos faz vilões e que existem outras estratégias para atender as nossas necessidades. É importante nomear as próprias necessidades e pedir de maneira não violenta, visto que o outro não é obrigado a nada. Precisamos aprender, também, que todo pedido pode ter um *não* como resposta e é nossa responsabilidade lidar com o que esse *não* desperta.

CAPÍTULO 4

UM ENCONTRO DE NEUROSES

Quando enxergamos que relacionamentos pedem mais que amor

Há um tempo vivi a maior crise do meu casamento. Durante três longos anos a nossa relação parecia um mar revolto. Sempre que nos levantávamos após uma onda, outra maior vinha antes de recuperar o fôlego. De repente nos perdemos um do outro e de nós mesmos. Lembro de uma vez, durante um dos milhares de tentativas de conversas que tivemos nesse período, em que nos perguntamos por que não estava dando certo, já que nos amávamos muito. Tínhamos uma relação bacana, cheia de companheirismo e afinidades, por que aquela crise parecia infinita e impossível de lidar? Por que o que sentíamos um pelo outro não bastava? As nossas afinidades estavam soterradas em choros de criança, contas a pagar e mágoas. Sem conseguirmos dialogar, cada um tinha sua própria lista de *a culpa é sua*, com itens os mais diversos. O amor deixou de ser cuidado, olhado, nutrido; foi perdido na pilha de problemas que surgia em uma velocidade maior que a de que dávamos conta. Queríamos passar muitos e muitos anos juntos, mas não da forma como estávamos vivendo. Até que assumimos que já não sabíamos como cuidar do amor que ainda queria viver, mas que estava machucado demais para se levantar. Iniciamos uma terapia de casal, cuidamos mais de nós em nossas terapias individuais. Temos aprendido, desde então, que é fácil se distrair do amor, se perder da intenção de fazer dar certo. Relacionamentos pedem mais que amor.

Cresci acreditando que o amor resolvia todos os problemas. Organizava em dois grandes grupos — que incluíam quase todas as pessoas que eu conhecia — os relacionamentos em que via os envolvidos infelizes: os que não se amavam mais e os que nunca se amaram. Quem não parecia feliz e satisfeito no casamento, no namoro ou em qualquer outro relacionamento, estava junto por motivos diversos daquele que deveria ser a razão para estar com alguém: o amor. No alto da minha ingenuidade — com sérias pitadas de arrogância —, eu classificava o que era amor e o que era dependência, interesse financeiro, carência e algumas outras coisas. Ora, quem se ama é feliz e faz feliz, certo? O amor é paciente, é bom, suporta tudo... Ainda acredito que damos nome de *amor* ao que não é amor, mas já não classifico as relações alheias. Já não acredito que basta amor para tudo dar certo, que o amor dá conta de sustentar a relação. Na realidade, é justamente o contrário. A forma como nos relacionamos, escutamos, trocamos e intencionamos as nossas falas e gestos sustenta o amor. E a maioria de nós não aprendeu a fazer isso de forma que cuide do amor.

Colocamos na conta do amor as loucuras impulsivas e as inércias passivas. Para a conta do amor vão os nossos sucessos e fracassos, as palavras desmedidas, o medo, o desespero, a carência. Na conta do amor colocamos os gestos impensados, as portas batidas, a insistência em ficar quando o melhor para todos seria ir. Na conta do amor colocamos todas as nossas dificuldades em nos relacionarmos. Acontece que a nossa forma de vivenciar e a de demonstrar o amor e o amor em si não são a mesma coisa. No capítulo em que falamos sobre os pedidos, expliquei que para cada um de nós as palavras possuem significados diferentes. Cada um de nós sente o carinho, o respeito e o tal do amor de formas diversas. Por mais que exista um sentimento semelhante que nos move, nós o experimentamos e vivenciamos da forma que sabemos fazer, de acordo com o que aprendemos que seria amar.

Certa vez Luiz, um amigo, me ligou falando que precisava desabafar. Poucos minutos depois, ele estava em minha casa, chorando, contando sobre uma discussão que teve com a namorada. Falara coisas terríveis para ela, como ninguém deveria falar ou escutar. Tinha medos profundos de perdê-la e, ao sentir a relação ameaçada, agiu de maneira desmedida e impensada. Éramos próximos, e eu sabia que ele estava apaixonado e que estava sendo sincero quando dizia que a amava. Mas Luiz tinha péssimas referências do que era amor. Crescera em um lar cheio de chantagem emocional e com excessivos castigos físicos. A mãe faleceu quando ainda era um menino e ele foi educado pelo pai, um homem sisudo e violento. A única referência de carinho que lhe restou foi a avó, que o visitava, mas que não podia assumir a responsabilidade pela sua criação. Luiz havia associado amor a abandono, a impermanência. As pessoas que mais lhe demonstraram amor, carinho e cuidado não ficavam em sua rotina. Inconsciente dos seus próprios processos, Luiz associava cada limite dado pela namorada como ausência de amor, como sinal de mais um abandono. Nesses momentos, o medo gritava alto e os machucados emocionais da infância sangravam em quem não o ferira. "Eu surtei porque a amo mais que tudo!", repetia, sem perceber que os gritos e descontroles nada tinham a ver com o que sentia, mas com a sua pouca habilidade em lidar com o que sentia.

O exemplo de Luiz é um entre milhares. Os medos que ele revivia diariamente o tornavam alguém difícil de se relacionar. Costurava machismo, insegurança, medo do abandono, imaturidade emocional e tantas outras coisas em uma única figura, uma espécie de monstro de retalhos, e dava a ela o nome de *amor*. Mas esse monstro desfigurado e assustador não sabia amar e ser amado. Na maior parte do tempo era infeliz e fazia o outro infeliz. Esperava ansioso por alguém que o salvasse de si mesmo, como o menino que fantasiava que a mãe voltaria dos mortos ou que a avó o levaria de casa para sempre, salvando-o do pai. Entretanto, ninguém viria salvá-lo, ninguém tem essa responsabilidade. Ninguém.

A maioria de nós guarda o desejo infantil de encontrar alguém que atenda às nossas necessidades, que acalme nosso coração, que nos salve das nossas angústias. Esse alguém, segundo os filmes, histórias e contos de fadas, é a outra metade da laranja, a nossa cara-metade. A pessoa que nos fará felizes, que dará um novo sentido aos nossos dias, que fará com que os problemas desapareçam. A pessoa que nos levará para aquele lugar onde as dores não nos visitarão mais, onde seremos estrelas do nosso próprio comercial de margarina. Pode ser que você esteja torcendo o nariz e pensando que estou falando um absurdo e que você não é essa pessoa ingênua e boba que espera uma coisa sem sentido assim. Acontece que, quando você se irrita ou se magoa porque o outro não se empenha para te fazer feliz, você está nesse lugar infantil. Quando se chateia porque não foi colocado ou colocada como prioridade na vida do outro, você está nesse lugar. Quando acredita que a relação já não vale a pena porque está demandando esforço e paciência e que deveria ser leve e fácil, você também está nesse lugar infantil. Essa ferida narcísica infantil está presente em todos nós e, quanto mais conscientes estamos dela, melhor cuidamos de nós e de quem se relaciona conosco.

Não estou defendendo a manutenção de relações que nos machucam diariamente, que nos anulam e nos sufocam. Acredito que toda relação que nos impede de existir, em toda a nossa inteireza, é uma relação com um custo alto demais para se estar. No entanto, essa afirmação não significa que viveremos em um mar de rosas. Que encontraremos aquela relação que é somente leve, fluida e feliz. Relacionamentos são muito mais complexos que isso. A crença nesse amor que cura tudo sozinho é uma das responsáveis por nos colocarmos como vítimas e algozes em relações infelizes.

Gosto de comparar as relações ao cuidado com as plantas. Por muito tempo me julguei uma *serial killer* de plantas. Matei muitas delas. Cheguei ao que considerei o auge, matar cactos e suculentas. Até que um dia, lamentando sobre minha sina com uma colega, ela perguntou o que eu fazia para cuidar das plantas. Quantas vezes eu adubava? Quantas vezes usei borra de café ou casca de ovo para enriquecer o solo? Eu escutava a planta para saber sua preferência de rega? As plantas de que eu cuidava eram de sol, sombra ou meia-sombra? Escutar tudo aquilo me deu um susto. Eu falava que já tinha feito de tudo para cuidar das plantas, mas, na realidade, eu sabia muito pouco sobre elas. O meu *tudo* se resumia a molhar na frequência que eu julgava adequada. E só. Aprendi com ela que preciso tocar na terra e sentir se a planta precisa de mais água ou não. Que a cor e a textura da folha que cai me conta sobre a saúde da planta. E aprendi que há fases em que, por mais que eu tenha todos os cuidados possíveis, ela vai perder algumas folhas e mudar de aparência. Poucas plantas florescem o ano inteiro. Assim como as plantas, as relações pedem intenção em manter o amor, em cuidar dele, em fazê-lo florir quando tiver de florir, em nutri-lo nas épocas em que as folhas caem e a aparência árida e seca faz pensar que morreu. Pedem atenção ao que mora no não dito. Pedem entrega, vontade de recomeçar depois dos tombos que não achamos que tomaríamos. É desistir de desistir, inúmeras vezes. Relacionamentos são mais complexos do que dizem por aí. Definitivamente, não dá para colocar na conta do amor a responsabilidade de sustentar uma relação. É quase injusto com ele. E conosco.

A síndrome do alecrim dourado

Quando fui realizar a minha primeira entrevista de emprego, pesquisei na internet as principais perguntas que os entrevistadores costumavam fazer e quais as respostas ideais. Os vários sites de consultoria davam basicamente as mesmas informações, tudo podia se resumir a *minta*. Não assuma nenhuma dificuldade humana. Fale que gosta de trabalho em equipe e que é muito bom nisso, mesmo que você prefira trabalhar sozinho. Ao responder sobre defeitos, utilize sempre os que podem ser vistos como qualidades em determinadas situações. É interessante perceber que muitas vezes nos relacionamos como se estivéssemos em uma entrevista de emprego. Somos bons, temos muito valor e precisamos mostrar isso. A associação entre ser bom e ter valor é forte demais, tão forte que nos impede de olhar para as nossas incoerências, as nossas emoções doloridas, os nossos comportamentos que fogem ao que deveria ser. Não queremos *perder o emprego* de marido, esposa, amigo, amiga, não queremos ser despedidos desse lugar de pessoas boas que ocupam com perfeição seus papéis sociais. Então, quando agimos de maneira contrária ao que consideramos certo e adequado, culpamos o outro. Ele é tóxico, ela é louca. Ele é nocivo, ela é maquiavélica. Ele é egoísta, ela é carente. Nós? Ah, nós não somos nada disso. Somos os alecrins dourados que nasceram no campo sem serem semeados. Somos os especiais, que diferem dos demais. O inferno são os outros, afinal.

Cada um de nós tem uma ideia distorcida e reducionista de si mesmo. Se eu pedir que você defina quem é, provavelmente vai usar expressões que engessam sua personalidade e que reduzem sua complexidade a um punhado de palavras. Mas somos maiores que isso. E, assim como somos amorosos, gentis, calorosos, encantadores, doces e simpáticos, também somos grosseiros, antipáticos, mesquinhos, insuportavelmente egoístas e vingativos. Somos luz e sombra. Enquanto estamos apegados à ideia de sermos apenas doces e bondosos, não nos atentamos aos nossos comportamentos que fogem à imagem que temos de nós mesmos. E aquilo de que não temos consciência em nós mesmos nos domina.

As relações despertam em nós mais que amor. Despertam os nossos medos, as nossas angústias, nos conectam aos nossos padrões. Um dia desses meu marido e eu estávamos repetindo uma mesma briga que volta e meia vem à tona. Chamo de *briga de estimação* e acredito que quase todo casal tem uma. Da toalha em cima da cama ao Natal com a família, temos aquelas discussões que parecem reprise umas das outras. Assim que acabamos a discussão e que, para variar, não chegamos a lugar algum, fui dormir pensando por que me irritava tanto com a fala dele. Por que a escuta parecia tão difícil? Por que rodávamos no mesmo assunto, sem sair do lugar? Observando meus pensamentos, percebi que eu não queria encontrar uma solução com ele, eu queria impor a minha. Estava magoada e queria um "sim, amor, você está certa!", com um olhar submisso e leves pitadas de sofrimento. Por trás da postura empática-toda-trabalhada-na-comunicação-não-violenta que eu insistia que tinha, o meu desejo era punir. Havia dor, havia mágoa. Muitas e muitas histórias eram tocadas pela nossa discussão e eu encobria os meus sentimentos em uma falsa camada de empatia e escuta. Notar isso foi maravilhoso! Aqui estava ela, a minha parte vingativa e rancorosa, tomando conta das minhas decisões. No dia seguinte comuniquei a ele a minha limitação: "Amor, esse assunto dói bastante e eu percebi que quero punir você, não te ouvir. No momento não tenho espaço interno para essa escuta e acho que vou precisar cuidar de algumas coisas em mim para poder conversar. O que você pensa sobre isso?"

Quando encaramos as nossas feiuras, podemos lidar com elas. Observá-las de perto. Paramos de jogar no outro a responsabilidade pelo que sentimos, paramos de culpá-lo por todas as nossas mazelas. No exemplo que dei sobre o meu marido, eu não parti para o extremo de me responsabilizar por toda a nossa discussão. Não usei a descoberta que fiz sobre mim para me massacrar e, de certa forma, me colocar no centro da situação. Eu apenas comuniquei que estava emocionalmente incapaz de fazer a minha parte na resolução daquele conflito. Assumi a minha vulnerabilidade. Assumi o meu rancor. Diversas vezes negamos as nossas reais intenções, porque achamos que são tão feias e indevidas, destoam tanto da imagem que criamos para nós, que simplesmente não podem fazer parte de quem somos. Repelimos, negamos e projetamos no outro o que não aceitamos em nós.

Já falamos das nossas necessidades e da forma que aprendemos a atender as nossas necessidades: as estratégias. Precisamos admitir que a maioria de nós tem péssimas estratégias para atender as próprias necessidades. Somos tão guiados pelos medos, pela angústia e pela raiva que mal sabemos do que realmente precisamos e sentimos. Sinto muito informar, mas você não é um alecrim dourado. Você é tão humano como todos os outros, foi educado em uma sociedade punitivista e violenta, e as estratégias que conhece e que provavelmente irá usar são permeadas pelas mais diversas violências. Serão mesquinhas, rancorosas, chantagistas, grosseiras, vingativas e tantos e tantos outros adjetivos – que não colocamos perto do nosso nome em uma frase, porque nos vemos como pessoas boas que não adotam esse tipo de atitude. Mas adotamos. E se negarmos esses nossos lados, colocaremos na conta do outro o que não encaramos e aquilo com o que não lidamos em nós.

Quando Flávia me procurou, estava em crise na relação com o marido. Ela me disse que precisava conversar com ele de maneira não violenta, mas não sabia como fazê-lo. Flávia era uma mulher de quase 40 anos, com um emprego financeiramente rentável e uma carreira que seria considerada pela maioria de nós muito bem-sucedida. Entretanto, as despesas da família estavam muito altas, e o marido era o maior responsável pelas onerosas faturas do cartão de crédito, com gastos que ela julgava absolutamente desnecessários. Almoços e jantares em restaurantes caros, roupas em lojas de grife e relógios. Perguntei como se sentia diante da situação, e ela me deu uma lista de rótulos para o marido. "Egoísta, irresponsável!" Informei que eu não desejava saber o que ela pensava dele, não naquele momento. Se ela desejava conversar honestamente com o marido sobre a situação, ela precisava ter um pouco mais de consciência sobre o que sentia e queria. "Eu sinto que ele não pensa no preço que pagamos para ter a vida que a gente tem!" Expliquei que ela ainda não havia me dito o que sentia, que *sinto que* era mais uma opinião sobre ele. Mas que, mesmo assim, a frase havia sido muito importante para entendermos o que sentia. "E qual o preço que vocês pagam para manter a vida que têm?" Flávia passou alguns minutos em silêncio. Para ela, o preço era alto, quase insuportável.

A empresa em que trabalhava sobrecarregava os funcionários com metas e expectativas irreais. A cobrança era muito grande e era comum ver os colegas precisando de remédios para dormir todas as noites. O marido também trabalhava exageradamente e, por mais que o rendimento que tinham fosse muito mais alto que o da maioria das pessoas que conhecia, ela acreditava que ambos eram infelizes. Pela primeira vez na vida, ela admitiu que queria viver uma vida diferente. Queria um trabalho mais tranquilo, queria poder curtir a companhia do marido, em vez de estarem sempre atrasados para o trabalho. Queria poder cozinhar, desligar o celular sem medo de acontecer um problema sério na empresa que exigisse a sua presença imediata às três da madrugada.

Flávia não conseguia assumir para si mesma que estava infeliz com o trabalho e o ritmo de vida que viviam, que trocaria o apartamento em um bairro nobre por um menor, em que pudesse dormir algumas horas a mais. Cada vez que o marido comprava um relógio, um novo terno ou cogitava trocar de carro, o seu sonho de uma vida mais tranquila se esvaía. E ela brigava com ele, achando que o consumismo do marido era o culpado pela irritabilidade, quando apenas ocupava mais um lugar na teia que a sufocava. Quando conseguiu enxergar o que a raiva escondia, pôde olhar para a própria necessidade e pôde cuidar dela. Pôde cuidar da frustração de ter chegado ao que considerava o topo da vida profissional e estar infeliz. Pôde olhar para a mulher que queria uma vida tranquila e que estava sufocada pela alta executiva sobrecarregada. A conversa que seria sobre parar de gastar tanto passou a ser sobre um planejamento de transição de carreira que lhe possibilitasse viver melhor. O marido dela não precisava de conserto, as necessidades e sonhos que ela possuía precisavam de cuidado.

Flávia não conseguia acolher os próprios sentimentos porque fugiam aos planos e imagens que havia criado por quase toda a vida. Diversas vezes tenho dificuldade em assumir os meus lados que não querem escutar ou ser empáticos, porque não combinam com a imagem da Elisama que vive a comunicação não violenta que tanto prego. Quais lados seus você tem deixado de ver — e provavelmente tem projetado no outro — por medo de encarar os próprios medos, frustrações e carências? Quantas vezes negar o seu desejo de vingança, o seu impulso egocêntrico, a sua carência excessiva e a vontade de que o outro viva para você te impedem de se enxergar com mais inteireza? Quando vamos entender que somos mais complexos que o que aprendemos sobre nós mesmos? Quando vamos sair do campo do julgamento de quem somos para o conhecimento de quem somos? Admitir as nossas feiuras, incongruências, ambivalências e inconstâncias faz da vida algo maior, mais profundo.

Ao admitir que você não é o alecrim dourado, que não é a exceção, você amplia a sua visão sobre si. Amplia a consciência com que podemos olhar para quem somos. Com interesse, com gentileza, com curiosidade. "Que interessante, nesse momento tenho um desejo intenso de vê-lo sofrer. O que esse desejo esconde/protege?", "Puxa, ele não fez o que eu queria e por isso estou torcendo para que seja malsucedido nesse projeto. Acho que estou tão ressentida, e gostaria tanto de saber que a minha opinião importa para ele, que essa vontade surgiu", "Estou tão nervosa agora que meu único impulso é brigar e mandar todo mundo à merda. Vou me afastar para lidar com isso." Quão potentes as nossas relações conosco e com o outro se tornam quando assumimos nossos lados menos floridos e fofos? Quando saímos do campo do que deveria ser, de quem deveríamos ser, e olhamos com curiosidade e gentileza para quem somos e o que sentimos, poderosas transformações acontecem. Somos maiores que os nossos erros, dificuldades e tropeços. Não, não somos perfeitos seres de luz. Ainda bem!

Tchau, idealização!

Ninguém foi feito para você. Não existe uma única pessoa que se encaixe perfeitamente em suas idealizações. A pessoa que você sonhou encontrar nasceu, vive e vai morrer em seus sonhos. Ninguém é obrigado a caber na forma do amor verdadeiro que você criou. Eu sei que poderia falar tudo isso de maneira mais doce e suave, mas acho que já passamos da fase de dourar a pílula nesta nossa conversa. A ideia de que existe uma cara-metade que vaga por aí e que temos a missão de encontrá-la é bastante problemática. Primeiro, porque nos faz acreditar que somos seres incompletos, que nos falta algo que jamais vamos encontrar em nós, e que está, necessariamente, em outra pessoa. A falta, que faz parte da existência humana, ganha contornos de problema que pode ser resolvido por alguém. Um alguém especial, que faz com que nossos medos se diluam, que nossas angústias se dissipem. Alguém capaz de nos salvar das nossas dores e serenar nosso coração. Alguém capaz de completar as nossas frases, de atender os nossos desejos antes mesmo que os verbalizemos. Alguém que, em um quiz sobre nós, saberá todas as respostas, do nosso prato preferido ao maior sonho da vida. O verdadeiro amor.

Há alguns anos, os relacionamentos eram apenas um contrato de conveniências. As uniões eram determinadas pelos interesses das famílias, por vontades que fugiam à ideia de que podemos ser felizes para sempre com alguém que nos aceita completamente. "Juntar as nossas terras seria um excelente negócio, não? Vamos casar os nossos filhos!", "Não aguento mais viver violências na casa do meu pai, vou embora com você". As histórias são muitas, e normalmente não envolvem o sorriso encantador ou a doçura do parceiro ou parceira. As ideias do movimento romântico mudaram completamente as nossas expectativas sobre esse acordo. O que antes acontecia como um contrato de negócios passou a ser guiado por um elemento imprevisível e, cá para nós, bastante irresponsável: o coração.

Imagine a seguinte situação: uma grande amiga está casando e você pergunta por que ela está tomando essa decisão. Aqui, neste ponto da história, já podemos sentir certa estranheza. É estranho perguntar o motivo de uma união, é quase imoral. Estão casando porque se amam, ora bolas. Qualquer motivo que fuja a isso parece indevido. Mas seguimos, você está rebelde e fugindo aos padrões sociais, por isso fez a tal pergunta que não deve ser feita. A sua amiga surpreende na resposta. Fala que estão casando porque têm uma visão de mundo bem complementar. Que acreditam que será uma união vantajosa para ambos, pois possuem sonhos em comum e combinam em coisas práticas: pensam de forma parecida sobre a organização da casa, conseguem dividir as responsabilidades da rotina de maneira igualitária e respeitosa e têm visões muito semelhantes sobre ter filhos e como educá-los. Além disso, enxergam o papel da família de cada um na união e decidiram, juntos, até onde deixar que as opiniões das pessoas influenciem no casamento. Conversam abertamente sobre os defeitos de cada um e decidiram que terão liberdade de falar sobre as falhas um do outro, de maneira a se ajudarem a serem cada vez melhores. Ah, ambos estão comprometidos com os seus processos terapêuticos e desejam estar conscientes dos próprios processos para não descontarem suas questões no outro.

O que você pensa sobre essa amiga e seu relacionamento? Incomoda? Parece um acordo comercial frio e indiferente? Que resposta não causaria estranheza? Para grande parte de nós, a resposta que seria normal se reduz a uma frase: "estamos muito apaixonados" ou a versão menos intensa: "nós nos amamos". Talvez pudesse ser complementada por algo como: "amo o rosto dele quando acorda. E ele é tão gentil comigo! Amoroso, dedicado! Nossa, não consigo pensar em viver com outra pessoa! Isso sem falar no sexo avassalador! A gente se entende com o olhar! Temos uma sintonia muito incrível." Qual relacionamento parece mais verdadeiro? Qual desperta um tanto de inveja?

Se você está em uma relação há algum tempo, é provável que já tenha percebido que no dia a dia o rosto lindo pela manhã quase não é notado quando a última conversa antes de dormir foi uma briga por conta do boleto que ele esqueceu de pagar, mesmo após vários lembretes seus. No cotidiano, a gentileza e a amorosidade podem ficar soterradas em rancor e ressentimento porque você não quis receber a mãe dele para um jantar ou porque criticou o comportamento que ele adotou com a sua família (afinal, custava não discutir sobre o capitalismo com o seu pai cabeça-dura?). As maiores histórias românticas que conhecemos são recheadas de grandes desafios, são casais que venceram o mundo para ficarem juntos. Desigualdades de classe, racismo, famílias que se odeiam, grandes distâncias, graves tumores cerebrais. Acontece que, na vida real, os desafios são menores, mas o acúmulo deles se torna um monstro enorme, que mal conseguimos nomear. Veja bem, não é impossível que algumas questões sérias aconteçam em nossa vida. Somos muitíssimo influenciados pela sociedade, no entanto, a forma como os acontecimentos sociais reverberam em nós fala muito mais sobre como aprendemos a lidar com os desafios do que sobre o amor que sentimos um pelo outro.

Na vida real, as brigas diárias são porque ele acha que criança precisa de palmadas para aprender e você escolheu educar de maneira não violenta. Porque você não suporta mais ver a bola de cabelo que ela deixa perto do sabonete, ou a toalha fora do lugar, molhando o colchão. Vai cair a mão se fechar a maldita gaveta depois de pegar o que precisa? Por que ela não tira os restos de comida da louça antes de lavar? Vai entupir a pia, caramba! O desgaste nas relações é criado pelo que não conversamos, pelo que não falamos, pelos papos que não tivemos porque não eram românticos, porque discutir sobre eles pareceria duvidar do amor, da integridade e da sintonia um do outro. No fim das contas, é no campo das coisas práticas e de como lidamos com elas que mora o gatilho que dispara as nossas maiores dores e irritabilidades.

Veja bem, não estou propondo que passemos a nos relacionarmos pura e simplesmente porque combinamos nas questões práticas. Não estou pedindo que você aposente o encantamento, a paixão e o tesão como motivos para estar com alguém. Quero apenas convidar você a pensar com mais cuidado no que normalmente não pensamos. Que aprenda a conversar sobre as coisas práticas que vão além do amor romântico idealizado. Que perceba o que tem deixado de pontuar, de olhar e de cuidar porque espera que o amor resolva tudo. Talvez seja hora de assumir que as decisões – que antes eram pautadas em interesses muito claros e que hoje estão no campo de algo impalpável e inexplicável – precisam encontrar um caminho do meio para seguir.

Eu queria muito dizer para você que essa figura sábia e linda que pode decidir o que é melhor para nós existe. Que se fecharmos os olhos e deixarmos que ela nos guie, chegaremos aos melhores lugares possíveis. Que se escutarmos o coração, nos envolveremos com pessoas maravilhosas que nos tratarão com o respeito e o carinho que merecemos. Acontece que, no fim das contas, ela nos guia para o que conhecemos. Para o lugar comum, para o que se assemelha ao que seria o amor que aprendemos na infância. Sim, podemos ser atraídos pela generosidade, pela doçura, pela persistência, pela inteligência. Mas também nos atraímos pelas informações que temos armazenadas em nós sobre cada uma dessas características. E temos uma forte tendência a buscar as frustrações conhecidas. Quantas pessoas você conhece que têm relacionamentos muito parecidos, mas com pessoas diferentes? Quantas amigas e amigos você sabe que se envolvem sempre com o mesmo *tipo* de pessoa, mesmo sabendo que as chances de dar errado são bem grandes? Em quantos namoros você repetiu a mesma discussão, como se A, B ou C fossem a mesma pessoa? Sim, o seu coração, esse pacote de emoções e sonhos, vai procurar o amor. Mas vai procurar o amor que conhece, vai procurar alguém que se encaixe no que ele aprendeu como amor, lá, nos seus primeiros anos de vida. Não dá para acreditar na sabedoria dele para o sucesso das relações.

Não quero que você passe a desacreditar nos desígnios do coração, mas que perceba que as borboletas no estômago e o coração acelerado não serão capazes de garantir o *felizes para sempre*. Quando o encantamento delirante do início dos relacionamentos passa, ficamos com algo menos eufórico, entusiasmado e intenso. Ficamos com o dia a dia, com o arroz com feijão, com a decisão de quem vai pegar as crianças na escola ou ir à feira comprar as frutas da semana. E, nessas condições, nos frustramos com o ser real, imperfeito e nada arrebatador com quem nos relacionamos. Vemos os seus defeitos com lentes de aumento, e o que parecia uma qualidade começa a ser um defeito irritante. A força e a coragem dela, que tanto encantavam e animavam, agora sufocam e parecem uma impulsividade irresponsável. A paciência que ele tinha e que trazia calma agora ganha contornos de passividade e dependência. O cuidado que ele tinha com o que você gosta agora soa como carência e controle. O que aconteceu? Acabou o amor?

A minha avó dizia que, se queremos conhecer alguém, precisamos comer um quilo de sal juntos. Como o sal é colocado em poucas pitadas em cada preparo, é necessário algum tempo para que duas pessoas terminem o tal pacotinho. Fato é que, depois de alguns quilos de sal consumidos, as nossas idealizações dão lugar a novos lados de quem somos e que não conhecíamos.

E isso nada tem a ver com amor. Relacionamentos pedem ajustes constantes. Por mais perfeitos que sejam, pedirão, volta e meia, uma atualização dos acordos, dos projetos, dos olhares. Aliás, sejamos sinceros, considerando que relacionamentos são compostos por pessoas e, como tal, imperfeitas, não há possibilidade de perfeição em uma relação.

Com o tempo, a maturidade e a desconstrução do ideal romântico dos relacionamentos perfeitos, podemos começar a buscar relações com pessoas reais. Que não precisam nos fazer felizes, porque essa é uma responsabilidade nossa, mas que estão dispostas a auxiliar no que puderem. Que não precisam ler os nossos pensamentos e adivinhar os nossos quereres, mas que estejam dispostas a aprender a ouvir os nossos pedidos, sobretudo quando saem um tanto truncados. Que estejam dispostas a sentar e organizar a rotina, a fazer combinados sobre o que é responsabilidade de cada um. Que tenham consciência das próprias feiuras e que nos ajudem a, amorosamente, lidar com as nossas. Muito além da disposição do outro, que tenhamos consciência de que relações pedem muito da nossa própria disposição. Se queremos paciência, também precisaremos ser pacientes. Se queremos altruísmo, precisaremos exercitá-lo também. Quando tiramos a fantasia do amor que é leve e absolutamente fácil, que simplesmente flui naturalmente sem que seja necessária a conversa, o ajuste e as tais DRs, podemos encarar a nudez, encantadora em sua imperfeição, do amor que exige esforço e cuidado. Do amor que é planta que encanta e aconchega, mas que pede atenção, adubo e rega constante em troca. O amor que não pedia nada em troca (ou pelo menos não deveria pedir) ficou na infância, nos anos em que os nossos pais nos alimentavam, levantavam durante as madrugadas para acalentar os choros e cuidavam dos joelhos ralados. O amor adulto pede o nosso esforço e a nossa capacidade de troca. Pede e dá. Idealizar alguém que seja exatamente como precisamos é andar a passos largos em direção a intensas frustrações.

Relacionamento: um campo de guerra

Ana era a filha caçula em uma família com três filhos. Nasceu alguns anos depois do irmão imediatamente mais velho, quando os pais já não cogitavam a possibilidade de ter mais um filho. A infância foi solitária, visto que os irmãos eram bem mais velhos e não tinham tempo ou paciência para lhe fazer companhia. Os pais, sempre muito ocupados, não lhe davam a atenção da forma que desejava e, diante de toda ansiedade e angústia que a realidade lhe despertava, Ana desenvolveu muito medo do abandono. Pedia atenção constantemente e, quanto mais pedia, mais lhe era negado por quem a cercava. Tornou-se alguém que pedia provas de amor intermináveis. O buraco emocional que vinha desde a sua infância apenas crescia e solicitava mais e mais atenção. Casou-se com Murilo, um homem gentil, prestativo, mas também sério e solitário. A infância de Murilo foi, de certa forma, semelhante à de Ana. Também cresceu com dois irmãos, também não recebeu o carinho e atenção que desejava quando criança — quase nenhum de nós recebeu. Mas em vez de continuar buscando um vínculo que nutrisse o seu desejo de apego e atenção, Murilo desenvolveu um perfil esquivo diante dos próprios sentimentos. Quanto mais precisava, mais se fechava e menos demonstrava, visto que guardava em si a convicção de que não valia a pena querer e que a melhor forma de se defender do abandono era não precisar do objeto desejado. Ana e Murilo eram uma combinação bombástica.

Ana esperava que alguém suprisse os seus desejos e anseios, achava que as demonstrações constantes de atenção e cuidado eram essenciais para ser feliz. Murilo não se sentia confortável com o cuidado requerido por Ana, tampouco com o que ela lhe dedicava. Quanto mais se sentia vulnerável na relação, mais se distanciava e se fechava. À medida que ele se fechava, Ana sentia a ansiedade da infância tomá-la e, como a criança que fora, repetia as estratégias que conhecia para ter mais atenção. Ana ativava a autodefesa de Murilo, Murilo ativava a carência de Ana. Acontece que nenhum dos dois tinha a mais remota consciência da repetição dos seus processos infantis e colocava no outro a responsabilidade pelos seus próprios incômodos. Ana passou a rotular o marido como insensível, frio e distante, e Murilo passou a considerar a esposa excessivamente carente e exigente. O problema era sempre o outro, afinal.

Seria lindo se nos relacionássemos com bastante consciência do que sentimos e precisamos, do que vive em nós quando falamos o que falamos. Seria realmente incrível se conseguíssemos separar nossos parceiros e parceiras das nossas histórias infantis e das vivências que nos marcaram e traumatizaram na infância. Mas, na vida real, diversas vezes derramamos em quem convive conosco as mágoas e feridas causadas por pai e mãe, irmãos, professores e tantas outras figuras importantes da nossa história. Jogamos neles as nossas projeções, transferimos as nossas dores. Reagimos da maneira automática que aprendemos quando éramos crianças e que, na maior parte das vezes, foi ineficaz. A criança que fomos fez o melhor que podia ao criar proteções e caminhos para conseguir o que queria, mas, como criança, as suas possibilidades eram limitadas. Sim, ela fez o melhor. E o melhor dela foi insuficiente.

Talvez, se Murilo pudesse ver a vida de Ana como um filme, conseguisse reconhecer, nas exigências excessivas da esposa, a criança que ela foi, pedindo aos pais que lhe dessem atenção, pedindo aos irmãos que parassem de tratá-la como alguém que não era da família. Quem sabe observando a pequena Ana chorando sozinha no seu quarto, ele pudesse entender que toda a carência da companheira tinha raízes muito mais antigas que a presença dele em sua vida. Com esse olhar que enxerga com amplitude, ele poderia acalmar a criança que falava, volta e meia, pela boca da mulher de quase 40 anos. Talvez, se Ana pudesse ver o pequeno Murilo pedindo colo para a mãe e recebendo a resposta de que ela não tinha tempo para ficar escutando bobagem de criança, ela tivesse um pouco mais de paciência com os momentos em que o marido se fechava em seu mundo em vez de dividir as suas angústias. Contudo, os nossos parceiros não vêm com um manual ou livro de histórias de infância. Poucas vezes chegam em nossa vida com consciência dos reflexos da própria infância na forma com que agem, amam, falam, escutam. E cada gesto, cada desentendimento, cada "não" dito se tornam algo absolutamente pessoal, uma prova de que não combinamos, que não damos certo, que o amor verdadeiro, a relação de paz e tranquilidade que tanto merecemos estão a nos esperar na próxima esquina, na próxima pessoa que encontraremos assim que essa, absolutamente imperfeita, sair do caminho.

Veja bem, não estou aqui afirmando que, por saber que os comportamentos de cada pessoa com que nos relacionamos têm raízes muito anteriores à nossa chegada em sua vida, que dentro de cada um de nós tem uma criança fazendo o seu melhor, devemos aceitar toda e qualquer atitude dos nossos parceiros com paciência, amor e brandura. Existem feridas emocionais que tornam a pessoa muito hábil em ferir quem se aproxima. Existem comportamentos inadmissíveis. Não utilize as minhas falas até aqui para ativar a capa esvoaçante da heroína ou do herói codependente. Você não é terapeuta de quem se relaciona com você. Respeite os seus limites. Um olhar empático ao comportamento do outro torna a relação mais madura e saudável, e pode, inclusive, tornar o fim menos pessoal e dilacerante. Não é uma desculpa para se permitir violentar em nome de salvar ninguém.

A maioria das mulheres escutou que o amor transforma tudo. Que aquele cara mulherengo, descomprometido com a vida e com o outro pode se tornar alguém doce, gentil, amável e companheiro se encontrar a pessoa certa. Aquela pessoa que fará com que ele enxergue a vida com outros olhos, que o faça virar alguém responsável e comprometido. Não vai acontecer. Por mais que você queira acreditar que seu amor tem superpoderes, que pode curar as feridas e dores do outro, ele não tem toda essa potência. Podemos ser parceiros de jornada de quem deseja aprender a cuidar de si e do outro, podemos ser companheiros e companheiras de quem se esforça para ser cada vez melhor, mas não temos o poder de carregar ninguém no colo e dar passos em seu lugar.

Fato é que cada um de nós tem as suas questões, marcas e cicatrizes das histórias que viveu. Cada um de nós tem os seus traumas de um passado que não passou de verdade. Cada um de nós é em parte uma criança imatura com medo de perder o amor de quem está perto. Por mais que busquemos relações maduras e emocionalmente inteligentes, conviveremos com o medo de perder o amor, a companhia e o cuidado do outro. Temos medo de perder as coisas boas que construímos e que temos em nossa vida. E, diante do medo de perder, fazemos coisas burras, irracionais e completamente distantes do que queremos conseguir. Queremos que a pessoa siga nos amando e agimos das maneiras menos amáveis que conhecemos: cobramos, reclamamos, criticamos, brigamos. Queremos ser escutados e tentamos conseguir essa escuta nos fechando em nossas questões e esperando que o outro adivinhe nossos pensamentos. No campo das relações, somos todos, sem exceções, um pouco loucos e ilógicos.

Estar em um relacionamento é algo difícil. A pessoa com quem dividimos a casa, as contas, os projetos para o futuro e a responsabilidade de educar os nossos filhos é alguém que chegou mais perto que o que deixamos qualquer outra pessoa chegar. Dividir a cama com um estranho é um exercício de confiança constante. Sim, estranho. Por mais que desejemos mapear a pessoa que conhecemos, que afirmemos para nós mesmos que sabemos quem é, como se sente e o que deseja, cada pessoa é única e tem um universo imenso que não conseguimos saber e acessar. Passaremos toda a vida conhecendo quem amamos. Se mal conhecemos a nós mesmos, imagine ao outro! Acontece que toda essa proximidade, toda essa vulnerabilidade que a relação pede, faz com que projetemos no outro capacidades e poderes que ele não tem. Lembramos da época em que éramos crianças e nossos pais resolviam todas as nossas questões. Magicamente colocavam a comida na mesa, resolviam os nossos problemas e faziam o mundo parecer menos assustador. Como nossos parceiros e parceiras não são capazes de fazer o mesmo? Como não fazem a angústia ir embora? Como não conseguem fazer a dor desaparecer? Como não providenciam a cura das nossas ansiedades e angústias? Se nos amam, por que não dão um beijo no dodói e ele simplesmente melhora?

Colocamos no ser imperfeito e emocionalmente caótico e atrapalhado com quem convivemos a expectativa de que nos faça felizes. Esquecemos que são humanos tão limitados quanto nós e esperamos que sejam capazes de aplacarem as nossas angústias sem que tenhamos que pronunciar qualquer palavra sobre nossos sentimentos. O amor romântico nos disse que palavras são desnecessárias quando existe amor, e nós acreditamos nessa ilusão absurda. Queremos que cuidem das nossas feridas, mas não temos qualquer disposição ou vontade de descrever como nos sentimos ou do que precisamos. Como ele não percebe que você teve um dia cheio e atarefado? Como consegue ser tão insensível a ponto de encher você de perguntas bobas sobre as coisas da casa quando você está com a cabeça cheia de ansiedades aguardando aquela resposta do trabalho? Como ela não percebeu que ir naquela reunião com os seus amigos era tão importante para você? Como ela teve a coragem de seguir sorrindo como se nada estivesse acontecendo, depois de falar daquele jeito absurdamente ofensivo? Como ele não aprendeu ainda que você não gosta desse tom de voz e que ele lembra a grosseria do seu pai?

Sem dizer qualquer palavra, esperamos que o outro perceba um por um os seus deslizes e ajuste o passo. Que aja da maneira que esperamos que aja, mesmo que essa maneira desconsidere completamente que ele existe como ser diferente de nós. Aliás, como pode ser diferente de nós, se nos disseram que combinaríamos em tudo? Que gostaríamos dos mesmos filmes, que falaríamos sobre os mesmos livros, que sairíamos com os nossos amigos em comum, aqueles de que ambos gostamos e com quem nos divertimos muito?

A expectativa que colocamos sobre os relacionamentos é irreal. Ninguém será exatamente o seu número, porque ninguém foi feito para você. As bobagens que ela diz, as idiotices que ele faz não são uma prova de que vocês não são um casal suficientemente bom, mas uma amostra da humanidade de ambos. Todas as pessoas do mundo têm um grande potencial de nos irritar e fazer com que tenhamos vontade de fugir. Cada pessoa que você conhece tem uma capacidade única e singular de fazer você perder a cabeça: de raiva, de tristeza, de rancor. Esse não é um superpoder do seu parceiro ou parceira.

Aquele cara lindo que você encontrou na fila do mercado e que fez você se perguntar se seria mais feliz longe do seu marido irritante tem um potencial gigantesco de ser impaciente, crítico e tão egocêntrico quanto o seu pai. Aquela moça com um sorriso incrível e uma conversa encantadora tem uma enorme chance de lembrar as cobranças excessivas da sua mãe ou a irresponsabilidade afetiva do seu irmão. A maior diferença entre eles e a pessoa com quem você dorme e acorda diariamente é que você ainda não comeu alguns quilos de sal com eles. Ainda não se aproximou o suficiente para enxergar os defeitos e imperfeições por trás dos efeitos especiais. Não existe a pessoa perfeita que não vai despertar dores antigas em você. Relacionamentos amorosos despertam nossos lados mais amáveis e os menos adoráveis. Despertam os nossos sorrisos e as nossas lágrimas. Não dá para ficar apenas com a parte boa. Ninguém vem com essa opção.

Nossos amores vão tocar em pontos sensíveis em nós com mais frequência do que gostaríamos. Relacionamentos são campos minados de egos feridos. São uma guerra de projeções e transferências. O melhor que podemos fazer por nós, pelo pobre ser que precisa lidar com as nossas minas muito bem escondidas e pela relação é prestar atenção no que vive em nós e comunicar com respeito e paciência. É começar a mapear os nossos machucados. Volta e meia, pequenos comentários viram uma ofensa indefensável porque tocam em nossas dores mais profundas. Lembro de uma vez que eu estava preparando o almoço, enquanto meu marido cuidava das crianças. A banana-da-terra era um dos acompanhamentos, e eu gosto dela em uma textura, e ele, em outra. Assim que percebi que a minha estava cozida no ponto que gosto, retirei da panela e coloquei no prato. Nesse exato momento, ele passou e comentou: "Eita, já está comendo? Não espera ninguém!" Senti uma fúria tão grande que mal me contive. Queria dizer que fui calma e não violenta, conseguindo lidar com a situação com equilíbrio e brandura. Mas estava muito longe disso. Soltei um palavrão. Respirei fundo, porque já aprendi que geralmente, quando a minha reação é intensa demais, estou transferindo para ele coisas que são da minha história. Eu cresci sendo rotulada como gulosa. Escutei inúmeras vezes que mamava com a boca em um peito e a mão agarrada ao outro, enquanto o leite escorria mostrando o meu exagero. Esse é um comportamento comum para muitos bebês, mas, para os meus pais, aquele era um sinal de que eu era uma criança gulosa. Sempre que ia pegar algo na panela, havia alguém para me dizer que eu não podia comer tudo, que, se não me regulassem, eu não teria limites. Eu me recordo da sensação de injustiça, da raiva e da indignação que sentia quando me rotulavam assim. Quando Isaac falou da banana-da-terra, pisou em uma das minas mais explosivas da minha história.

Respirei fundo e entendi o que estava acontecendo. "Amor, essa é uma das minhas maiores feridas de infância. Não gosto que comentem sobre o que como, quando ou como eu me alimento. Eu tenho uma relação com a comida cheia de questões emocionais. Não repete, tá? Eu tirei antes porque não gosto da banana muito cozida. E não ia comer sem vocês, estava só separando o meu." Assim que reconheci e nomeei o que sentia, que percebi que o comentário só doeu o que doeu porque tocava em algo dolorido em mim, pude sair da minha reatividade habitual e mostrar para ele como agir comigo diante de situações semelhantes. Sim, você precisa mostrar para as pessoas como agir com você, do que você gosta e do que não gosta, o que machuca e o que cuida, porque ninguém tem a obrigação de conhecer todas as nossas dores, todos os nossos roxinhos emocionais. O que idealizamos sobre o amor nos diz que quem amamos nos entende por completo, mas a realidade é bem diferente dessa ilusão. Ninguém tem a obrigação de entender nossos silêncios. Quanto mais detalhado o mapa que conseguimos traçar um do outro na relação, mais amáveis, responsáveis e conscientes serão as nossas interações.

Escutamos que encontraríamos uma relação cheia de felicidade e alegria. Que a pessoa certa nos amaria de uma forma nunca sentida antes. Que o amor verdadeiro é calmo e tranquilo e seguro. Acontece que convivências intensas são, muitas vezes, o cenário das nossas maiores guerras. Esquecemos por que nos aproximamos daquela pessoa, esquecemos que ela é confiável e amiga e que nos apoia sempre que possível, esquecemos que ela é acolhedora e companheira, e nos colocamos em trincheiras diferentes. Nós nos irritamos com cada fala, gesto e olhar, como se fossem ataques pessoais premeditados. Colocamos na conta de quem amamos os sentimentos que sequer conseguimos nomear em nós. Eles que são mesquinhos, egoístas, burros, inconsequentes, irresponsáveis e insensíveis. Eles que não nos respeitam e não nos enxergam. Acumulamos ressentimento e mágoa que vira munição para a próxima briga, para o próximo desentendimento. Repetimos as histórias da infância, nos encolhendo ou explodindo, e esperamos que nos entendam e mudem. E no meio dessa guerra, afirmamos que estamos vivendo essa tragédia porque não nos amam o suficiente. Relacionamentos são dolorosamente tristes às vezes. Com frequência nos fazem duvidar da nossa capacidade de lidar com os desafios da vida juntos. Quanto mais realistas formos diante desses desafios, melhor poderemos lidar com eles.

Neuróticos que se ajudam

Crescemos acreditando que quem ama aceita o outro em sua integralidade. Que o amor verdadeiro equivale a uma aceitação total e irrestrita de quem amamos. A partir dessa forma de enxergar a relação, aprendemos que qualquer crítica, qualquer comentário que diz que algo em nós não é o ideal é um sinal claro de rejeição e falta de amor. A maioria de nós, durante a infância, foi criticada de maneira impiedosa pelos pais. A educação tradicional nos enxerga como objetos falhos que precisam de consertos e ajustes constantes para que sejamos merecedores de amor, carinho e respeito. Quando crescemos, nos tornamos altamente críticos conosco e com o outro, mas também muito intolerantes em recebermos qualquer dica que aponte os nossos *pontos a desenvolver*. Em um relacionamento amoroso, essa é uma péssima combinação. Sabemos listar com detalhes e clareza cada ponto em que os nossos companheiros e companheiras precisam melhorar. Você sabe perfeitamente que ele precisa ser mais organizado com as coisas dele e da casa, que precisa prestar mais atenção às necessidades das crianças. Você também está cansada de ter de falar onde ficam os utensílios da cozinha. Ele por acaso é um visitante em casa? Talvez você já tenha tentado falar com ela que não gosta do quanto toma o seu espaço na pia do banheiro, mal cabe o seu desodorante, afinal, como ela não percebe isso? Você também acha que ela às vezes é invasiva com as brincadeiras que faz com os seus amigos, mas, todas as vezes que tenta falar, as brigas se instauram de uma maneira quase irreversível. Você tem certeza de que, se o outro corrigisse os erros que você enxerga com tanta clareza, o casamento seria perfeito, a relação seria ótima e duradoura. Ele ou ela é quem estraga tudo.

Acontece, querido ou querida alecrim dourado, que quem vive com você também é capaz de fazer uma lista bem grande de coisas absolutamente irritantes e enlouquecedoras que você faz. Um relacionamento é composto por duas pessoas, imperfeitas, atrapalhadas e com grande potencial de levar o outro à loucura. Fazemos coisas irracionais, imaturas e idiotas. Somos criativos em fazer merda. Todos nós. Quanto mais você se considera o lado perfeito e impecável da relação, maiores as chances de estar atropelando quem convive com você, sem ter a mais remota noção disso. E, acredite, todos temos visões limitadas de nós mesmos. Certa vez, em uma das nossas sessões de terapia de casal, eu me queixava da dificuldade que meu marido tinha de comunicar o que pensava. Lá estava eu, abrindo o meu coração, falando do quanto me esforço para ser empática e legal e que ele seguia sendo inacessível emocionalmente. Depois que falei, Isaac começou a falar e eu o interrompi, sem perceber. A nossa terapeuta, com o dom que tem de nos sacudir e chamar para a realidade, me perguntou se tinha visto o que fiz. Não, eu não tinha visto, sinal de que era uma prática comum em nossa relação e eu não fazia a mínima ideia. "Elisama, Isaac demonstra uma dificuldade de se comunicar com você, ele não tem a sua eloquência, e você atrapalha quando o interrompe. Ele estava se esforçando. É isso, Isaac?", "Sim… ela parece uma pugilista, me coloca no canto das cordas e quer que eu fale e nem me dá tempo de pensar." Eu quis me defender, mas seria em vão. Talvez, se não tivéssemos uma testemunha, se estivéssemos só nós dois, eu insistisse em dizer que eu estava interrompendo porque ele não falava. Somos ilógicos, irracionais e imaturos. Você e eu, não somente nossos companheiros.

Uma das coisas mais bonitas que aconteceu em minha relação foi poder assumir que sou imperfeita. Que posso ser enlouquecedora. E que nada disso diminui o meu valor. Quando não deixamos que esses pontos diminuam a noção do nosso valor próprio, levamos as nossas relações para outro nível de parceria. Em vez de nos alimentarmos da ilusão de que seremos perfeitos para o outro exatamente como somos, que nada em nós precisa melhorar e evoluir, partimos para outro tipo de promessa, mais realista e respeitosa conosco e com quem está conosco. Esquecemos o *somos perfeitos um para o outro* e iniciamos uma jornada de *nós nos gostamos e nos amamos, mesmo sabendo que somos irritantes, por vezes egoístas e birrentos. Temos inúmeros defeitos que surgirão de forma aparentemente aleatória em nossa relação. Nós nos comprometemos a exercitar a paciência conosco e com o outro, a tentar ser o adulto quando o outro estiver em seus momentos mais regredidos e infantis. Vamos aproveitar essa convivência tão próxima e intensa para aprendermos com os nossos erros e evoluirmos juntos. Entre nós será seguro pedir ajuda, errar e escutar o* feedback *do outro diante do nosso erro. Nós nos esforçaremos para lembrar que somos humanos e, como tal, fazemos merda. Prometemos reparar os inúmeros erros que cometeremos pelo caminho. E nos comprometemos, por último, a cuidar do nosso amor em vez de esperar que ele cuide de nós.* Não parece mais maduro e realista se posto assim?

Para tornarmos as nossas relações mais emocionalmente seguras e profundas, seguem algumas dicas:

- *Assuma que não é perfeito ou perfeita.* Somos todos neuróticos, já dizia Freud. Todos temos pontos sensíveis e explosivos, temos histórias tristes e difíceis na infância — mesmo que não sejamos capazes de dar para elas esses adjetivos. Erramos, nos atrapalhamos e pisamos na bola. Nada disso nos faz menos merecedores de amor, de carinho e de respeito. Assumirmos as nossas imperfeições, gargalharmos das nossas trapalhadas, levarmos menos a sério os nossos tropeços fazem a vida a dois mais leve. Não digo que você vai gargalhar enquanto o parceiro ou parceira descreve o seu nível de mágoa com o que fizemos, mas que abandonaremos o chicote com o qual desferimos golpes impiedosos em nós e no outro. Erraremos mais vezes do que gostaríamos, e tudo bem. Podemos ajustar o passo com mais amorosidade conosco e com quem amamos se pararmos de encarar todos os nossos tropeços como prova da nossa incompetência.
- *Entenda que seu parceiro ou parceira também não é perfeito ou perfeita.* Ninguém é perfeito. Assim como você, seu parceiro ou parceira vai se atrapalhar, errar, falar coisas que não deveria. Vai pisar na bola, vai fazer exatamente aquilo que você pediu que não fizesse. Vai ser irritante e despertar, de diferentes formas, os seus lados mais impiedosos. Vai rir na hora errada, vai se calar no momento em que tudo que você gostaria é que falasse. Vai falar coisas indevidas e inadequadas. Infelizmente, vai

usar informações importantes sobre você para magoar, em momentos de puro medo e desespero. Vai oscilar da pessoa mais bacana e docemente boba que você conhece a alguém insuportavelmente insensível. Vai ser humano, demasiado humano. A pessoa perfeita não existe, não está te esperando no próximo encontro ou em um aplicativo de relacionamentos. Se tiver alguém ao seu lado disposto a olhar para os lados mais duros de si mesmo e aprender com eles, você tem uma relação com grandes chances de manter equilibrados os momentos de tristeza e alegria. Uma das coisas mais belas que nossos parceiros podem nos oferecer é a vontade de evoluir e crescer — o que não significa que ele ou ela se tornará quem você deseja. A evolução não é se encaixar em sua forma, ok?

- *Seja gentil ao dar* feedback. E ao receber também. Um casal que se permite falar sobre os erros, tropeços e trapalhadas cometidos por cada um estabelece uma parceria potente. Conversem sobre o que sentem quando escutam uma crítica. Observe como você escuta e como fala, em que foca quando fala, na sua intenção. No capítulo 2 abordamos formas de falar, e no próximo capítulo trataremos sobre como escutar. Aplicar tudo isso às pessoas que mais amamos é muito difícil. A carga emocional, as nossas expectativas, as projeções e os pesos que colocamos nessas relações são diferentes de quaisquer outras. Seus amigos não costumam apontar os seus erros e insistir que você melhore esse ou aquele ponto por um motivo simples: eles se despedem de você em poucas horas. Seus amigos vão dar *tchau* para os seus pontos mais irritantes quando você for embora. Eles são mais bondosos com as suas características, porque elas não influenciam diretamente a vida deles. Não é com eles que você divide os boletos, a cama e a responsabilidade de educar seres humanos. Um relacionamento amoroso de longo prazo pede um grande investimento emocional, de tempo... de vida. Seja gentil com você e com quem está nesse grande jogo com você.
- *Não tente transformar o outro.* Você não terá o poder de mudar quem está com você a ponto de transformá-lo em outra pessoa. Talvez ele nunca seja tão doce e carinhoso quanto você espera. É provável que ela não se transforme em alguém paciente e ponderado como você gostaria. Esperar que o outro nos dê algo que ele não é capaz de dar é pedir para se frustrar. Ninguém será capaz de nos dar tudo. É cruel e irreal

esperarmos que uma única pessoa supra todas as nossas necessidades. Não espere que a pessoa que ama mude para se encaixar no que você deseja. Há algum tempo um casal de amigos me trouxe um conceito que amo: nas relações, um traz a pera, o outro traz a maçã. Ninguém vai trazer as uvas, as maçãs, as peras e os kiwis que você deseja. Esse ser imperfeito com quem você se relaciona pode evoluir e melhorar em diversos pontos e permanecer absolutamente irritante em tantos outros. Com quais você consegue lidar? De qual das suas idealizações você vai abrir mão para que essa relação se mantenha?

Você, eu e nós

Conheci Leila há alguns anos, estávamos ambas viajando, eu a trabalho, ela a lazer. Enquanto conversávamos no aeroporto, dividimos um pouco das nossas histórias, e ela me contou que estava indo para a Europa com amigas. Imediatamente imaginei que ela era uma mulher solteira. Depois de alguns minutos de conversa, ela comentou que era casada. Eu imaginei que o casamento estava em crise, claro. O marido ligou, e a minha ideia de que ela estava fugindo por uns dias para adiar o divórcio foi para o ralo. Eles se trataram com doçura, carinho e certa cumplicidade, pareciam um casal que se relacionava com respeito. Fiquei curiosa. Eu era uma mulher com pouco tempo de casada, ainda muito mergulhada em várias ideias românticas e irreais sobre os relacionamentos. Como assim ela estava passando dez dias de férias longe do marido? Não me contive e perguntei por que não iam juntos. "Querida, nós viajamos separados uma vez ao ano. Essa é a receita de um casamento feliz." Eu sorri e pensei: "Não mesmo, não vou querer viajar sem meu marido." Depois de mais de uma década de união, acredito verdadeiramente na receita da felicidade da Leila. Um tempo de diversão e alegria separados nos melhora quando estamos juntos.

Claro que não existe a receita perfeita do casamento duradouro. Uma união não é um cálculo matemático, não é algo que podemos dizer exatamente o que acrescentar para ser um sucesso. Mas podemos, sem dúvida, afirmar que um *eu* e um *você* fortes e bem cuidados cria um *nós* melhor e mais potente. Não, um casamento não nos torna uma só pessoa com ninguém. Continuamos sendo dois seres complexos, com sonhos diferentes, com personalidades diferentes, com anseios diferentes. O *nós* é o ponto de encontro, o que nos une, o que estamos dispostos a compartilhar, dividir e criar juntos. É a interseção, a união, a figura criada pelos pontos que juntamos. Uma interseção que não pode ser grande demais a ponto de engolir as nossas individualidades, mas que também não pode ser apagada por elas.

Aprendemos a sonhar com alguém que vai nos completar. Uma pessoa que nos escutará e será amiga e parceira como nenhuma outra. Essa mesma pessoa nos fará sorrir e saberá o momento de acolher as nossas lágrimas e nos ofertar um colo gentil e amoroso. Esse ser amado será a nossa companhia nas nossas maiores alegrias e angústias, saberá cuidar das nossas dores e dos nossos anseios. Vai rir das piadas sem graça do seu tio e embarcar nas suas crises familiares como se elas fossem dele. Vai amar os seus amigos, vai gostar dos livros de que você gosta, vai com você para o show da sua banda favorita. A pessoa perfeita vai curtir visitar a exposição de carros antigos que você ama e, mesmo que não curta, vai fazer companhia, porque é isso o amor. Acontece que a realidade é bem diferente disso. Ela prefere uma sessão de tortura a passar as festas de fim de ano com a sua família, ele odeia os filmes a que você assiste. Ele tem uma grande dificuldade em acolher os seus sentimentos, ela inventa milhares de desculpas para não jantar com aquele casal que você adora. Vocês não combinam tão perfeitamente como acharam que combinavam.

Até aqui acredito que você já tenha entendido que ninguém vai combinar tão bem com você a ponto de adivinhar os seus pensamentos e ir feliz para a reunião com seus ex-colegas de faculdade. Que acreditar que alguém vai dizer "eu também" para tudo o que você planeja e sonha é uma ilusão romântica completamente distante da realidade. E agora eu quero concluir este capítulo lembrando a você que cuidar da sua individualidade é uma responsabilidade sua. Assim como você não encontrará alguém com o encaixe perfeito para você, você não precisa ser o encaixe perfeito de ninguém. Você não tem que dizer "*sim*" para não aborrecer o outro, não precisa engolir as suas necessidades e seus anseios para atender as expectativas do outro. Quero, principalmente, lembrar a você que ninguém ama por dois. Ou escuta por dois. Ou acolhe por dois. Não importa quantas músicas você tenha escutado que afirmem isso, quantos romances tenha lido, a quantas comédias românticas tenha assistido, se não há disposição para a construção de mais vulnerabilidade e cuidado de todos os envolvidos na relação, ela se torna inviável. Pesada demais. O *nós* não pode sufocar o *eu*.

Mulheres são sobrecarregadas em nossa sociedade com a responsabilidade de cuidar. São instruídas a serem compreensivas, observadoras, acolhedoras, amorosas e doces. São presenteadas com bonecas bebês e aprendem a suprir suas necessidades imaginárias. Brincam com a boneca e o boneco de casinha e são estimuladas a acreditar que encontrar um marido e ter filhos é o auge da sua vida. Esse fenômeno social faz com que meninas e meninos cresçam acreditando que possuem papéis determinados nos relacionamentos. Namoram e casam alimentando a ideia de que elas são naturalmente boas em cuidar do outro, compreender e escutar, e que eles são incapazes de lembrar da consulta médica para investigar aquela dor de cabeça que se repete infinitamente. Enquanto elas mergulham em leituras, pesquisas e vídeos sobre relacionamentos, muitos homens seguem sendo passivos na construção de conversas mais profundas, respeitosas e autênticas consigo e com o outro. Não sei qual o seu gênero ou se se identifica com algum, mas, dentro da forma com que fomos educados, todos temos os resquícios de uma cultura machista, patriarcal, que aprisiona mulheres e homens a características e padrões que não fazem sentido para si.

Descobrir quem somos nas nossas relações, para além das expectativas românticas e sociais, é um desafio que demanda tempo e dedicação. Defender o que importa para cada um de nós é uma missão importante e essencial. Sim, volta e meia iremos ceder em nome da felicidade do outro, mas que esta não seja a regra em nossa vida. Podemos dizer "não" e continuar sendo dignos de amor. Podemos escutar "não" e seguir amando. Você pode ter limitação na escuta e na disposição com o outro. E o inverso também acontece. Durante todo o capítulo falamos sobre as expectativas irreais e violentas que colocamos no outro, e eu não desejo que você resolva colocar em si a expectativa de sustentar, sozinho ou sozinha, uma relação. Infelizmente não será possível.

A maturidade nas relações está em entender e acolher as nossas limitações e as limitações do outro. Em aceitar que o desafio de manter uma união de dois mundos únicos e esquisitos é um esforço diário e que pode ser facilitado se formos mais benevolentes conosco e com quem está nessa aventura ao nosso lado. Talvez seja melhor encontrar um amigo para falar de carros, em vez de se ofender porque a parceira ou parceiro não quer escutar o diferencial do modelo anterior para o que será lançado em alguns meses. Talvez seja melhor pedir a companhia de outra pessoa para ir ao show daquela banda que você ama, em vez de ter a sua noite arruinada por alguém mal-humorado que preferia estar sentado no sofá vendo Netflix. Talvez seja melhor revezar os momentos de diversão individual, enquanto o outro cuida das crianças, em vez de ficarem os dois constantemente irritados e sufocados pela imensa responsabilidade de manter um ser humano vivo e saudável. Talvez seja melhor assumir as suas limitações e libertar o outro para buscar estratégias para atender as necessidades dele, em vez de se ofender e querer convencer o parceiro ou parceira do quanto é inadequado o querer dele ou dela. A aventura de compartilhar as nossas loucuras pode ser um desafio menor se abandonarmos a ideia de que somos capazes de completar o outro. Simplesmente não somos. E que alívio que seja assim.

Resumo do capítulo

- A forma como nos relacionamos, como escutamos, trocamos, intencionamos as nossas falas e os nossos gestos sustenta o amor. E a maioria de nós não aprendeu a fazer isso de forma que cuide dele.
- Assim como as plantas, as relações pedem intenção em manter o amor, em cuidar dele, em fazê-lo florir quando tiver de florir, em nutri-lo nas épocas em que as folhas caem e a aparência árida e seca faz pensar que morreu. Pedem atenção ao que mora no não dito. Pedem entrega, vontade de recomeçar depois dos tombos que não achamos que tomaríamos. É desistir de desistir, inúmeras vezes. Relacionamentos são mais complexos do que dizem por aí. Definitivamente, não dá para colocar na conta do amor a responsabilidade por sustentar uma relação. É quase injusto com ele. E conosco.
- Você não é um alecrim dourado. Você é tão humano(a) como todos os outros, foi educado ou educada em uma sociedade punitivista e violenta, e as estratégias que conhece e que provavelmente irá usar são permeadas pelas mais diversas violências. Serão mesquinhas, rancorosas, chantagistas, grosseiras, vingativas e tantos e tantos outros adjetivos – que não colocamos

perto do nosso nome em uma frase, porque nos vemos como pessoas boas que não adotam esse tipo de atitude. Mas adotamos. E se negarmos esses nossos lados, colocaremos na conta do outro o que não encaramos e aquilo com o que não lidamos em nós.

- Nosso coração nos guiará para o que conhecemos. Para o lugar comum, para o que se assemelha ao que seria o amor que aprendemos na infância. Sim, podemos ser atraídos pela generosidade, pela doçura, pela persistência, pela inteligência. Mas também nos atraímos pelas informações que temos armazenadas em nós sobre cada uma dessas características. E temos uma forte tendência a buscar as frustrações conhecidas.
- O amor que não pedia nada em troca (ou pelo menos não deveria pedir) ficou na infância, nos anos em que os nossos pais nos alimentavam, levantavam durante as madrugadas para acalentar os choros e cuidavam dos joelhos ralados. O amor adulto pede o nosso esforço e a nossa capacidade de troca. Pede e dá. Idealizar alguém que seja exatamente como precisamos é andar a passos largos em direção a intensas frustrações.
- As bobagens que ela diz, as idiotices que ele faz não são uma prova de que vocês não são um casal suficientemente bom, mas uma amostra da humanidade de ambos. Todas as pessoas do mundo têm um grande potencial de nos irritar e fazer com que tenhamos vontade de fugir. Cada pessoa que você conhece tem uma capacidade única e singular de fazer você perder a cabeça: de raiva, de tristeza, de rancor. Esse não é um superpoder do seu parceiro ou parceira.
- Relacionamentos amorosos despertam nossos lados mais amáveis e os menos adoráveis. Despertam os nossos sorrisos e as nossas lágrimas. Não dá para ficar apenas com a parte boa. Ninguém veio com essa opção.
- Entender que você não é perfeito, ser gentil ao dar e receber um *feedback* e abandonar a ideia de que podemos moldar o outro.

CAPÍTULO 5

O QUE A OUTRA PESSOA QUIS DIZER?

A segunda camada das nossas conversas. Ou como escutar para além das projeções

Eu estava navegando pela internet quando encontrei um diálogo que me emocionou. O ano era 2017 e o mundo inteiro estava polarizado. A divisão entre bons e maus, nós e eles parecia algo inquestionável. Talvez por isso o diálogo entre a comediante norte-americana Sarah Silverman e Jeremy Jamrozy, um usuário do Twitter, que por muitos seria chamado de *hater*, me marcou tanto. Sarah, após ser xingada por Jeremy em um *post*, conseguiu sair das vozes internas que julgavam o comportamento e a fala do outro e se conectar com ele. E é com esse exemplo quase extremo — e extremamente potente — que começo a nossa conversa sobre escuta.

@jeremy_jamrozy: P*ta

@SarahkSilverman: Acredito em você. Li sua *timeline* e vi o que está fazendo, e sua raiva está escondendo sua dor. Mas você sabe disso. Eu sei o que é isso. PS: Minhas costas também doem pra KCT. Veja o que acontece quando você escolhe o amor. Eu vejo isso em você.

@jeremy_jamrozy: Não posso escolher o amor. Um homem que parece o Kevin Spacey me tirou isso quando eu tinha 8 anos. Não consigo encontrar paz, se eu pudesse encontrar o homem que destruiu meu corpo e tirou minha inocência, eu o mataria. Ele acabou comigo e eu sou pobre, então é difícil conseguir ajuda.

@SarahkSilverman: Não consigo nem imaginar sua fúria. Apenas ler isso me fez querer fazer coisas ruins. Aguarde.

@SarahkSilverman: Perguntas (não estou julgando): Você usa heroína? Está se automedicando? Quer se desintoxicar?

@jeremy_jamrozy: Não, só fumei maconha. Uso corretamente medicamentos que me foram prescritos.

@SarahkSilverman: Ótimo. Eu quero matá-lo também, então não posso nem imaginar seu ódio. O que eu sei é que esse ódio — mesmo que você pudesse matá-lo — está castigando você mesmo. E você não merece castigo. Você merece apoio. Vá a um grupo de apoio. Você poderá encontrar seus melhores amigos lá.

@jeremy_jamrozy: Eu vou. Mas não confio em ninguém, fui traído por vezes demais. Eu dava a roupa do meu corpo e era traído toda vez. Sou superantissocial. Não tenho amigos. Me desculpe por xingar você.

@SarahkSilverman: Cara, eu não ligo. Estou bem. Vi algo em você. Meu instinto me diz que você poderia ter uma vida ótima. Meu terapeuta diz que não temos o que queremos, temos o que achamos que merecemos. Estou te dizendo, você merece muito mais do que pensa.

@jeremy_jamrozy: Risos. Como?? E o que você vê? Estou confuso sobre como você consegue ver que eu poderia estar melhor. Tenho vários problemas, um buraco fundo para escalar. E normalmente decido não me expressar, ou é difícil articular minhas emoções.

@SarahkSilverman: Ha-ha, honestamente, não sei. Você só escreveu "P*TA", mas eu vi e cliquei no seu perfil e vi que você estava tentando ser expulso do Twitter. Vi o ódio e a dor. Olhei sua foto e, simplesmente, vi tanta coisa em você. Acho que em seus olhos. Não sei…

@jeremy_jamrozy: Os olhos são as janelas da alma. Não quero ser como a minha família do gueto viciada em drogas. Vou tentar muito. Também devo alegar que sou deficiente, o que é uma merda. Eu gosto de trabalhar. Vou ficar mais otimista logo, sempre fui negativo. Por isso não tenho amigos. Sou um c*zão.

@SarahkSilverman: Estou empolgada porque vai. ME MANTENHA INFORMADA. Não desista de você. Tenha coragem suficiente para arriscar a se queimar. É o que acontece quando você luta por você mesmo. Mas vale a pena. Prometo.

@jeremy_jamrozy: Risos. Obrigado. Caramba, você é tão compreensiva. Você tem um diploma ou algo assim? Risos, sempre gostei do seu humor, mas que diferença, você ganhou um fã. Seu amor pela humanidade. É incrível.

@jeremy_jamrozy: Estou muito agradecido pela interação. E o apoio de todos e o apoio e a compreensão de Sarah Silverman. Que dia maravilhoso.

@SarahkSilverman: Ei, San Antonio! Algum ortopedista incrível especialista em costas e pescoço para ajudar meu amigo @jeremy_jamrozy? Ele tem várias hérnias de disco, não tem seguro de saúde e não pode trabalhar por causa da dor. Vamos ajudá-lo a se levantar! Quem topa?*

Lembre-se da sua última conversa. Aquela em que a outra pessoa falou algo que ofendeu, que irritou. Aquela em que você respondeu grosseiramente, ou que não o fez, mas teve uma vontade intensa de mandar o outro à merda. Aquela conversa em que a fala do outro doeu a ponto de trazer lágrimas aos seus olhos. Conseguiu lembrar? Imagino que não tenha sido muito difícil trazer esses momentos à mente. Não é raro ter conversas que machucam, que nos tiram do prumo, que despertam os nossos lados mais reativos e desagradáveis. Do atendente do telemarketing que se recusa a fazer o cancelamento da sua TV por assinatura à chefe que cobra exageradamente, esquecendo que você tem uma vida que vai além do trabalho, o comportamento do outro pode mexer

* A tradução foi extraída do site <www.awebic.com/sarah-silverman-resposta/>, em que é possível ver também os tuítes originais.

profundamente com as nossas emoções. E quando isso acontece, quando a fala do outro mexe com as nossas expectativas e ansiedades, esquecemos que algo também vive nele. Nós nos desconectamos da sua humanidade e da nossa. Viramos bichos feridos que se acanham, fingem de mortos ou atacam. Qual foi a última conversa em que você conseguiu enxergar para além das vozes contadoras de histórias em sua cabeça? Qual foi a última conversa em que percebeu que foi visto ou vista para além das projeções do outro?

Escutar é algo muito difícil de se fazer, sobretudo porque temos muita dificuldade de assumir os nossos lados mais vulneráveis. Aqueles lados que não sabem como agir, que não têm conselho a dar ou que se encontram em níveis de impotência tão altos que simplesmente não podem fazer nada. Os nossos lados com medo: medo de perder, medo de não compreender e não ser compreendido. Medo de deixar de pertencer. A escuta exige uma abertura maior do que a que costumamos ter para a vida. Não é fácil. Marshall Rosenberg afirma que, quando colocamos as orelhas de girafa — a girafa é o animal símbolo da comunicação não violenta, por ter o maior coração entre os animais que andam na Terra, além de, por conta do seu grande pescoço, conseguir ter perspectiva e enxergar as coisas com amplidão —, só conseguimos escutar *por favor* e *obrigada*. Que quando colocamos essas orelhas empáticas, traduzimos as mensagens do outro por trás das palavras que disse. Enxergamos o humano por trás da ofensa, do ataque, da crise de fúria.

Na conversa que Sarah estabeleceu com Jeremy, ela enxergou o humano por trás da palavra ofensiva. Enxergou a dor, o rancor, o ódio, o sofrimento. E conseguiu ver, principalmente, que esses sentimentos não tinham relação com ela. Cada fala ou gesto do outro fala mais sobre o seu mundo interior do que sobre você. Quão dispostos estamos a sair do nosso mundo para criarmos pontes para o mundo do outro? Quão dispostos estamos a traduzir as suas falas ofensivas em sentimentos e necessidades? Qual a nossa disposição para uma aventura que nos tira do controle da situação? Veja bem, eu não faço o que a Sarah fez, não em minhas redes sociais. Volta e meia surge alguém me chamando de louca, de irresponsável ou de palavras um tanto piores. Diversas vezes eu falo: "Não devemos bater em crianças, elas merecem respeito!", e as pessoas reagem como se eu tivesse dito: "Toquem fogo na escola mais próxima!" Na maior parte das vezes sinto raiva. Tenho vontade de xingar, de brigar, de falar: "Louca é você!" Ou de ser absolutamente irônica: "Pela educação e gentileza com a qual você está comentando em meu post, posso ver que as palmadas fizeram muito bem a você. Vamos educar mais uma geração de pessoas gentis e dispostas ao diálogo assim! Vai, Planetaaa!" Respiro fundo e me lembro de que, talvez, a infância daquela pessoa tenha sido tão cheia das mais diversas violências que a minha fala mexe em uma ferida profunda. Talvez seja mais fácil me xingar do que pensar: "Meus pais poderiam ter me educado de maneira diferente. Cada palmada doeu. Eu não mereci." Fato é que cada um tem o seu motivo para falar o que fala e como fala. E eu aprendi que, se não estou com a energia necessária para ouvir o que está vivo naquela pessoa, para me conectar à sua dor e à sua história, eu não respondo. Reconheci meu limite em vez de achar que as pessoas são loucas e ruins.

Acontece que a vida nem sempre nos dá essa oportunidade de escolher se vamos interagir ou não. Às vezes a fala ofensiva e desmedida vem do nosso companheiro ou companheira, dos nossos filhos e filhas, de chefes e colegas de trabalho. Às vezes precisamos ter conversas mais eficazes com a professora das crianças, com a vizinha que insiste em fazer barulho no horário em que o bebê dorme. Pensamos muito em como vamos falar e pedir, e esquecemos que uma parte importante e essencial na resolução dos nossos conflitos, dos menores aos maiores, é a escuta. Em 2018, a minha mãe foi diagnosticada com um câncer de mama. Foi uma das experiências mais intensas da minha vida. O diagnóstico de uma doença grave nos coloca frente a frente com a nossa vulnerabilidade e com a certeza de que precisamos uns dos outros para seguirmos vivos. De uma hora para outra, cada telefonema era importante, cada ida ao médico poderia mudar os rumos do dia seguinte, poderia determinar os nossos novos passos. Em situações assim, é difícil manter-se emocionalmente equilibrado e com espaço interno para escutar o que vem do outro. Só queremos que a dor pare, que a angústia passe, que a vida volte ao normal. Em uma das nossas idas à central do plano de saúde que cobria o tratamento, percebi a importância de nos mantermos conectados com o outro e o quanto essa conexão interfere nas nossas falas e atitudes.

Antes de contar o que aconteceu, considero importante apresentar algo sobre mim que talvez você não saiba: tenho uma forte tendência à agressividade. Entre fugir ou lutar, eu normalmente escolho a segunda opção. Tenho "C'alma" tatuado no braço direito, e você pode imaginar que uma pessoa naturalmente calma e ponderada não tatua "calma" no próprio corpo. Respirar fundo e escutar é o exercício mais constante e importante da minha vida. Se não me observo, se não penso e respiro fundo, vou automaticamente para o meu padrão de brigar, gritar, exigir e tentar despertar o medo nas pessoas. A não violência é uma língua que aprendi depois de adulta, a minha linguagem habitual é a do ataque. Eu me sinto como Sofia Vergara, famosa atriz mexicana que vive nos Estados Unidos há muito tempo, que contou em uma entrevista que, sempre que ficava muito nervosa, esquecia o inglês e falava em espanhol. Pois bem, lá estávamos, na central do plano de saúde, implorando para que a atendente marcasse um dos exames necessários para a realização da cirurgia. Ela se justificava falando que não podia fazer nada, que já havia requerido tudo que era possível. Eu briguei, reclamei… E respirei. A feição da moça era de impaciência e raiva. Eu queria algo muito importante, mas, como a atriz mexicana, eu estava gritando em espanhol, dificultando a minha comunicação. Mudei a minha fala. "Andréa, eu sinto muito pela forma com que falei até aqui. Estou com medo e assustada e acabei perdendo a mão. Sinto muito por não ter enxergado o seu esforço e cuidado com o seu trabalho. Imagino o quanto é estressante escutar reclamações sobre algo que você não tem o poder de decisão. Podemos recomeçar a nossa conversa?" Nesse instante a sobrancelha já não estava franzida. O rosto já não estava tão tenso. Ela me contou sobre algumas pessoas que tinha atendido antes e que tinha sido bastante difícil. E me falou dos casos que aparecem diariamente e que fogem da sua responsabilidade. Nós nos conectamos, enxergamos que cada uma, a seu modo, estava fazendo o melhor que podia, com os conhecimentos que tinha. Em dois dias recebi uma ligação dela. O exame estava liberado e marcado. Aprender a escutar faz a vida — a nossa e a do outro — ser muito melhor.

Quanto tempo você passa buscando as segundas intenções das pessoas em suas falas, em vez de realmente tentar compreender o que vive nelas? Quantas vezes acrescenta camadas e camadas ao que lhe é dito, todas recheadas dos seus julgamentos, medos e ansiedades, em vez de se permitir abrir mão dessas camadas para entender o que o outro pediu por trás do que falou? Quantas vezes a voz contadora de histórias que vive em sua cabeça cria roteiros de novela em vez de buscar escutar o outro na sua integralidade? Neste capítulo, vamos falar sobre a escuta que vai além do que projetamos no outro, e eu espero que você consiga escutar, de maneira profunda e inteira, o que vive fora da sua forma de ver a vida. Começaremos revendo a nossa forma de escutar quando há um pedido claro de empatia vindo do outro e, depois, vamos investigar como podemos escutar o *por favor* por trás do grito, das ofensas e de tantas outras formas trágicas de demonstração de humanidade.

Empatia, simpatia e compaixão

Imagine que você trabalha em uma empresa de que gosta muito e que deseja permanecer nesse emprego por muito tempo. Seus olhos brilham quando fala do trabalho, a remuneração que recebe é justa e proporciona uma vida confortável. Você acaba de investir na realização de um grande sonho: comprou a sua casa. Você chega no trabalho acreditando que será um dia como outro qualquer, mas descobre que a empresa provavelmente será vendida, e parte dos funcionários, demitida. O susto é tão grande que chega a causar vertigem. Ao longo do dia nada fica esclarecido e os seus planos para o futuro começam a parecer uma loucura indevida. Como você vai pagar a prestação da casa? Como vai manter as crianças na escola de que você tanto gosta? E esse trabalho, será que vai conseguir ter a sorte de encontrar algo tão legal? As coisas estão confusas em sua cabeça, tudo que você quer é ir para casa e tentar respirar. Assim que sai da empresa, você liga para um amigo para desabafar. Conta o que aconteceu, e ele responde: “Calma, vai dar tudo certo! Você ainda nem sabe se isso realmente vai acontecer, fica tranquilo(a)! Vamos falar de coisas boas? Sábado vou fazer uma reunião aqui em casa, vem com a família, vai ser bacana!”

A sua angústia não passou, não amenizou. Você tenta se convencer de que o raciocínio do seu amigo está correto, que realmente não tem com que se preocupar. O pensamento surge e você tenta afastá-lo, como se fosse um mosquito zumbindo em seu ouvido à noite. Mas ele não se afasta. As imagens da família mergulhada em uma tragédia sem fim não param de surgir. Sua mente, criativa e trágica, está a todo vapor listando todas as possibilidades terríveis para o futuro. Você pega as crianças na escola, cumprimenta os pais e mães que lá estão de maneira automática e segue para casa querendo apenas que o dia acabe. As crianças falam alto e você grita com elas. Com tanto barulho dentro da sua cabeça, o barulho que elas fazem se torna intolerável. Elas começam a chorar, e você acrescentou ao seu dia caótico boas doses de culpa. As crianças estavam felizes e você acabou com tudo, como sempre faz, diz a sua mente. Ao abrir a porta de casa você está a ponto de explodir. Fala palavras monossilábicas com o companheiro ou companheira e se esforça para não surtar com ninguém. Ele ou ela, com a melhor das intenções, pergunta se está tudo bem e você afirma que depois conversam. Com curiosidade e preocupação, ele ou ela pergunta novamente. "Não foi nada, ok? Que saco!", você responde de maneira grosseira sem sequer se dar conta. Tantos anos juntos e ele ou ela ainda não aprendeu que você precisa de silêncio quando não está bem? Não é óbvio que você está com a cabeça cheia?

O dia finalmente chega ao final, você está na cama esperando que a cabeça desacelere para conseguir dormir. "Não tem motivo para preocupação", repete para si. Você pediu desculpa para as crianças, mas isso não amenizou a sua culpa por tê-las tratado mal. Ao seu lado, o companheiro ou companheira está em um silêncio mortal, nitidamente magoado ou magoada com a sua grosseria de algumas horas antes. Dizem que coisas ruins sempre acontecem em bando, e você acaba de confirmar isso. Você respira fundo e conta o que aconteceu na empresa, divide que o futuro de todos agora é uma grande incógnita. Seu companheiro ou companheira se desespera. Fala de cada coisa que vão perder, chora exasperadamente e rouba toda a cena. Você agora precisa consolar o outro ou a outra. Alguns minutos depois ele ou ela se acalma e você encosta a cabeça no travesseiro sentindo cada veia latejar. A dor de cabeça é tão insuportável que você quase não consegue manter os olhos abertos. Toma um analgésico com a esperança de que o nó na garganta desça junto com o comprimido. Não acontece. Depois de algumas horas você consegue, enfim, dormir.

A escuta ofertada pelo amigo e pelo companheiro ou companheira nessa história é, infelizmente, muito comum. Estamos acostumados ao silenciamento das emoções — a nossa e a do outro. Fazemos quase sem sentir, sem perceber. Recebemos pouca empatia na infância e, por mais que sintamos um desejo real de cuidar do outro, temos poucas ferramentas para fazê-lo.

> O que as pessoas mais desejam é alguém que as escute de maneira calma e tranquila. Em silêncio. Sem dar conselhos. Sem que digam: "Se eu fosse você..." A gente ama não é a pessoa que fala bonito. É a pessoa que escuta bonito. A fala só é bonita quando ela nasce de uma longa e silenciosa escuta. É na escuta que o amor começa. E é na não escuta que ele termina.

Esse é um trecho do texto *Escutátoria*, escrito por Rubem Alves, que traz uma linda visão sobre o que é a escuta e a sua importância, algo que precisamos aprender. Imagine que, em vez de ter menosprezado a sua dor, o seu amigo ou amiga, na situação apresentada, a tivesse acolhido. O que mudaria?

(*Você*) — Aconteceu algo no trabalho que me encheu de preocupação. A empresa está sendo negociada com um grupo estrangeiro; se acontecer realmente, quase todos os funcionários serão demitidos!

(*Amigo(a)*) — Caramba. Imagino que você esteja bastante apreensivo e surpreso com uma notícia dessas...

(*Você*) — Estou, demais! Com medo do que vai acontecer!

(*Amigo(a)*) — Dá muita angústia ver nossos planos para o futuro se tornarem uma incerteza assim. Você precisa de previsibilidade e segurança.

(*Você*) Sim! Não sei o que vou fazer. A escola das crianças, a casa que a gente acabou de comprar! Como vou pagar as prestações? A minha renda é a maior da casa. Além disso, eu amo meu trabalho, faço bem feito, com prazer, sabe? Não me vejo fazendo outra coisa! Que garantias eu tenho de que vou encontrar um ambiente tão bom como o em que trabalho?

(*Amigo(a)*) — Você está vendo coisas muito importantes para você sendo influenciadas por toda essa incerteza, queria poder saber que tudo vai ficar bem.

(*Você*) — Pois é! Coisas importantes demais... Sei lá, eu até acho que a gente dá um jeito, mas a vida estava tão bacana, estava indo tudo tão bem! Agora está tudo saindo dos trilhos, e eu não faço ideia do que fazer...

(*Amigo(a)*) — E essa ansiedade angustia muito. Você queria que tudo permanecesse tão bem quanto está. A vida podia ser mais fácil, não é?

(*Você*) — Sim, podia. Como eu queria que fosse! Obrigado por me escutar, aliviou uma parte do aperto que sinto no peito. Estou chegando na escola das crianças, ligo para você depois.

(*Amigo(a)*) — Tô aqui sempre; liga se precisar!

Depois de uma conversa com alguém que soube escutar, a angústia parece um pouco menor. O barulho interno se acalmou. Você conseguiu dar nome aos seus medos e recebeu apoio em cada um deles. Alguém enxergou a sua dor e ajudou a olhar para ela. Você ainda está com medo e assustado, mas a conversa diminuiu aquele ritmo acelerado em que estavam o seu pensamento e coração. As crianças entram no carro e você consegue escutar as perguntas delas, mesmo respondendo de maneira menos entusiasmada que o normal. Ao chegar em casa, informa que precisa de um banho pois não está muito bem e precisa de um tempo. Conta para seu companheiro ou companheira que aconteceram alguns problemas na empresa e que vai conversar com ele ou ela quando as crianças dormirem. Quando estão a sós, você fala sobre a empresa, diz que também está com medo e com várias inseguranças e que agora não resta muito além de aguardar o desenrolar da história. Vocês se abraçam, se comprometem a passar por isso juntos. Você adormece com a angústia, o medo, a apreensão e também com a sensação de que tem suporte suficiente para lidar com o que está por vir.

Receber empatia não faz as nossas dores desaparecerem, mas nos dá suporte para lidarmos com elas. Abre espaço na mente e no coração. E nos impede de criarmos uma bola de neve que engole as nossas relações numa avalanche de frustração. Acontece que a escuta empática, essa que se abre de corpo e mente para conhecer o que vive no outro, não é uma prática comum em nossas relações. Nós nos perdemos em conselhos, frases de efeito e piedade e não fazemos o caminho de enxergar além das histórias que contamos em nossa mente. A empatia e a compaixão pedem de nós uma abertura para a vida, que poucos temos. Permitir que a dor do outro se mostre é, de certa forma, assustador. Quando explico para pais e mães que eles precisam escutar os seus filhos quando choram em vez de pedir que parem de chorar, a maioria me responde com uma pergunta: "E o que eu faço depois?" Acreditamos que precisamos tomar uma atitude no caminho da solução do problema ou de nada serve escutar, mas a escuta já é, por si só, uma poderosa atitude! Abrimos espaço em nós e permitimos que a pessoa tire de si um tanto de dor e abra espaço nela também. É esse o milagre da escuta: nos ajuda a organizar nosso mundo interior, nos auxilia a alargar as nossas visões e perspectivas. Mas por não sabermos o poder que tem apenas permitir que o outro fale, nós nos apressamos em silenciar sua dor, em fugir do nosso desconforto de não saber o que fazer. Enfrentamos os diversos empecilhos da empatia, colocamos obstáculos no caminho até o outro.

Sabemos ser simpáticos. Sorrir, quando a pessoa nos conta algo feliz da sua vida, fazer uma expressão de pesar, dar um suspiro e dizer que sentimos muito quando ela divide um problema sério. Agimos de acordo com a cartilha da boa educação e dos bons modos. Entenda, a simpatia não é algo ruim. É apenas insuficiente para que consigamos aprofundar as nossas relações. A simpatia é superficial, rasa. Ela é a moça sorridente que entra na sala dando "bom dia" a todos, perguntando como estão, sem sequer parar para escutar a resposta. Ela consegue criar um ambiente alegre e animado perto de si, mas não sabe o que ninguém pensa de verdade.

A simpatia deixa um vazio na pessoa que a recebe em um momento em que precisa de empatia. Ser recebido com um sorriso aberto e gentil faz você voltar naquela loja, mesmo sendo um pouco mais distante da sua casa. Aquele professor simpático e educado faz a aula ser menos entediante. Mas quando você perdeu o emprego, brigou com o amor, ou está aguardando ansiosamente o resultado daquele exame, um sorriso e as frases "vai ficar tudo bem, você vai ver!" servem para muito pouco. Não amenizam a dor, não nos fazem sentir que estamos acompanhados em nosso sofrer. A simpatia não nos vê.

Acredito que eu vejo você é uma frase mais bonita que *eu amo você*. Nós nos relacionamos com as pessoas e, diversas vezes, temos a sensação de que não nos enxergam, que não notam os nossos esforços e dificuldades diárias, que não notam a energia que reunimos para nos mantermos vivos e funcionais. A empatia é a disposição para ver o outro. Ela olha nos seus olhos e pergunta como você está, e está tão interessada na resposta que se dispõe a procurá-la com você, mesmo que faltem palavras. A empatia se interessa, se encanta, se emociona e se conecta, não porque é o certo a fazer, mas porque é o que o fluxo da vida pede. A empatia permite a pausa, o silêncio. Ela entende que escutar o que vive no outro é um privilégio. Que conhecer a intimidade de alguém é um presente rico, que pede deleite.

Quando a empatia está acompanhada da compaixão, então, temos uma combinação inigualável. Porque a compaixão, além de escutar e se aventurar em seu mundo interior, ajuda a aliviar o seu sofrimento. Ela não quer protagonismo, não quer salvar você. Ela oferece mais mãos para que você consiga construir a solução. Ela é uma presença que, além de ver você, o apoia. Essas duas, juntas, podem transformar a forma como nos relacionamos e agimos. Elas nos fazem ter trocas tão bonitas e poderosas, que encontramos em nós e no mundo uma potência única. Elas nos permitem desentalar, desfazer o nó na garganta, transformar a dor em suspiro de alívio. A compaixão tem um viés espiritual — não religioso — de sentir um desejo real e profundo de que o sofrimento do outro seja encerrado e que ele seja feliz.

O que atrapalha a empatia

A capacidade de sentir empatia é inata. Todos a temos. Sentimos empatia quando alguém morre e temos a vontade de cuidar de quem fica. Quando o bebê chora e desejamos acolher. Não ficamos indiferentes diante do sofrimento. A questão é: conseguimos demonstrar essa empatia? Conseguimos demonstrar para as pessoas que nós as enxergamos, ou nos perdemos no intenso desejo de fazer com que se sintam melhor? Qual caminho escolhemos para demonstrar a empatia que sentimos?

É provável que você conclua que, em diversas relações, deseja realmente que o outro seja feliz, que seu coração está cheio de compaixão quando dá conselhos ou faz uma palestra sobre a força do pensamento positivo. Acontece que, quando precisa de empatia, o seu interlocutor não tem espaço interno para escutar nada disso. Existe um barulho alto que o impede de ouvir a sua voz, e esse barulho só diminui quando é cuidado, nomeado e organizado. Entender os nossos comportamentos habituais no momento da escuta pode nos auxiliar a escolher uma nova forma de atuar quando alguém nos pede empatia. Vamos analisar alguns dos principais empecilhos para a empatia:

- *Distribuir doses de sabedoria*: Dar conselhos é quase um impulso para muita gente. Olhando de fora da intensidade emocional que a pessoa está vivendo, lhe ofertamos respostas para os problemas que ela descreve. Sabemos o que pode resolver, temos certeza disso, e comunicamos as nossas certezas sem percebermos que são apenas pensamentos.

  — Briguei com o meu marido!
  — Nossa, não sei como você tem paciência para lidar com os chiliques dele. Termina esse casamento, você vai ser mais feliz!

  — Tive um péssimo dia no trabalho!
  — Eu já falei que você precisa colocar limite! Você tem que mostrar que não vive para o trabalho!

  — Acho que não tomei a decisão certa sobre a viagem... Estou tão angustiada...
  — Se eu fosse você, cancelava essa viagem! Não é o momento de você se afastar!

- Quando alguém precisa desabafar e nos conta o seu problema, deseja a validação da sua dor. Deseja o reconhecimento de que o que sente importa. Quando aconselhamos, fazemos justamente o oposto. “Seu problema tem solução, toma ela aqui! Como você ainda não havia pensado na forma de resolver isso?" Os conselhos não precisam sair completamente de cena, mas devem entrar apenas quando solicitados, e jamais com o tom de *se eu fosse você*. Você não sabe o que é ser o outro. Não teve a sua história, não viveu a sua vida. Empatia não é ver o mundo do outro com os seus olhos, é ver o mundo do outro com o olhar dele. Deixe o conselho para o momento posterior à escuta. Você vai ver que, muitas vezes, ele se torna desnecessário.

- *Disputar o prêmio de perdedor patético*: No filme *Um lugar chamado Notting Hill* existe uma cena marcante. Will e Anna, os personagens principais, estão comemorando o aniversário da irmã de Will na casa de alguns amigos. Em um determinado momento do jantar, os participantes fazem uma competição para decidir quem merece a última fatia de brownie. A fatia seria um prêmio de piedade/consolação para o maior *perdedor patético* entre eles. Cada um começa a contar as suas piores histórias de vida para justificar que merece o estranho título e o prêmio. Sempre que desabafo com alguém que adota a postura de disputar o sofrimento, tenho vontade de perguntar se ela quer o prêmio de *perdedor patético*. Sem perceber, muitas e muitas vezes, disputamos a fatia de brownie diante da dor alheia.

— Nossa, não aguento mais a minha mãe!
— Pelo menos você tem uma mãe viva. Não faz ideia do que é sofrer de saudade de uma mãe.

— Meu carro quebrou, vai demorar um tempão para ficar pronto!
— Amiga, não reclama, pelo menos você tem carro. Assim vai saber um pouco da vida que eu levo andando de ônibus sucateado pela cidade!

— Mãe, eu não quero comer, não tem queijo!
— Ah, não tem queijo?! Pois no meu tempo não tinha queijo, meu filho! A minha infância não teve um terço do que você tem, agradeça!

- Dá para escrever algumas páginas com exemplos como esses. Alguém divide um problema, uma dor, e o outro, acreditando que quem reclama o faz sem motivo, resolve ampliar as perspectivas falando da sua própria dor. Normalmente a nossa boa intenção se baseia na crença de que, se vir que existe alguém em pior situação, a pessoa terá um estalo mágico que a fará ficar grata pelo que possui. Mas não é assim que funciona. As várias vezes em que sua mãe informou que havia crianças morrendo de fome pelo mundo não fizeram com que você ficasse feliz com o refogado de chuchu. Quando o impulso de demonstrar para o outro que ele não deveria reclamar porque a dor dele nem é tão grande assim vier, respire. Lembre que o prêmio de maior perdedor patético não vai trazer nada, nem a bendita fatia de brownie ao final.
- *Virar um biscoito da sorte*: Falamos uma frase de efeito e mudamos de assunto, demonstrando a nossa impaciência em lidar com o problema do outro, encerrando a conversa sem lhe dar a chance de falar mais. Não estamos com espaço interno, não consideramos aquele um problema que deva ser observado ou estamos tão incomodados com tudo, que o assunto nos faz perceber que preferimos simplesmente mudar os rumos da prosa. Por vezes adotamos a postura da positividade tóxica, a corrente *gratiluz*, que pede que você mude de assunto para não diminuir a sua vibração.

— Nada de pensamento negativo, atrai coisa ruim! Foca nas coisas boas, menina!
— Você sabe que esse medo baixa a sua energia e deixa você mais suscetível às coisas que não quer que aconteça. O que você acha de meditar? Conheço uma meditação guiada ótima!

— Que tal listar as coisas pelas quais você é grato todos os dias? Você vai ver como a vida muda!

- Não fazemos isso por mal. Acredito fielmente nas nossas boas intenções. Acontece que, no momento em que desabafa, a pessoa não quer saber da nossa filosofia de vida. Ela não quer ter o assunto encerrado com uma frase de efeito qualquer. Ela quer ser vista para além da nossa forma de enxergar o mundo. Lembre-se de que, todas as vezes que você acredita ter a solução para os problemas do outro, você está dialogando com o seu ego, não com a pessoa. Você e a voz contadora de histórias em sua cabeça estão dialogando e deixando o mundo interno do outro de fora da conversa. Se o seu intuito é fazer com que a pessoa saiba que você se importa com ela, desconsiderar os seus sentimentos e necessidades não é o melhor caminho. Sim, a gratidão, a meditação, o *levanta, sacode a poeira e dá a volta por cima* podem ter transformado sua vida, mas contar isso durante uma solicitação de empatia de alguém não é a melhor alternativa.

- *Incorporar o investigador policial*: Enchemos a pessoa de perguntas por pura curiosidade. As informações que queremos ter sobre o fato não estão relacionadas ao sentimento do outro, mas à nossa vontade de saber mais.

— Amigo, meu pai morreu…
— Ai, meu Deus, morreu quando? De quê? O que aconteceu?

— Minha esposa acaba de sair de casa, estou devastada.
— Quando isso aconteceu? O que houve? Vocês brigaram?

- Queremos mais informações porque acreditamos que podemos fazer algo pela pessoa se soubermos mais. Mas a nossa função não é resolver os problemas. Podemos lidar com a nossa curiosidade enquanto esperamos que a pessoa tenha vontade de falar. Talvez o seu amigo não queira contar, naquele momento, como o pai faleceu. Talvez ele só quisesse chorar e falar da saudade que já está sentindo. Talvez a sua amiga só precisasse falar sobre o medo do futuro sem a esposa, sem ter que relembrar cada detalhe da discussão. Esqueça o interrogatório. Abra espaço para que a pessoa fale o que precisa, na ordem em que precisa.

- *Roubar a cena e sofrer mais que quem desabafa*: Quando minha mãe recebeu o diagnóstico de câncer, percebi o quanto as pessoas perdem a noção da dor do outro quando estão afundadas em seus próprios medos. As visitas que recebíamos chegavam com ar de pesar e com uma voz de tão intenso sofrimento que, por vezes, éramos nós quem as consolávamos! Algumas histórias mexem profundamente conosco, sobretudo quando envolvem pessoas que amamos. A nossa capacidade de empatizar, por vezes, nos faz perder a perspectiva do nosso lugar no momento da escuta. Choramos, brigamos, nos perdemos em nossos sentimentos e esquecemos que quem nos procura precisando de empatia não pode engolir a própria dor para nos acalmar. Chorar enquanto um amigo ou amiga conta algo que lhe causou dor é diferente de entrar em um ciclo de lamentações e diferentes entonações de *ai, coitadinho, que vida injusta!*. A história mexeu com você? Reconheça isso e, assim que possível, procure alguém que possa lhe ofertar a empatia de que precisa, só não coloque seus sentimentos no centro da situação quando alguém procura você precisando de empatia.

Agir de maneira que atrapalhe a conexão não é incomum, e a maioria de nós — arrisco dizer que todos nós — já incorremos em um desses erros. Nós nos acostumamos a escutas que não são verdadeiras. Menosprezamos o sentimento alheio ou nos apressamos em resolver o seu problema sem lhe dar o espaço necessário para organizar seu mundo interior. Não mudaremos de uma hora para a outra, não adotaremos uma nova postura de maneira automática, mas perceber os nossos erros mais comuns nos ajuda a transformá-los. Qual dos empecilhos da empatia você mais pratica? Já percebeu que, dependendo de quem fala, a sua forma de responder muda? Com meus filhos tenho a tendência de aconselhar e, por vezes, é bem difícil conter o impulso de derramar toda a minha sabedoria nas pobres cabecinhas. Já com o meu marido oscilo entre virar um biscoito da sorte e disputar o prêmio de maior perdedor patético. É quase automático falar: "Você está reclamando? Faz ideia do tanto de coisas que eu dou conta?" Cada pessoa toca em um lugar diferente em nós e, exatamente por isso, reagimos de maneira diferente a cada fala ou gesto. Que ouvinte você é para cada pessoa que ama ou com quem convive?

A vista de um ponto

Quando falamos sobre o processo de pedir, fizemos um caminho que nos ajuda a separar observação de julgamento, perceber o que sentimos e o que precisamos para só então pedir, de maneira afirmativa, consciente e exequível. Trilhar essa jornada de compreensão do que está vivo em nós alinha o que precisamos com as nossas falas, aumentando as chances de sermos atendidos. Infelizmente esse não é um processo comum. Não aprendemos a estabelecer essa conexão interna antes de iniciarmos uma conversa e, por isso, nos acostumamos a encerrar as nossas interações com uma estranha sensação de frustração ou de incompletude. Falamos pouco do que realmente precisamos e nos ressentimos porque as nossas expectativas não são lidas e atendidas pelo outro. Das pequenas às grandes interações, há uma camada invisível das conversas que não é falada e fica subentendida. A comunicação não violenta busca traduzir essas camadas, encontrá-las e tirá-las do não dito. Vamos a um exemplo.

— Oi, amiga, tá aí? *(Estou precisando conversar e gostaria que fosse com você.)*

— Oi, tô, sim! *(Gosto de falar com você, que bom receber notícias suas!)*

— Quer vir jantar aqui em casa? *(Tive um dia cheio e estou bem cansada, acho que encontrar você vai me ajudar a renovar as energias. Nossos encontros são sempre tão divertidos, aquecem muito o meu coração.)*

— Claro! Posso chegar às 19h? Quer que eu leve alguma coisa? *(Que bom receber o seu convite! O meu dia foi caótico, as crianças demandaram bastante, e sorrir e conversar com alguém vai me fazer muito bem! Diga se deseja que eu leve algo, você é importante para mim e não quero te sobrecarregar. Além disso, me sinto mais confortável quando sei que estou contribuindo para o nosso bem-estar.)*

— Não, não precisa! Te espero, então! Comprei um vinho que tenho certeza que você vai curtir! Beijo, até logo! *(Tenho tudo de que precisamos para uma noite divertida, a sua presença é o suficiente para mim. Gosto tanto da sua companhia que comprei um vinho gostoso para acompanhar o nosso papo. Que bom ter você em minha vida.)*

— Ótimo, até! Beijo! *(O seu convite alegrou a minha noite, celebro demais que vamos nos ver!)*

Mesmo as nossas conversas mais simples e triviais são movidas pelos nossos sentimentos e necessidades e, na maior parte das vezes, não temos consciência real de quais são esses sentimentos e necessidades. Assim como não temos, dificilmente as pessoas com quem convivemos a têm. Essa ausência de conexão com o que vive em cada um de nós nos faz perder a preciosa oportunidade de nos conectarmos uns com os outros de maneira profunda. Reagimos às falas de quem nos rodeia sem sequer nos perguntarmos o que a pessoa sente ou de que precisa quando fala o que fala. Por engolirmos, muitas vezes, as opiniões e intenções em nossas trocas, concluímos que quem conversa conosco também o faz e reagimos às vozes que falam em nossa cabeça. Em vez de nos conectarmos com a segunda camada das conversas – essa que não é dita mas é sentida –, criamos uma terceira camada, a das reais intenções da pessoa, que ela não tem a coragem de assumir. Estamos, na maior parte das vezes, achando que o outro não pensa o que está dizendo, e criamos histórias sobre o que realmente quer. Projetamos no outro cada palavra que não dizemos em nossas trocas. Ficamos mais defensivos e reativos. Tentamos decifrar os códigos por trás de cada gesto, olhar, bocejo. E reagimos às conclusões da voz contadora de histórias em nossa cabeça. Esquecemos que o nosso ponto de vista é apenas a vista do ponto onde estamos, e nos perdemos em nossos julgamentos e medos.

Vamos a um exemplo: sua irmã foi promovida para um alto cargo na empresa em que trabalha e decidiu fazer um jantar para comemorar. A promoção veio justo agora, em um momento em que você decidiu que deixaria a carreira de lado para cuidar das crianças. A conquista dela desperta um ponta de ciúme e inveja em você. Será que a sua escolha de parar de trabalhar foi realmente acertada? Será que você vai se arrepender no futuro? A decisão de não voltar após a licença-maternidade do caçula não foi fácil e continua sendo algo que mexe bastante com suas expectativas. Enquanto olha seu guarda-roupas, você conclui que não possui uma roupa sequer para estar nessa ocasião. Não que você torça pelo insucesso da sua irmã, você a ama e deseja que seja muito feliz. Você só não queria ter de explicar a sua decisão para todas as pessoas presentes

Deveria ser óbvio que educar um ser humano é um trabalho importante e essencial para a criação de um mundo melhor, não? E você não está criando apenas uma, mas duas crianças! Por que ninguém enxerga isso? Você escolhe a roupa que fica menos desconfortável, visto que precisa de algo que possibilite a amamentação. Olha-se no espelho e acha que está horrível. Tem vontade de ligar e falar que está passando mal. Talvez dizer que o bebê está com febre, ou que a mais velha está cheia de pintinhas no corpo. Catapora. Alguma doença contagiosa que impossibilita a sua presença. Você acaba saindo mesmo assim.

Assim que chega no local da festa, encontra a sua mãe:

(*Mãe*) — Oi, filha, gostei do macacão.

A voz contadora de histórias em sua cabeça: *Ela está sendo irônica, tenho certeza. Consegue me criticar com um sorriso no rosto. Eu sabia que deveria ter colocado o outro vestido.*

(*Você*) — Sei... Não achei nada que coubesse melhor no meu corpo, ok?

A voz contadora de histórias na cabeça da sua mãe: *Que menina grossa! Eu não falei uma palavra sequer sobre a roupa dela! Quem tem culpa se ela está infeliz?*

(*Mãe*) — Nossa, mas eu só te elogiei! Não falei nada de errado! Desde que parou de trabalhar você está assim, grossa com todo mundo!

A voz contadora de histórias em sua cabeça: *Eu sabia que ela ia falar sobre isso. Tinha certeza absoluta. Nunca vai saber respeitar as minhas escolhas. O que deixar de trabalhar tem a ver com a merda do meu macacão? Fazer o que se não dou tanto orgulho quanto a filhinha perfeita dela?*

(*Você*) — Mãe, quer saber, vou entrar para dar os parabéns e vou embora. Estou cansada, com dor de cabeça, não vou ficar escutando indireta.

A voz contadora de histórias na cabeça da sua mãe: *Que horror! Agora eu sou a culpada por ela ir embora? Fica trancada em casa e não quer mais conviver com a família! Está com inveja do sucesso da irmã, isso sim! Sempre foi assim, reclamona!*

(*Mãe*) — Você acabou de chegar! Não posso falar mais nada que você se ofende! Está sensível demais! Definitivamente ficar em casa não tem feito bem a você!

A voz contadora de histórias na sua cabeça: *Chega! É por isso que fujo dos encontros da família! Não saí de casa para ser humilhada! Egoísta, insuportável.*

(*Você*) — Quer saber? Fala que passei por aqui e não pude ficar. Estou com dor de cabeça. Tchau!

A voz contadora de histórias na cabeça da sua mãe: *Ela vai embora? É sério isso? Não foi para isso que tive filhos! Não dediquei anos da minha vida para ser tratada desta maneira por essa pirralha! Está achando que porque cresceu não tem que me respeitar? Que absurdo!*

(*Mãe*) — Não saia enquanto estou conversando com você. Eu sou a sua mãe!

Você já não responde. Já nem lembra exatamente por que decidiu ir ao jantar. Pega o celular e envia uma mensagem para a sua irmã: "Desculpa, não deu para ficar. Encontrei a grossa da sua mãe na porta e já me soltou indireta porque parei de trabalhar. Não tem jeito, ela nunca vai me respeitar e enxergar que sou uma mulher adulta que sabe o que quer. Te ligo amanhã. Quer almoçar lá em casa? Te amo."

Pode ser que esse diálogo não ressoe em você, porque você não tem filhos, porque não é uma mulher ou porque tem uma relação linda com a sua mãe e ela jamais falaria algo assim. No entanto, mesmo que essa situação não faça parte da sua história, você certamente já estabeleceu — ou segue estabelecendo — diálogos parecidos em sua rotina. Nós nos perdemos em julgamentos e esquecemos que eles são apenas a nossa forma de ver a situação, são camadas que colocamos no que nos acontece. A vista do ponto onde estamos raramente nos fará enxergar as situações com amplitude. Nossa capacidade de decifrar o mundo ao redor é limitada e, exatamente por isso, mesmo que inconscientemente, escolhemos em que vamos focar. Em minhas duas gravidezes, eu enxergava grávidas em todos os lugares aonde chegava. Aparentemente o mundo inteiro estava gestando um ser humano. O número de gestantes do mundo aumentou só porque decidi ter filhos? Claro que não! Minha percepção mudou, meu foco mudou e passei a enxergar melhor as grávidas que se aproximavam de mim. Coisa semelhante aconteceu quando compramos, meu marido e eu, nosso primeiro carro juntos. Escolhemos uma minivan, porque queríamos ter filhos em breve. Assim que decidimos que modelo seria, começamos a ver vários deles rodando pela cidade. Até então era um carro que eu não notava, mas, de uma hora para outra, passou a atrair imediatamente meu olhar. Para que a escuta ativa se estabeleça é essencial percebermos que a realidade é maior do que o que estamos vendo. E que toda fala que vier do outro é movida por algo que ele sente e de que precisa. Precisamos enxergar os nossos medos e angústias e separá-los do que o outro está dizendo ou fazendo. Acontece que a voz que conta histórias em nossa mente o faz há tanto tempo, que sequer percebemos sua presença. Ela fala, e concluímos que as suas fantasias e medos são a realidade. Reagimos em segundos sem perceber o que nos motiva. No capítulo 2, falamos sobre como estabelecer essa conexão, e ela é essencial para nos abrirmos para a escuta. A empatia pede que abaixemos o volume das vozes julgadoras em nossa mente. A empatia e os julgamentos não convivem. Vamos olhar para o diálogo anterior colocando em você maior consciência de si e maior disposição para escutar o que vive em sua mãe.

(*Mãe*) — Oi, filha, gostei do macacão.

Seu diálogo interno: *Ela está sendo irônica, tenho certeza. Eu queria estar mais segura sobre a minha atual aparência para não me abalar tanto. Por mais que eu diga que não ligo, a opinião dela importa para mim... Talvez ela esteja apenas tentando puxar assunto.*

(*Você*) — Obrigada. Procurei algo confortável e que fosse fácil para amamentar.

(*Mãe*) — E você vai amamentar até quando? Realmente não vai voltar a trabalhar?

Seu diálogo interno: *Nossa, essa história novamente? Que inferno! Ela nunca vai respeitar as minhas decisões! Respira, respira... Tá... Eu sei que ela sofreu demais dependendo do meu pai e talvez tenha medo de que eu viva o mesmo. Será?*

(*Você*) — Mãe, eu não pretendo voltar a trabalhar agora. Você tem medo de que eu viva o que você viveu em seu casamento?

(*Mãe*) — É claro que tenho! Depender do seu pai foi uma das piores coisas que já vivi, não desejo isso para ninguém, muito menos para as minhas filhas! Você é uma mulher inteligente, tinha uma carreira bonita, não consigo aceitar essa loucura!

Seu diálogo interno: *Que interessante! Ela teve uma história que a machucou e tem medo de que eu viva o que viveu.*

(*Você*) — Eu imagino que as histórias que viveu machucaram você demais. Acho que se tivesse uma experiência ruim em algo eu também teria muito medo de que as minhas filhas vivessem uma história igual.

(*Mãe*) — Não é nada contra você, minha filha. Me esforcei para pagar escola, faculdade... Eu queria garantir que você não ia repetir a minha história.

Seu diálogo interno: *Acho que ela está frustrada e com medo. Talvez precise de reconhecimento pelos esforços que fez... E que eu tenha consciência do cuidado que tem comigo.*

(*Você*) — Mãe, eu reconheço e agradeço muito os seus esforços. Imagino tudo que viveu para que a gente conseguisse viver uma história diferente da sua. A minha história já é diferente. Eu tenho você. Eu imagino que pedir que você não se preocupe não vai diminuir as suas preocupações... Eu posso garantir que, se perceber que a minha decisão está trazendo sofrimento para mim ou para as crianças, eu volto a trabalhar. Eu tenho um superparceiro e continuo com uma profissão, não é falta de opção. Você acha que ajuda em alguma coisa saber disso?

(*Mãe*) — Eu quero que você seja feliz, só isso. Nada vai fazer a minha preocupação acabar, mas saber que você pensa nisso me acalma.

(*Você*) — Que bom, fico feliz! Vamos entrar? Estou morrendo de sede.

(*Mãe*) — Vamos, sim, sua irmã estava ansiosa para você chegar.

A mesma interação pode tomar rumos diferentes quando as falas e os gestos são recebidos de maneiras diferentes. Quando saímos da nossa reatividade habitual e dos dramas criados pela voz contadora de histórias e nos abrimos para a escuta real, um processo bonito acontece: conseguimos enxergar o ser humano por trás das palavras. Conseguimos lembrar que a nossa humanidade nos une, que temos sentimentos e necessidades semelhantes, por mais que a forma de atendê-los seja diversa. Saímos do padrão de defender e provar o nosso valor e nos permitimos escutar o que vive no outro. O que ele está vendo? O que está sentindo? Que necessidades são tão importantes e que estão por trás de cada palavra dita?

Escutando o "por favor" trágico

A primeira vez que li que da boca humana só saem "por favor" e "obrigado(a)", eu ri. Aquele riso de deboche que vem seguido de "Ah, tá!". Isso simplesmente não fazia sentido. Existem pessoas ruins, malvadas, criminosas! Existem pessoas grosseiras, mentirosas, desonestas e difíceis de lidar. Existem *serial killers*, genocidas, estupradores! O que poderia estar por trás dos seus comportamentos além da mais pura e genuína maldade humana? Que "por favor" poderia existir por trás de comportamentos cruéis e repulsivos? Com o passar do tempo, o aprofundamento nos estudos da comunicação não violenta e da psicanálise, compreendi o que Marshall Rosenberg afirmava. Estamos, todos nós, constantemente, buscando o atendimento das nossas necessidades, somos movidos por isso. E, como disse, temos, por vezes, péssimas estratégias. Conseguir escutar o que vive por trás da fala desmedida, do gesto grosseiro, do comportamento inadequado pode transformar as nossas relações. Cada fala ofensiva, cada ataque, cada ato violento é a expressão trágica de uma necessidade. É um "por favor" dito com a voz esganiçada, gritado tão alto que quase não dá para compreender.

É importante explicitar que se conectar com o que vive no outro não significa, necessariamente, concordar. Existem várias opções entre o concordar e o reprimir com veemência. O processo de escuta verdadeira ocorre quando entendemos que concordar ou discordar são expressões dos nossos julgamentos sobre essa ou aquela situação. São opiniões, e a empatia extrapola o campo da opinião. Abrimos mão do convencimento para nos conectarmos ao que vive no outro, com interesse, com respeito, lembrando que suas necessidades e seus anseios não são nem piores nem melhores que os nossos. Podemos, após uma conversa, perceber que temos opiniões diferentes sobre um determinado assunto, e isso não é necessariamente ruim. Nomearmos as necessidades de todos nos dá a poderosa oportunidade de colocar as cartas na mesa e decidir que jogadas podemos criar com elas. Como podemos conviver com as nossas diferenças? Como podemos ajustar os nossos passos para que consigamos caminhar juntos? Aprendemos que a discordância é um sinal de rejeição, que quem nos ama pensa como nós, concorda com as nossas opiniões, mas essa é uma ilusão absolutamente afastada da realidade. Discordaremos, e podemos ser empáticos uns com os outros mesmo assim.

Já entendemos que não enxergamos a realidade com os mesmos olhos. Cada um de nós interpreta o que vive e experimenta de um jeito, e o primeiro passo para se conectar ao sentimento do outro é abrir mão de qualquer forma enrijecida de enxergar a realidade, assumindo que somos múltiplos em nossos jeitos de estar no mundo. A curiosidade de enxergar a forma com que o outro está percebendo a realidade nos conecta. Como é ver o que estamos vivendo dessa forma? O que essa forma de ver está despertando no outro para que aja da maneira que está agindo? O que é tão importante e que parece ameaçado? Que necessidade grita por trás do grito? Quando saio dos rótulos, dos meus próprios julgamentos, das minhas ansiedades, o consigo enxergar?

Vamos a um exemplo:

Seus pais convidaram você e sua família para um jantar, e você, sem consultar seu companheiro ou companheira, aceitou. Ao chegar em casa e comunicar que terão um compromisso na quarta-feira à noite, ele ou ela tem a seguinte reação:

— Você é egoísta, só pensa em você! Não aguento mais repetir a mesma coisa o tempo inteiro! Você não se importa!

Qual é o seu padrão de resposta ao escutar algo assim?

- *Provar o quanto o argumento do outro é injusto.* "Eu não sou egoísta, eu vivo por essa família! Não acredito que depois de tudo que já passamos você tem a coragem de falar algo assim de mim!"
- *Provar o quanto a sua atitude é acertada.* "São meus pais, o que você queria que eu dissesse? Minha mãe emprestou dinheiro para a gente pagar a escola das crianças, você por acaso esqueceu? Eu não posso dizer 'não' para o convite dela!"
- *Menosprezar o sentimento do outro.* "Ah, pelo amor de Deus, pare de drama! Eu aceitei o convite para jantar, não disse que vamos nos mudar para a casa deles! Menos, por favor! Estou cansada(o) do seu exagero!"
- *Provar que o outro tem atitudes piores que as acusações que faz.* "Ah, eu sou egoísta? Você é muito cara de pau mesmo! Pelo menos eu aceitei apenas jantar na casa deles, não aceitei uma viagem de fim de ano com meus amigos insuportáveis sem falar com você! Se eu sou egoísta, como posso classificar você?"

Essas respostas comuns não geram conexão. Quando acusamos e nos defendemos, nos perdemos da vida, do que sentimos e precisamos, do que o outro sente e precisa. Ao escutar essas respostas, é provável que seu companheiro ou companheira adote uma postura semelhante, defendendo o que acredita, seguindo um padrão bem próximo ao apresentado. A fúria, a mágoa e os padrões de autodefesa de um alimentam a fúria, a mágoa e os padrões de autodefesa do outro. As chances de encontrarem uma solução que acolha a ambos se reduzem a quase zero. As feridas passadas, que nunca foram bem resolvidas, voltam a doer e a sangrar. E a discussão ganha proporções gigantescas.

Quando optamos pela empatia, entendemos que a fala do outro dá sinais do que está vivo nele. Cada frase é uma pista que conduz a um sentimento e a uma necessidade, cada gesto é uma expressão do que é importante para aquela pessoa. De repente a vontade de se defender desaparece porque você entende que não há do que se defender. Não está sendo acusado. Ali, diante de você, há alguém expressando de maneira trágica o que deseja, está usando as ferramentas que tem para cuidar do que importa. Conectar-se com essa convicção muda as nossas perspectivas. Não é fácil, não é automático. Não é o padrão, não para a maioria de nós. Isso quer dizer que, para conseguirmos nos desviar dos impulsos de autodefesa e acusação e nos conectar com o que vive no outro, precisamos de boas doses de intenção e esforço. Se não estivermos atentos, nossos padrões nos levarão aos caminhos que já conhecemos.

Mas como fazer isso? Como se conectar ao que vive no outro? Como alinhar meu desejo de demonstrar que me importo a minhas falas e atitudes? Precisamos nos aventurar a conhecer o mundo interno do outro, prestando atenção ao que diz e ao que demonstra sentir. Você se recorda da *paráfrase*? Ela é uma figura de linguagem que consiste, *grosso modo*, em repetir o que alguém disse, utilizando suas palavras. Na comunicação não violenta alargamos o sentido da paráfrase para buscarmos abarcar também o que não foi dito. Repetir o que a pessoa disse, com nossas palavras, pode mostrar que estamos escutando e fazer com que nos aprofundemos um pouco mais no que sente e precisa. Podemos pensar em formas de falar que estão na busca desse sentir. No exemplo anterior, a conversa poderia se desenrolar da seguinte forma:

— Você é egoísta, só pensa em você! Não aguento mais repetir a mesma coisa o tempo inteiro! Você não se importa!

— Eu percebo que você está frustrada(o) e irritada(o), porque precisa que suas necessidades sejam escutadas e queria ser consultada sobre decisões que envolvem sua presença...

— É claro! Eu não sou um acessório que você leva por aí! Você sabe que eu não gosto de sair à noite durante a semana! Eu já falei isso inúmeras vezes! Parece que você não me escuta! Muito menos para a casa dos seus pais, você sabe que acho seu pai racista e preconceituoso, toda vez que vou lá me irrito!

— Você está cansada(o) e deseja compreensão e acolhimento do que é importante para você. Além disso, é difícil ter de sair de casa, em um horário que você não gosta, para uma programação que você sabe que provavelmente vai te deixar ainda mais cansada(o).

— É muito difícil! A vida no trabalho está um caos! O gerente novo é uma pessoa complicada, suga minhas energias, eu saio do trabalho louca para chegar em casa, tomar um banho e deitar. Talvez ver uma série com você. Sair de casa é a pior das opções!

— E é muito importante para você descansar para dar conta do dia seguinte. Quando o clima no trabalho está difícil, a semana fica muito mais pesada, não dá para acrescentar algo que vai pedir uma energia que você não tem, não é?

— Sim... Eu sei que a sua mãe ajudou a pagar a escola das crianças e que você não quer magoá-la. Mas eu não quero ir lá durante a semana.

— Sinto muito. Combinei de ir na quarta e não imaginei o quanto seria difícil para você. Você acha que podemos marcar para o sábado? Eu dou um passeio com as crianças à tarde, para que você possa descansar, e à noite vamos. Como essa ideia parece para você?

— Ok, pode ser assim. Desculpa, explodi com você.

— Eu não sabia que a rotina estava tão pesada para você. Não gostei da forma com que falou, porque não gosto de ser rotulada(o). Talvez a gente esteja precisando conversar mais. As crianças estão demandando tanto que mal temos tempo para falar da vida e do que importa para nós. Podíamos marcar um dia da semana para falarmos sobre o que consideramos importante ajustar na convivência, o que você acha?

— É, acho que assim a gente não fica acumulando mágoa um do outro. Apesar de que só de pensar já me parece mais uma obrigação na minha lista infinita de obrigações. Posso te dar uma resposta sobre essa ideia amanhã? Ah, também sinto falta de ficarmos mais juntos. Por falar nisso, quer aproveitar para ver aquela série? Saiu episódio novo ontem.

O que você sente ao ler essa conversa? Quando li o primeiro exemplo de uma escuta empática, achei tudo muito estranho. Não parecia uma conversa de verdade. Algo parecia artificial, robótico. Limpo demais, certinho demais, distante da vida real. Afinal de contas, quem teria sangue frio para falar desse jeito? A minha estranheza vinha, principalmente, de três pontos importantes. O primeiro é que, sim, é estranho, no sentido de divergente do padrão, do que temos como normal. Não aprendemos a escutar com profundidade, a não reagir impulsivamente. Não aprendemos a separar nossos julgamentos da nossa forma de escutar. Então, não há como considerar normal algo que realmente foge à norma. O segundo ponto é que acreditava que essa forma de escuta vinha de uma voz mansa e suave, como um terapeuta escutando o paciente. Distante, imparcial. Demorei a entender que posso ser empática com meu tom de voz natural. Que posso escutar e sentir ao mesmo tempo. Posso falar: "Você está irritada porque gostaria que seus esforços fossem reconhecidos!", enquanto tenho o coração acelerado e ando em zigue-zague no ambiente, buscando me acalmar. Uma coisa não anula a outra. A terceira causa de estranhamento era que eu acreditava que escutar significava concordar, logo, ouvir o outro era abrir mão do que importava para mim. Acontece que empatia e passividade ou concordância são coisas diferentes. No exemplo, a resposta empática não era baseada em concordar e assumir a culpa de tudo. Não houve um: "Nossa, sou realmente muito egoísta. Desculpa, deve ser difícil conviver comigo!" A escuta empática abandona a culpa e as suas consequências, ampliando a visão sobre o que nos acontece. Podemos visitar o ponto de onde o outro observa a vista sem, necessariamente, acreditar que nosso ponto é o errado, equivocado e causador de todos os males do mundo.

À medida que praticamos uma nova forma de escutar, a estranheza em aplicar o método diminui. A conversa se torna mais fluida, temos mais confiança em como a fala e a escuta empáticas se ajustam à nossa linguagem, ao nosso jeito. Não é um processo em que perdemos nossa autenticidade, mas justamente o contrário, é uma reconquista da nossa essência, do que vive em nós. A não violência tira as camadas que nos distraem da conexão, do fluir natural da vida. Para a escuta empática precisamos:

- *Separar nosso julgamento e realidade.* Você não deixará de julgar. Os pensamentos continuarão brotando em sua mente em uma velocidade assustadora. Para escutarmos o outro com verdade, precisamos lembrar que julgamentos são somente pensamentos, e que podemos ir além deles. Por vezes é importante falar sobre eles, mas colocando-os no lugar de histórias contadas pela nossa mente, não de acusações: "Quando você me chama de egoísta porque marquei um compromisso com a minha família eu conto em minha mente a história em que você não gosta de nenhum deles e que gostaria que eu escolhesse entre eles e você. Me ajuda a entender como você vê toda essa situação?" Importante: expor o seu julgamento, mesmo assumindo que ele é apenas um julgamento, pode disparar uma reação acalorada do outro. Prefira fazê-lo após a escuta.

- *Entender que não é pessoal.* Como foi dito, temos uma forte tendência a nos defendermos, a recebermos as palavras e os gestos do outro como ataques pessoais. "Eu não aguento mais, faço tudo sozinha nessa casa!" "Como assim? Eu lavei a louça e organizei a casa ontem!" Quando agimos assim, entramos no ciclo de ataque e defesa. Se, em vez disso, buscamos entender o que é importante para quem nos diz, nossas falas mudam. "Acho que você deseja mais apoio e suporte nas obrigações da casa." Mais uma vez digo: não se trata de concordar ou discordar, mas de ir além. O que é importante para que o outro diga o que diz?
- *Lembrar que você pode errar.* O processo empático é um tanto investigatório. Estamos nos dispondo a nos aventurar no universo interno do outro para encontrar os tesouros encobertos por estresse, gritos, fúria, reatividade, confusão mental, tristeza, angústia e ansiedade. Podemos errar. Podemos aventurar um *chute* empático, que não será um gol. E tudo bem. Não precisamos mostrar que sabemos o que está vivo no outro, mas que temos disposição, vontade e intenção de enxergá-lo. A resposta não está em nós, mas nele, por isso pouco importa se acertamos ou não. "Eu odeio quando alguém marca um compromisso e atrasa! Por que você sempre faz isso?", "Puxa, sinto muito. Acho que previsibilidade é muito importante para você!", "Não, não se trata de previsibilidade, mas de respeito, consideração. Consideração é importante para mim". Perceba que, mesmo quando erramos, auxiliamos na busca pelo que vive e motiva o comportamento do outro.
- *Focar nas necessidades.* Pensar em termos de *necessidades* é transformador. O que essa pessoa quer/precisa/deseja/necessita/espera? Uma boa estrutura de frase para começarmos essa prática é: "Eu imagino

que __________ (descrição do que está acontecendo + possível sentimento), porque você __________ quer/precisa/deseja/necessita/espera (necessidade/o que importa para a pessoa)." Você não precisa falar sempre assim, mas ter essa estrutura em mente auxilia na descoberta da sua forma de demonstrar empatia. Na prática, eu raramente falo o "eu imagino/eu acho", costumo começar pela descrição do que vejo, além de aventurar o sentimento e a necessidade. Darei alguns exemplos de formas diversas de demonstrar empatia:

— Todos os dias as regras mudam nesta empresa! É insuportável tanta burocracia!
— E essa inconstância nas regras causa ansiedade, porque você espera que o trabalho seja mais fluido, e se preocupar com essas mudanças atrapalha essa fluidez! (*Necessidade de compreensão, de segurança, de ordem.*)

— Você não me escuta, parece que estou falando com as paredes!
— Acho que você gostaria de receber mais compreensão e consideração na nossa convivência. (*Necessidade de compreensão, de consideração e de empatia.*)

— Você não confia em mim! Como fico sabendo de algo tão importante pelos outros?
— A confiança e a intimidade são muito importantes para você, e você gostaria que estivessem presentes em nossa relação. (*Necessidade de proximidade, de confiança e intimidade.*)

— Estou exausta, parece que todo dia é uma repetição do dia anterior.
— Está faltando propósito e criatividade na rotina, não é? Essa ausência traz uma sensação de vazio às vezes... (*Necessidade de criatividade, de propósito, de enriquecer a vida.*)

— Odeio essas pessoas que ficam me mandando ficar feliz! Eu posso ficar triste, que inferno!

— Você precisa de respeito ao seu tempo e ao seu processo! Você acabou de perder a mãe, quer tempo para elaborar essa dor! (*Necessidade de respeito, de viver o luto, de apoio.*)

— Minha chefe é uma filha da p****!
— Putz, imagino que o ambiente de trabalho esteja bastante desgastante. Seria ótimo trabalhar em um ambiente de respeito, honestidade e encorajamento, não é? (*Necessidade de comunhão, honestidade, segurança emocional, encorajamento.*)

Você pode descobrir o seu jeito de falar, de demonstrar a conexão. Não se desvirtue do desejo de conexão. Repito, não se trata de concordar ou discordar. Não se trata de abrir mão do que deseja, não se trata de atropelar o seu querer para acolher o do outro. Trata-se de reconhecer o querer, acolher e buscar soluções respeitosas para nossos conflitos. A mediação de conflitos não parte da neutralidade, mas de conseguirmos ser parciais com ambos os envolvidos, de haver a intenção de querermos a melhor solução para todos. Podemos concordar em discordar. Construiremos saídas melhores quando tivermos as cartas na mesa e, sem brigar com elas, pensar quais jogadas podemos criar diante do que temos.

Não existe disponibilidade infinita para o outro

Pode ser que você esteja me acompanhando até aqui e pensando que precisa ter uma empatia infinita com todos ao seu redor. Que tem que escutar sempre, que você vai conseguir colocar as orelhas de girafa e se conectar com os sentimentos e necessidades que guiam todos, todo o tempo. Só que não. Não existe disponibilidade infinita para o outro. Empatia pede energia, pede espaço interno, pede entrega, e nem sempre os temos. Por vezes a nossa bagunça interna está grande demais, não há como abrir espaço para o que está desorganizado no outro. Por vezes acabamos de finalmente organizar os nossos espaços, e a bagunça do outro assusta, simplesmente não estamos prontos para lidar com ela. Por vezes o assunto toca em lugares tão profundos e doloridos em nós que não conseguimos ter empatia, a dor nos impede de nos conectar. É uma ilusão acreditar que estaremos sempre com os nossos lados mais gentis, curiosos e abertos para receber as questões alheias. Somos humanos e, como tais, limitados pelas nossas histórias, pelas nossas feridas, pelas nossas expectativas. A escuta e a empatia não podem nos custar pedaços importantes de quem somos.

"Eu não aguento mais, Elisama! Eu juro que a minha única vontade agora é bater nele com o *Comunicação não violenta*!" Foi assim que Emília iniciou uma ligação para mim, chorando, depois de uma discussão com o marido, Thiago. Estavam juntos havia alguns anos e, por mais que os momentos bons fossem deliciosos, os momentos complicados estavam pesados demais para suportar. Fazia tempo que a balança estava desequilibrada, e a relação pedia um espaço interno que Emília já não tinha. Ela ter falado que queria bater no marido com o livro era simbólico: estava cansada de tentar.

O marido fora educado pela avó, uma mulher excessivamente exigente e crítica. Com a intenção de cuidar e evitar que o neto sofresse, ela educou o menino com acusações, desconfianças e exigência de perfeição. Como resultado, ele se tornou um homem reativo, que via nas trocas cotidianas acusações veladas. Achava que sempre existia uma segunda intenção nas falas do outro e, não importava muito o quanto se esforçasse, Emília não conseguia se conectar. As conversas eram excessivamente desgastantes, porque exigiam dela muita empatia para ultrapassar a autodefesa de Thiago e chegarem aos pontos importantes para a relação.

"Eu tenho a sensação de que estou tentando me aproximar de um bicho ferido, sabe? Quando você encontra um bicho machucado, não pode encostar nele de vez ou tocar com naturalidade. Tem que ser aos poucos, precisa mostrar a mão, deixá-lo cheirar, conquistar a confiança, para só depois ele baixar a guarda e deixar que você se aproxime sem atacar. E, mesmo assim, se algum barulho perto o assustar, você ainda pode ser atacado! Parece que toda vez que quero conversar algo com o Thiago preciso agir como se estivéssemos nos aproximando pela primeira vez. Estou perdendo a leveza, a minha autenticidade. Não aguento mais ser empática com alguém que, além de não me ofertar empatia, ainda entende tudo como ataque, mesmo as minhas tentativas de carinho!" Algumas pessoas estão tão feridas que se encaixam perfeitamente no exemplo que Emília utilizou para traduzir a sua vivência com o marido. Estão tão habituadas a trocas grosseiras, dissimuladas e violentas que não conseguem baixar a guarda, por mais que lhes mostremos que não estamos armados.

A comunicação não violenta não é um comando mágico e milagroso. Não é a receita para o sucesso de todas as relações, porque relacionamentos envolvem muitas variáveis. Pode ser que, por mais empatia e consciência que você tenha em suas falas, algumas relações jamais cheguem a um lugar de leveza e tranquilidade. Quanto estamos dispostos a investir energia e tempo para acolher o que vive no outro? Quanto estamos dispostos a aceitar que algumas pessoas jamais serão capazes de nos acolher de maneira empática porque as suas histórias de vida e demais limitações não lhes permitem fazer isso? Em algumas situações, o mais empático que podemos ser é ajustar as nossas expectativas e pararmos de buscar no outro o que ele não é capaz de nos ofertar. Após ser escutada, Emília concluiu que já não queria tentar sozinha. A disponibilidade de remar para que a relação conseguisse lidar com as turbulências da vida estava acabando. Decidiu que não podia ser a terapeuta de Thiago e que, por mais empatia que tivesse por ele, pela sua história e forma de ver a vida, só conseguiria seguir convivendo se ele percebesse que precisava cuidar de si e da relação. Percebeu que uma demonstração desse cuidado seria o começo de um processo terapêutico. Os julgamentos que alimentava sobre si mesma e a sua obrigação de aplicar a comunicação não violenta em todas as trocas, ilimitadamente, se dissolveram à medida que foi escutada. Ela podia ter um limite, inclusive na disponibilidade de escuta, e isso não a tornava alguém pior. Não era culpa dela ou de Thiago. Era o que era. Simples e complexo assim.

Buscar entender o que nos impede de estabelecer uma conexão com o outro é um processo de autoconhecimento. Fala intensamente sobre nós, sobre as nossas histórias, sobre o que é importante para que estejamos alinhando o que desejamos com o que vivemos. Cada desconforto, cada sentimento, cada desejo de fugir e de encerrar o papo nos conta algo sobre nós mesmos.

Estamos dispostos a ouvir? Onde está a vida nas nossas conversas? Onde está a vida nas nossas escutas, para dentro e para fora de nós? Nossas limitações de escuta não são definitivas, mas momentâneas. A maior parte delas dura enquanto a dor em nós lateja. Sermos escutados pode nos ajudar a encontrar espaço interno para escutar. Aliviar o pulsar da dor inflamada nos devolve a consciência para decidirmos quais caminhos podemos tomar para que não nos machuquemos novamente assim. E nos devolve a capacidade de escutar. Ser escutada permitiu a Emília acreditar novamente no conteúdo do *Comunicação não violenta*, em vez de simplesmente querer usá-lo para atingir o marido. Por vezes, tudo o que precisamos é encher novamente o nosso tanque de conexão e amor para que possamos percorrer os quilômetros e quilômetros que o dia a dia pede.

Antes de se cobrar uma empatia sem limites, pergunte-se em que relações tem encontrado colo, carinho, atenção. Em que relações encontra uma escuta tão atenta e verdadeira que o peso que está em seu coração diminui. Quais são as relações em que pode chorar até suspirar? Qual foi a ultima vez que buscou essa pessoa? Que se permitiu vulnerabilizar e pedir ajuda? O que tem impedido esse movimento? Se ninguém lhe veio à mente, o que tem feito para atender essa necessidade tão importante para as relações? O que tem feito para construir relações em que a empatia esteja presente, viva, pulsante? No último capítulo falaremos sobre vulnerabilidade, e nada impede que você siga para lá e se aprofunde no tema.

Resumo do capítulo

- A escuta empática vai além do que projetamos no outro. Ela é profunda, inteira e busca encontrar o que vive no outro.
- Receber empatia não faz as nossas dores desaparecerem, mas nos dá suporte para lidarmos com elas. Abre espaço em nossa mente e em nosso coração. E nos impede de criarmos uma bola de neve que engole as nossas relações numa avalanche de frustração.

- Enquanto a simpatia busca agradar o outro a partir do que pensamos e desejamos, a empatia se dispõe a uma aventura pelo mundo interno do outro. A simpatia não é ruim, mas deixa um vazio em quem a recebe no momento em que precisa de empatia. Quando a empatia está acompanhada da compaixão, então, temos uma combinação inigualável. Porque a compaixão, além de escutar e se aventurar em seu mundo interior, ajuda a aliviar o sofrimento
- Distribuir doses de sabedoria, disputar o prêmio de perdedor patético, virar um biscoito da sorte, incorporar o investigador policial, roubar a cena e sofrer mais do que quem desabafa são formas de atrapalhar a conexão e dificultar a empatia.
- Das pequenas às grandes interações, há uma camada invisível das conversas que não é falada e fica subentendida. A comunicação não violenta busca traduzir essas camadas, encontrá-las e tirá-las do não dito.
- A mesma interação pode tomar rumos diferentes quando as falas e os gestos são recebidos de maneiras diferentes. Quando saímos da nossa reatividade habitual e dos dramas criados pela voz contadora de histórias e nos abrimos para a escuta real, um processo bonito acontece: conseguimos enxergar o ser humano por trás das palavras. Conseguimos lembrar que nossa humanidade nos une, que temos sentimentos e necessidades semelhantes, por mais que a forma de atendê-los seja diversa. Saímos do padrão de defender e provar nosso valor, e nos permitimos escutar o que vive no outro.
- Separar nosso julgamento e a realidade, entender que não é pessoal, lembrar que podemos errar, e focar nas necessidades são passos que nos auxiliam a buscar entender o que o outro observa, sente, precisa e nos pede com suas falas e gestos.

CAPÍTULO 6

LIDANDO COM TEMAS DIFÍCEIS

Quando a opinião do outro parece absurda demais para ser verdade

Em 26 de maio de 2020, acordei com a internet inteira falando do mesmo assunto. O nome *George Floyd* estava em quase todos os *posts* que eu via e levei um tempo até entender o que estava acontecendo. No dia anterior, 25 de maio de 2020, o norte-americano George Floyd fora assassinado por um policial, em Mineápolis, nos Estados Unidos. O vídeo que mostrava o momento da morte escancarava a atrocidade do ato. Com o joelho, o policial pressionava o pescoço de George, que estava imobilizado, deitado no chão e gritava: "Eu não consigo respirar." É extremamente relevante falar que o policial era branco, e a vítima, um homem negro. Mais um homem negro assassinado pelas mãos do Estado, com uma crueldade que normalmente é direcionada para nós, pessoas negras. O mundo entrou em ebulição. Protestos tomaram as ruas dos Estados Unidos, as discussões raciais dominaram as postagens e trocas nas redes sociais. Já não dava para normalizar tamanha violência. A *hashtag* #blacklivesmatter, em tradução livre, "vidas negras importam", estava nas mais utilizadas do mundo. Precisávamos falar sobre o racismo e as suas consequências na saúde física e emocional do povo negro. Em meio a inúmeras postagens sobre o tema, descobri que uma nova *hashtag* estava em alta, traduzindo o pensamento de muitas pessoas a respeito do que estava acontecendo: #alllivesmatter, ou "todas as vidas importam".

Assim que li, senti o coração acelerar e o corpo estremecer de raiva. Claro que todas as vidas importam, acontece que, diante da estrutura social que vivemos, apenas algumas são assassinadas pura e simplesmente pela cor da sua pele. Se você vai ao médico porque quebrou a perna, não espera que ele comece avaliando o seu pulmão! Não que ele tenha deixado de se importar, mas é a sua perna que precisa de cuidado médico imediato! Minha mente me dizia que não podia existir alguém que pensasse assim. Como alguém pode duvidar da existência do racismo? Como era possível que alguém afirmasse ser apenas vitimismo da população negra? Como um ser humano, após assistir àquele vídeo e ler sobre milhares de vidas negras assassinadas, pode dizer que o racismo é uma mentira? Que somos todos iguais, basta acreditar? Eu, mulher negra, nordestina, tenho uma triste coleção de experiências dolorosas que certamente não viveria se fosse uma mulher branca. Um filme passou pela minha cabeça, e eu só conseguia sentir ódio.

Racismo, machismo, homofobia e algumas outras violências não são uma questão de opinião. Não são a nossa forma de perceber a realidade, não são crenças limitantes ou qualquer outro nome que queiram dar para responsabilizar o indivíduo por uma mazela social. São fatos observáveis. Podem ser comprovados por números, estudos sociais, observação histórica. Não há meditação, determinação, foco, força e fé de um indivíduo que consiga livrá-lo de vivenciar as consequências dessas chagas que matam a liberdade e a igualdade diariamente. Mas como estabelecer diálogos quando o assunto mexe tão profundamente conosco? Como lidar com a discordância quando a opinião do outro é tão absurda que mal podemos acreditar que exista? Como falar sobre política, religião e tantos outros temas que aceleram nosso coração e mexem com nossos afetos a ponto de chegarmos muito perto de perder a racionalidade? É possível conversar com aquela tia que votou em alguém que você abomina? Como ir além do aperto no coração e da ânsia de vômito que algumas falas nos despertam?

Este capítulo não é um *tem que*. Você não *tem que* conversar com a sua tia sobre política, não *tem que* entender o que motiva aquele colega de trabalho em suas falas racistas e homofóbicas, não *tem que* dar empatia ao seu cunhado em seus posicionamentos machistas. Conversamos bastante sobre limites e disponibilidade emocional nos capítulos anteriores, acredito que você já tenha entendido que estamos abrindo mão do *tem que* em nossas relações. Minha intenção aqui é lembrar a você que essa é uma possibilidade. Que, apesar de não ser obrigado ou obrigada, você pode. Conversar com pessoas que pensam de maneira tão absolutamente contrária a tudo o que você acredita é uma construção que podemos escolher. *Podemos*. Não somos obrigados, não *temos que*. Simplesmente *podemos*.

Acredito no poder do diálogo. As conversas nos moldam e são moldadas por nós. O diálogo é uma construção mútua, viva e potente. E não há caminho para o entendimento que não seja o do dialogar. Segundo o filósofo Jean-Marie Muller, em *O princípio da não violência*, a paz conquistada através da violência é uma paz passageira. É na conversa que construímos novos horizontes. Nesse livro, Muller analisa como as revoluções sociais podem acontecer por meio da não violência, e o indico para quem quer ter uma visão filosófica e sistêmica sobre o tema. Por aqui vamos falar sobre construir pontes e conversas que vão além da discordância e da indignação e que podem nos mover para lugares de compreensão e de entendimento, para que possamos ver o humano por trás da fala que nos irrita ou choca. Não estou falando que iremos eximir o outro da responsabilidade pelos seus atos, mas que podemos ter conversas que não nos dividem em *inteligentes que conseguem ver a verdade* e *burros manipulados pelo sistema*.

Conversando sobre ideias, não pessoas

"Você é burro, cara, não adianta conversar com você!"

"Vá estudar, ler, quem sabe fica menos imbecil!"

"Só alguém riquinho e privilegiado para ter ideias tão rasas como as suas!"

"Não perco meu tempo discutindo com gente igual a você!"

Um dos maiores lembretes que faço para pais e mães sobre como lidar com os comportamentos desafiadores dos filhos é que a criança ou o adolescente é maior que qualquer comportamento que tenha. Qualquer um. Explico que podemos — e devemos — orientar sem discutir o caráter das crianças. Parece algo óbvio, mas não é. Preciso lembrá-los de que a criança que não faz o que lhe foi pedido não é teimosa, a criança que tem facilidade para o choro não é chorona. É possível lidar com os comportamentos sem acreditar nos pensamentos que pipocam em nossa mente julgando quem a criança é. Acontece que a maioria de nós recebeu um tratamento diverso desse na infância. Nossos pais, avós e demais cuidadores, fazendo o melhor que podiam com os conhecimentos que tinham, nos rotularam cada vez que discordamos, dissemos "não" e seguimos por caminhos opostos aos que desejavam. Não era seguro discordar e, cada vez que o fazíamos, éramos rotulados e punidos. A discordância ganhou cores de rejeição, se tornou algo pessoal, que falava do nosso valor próprio.

E por que trago essa informação para você, se isso não é exatamente uma novidade? Porque, como disse em capítulos anteriores, essa mistura sobre a opinião e a definição de quem o outro é nos distancia de conversas profundas e verdadeiras, e é esse o nosso padrão. O caminho para escutar, se conectar e entender o que o outro sente e do que precisa é oposto ao que aprendemos, ao que fizeram conosco em nossa infância. Retirar nossa auréola e o tridente do outro e ter uma conversa sem a limitação da divisão entre vilões e mocinhos é um exercício que pede atenção, dedicação e esforço. Nosso comportamento normal, nossa reação imediata será não escutarmos e nos defender, acusar o outro ou fugir da conversa. Ter consciência disso nos dá a oportunidade de escolher agir de forma diversa do que é o costume. Encarar quem discorda de nós e que, por vezes, ainda está aprisionado ou aprisionada no padrão de apenas reagir, mexe com nossos afetos mais primários. Pede energia e esforço. E tem um potencial enorme de transformar a sociedade. Seguem algumas dicas para antes de iniciar uma conversa dessas:

- *Abandone a intenção de convencer o outro.* Se você deseja estabelecer um diálogo com quem pensa diferente de você, com quem concorda com posturas tão absurdas que é difícil acreditar serem possíveis, prepare-se para lidar com as suas emoções e se responsabilizar por elas. Não será uma conversa fácil e, se sua intenção é convencer o outro, é melhor evitar esse diálogo. As chances de que tudo saia dos trilhos e que o papo vire um confronto aumentam consideravelmente quando focamos em mostrar para o outro o quanto as suas ideias são erradas, absurdas, despropositadas e infundadas. A sua voz e as suas falas provavelmente vão acompanhar a sua indignação, e a contação de histórias em sua cabeça alcançará um volume tão alto que você dificilmente conseguirá escutar por trás da fala do outro. Abandonar a intenção de convencer e/ou ensinar não significa que você vai abrir mão do que acredita, mas que vai investir suas energias em criar uma conexão, não em provar quem está certo ou errado.

- *Prepare-se para perguntar mais e afirmar menos.* As perguntas, com a intenção real de compreender o que o outro pensa, costumam ser uma forma de conexão mais eficaz que adotar a postura de palestrante e despejar sobre o outro os conhecimentos que você tem sobre aquele tema. "Estou vendo que esse é um tema importante para você. Me ajuda a entender melhor o que você pensa sobre ele?" "Então você acredita que as pessoas são pobres e vivem em situações tão cruéis porque são preguiçosas e que, se se esforçassem mais, conseguiriam ascender na vida, é isso? Como você acha que as pessoas nessas condições deveriam agir, descreva com mais detalhes para que eu consiga visualizar essa ideia?" "Deixa ver se eu entendi, você está me dizendo que as pessoas podem escolher se vão gostar de homens ou de mulheres, ou se vão se identificar com o gênero de nascimento ou não. O que você acha que uma pessoa pensa para escolher passar por tanto preconceito e sofrimento? Será que alguém escolhe sentir medo de voltar para casa vivo ou não?" Cada um desses exemplos pode ser dito em tom irônico ou irritado, mas se a sua intenção é se conectar, não o faça. Pergunte com gentileza e curiosidade. Se a pessoa se irritar, deixe claro que a sua intenção é compreender. Que não deseja atacar, que não quer brigar. Por vezes as pessoas reproduzem coisas de maneira tão automática que mal param para pensar realmente no que estão falando. Ao explicar, podem escutar as próprias palavras e ideias. Para além disso, as perguntas nos ajudam a entender como o outro está enxergando o que acontece. Já sabemos que a nossa forma de ver o mundo não consegue englobar toda a realidade, escutar pode ser um exercício de ampliar a nossa visão.

- *Lembre-se de que existe uma estrutura social por trás da opressão.* Por mais que você tenha o desejo de demonstrar para a sua tia que o comentário dela foi racista ou queira que seu colega abandone o machismo que permeia a maioria das suas falas, isso não vai, necessariamente, mudar o mundo. A mudança da sua tia e do seu colega pode facilitar sua rotina e ser positiva para sua saúde mental, mas a sociedade em que estamos inseridos continuará sendo machista, racista, homofóbica e tantas e tantas outras mazelas que desrespeitam a vida. Não quero desanimar você, quero apenas que amplie sua perspectiva. Sua tia e seu colega não são o grande problema do mundo, a estrutura social que os faz acreditar que basta querer para vencer, que homens são superiores ou que questões de gênero ou de orientação sexual são apenas falta de vergonha na cara, é que precisa ser transformada. A lente que utilizam para olhar a realidade é dada para todos nós, de maneiras diferentes, desde que chegamos ao mundo. Portanto, não discuta comportamentos individuais, mas os contextualize, mostrando a raiz social de cada um deles, ou as suas consequências nefastas. "Me preocupo quando escuto você falar que uma mulher com um short curto está pedindo para ser estuprada, porque essa ideia baseia muitas violências contra a mulher e faz com que meninos cresçam aprendendo que não são responsáveis pelos seus atos." As chances de uma resposta inflamada são menores quando utilizamos argumentos que não tornam a conversa pessoal demais. Talvez gritar "Que pensamento ridículo e machista!" alivie um tanto sua raiva, mas não ajudará a gerar conexão com quem escuta. Não estou afirmando que vítimas devam ser gentis e empáticas com seus agressores, a violência é inaceitável. Também não estou afirmando que pessoas oprimidas e que vivenciam inúmeras microagressões diárias devem ter paciência e gentileza para escutar e instruir quem as machuca. O oprimido tem direito à sua raiva, indignação, impaciência e reatividade, porque carrega em si mais que um fato isolado, mas uma história de repetidas violências sociais. A intenção aqui é ofertar ferramentas para que, caso tenhamos a intenção de conversar com pessoas que adotam posturas que beiram o absurdo, consigamos fazer com que enxerguem para além das suas verdades.

- *Tenha consciência dos seus limites de disponibilidade e empatia.* Todos temos limites. Sem exceção, todos somos seres limitados pelas nossas vivências, histórias, experiências. Por mais que tenhamos intenção real de nos conectarmos ao outro, talvez sejamos incapazes de fazê-lo porque há dor demais envolvida. Perceba os momentos em que sua paciência e capacidade de empatizar estão acabando. Observe seus comportamentos reativos, sua vontade de se defender e acusar, eles costumam ser sinais de que sua disponibilidade emocional para a conversa está acabando. Permita-se dar um tempo, que pode ser de alguns minutos ou alguns dias. Ligue para alguém que pode escutar você e auxiliar a organizar o seu espaço interno. Xingue em voz alta na solidão do seu quarto ou, se não houver esse espaço, utilize caneta e papel para retirar as camadas de raiva e indignação que estão borbulhando dentro de você.
- *Pesquise e se informe.* Ler e entender os assuntos sobre os quais desejamos conversar aumenta nossa segurança e confiança sobre o que falamos. O embasamento pode nos ajudar a sustentar o que acreditamos, além de nos auxiliar a entender por que esse ou aquele tema mexem tanto conosco. Contextualizar nossos sentimentos e necessidades nas nossas histórias de vida e da nossa sociedade faz com que tenhamos maior compreensão sobre nós mesmos e, muitas vezes, sobre a história do outro. Ler e estudar sobre o racismo me fez entender muitas das minhas inseguranças pessoais, me ajudou a contextualizar falas e comportamentos dos meus pais e de pessoas próximas, me fez entender minha própria subjetividade com um novo olhar. Nossas crenças e experiências pessoais são muito importantes e alcançam novos níveis de profundidade quando percebemos que têm bases em uma conjuntura social. O que entendemos por belo, bom, saudável, amoroso ou bondoso, vil ou insensível está inserido em um contexto social, histórico, não são desejos pessoais isolados, não surgiram *do nada*. A pesquisa nos

ajuda a entender, a aprofundar e nos fornece argumentos para facilitar a explicação dos nossos pontos de vista.

- *Lembre que a sua intenção é apenas uma parte da comunicação.* Você tinha a intenção de escutar e de respeitar o ponto de vista do outro, mesmo acreditando que é absurdo. Você queria conversar e demonstrar isso. Acontece que, entre a sua intenção e o que chegou ao outro, algo se perdeu. Você fala "A", ele entende "C". E você se irrita porque a pessoa não consegue se conectar com a sua intenção, não consegue reconhecer seus esforços para estabelecer uma conversa. Você quer o reconhecimento dos seus esforços, mesmo que eles não tenham atingido seu objetivo. Sinto muito, mas esse reconhecimento pode simplesmente não vir. Na verdade, na maioria das vezes, ele não virá. Aceite que sua intenção é só uma parte do processo e que, para que o outro a compreenda, você precisará se esforçar. Alinhar sua fala ao que você intenciona é função sua, e o outro não deve absolutamente nada a você porque deseja conversar.
- *Ajuste suas expectativas.* Pode ser que você não consiga silenciar as vozes que gritam em sua mente julgando o outro. Pode ser que as dores estejam gritando forte e você se perca no meio do caminho. Pode ser que você faça tudo certo, se esforce para se conectar, escute com o máximo de abertura que conseguir... e mesmo assim o outro não enxergue sua humanidade e suas intenções. Não inicie uma conversa que tratará de temas que envolvem as emoções e as nossas visões de mundo, como política, religião, educação de filhos e tantos outros, com a expectativa de que será fácil escutar as opiniões que divergem das suas. Ou que o outro será iluminado pela sua luz e conseguirá enxergar com a clareza que você enxerga. Não imagine finais hollywoodianos para a conclusão desse encontro. Achar que pode prever ou controlar o final vai trazer grandes níveis de frustração. E, frustrados, tendemos a ser mais reativos, grosseiros, impacientes, cínicos e irritados. Sua conversa não precisa de nada disso.

Cada um de nós aprendeu significados diferentes para as palavras. O lugar onde você nasceu, as pessoas com quem conviveu, os caminhos que percorreu à medida que cresceu, os livros que leu, as músicas que escutou e cada experiência vivida serviram de base para a construção da sua forma de enxergar a vida. Assim como você, eu, seu vizinho, sua colega de trabalho, o tio do seu marido, a mãe da amiguinha da escola do seu filho, tivemos a nossa forma de ver a vida influenciada pelas histórias que protagonizamos ao longo da nossa jornada. A formação do pensamento e da visão de mundo é complexa, e é exatamente por isso que é raso e precipitado acreditar que podemos julgar o caráter e a personalidade do outro por uma conversa ou opinião.

Desviando de minas

Em 2014 o Instituto Data Popular realizou uma pesquisa com um resultado interessante. Noventa e dois por cento dos brasileiros afirmaram que acreditam que há racismo no Brasil, mas apenas 1,3% afirmou ser racista. Entendemos que o racista é alguém que humilha, tem nojo e horror a pessoas negras, e, ao sermos perguntados se praticamos atos racistas, nos vemos em um lugar oposto ao desse estereótipo. "Tenho até amigos negros!" é um argumento comum, como prova de que a pessoa não tem problema algum com a negritude. O racismo é apenas um exemplo. Somos uma sociedade com graves problemas de desigualdade, machismos, homofobia, capacitismo e tantas outras questões, mas, para variar, acreditamos que o problema é o outro. Você não faz parte do 1,3%. Você não é esse tipo de pessoa. Seu vizinho também tem certeza de que não. Idem o seu pai. Quando decidimos ter conversas profundas sobre temas difíceis, caminhamos por um campo minado por conceitos que possuem significados diferentes para cada um de nós. Não somos pessoas ruins, malvadas, egoístas. Somos pessoas boas. E cada vez que uma conversa nos aproxima da imagem nefasta que temos criada em nossa mente sobre esse ou aquele conceito, a mina explode.

Veja bem, não estou afirmando que você vai parar de dar nome às coisas. Que nunca mais vai comunicar ao outro que seus comportamentos foram violentos, que as suas opiniões não são apenas opiniões, mas parte de uma estrutura social que mata e que prejudica a saúde mental do indivíduo. Você pode e deve continuar falando sobre o que importa, mas, se o objetivo é criar maior conexão com quem escuta, desviar dessas minas pode tornar a conversa mais fluida e possível. Seguem dicas que podem facilitar essa troca:

- *Não diga quem a pessoa é.* Quando iniciamos nossas conversas rotulando o outro como racista, *petralha*, *coxinha*, *bolsominion*, homofóbico e palavras semelhantes, despertamos nele a reatividade e a tendência a se defender. Se queremos que a pessoa realmente reflita sobre as suas falas e atitudes, é importante fugirmos dessas palavras. Não, eu não estou afirmando que você deve fingir não ver os atos racistas da sua tia ou as falas homofóbicas do seu cunhado. Estou afirmando que, *se* deseja aprofundar o papo, não deve iniciar a conversa com "nossa, você é muito racista!" ou "seu homofóbico ridículo!".

  Quando a minha filha caçula nasceu, escutei comentários racistas de quase todas as pessoas que conhecia. Não, não estou exagerando. Miguel, meu filho mais velho, nasceu com a pele clara, tão branco que cheguei a me assustar. Dois anos depois, nasceu Helena, exatamente da minha cor, mas com cabelos lisos — que, alguns meses depois, ganharam lindos cachos como os meus. As pessoas vinham nos visitar e falavam: "Ó, ela nasceu pretinha... Pelo menos tem o cabelo bom, né?"

  A primeira vez que escutei não tive reação. Fiquei tão chocada que não consegui responder, nem com empatia nem com grosseria. Doeu de uma forma tão profunda que eu congelei. Lá estava eu, recém-parida, com a minha menina linda nos braços, e as pessoas comentando sobre a cor dela com pesar, como se ela tivesse nascido com três olhos e duas bocas. O "ó" era cheio de piedade. As pessoas sentiam piedade porque ela nasceu negra, diziam isso sem qualquer pudor, para a mãe negra dela. Consegue perceber o nível do absurdo?

  Confesso que oscilei nas respostas. Por vezes meu marido e eu respondíamos de forma grosseira e estúpida. Sentíamos muita raiva. Por vezes eu arregalava os olhos e fazia uma cara de espanto, e então um silêncio sepulcral se instalava. Era um comentário que vinha tanto de pessoas próximas quanto de desconhecidos que observavam a diferença de cor dos meus filhos. Certa vez decidi conversar. Uma amiga me falou o famoso:

— Ó, ela não nasceu branquinha como o Miguel.

E respondi com uma pergunta:

— É, ela nasceu com a minha cor. Percebi pesar na sua fala, você acha que a cor dela é um problema?

— Não, imagina. Ela vai ser linda de qualquer jeito.

— Sim, vai, não tenho dúvidas disso. É que comentar da cor dela como se fosse algo ruim é uma atitude racista, sabe?

— Mas eu não sou racista, você sabe disso!

— Eu não estou falando de quem você é. Estou falando do comentário, que às vezes as pessoas falam sem perceber. A gente vive em uma sociedade que considera o branco mais bonito, mais inteligente, mais bem-sucedido. Só quero mostrar para você que, quando comenta sobre a cor da minha filha com pesar, está agindo de uma maneira que fere a autoestima de pessoas negras. Consegue imaginar como me sinto quando alguém tem pena da minha filha porque ela nasceu da minha cor?

— Nossa, desculpa, eu não tive essa intenção de ofender, não.

— Entendo e não estou julgando a sua intenção. Só estou pedindo que não fale assim comigo e com outras pessoas negras, porque isso fere, independentemente da intenção.

— Acho que você entendeu errado, sabe? Foi só um comentário.

— Sei que foi um comentário. E foi um comentário que associava coisas boas a nascer branca e coisas ruins a nascer negra. Não acho que você teve a intenção de me machucar, sei o quanto você gosta de nós. É que, mesmo gostando, a gente reproduz coisas que aprendeu, sem pensar direito. Não precisa se defender, só pensa a respeito. E não fala mais isso para mim.

— Ok. Desculpa mais uma vez.

- *Não presuma que pode julgar o caráter do outro.* Por vezes as falas violentas, ofensivas, preconceituosas e absurdas são proferidas apenas por ignorância. Associamos coisas ruins à palavra *ignorante*, mas todos somos ignorantes em relação a alguns temas e assuntos, porque ninguém sabe tudo. Sim, existem pessoas que são mais grosseiras, que parecem ser movidas por intenções ruins. Existem pessoas que, ao afirmarem os seus preconceitos e visões de mundo, estão cheias de ódio e desamor. Mas não presuma que todos são assim. O mundo não se divide em pessoas que são certas porque pensam como você e pessoas que são más, mesquinhas e terríveis porque discordam da sua visão de mundo. Quando presumimos que o outro é burro, imbecil, mau-caráter e estúpido porque defende tal candidato ou porque não enxerga as consequências terríveis da desigualdade social, fechamos as pontes que podem nos ajudar a construir um mundo melhor. O que muda em sua postura quando, em vez de enxergar o outro como um inimigo, você o olha com abertura, entendendo que todos percorremos longos caminhos até chegar aqui? Mesmo o mais vil dos seres humanos tem uma história que o faz agir como age, pensar como pensa. Não temos que acolher a todos, não temos que ser infinitos potes de luz, mas podemos enxergar a vida sem uma dualidade tão grande e determinista.

- *Tenha consciência dos seus privilégios.* Quando falo que você tem privilégios sociais, não estou dizendo que a sua vida é fácil, fofinha e gostosinha. Não estou afirmando que você não enfrentou dificuldades em sua rotina. Estou apenas afirmando que, comparado a outros grupos, você certamente possui alguns privilégios. E não há empatia verdadeira sem a consciência dos passos que distanciam você do seu interlocutor. A negritude, a orientação sexual, o gênero não são recortes, mas constituintes da subjetividade de cada um de nós. As nossas opiniões e formas de ver a vida são diretamente ligadas a isso. Sou uma mulher negra e nordestina e, de acordo com a nossa estrutura social, tenho algumas dificuldades que mulheres brancas que nasceram e cresceram no sudeste do país certamente não viverão. Estou afirmando que as mulheres brancas paulistas têm uma vida fácil? Não. Estou afirmando que elas têm alguns medos e dores parecidos com os meus e tantos outros muito diferentes. Que além da camada que nos une — sermos mulheres — há uma grande camada que diferencia nossas experiências, nossos sentimentos e nossas sensações. Sou uma mulher cisgênero e heterossexual, não tenho medo de beijar meu marido em frente ao supermercado e sofrer uma violência simplesmente porque estamos trocando afeto. Isso é um privilégio. Ter consciência dos privilégios pode nos ajudar a nos conectarmos melhor com quem dialogamos. Será que as experiências de raça, sexualidade, capacidade e gênero interferem na forma com que estou enxergando a situação? O que essa pessoa vê que não tenho visto?

- *Mantenha a curiosidade.* Estou me abrindo para entender coisas que não sei? Estou me permitindo escutar e ser influenciada por esse tema ou apenas quero despejar no outro meu saber? Em que posso crescer como indivíduo observando experiências diferentes das minhas? Não temos que abrir mão do que acreditamos, mas podemos ir além da nossa forma de ver a vida. A curiosidade nos tira do lugar das certezas e julgamentos e nos coloca na vontade de compreender o outro. Como vê a realidade? O que sente e de que precisa? Que pedidos faz por trás dessa forma de falar e agir?
- *Ao falar, não seja dono ou dona da verdade.* Você está em uma conversa, e a pessoa falou algo que você considera absurdo. Fantasiou de opinião preconceitos e violências e disse coisas que você acredita que ninguém deveria dizer. Provavelmente seu impulso será de fazer com que entenda que errou. Que não deveria falar o que falou. Você quer brigar, quer reagir, quer dizer o que pensa sobre isso. Não, eu não vou falar que você deve engolir sua opinião para ser legal. Mas que, antes de falar, você pode adotar uma postura menos reativa.

"Interessante a sua forma de enxergar as coisas. Quero dividir contigo como eu vejo essa situação, tudo bem para você?"

"Sabe, eu encaro as coisas de outra forma, e eu gostaria de contar para você, o que acha?"

"Acho que a minha intenção na fala não ficou clara. Posso recomeçar?"

Importante: nenhuma dessas falas deve ser dita se não estiver em sintonia com o que você realmente deseja. Se no fundo a sua vontade é fazer a pessoa engolir cada vírgula do que disse, dê um tempo. Respire, se afaste, se conecte com a vontade de escutar. Desalinhadas da sua autenticidade, as frases anteriores soarão passivo-agressivas ou manipuladoras. Ou ambas.

- *Aceite o desconforto como parte da conversa.* Não há mudança que seja feita de forma leve e confortável. Mudar exige certo grau de desconforto. Dialogar sobre temas difíceis, conturbados, socialmente polêmicos trará desconforto. Por vezes sua fala causará incômodo em quem escuta. E tudo bem. A construção de uma sociedade mais justa e igualitária pedirá conversas mais dolorosas e incômodas. Somos capazes de lidar com esse incômodo, acredite. Tenho pedido que as pessoas me expliquem quando falam algo racista, machista, homofóbico. Quando contam piadas que violentam grupos minoritários, costumo perguntar: "Não entendi, você pode me explicar o que disse?" "Você falaria assim com uma pessoa branca?" Normalmente, após a minha pergunta, a pessoa fica em silêncio ou demonstra algum constrangimento. A minha intenção não é constranger, mas considero importante que pare para pensar no que está falando e na forma como está agindo. O meu silêncio seria constrangedor para mim e para os grupos que sofrem diariamente com agressões verbais e físicas. Assim como, por vezes, o outro ofende sem perceber, precisamos assumir que também o fazemos. Precisamos assumir que falhamos, erramos, pisamos na bola e, muitas vezes, não enxergamos com clareza a profundidade das discussões. Não podemos pedir que o outro engula seus incômodos para que não fiquemos incomodados com nossos próprios erros. Temas difíceis escancaram nossas limitações, nossos padrões menos evoluídos, e é importante assumirmos isso.
- *Não seja fiscal do tom de voz do outro.* Alguns temas mexem com os nossos sentimentos com bastante intensidade e, em momentos de grande emoção, temos a tendência a falar de maneira mais rápida, alta, intensa. Desde que a fala não seja ofensiva e violenta, não seja a pessoa que dita quais são as regras da conversa. Não se comporte como o ser iluminado e superior que silencia a dor do outro porque ele não está falando no tom de voz correto e equilibrado como o seu. Lembro que, quando era criança, durante as brigas com a minha irmã, ela usava a voz mais calma

do mundo e dizia: "Calma, olha a gastrite!" Aquele tom de voz me fazia sentir o estômago queimar instantaneamente. Minha vontade de bater nela triplicava. Não tente controlar o ritmo e o tom da conversa, não seja a pessoa que diz: "Você está muito nervoso(a), descontrolado(a) e acho melhor conversarmos quando você estiver disposto(a) a ouvir." A distância entre você e quem escuta aumenta, as chances de conexão diminuem. Não estou afirmando que você deve escutar gritos e se manter em uma troca que ultrapassa os seus limites, mas não acredite que é seu o poder de determinar como as conversas devem ser.

- *Lembre que a revolta do oprimido e a violência* do *opressor não ocupam o mesmo lugar.* Talvez você seja uma pessoa branca desejando falar sobre raça. Talvez seja uma pessoa de classe média desejando discutir a desigualdade social. Sua intenção é entender, é gerar conexão. Mas a pessoa negra com quem você deseja conversar explode diante do seu primeiro deslize. A pessoa que mora na favela, com quem você deseja falar, fica impaciente com o seu discurso de DCE de universidade. A reação violenta do outro faz você dizer que não pode reagir à violência que sofre sendo violento, que assim se tornará igual a quem critica. E, nesse instante, a pessoa se exaspera ainda mais. Exigir empatia, não violência e gentileza dos grupos oprimidos é reforçar o silenciamento que viveram por anos e anos, é enfiar o dedo na ferida. Talvez, para você, seja a primeira vez que está discutindo esses temas, mas, para quem vive a opressão na pele, receber pauladas todos os dias, nos mesmos lugares, deixa a pele sensível à dor. Qualquer toque dispara uma dor secular. Histórica. Mexe em feridas profundas. Não seja a pessoa que diz que a revolta do outro é equivocada ou que deseja lhe ensinar como se revoltar. Esse não é seu papel. A essência da comunicação não violenta não é silenciar as dores, mas provocar uma mudança social. Segundo Marshall Rosenberg, "Se uso a Comunicação Não Violenta para libertar as pessoas de depressão, de conviverem melhor com sua família, mas simultaneamente não lhes ensino como rapidamente transformar os sistemas sociais no mundo, então me torno parte do problema. Essencialmente estarei as pacificando, fazendo-as mais felizes de viver nos sistemas como atualmente são, e assim utilizando a CNV como um narcótico."

- *Esteja disposto ou disposta a trocar com igualdade.* Falar do alto de um pedestal não vai fazer com que o outro escute você. Considerar-se um ser superior que está fazendo o favor de despejar seu conhecimento para o outro apenas irá distanciar vocês. Durante a conversa, pergunte-se se está apegado ou apegada à ideia de estar certo ou se tem vontade de construir saídas melhores para as situações, se está atacando ou na defensiva, se precisa de um tempo, se a conversa está lhe pedindo mais empatia do que a que tem para dar. Essa consciência é importante para saber o momento de assumir as próprias limitações: "Percebo que estou com pouco espaço interno para ouvir agora. Acho melhor conversarmos outro dia" pode ser a frase mais sábia e autêntica que você é capaz de dizer.
- *Não crie pré-requisitos para a conversa.* "Leia Engels e depois a gente conversa!", "Acho que você precisa estudar mais sobre esse tema!", "Você não tem conhecimento para conversar sobre esse assunto comigo". Quantas vezes nos perdemos em nossas visões de mundo e desmerecemos o que o outro sabe e vive? Achamos que não sabem tanto quanto nós e, por isso, não teremos uma conversa intelectual o suficiente, sábia o suficiente, inteligente o suficiente. Não aja assim. Não ridicularize o pensamento do outro, não acredite que a pessoa precisa ler os mesmos livros que você, estudar nos mesmos lugares que você, ter as mesmas experiências que você para ser capaz de alcançar a sua sabedoria. Uma postura arrogante fará com que você converse sempre com os grupos que pensam como você, limitando a sua visão de mundo e a sua capacidade de transformá-lo.

As redes sociais e a ausência do contraditório

As eleições para a Presidência da República do Brasil em 2018 tornaram as conversas sobre política uma missão quase impossível. O país se dividiu em dois grandes grupos que defendiam seus posicionamentos políticos com base no medo, não no querer. Um grupo tinha muito medo de que o candidato do outro grupo se elegesse. Eu não conseguia entender como o candidato que liderava as eleições podia estar tão próximo da vitória. Como era possível? Um homem que defendia o uso indiscriminado de armas, que adotava um discurso xenofóbico, machista, homofóbico e criminoso seguia sendo apoiado por grande parte da população. Pessoas que eu amava e respeitava declaravam apoio a ele, e eu me decepcionava de uma forma muito dolorida. Famílias se separaram, casais que eu conhecia terminaram o relacionamento por conta de divergências políticas. Amizades foram desfeitas. O país estava dividido pelo medo, e quem você escolhia como candidato falava sobre seu caráter e visão de mundo. A simplificação de um processo complexo.

Assim como os Estados Unidos haviam eleito Donald Trump em 2016, o Brasil elegeu Jair Bolsonaro, um populista que teve como bandeira a antidemocracia. A meu ver, era óbvio e claro que ele era a nossa pior opção. Pouco tempo depois das eleições de 2018, em março de 2020, a pandemia de Coronavírus escancarou a pouca habilidade que o presidente eleito tinha para lidar com crises. Piadas sobre o vírus, trocas absurdas de ministros da Saúde, campanhas antivacinas. Era claro, pelo menos para mim, que ele não se importava com o povo. Um dia, após a falta de cilindros de oxigênio em Manaus, em um triste colapso do sistema de saúde, escrevi um *post* sobre meu cansaço. No texto, eu falava sobre minhas tentativas de dialogar, conversar, e também sobre o fato de que me faltava empatia e argumentos para conversar com alguém que não enxergava quão irresponsável era a postura do então líder do país. Mais de 200 mil brasileiros tinham falecido até aquele momento. Como não enxergar que ele, como presidente, tinha responsabilidade? Como algumas pessoas seguiam defendendo os disparates dele como uma criança defende o pai quando um coleguinha o chama de feio? Como era possível? Entre os mais de mil comentários no *post*, um padrão me chamou atenção. Tanto as pessoas que concordavam comigo quanto as que defendiam a inocência do presidente tinham a mesma crença de que o outro lado não conseguia ver o óbvio. Que o fato de não enxergar como eles era uma falha de caráter ou burrice. Todas as pessoas que comentaram no *post* falavam que estavam cansadas, preocupadas e com medo do futuro. Assim como nas eleições, ambos os lados acreditavam que o outro era uma ameaça.

Em poucos instantes, meu *post* estava com comentários em que as pessoas se chamavam de *burras*, de *gado*, de *manipulados* e *cegos*. Não sei quantas vezes, desde as eleições de 2018, eu me perguntei como as pessoas não enxergavam a realidade. Como não percebiam que estavam sendo manipuladas? Ali, naquele *post*, entendi que não era somente eu e as pessoas que concordavam comigo que pensavam assim. Eu me choquei ao perceber que todos acreditam que têm contato direto com a verdade e que quem não vê como veem está sendo manipulado. Veja bem, não estou igualando as falas e os atos do presidente com os demais políticos, sejam eles de esquerda ou de direita. Não estou falando que todos os radicais são iguais. Estou afirmando que todos nós, como população, estávamos divididos em grupos que se viam da mesma maneira: radicais, violentos e antidemocráticos. Tudo isso fomentado por algo que, até então, não tínhamos tão presente e vivo em nossas escolhas: as redes sociais.

Vivemos em bolhas e não nos damos conta disso. A rede social nos separa da realidade, por mais que acreditemos que, na realidade, ela nos informa. O foco da rede social não é fazer você ser mais informado, mais consciente e mais feliz. Não é melhorar o mundo em que vivemos. É gerar lucro. E, como a utilizamos gratuitamente, alguém paga por elas, no caso, as empresas e anunciantes. O modelo de negócios das redes socias, como Google, Instagram, Facebook, YouTube e Twitter é o de vender seu tempo, sua atenção para os anunciantes que pagam por eles. Cada informação que você digita, cada *post* que curte, vê, comenta e compartilha vira informação para que o algoritmo saiba o que você está propenso a consumir, o que prende sua atenção por mais tempo. Quanto mais informações possui sobre você, mais pode garantir para as empresas que os anúncios delas serão entregues para consumidores propensos a pagar pelos produtos oferecidos. E o que isso tem a ver com as discussões políticas? Tudo!

Para que seu tempo de uso das redes seja cada vez melhor, os resultados de pesquisas, a ordem do *feed* ou da linha do tempo, as sugestões após os vídeos assistidos são pensadas no conteúdo que você está propenso ou propensa a consumir. O algoritimo, a inteligência artificial que define nossas interações digitais, não é pensado para ampliar sua visão de mundo, para mostrar o que realmente acontece, mas para mostrar o que você quer ver, independentemente de aquele conteúdo ser verdadeiro ou falso. Por vezes ficamos abismados com a desconexão da realidade de alguns e pensamos: *como eles não enxergam a realidade?* Mas a verdade é que não enxergam a realidade como enxergamos porque são guiados para isso. Se você jogar uma palavra nos sites de pesquisa e eu jogar a mesma palavra, os resultados serão diferentes, porque serão ajustados de acordo com o histórico de pesquisa de cada um, as interações com esse ou aquele conteúdo e o engajamento de maneira geral.

Dia desses pedi que meu marido pesquisasse um fone de ouvido para nosso filho mais velho. Assim que encerrou a pesquisa, ele me falou que o mais barato que tinha encontrado, no modelo que eu desejava, custava R$ 180. Tomei um susto, reclamei e afirmei que ele adora comprar coisas caras. Peguei o meu celular e joguei o mesmo nome que ele na pesquisa. No meu resultado apareceram fones com preços em torno de R$ 90. Quando contei, ele não acreditou. "Como esses apareceram para você e não apareceram para mim?" Fizemos o teste algumas vezes e ficamos abismados com a constatação de que os resultados da pesquisa do produto eram diferentes para nós dois, porque costumamos comprar produtos de preços diferentes. Enquanto eu sou aquela que pesquisa preço e pechincha, meu marido tem a tendência de pesquisar funcionalidade, acessórios e qualidade do produto mais que o preço. O algoritmo sabe disso e nos envia o que queremos ver. O mesmo acontece com a nossa lista de vídeos do YouTube ou com a ordem do que aparece no Instagram. Colocamos a rádio de um mesmo cantor no Spotify, mas a sequência das músicas é diferente para cada um de nós, porque ela é orientada pelo desejo da empresa de nos manter mais e mais tempo conectados.

Se você gosta de ler sobre política e passou alguns segundos lendo sobre a possibilidade de um novo golpe militar, o algoritmo irá enviar sugestões, *posts* e notícias que confirmam essa possibilidade, visto que terão a sua atenção garantida. O mesmo acontece se você lê teorias conspiratórias e acredita que a Terra é plana. Mais e mais notícias que confirmam as suas teorias irão aparecer. Mais e mais teorias que estão alinhadas com os seus acessos irão aparecer. Com o tempo, tudo o que lemos e conversamos se torna a nossa realidade. Os *posts* que aparecem dos seus amigos são os que concordam com você. Os artistas que acompanha, os sites sobre política ou os que analisam a realidade são os que mais se alinham com a forma como você enxerga a vida. E o outro começa a parecer incongruente, absurdo, uma ameaça. Nossos medos são amplificados em níveis muito altos. De repente, quem não está conosco está contra nós.

O algoritmo não sabe o que é verdade ou mentira. Não abre um *link* para que você confirme se o site que você está lendo compartilha uma notícia real ou algo manipulado para direcionar as opiniões para o propósito do mercado. Um dos maiores riscos que vivemos nos nossos tempos é a relativização da verdade. Agora todos duvidam de tudo. As teorias da conspiração crescem em uma velocidade assustadora, a rivalidade é alimentada e acirrada por visões de mundo cada vez mais fechadas e restritas. Seu tio que você adorava e com quem você gargalhava todas as vezes em que se encontravam vira um porco fascista e vê você como o comunista que deveria ir embora para Cuba. Não há possibilidade de diálogo, de encontro. Somos opostos, diferentes. Não importa quantos vídeos ele receba diariamente pelo WhatsApp aumentando os medos que sente e afirmando que não deve acreditar em ninguém. Não importa quantas grandes corporações se empenham em gravar vídeos superproduzidos e criar notícias que apavoram quem recebe. Jogamos nos indivíduos a conta dos nossos problemas coletivos.

Um dos pontos mais importantes para que consigamos estabelecer diálogos sobre temas difíceis, como política e mazelas sociais, é lembrar que existe uma estrutura social que não só apoia como estimula os pensamentos expressados por grande parte da população. Que, para que exista um topo, é essencial que se mantenha a base. O jornalismo policial, as mídias e tantos outros reforçam pensamentos mesquinhos sobre quem somos, e existem para garantir a manutenção das estruturas sociais como são. É fácil cair na armadilha de que a culpa é de gente como seu tio ou seu primo, mas isso é tratar de forma superficial um tema que pede um olhar mais profundo e complexo. Enquanto acreditarmos que a discordância com o que pensamos é uma falha de caráter, nos distanciaremos da construção de um mundo melhor.

Sim, existem pessoas mal-intencionadas por aí. Existem pessoas que são conscientemente racistas e violentas, que desejam o extermínio de grupos minoritários. Mas esses são a minoria. Grande parte de quem segue esses pensamentos o faz por motivos que fogem ao neofascismo; eles se relacionam à manipulação dos seus medos e desinformações. Este não é um tópico que defende a direita ou a esquerda, mas um convite ao diálogo. Você pode ser a favor da redistribuição de renda e da taxação das grandes fortunas ou um defensor ferrenho do neoliberalismo e do livre mercado, não cabe a mim julgar seu caráter pelas suas escolhas. Apenas desejo que comece a se aventurar em diálogos que vão além das suas visões de mundo. Que se permita conviver com a discordância. Que treine sua capacidade de empatia e compaixão. Que não fuja dos diálogos que desafiam você, sempre que possível.

Algumas conversas demandam tempo e energia maiores que os que temos disponíveis, mas volta e meia surge a oportunidade de conversar com alguém que, apesar de pensar de uma maneira muito diferente da que você enxerga a vida, está disposto ou disposta a trocar e conversar. Não fuja das conversas que ampliam sua visão de mundo. Não reduza ninguém a um *post*. Não acredite que é possível cancelar alguém pura e simplesmente porque essa pessoa errou. Não junte todas as pessoas que conhece em um único pacote amorfo. Não transfira a raiva e indignação que sente pelas figuras de poder a todos que as seguem. Saia dos comentários e *posts* da internet, em que poucos querem estabelecer uma conexão real com quem está por perto, e converse no mundo *offline*. Não desista de falar sobre política, religião ou intolerância religiosa, sobre racismo e qualquer outro tema que considere essencial para a transformação do mundo. A conversa vale a pena. O diálogo merece seu voto de confiança. Fale, escute, acredite. Se um tema é difícil, provavelmente tem um grande potencial de mudar a realidade. Não desista dos temas difíceis. O mundo melhor depende deles.

Resumo do capítulo

- Apesar de não ter obrigação, você pode conversar com pessoas que pensam de maneira absolutamente contrária a tudo o que você acredita, e essa é uma construção que podemos escolher. *Podemos*. Não somos obrigados, não *temos que*. Simplesmente podemos.

- Nossos pais, avós e demais cuidadores, fazendo o melhor que podiam com os conhecimentos que tinham, nos rotularam cada vez que discordávamos, dizíamos "não" e seguíamos por caminhos opostos aos que desejavam. Não era seguro discordar e, cada vez que o fazíamos, éramos rotulados e punidos. A discordância ganhou cores de rejeição, se tornou algo pessoal, que falava do nosso valor próprio.
- Antes de começar uma conversa sobre temas difíceis, abandone a intenção de convencer o outro, prepare-se para perguntar mais e afirmar menos, lembre-se de que existe uma estrutura social por trás da opressão, tenha consciência dos seus limites de disponibilidade e empatia, pesquise e se informe, lembre que sua intenção é apenas uma parte da comunicação e ajuste suas expectativas.
- Quando decidimos ter conversas profundas sobre temas difíceis, caminhamos por um campo minado por conceitos que têm significados diferentes para cada um de nós. Não somos pessoas ruins, malvadas, egoístas. Somos pessoas boas. E cada vez que uma conversa nos aproxima da imagem nefasta que temos criada em nossa mente sobre esse ou aquele conceito, a mina explode.
- Para facilitar as conversas difíceis, não diga quem a pessoa é, não presuma que pode julgar o caráter do outro, tenha consciência dos seus privilégios, mantenha a curiosidade. Ao falar, não seja dono da verdade, aceite o desconforto como parte da conversa, não seja fiscal do tom de voz do outro, lembre que a revolta do oprimido e a violência do opressor não ocupam o mesmo lugar, esteja disposto a trocar com igualdade, não crie pré-requisitos para a conversa.
- As redes sociais nos empurram em bolhas que diminuem nossa consciência da complexidade do mundo e das relações, aumentando a polaridade, e reduzem nossa capacidade de exercer o diálogo, a empatia e de lidarmos com a discordância.
- Não desista de falar sobre política, religião ou intolerância religiosa, sobre racismo e qualquer outro tema que considere essencial para a transformação do mundo. A conversa vale a pena. O diálogo merece seu voto de confiança. Fale, escute, acredite. Se um tema é difícil, provavelmente ele tem um grande potencial para mudar a realidade. Não desista dos temas difíceis. O mundo melhor depende deles.

CAPÍTULO 7

CADÊ O CONTROLE?

Tirando a vulnerabilidade do castigo

Eu estava com algumas ideias organizadas para iniciar este capítulo. Planejei os tópicos e decidi que sentaria para escrevê-los no dia seguinte. À noite, meu filho mais velho saiu do seu quarto com uma feição tensa e dolorida. Aboletou-se em meu colo como um bebê e eu, diante da surpresa, decidi apenas ajeitar a criança de quase um metro e meio em um abraço aconchegante. Percebi as lágrimas escorrendo no rosto, que se escondia em meu peito. "Filho, aconteceu algo?" Ele assentiu com a cabeça, sem dizer qualquer palavra. "Quer contar o que houve?" "Eu… eu… um pensamento… vocês morriam." Senti um nó na garganta. O medo do pequeno ressoou no meu. Abracei-o com ainda mais força, ele se agarrou a mim, o pai o abraçou junto, e ali ficamos, os três, com lágrimas escorrendo pelos nossos olhos diante da constatação de que não temos superpoderes, de que não controlamos o que nos acontece. Depois de um tempo, voltei com ele para o quarto, deitei junto na cama e falei que sempre estarei com ele, se não fisicamente, no coração, nas memórias, no que aprendemos juntos. Mas a realidade é que não desejo ser memória, desejo ser presença.

Não há garantia de que conseguirei alcançar meu objetivo. Não há garantia de que ele terá meu abraço quente e acolhedor quando precisar. Acordei pensando que o que vivemos era a forma ideal de iniciar este capítulo, porque para uma mãe não há dor maior que a de saber que não é eterna. Não há coisa que eu quisesse controlar mais, na vida da maternidade, que a duração dos meus dias no meu mundo. Mas simplesmente não posso. Alguns dos grandes psicanalistas do mundo afirmam que tentamos controlar o que nos acontece porque queremos vencer a morte. Porque acreditamos que, quanto mais interferimos no que nos acontece, mais nos iludimos que podemos driblar a inconstância da vida. Simplesmente não podemos. Achar que conseguiremos controlar o que nos acontece é uma ilusão que turva nossa visão e nos desconecta do que vive em nós.

O ano de 2020 foi o primeiro em que fiz um planejamento anual de tudo que desejava que acontecesse. Anotei mês a mês, fiz reunião com a minha empresária. Não era apenas uma programação, era uma certeza. No início do terceiro mês do ano, a pandemia de Covid-19 foi deflagrada, e meu planejamento virou apenas um amontoado de papéis e sonhos. Em uma semana, os eventos de todo o ano foram cancelados. O programa de TV em que eu teria um quadro fixo saiu da programação da emissora. A turnê do *Por que gritamos*, o livro que seria lançado em maio, foi cancelada. Eu, que havia me mudado da Bahia para São Paulo em dezembro de 2019 para poder ficar mais perto dos trabalhos e passar menos tempo em aeroportos, estava com todas as viagens canceladas. Dois mil e vinte riu dos meus planos e me lembrou de que todo controle é uma ilusão. Até podemos planejar, devemos sonhar, mas não podemos esquecer que as tentativas de controle sobre o que nos acontece nos sugam as energias e nos afastam da vida.

Marshall Rosenberg afirmava que há uma riqueza única em ver cada situação que vivenciamos, como se estivéssemos vendo o rosto de um recém-nascido, com a curiosidade de quem não tem certeza alguma sobre como as coisas deveriam ser. Não há o que controlar. Conversas são um campo sobre o qual não temos controle. Conversas verdadeiras acontecem quando abrimos mão do desejo de controlar o outro e o que ele deve pensar. Quando abrimos mão do desejo de controlar como vamos nos sentir. Quando abrimos mão do desejo de saber o que dizer, quando dizer e como dizer. Ou temos controle, ou temos inteireza, as duas coisas não convivem bem. A vida, as conversas, os encontros não cabem em uma planilha de Excel.

Não dá para viver sem sentir

Quando o meu filho mais velho tinha pouco mais de 1 ano e 2 meses, descobri minha segunda gravidez. Quase entrei em colapso. Lembro claramente do dia em que as duas listras aparecem no teste de gravidez. Eu repeti "eu não vou dar conta!", em lágrimas, infinitas vezes. Como algo tão grande podia acontecer sem que eu tivesse planejado? Assim que Helena nasceu, a vida virou um caos. Eu, que me considerava uma boa mãe para um, passei a me julgar como um prato de merda para dois. Havia sempre uma criança chorando, e eu precisava escolher qual das duas atender. Eram dois bebês com demandas diferentes, e eu tinha, e ainda tenho, apenas um colo. Qualquer ilusão de controle ruía em minha rotina. Acontece que eu não gosto de não ter controle. Não gosto da sensação de vulnerabilidade que a ausência de controle traz. Não gosto de não ter planos, de não saber o que fazer. Não gosto de não fazer nada. Iniciei então uma das dietas mais rigorosas que já fiz na vida, porque eu precisava controlar alguma coisa, e já que a vida com dois bebês destruía as minhas ilusões, eu ia controlar o que conseguia: carboidratos.

Certa vez, durante uma consulta com o terapeuta, ele me perguntou o que aconteceria se, diante da situação que eu havia narrado, eu não fizesse nada. "Como assim?", respondi com uma pergunta, porque eu realmente queria saber se ele havia me perguntado o que entendi. "E se você não fizesse nada?" "Mas não dá para não fazer nada!" Em meu padrão de comportamento, fazer nada sempre foi sinônimo de passividade e impotência. Como assim vou deixar que a vida aconteça sem tentar moldá-la às minhas expectativas? Como assim vou ficar parada sem tentar controlar o incontrolável? Insatisfeito com a minha resposta, e levando a sério sua função de me ajudar a ver a mim mesma, ele insistiu: "O que você sente quando não pode fazer nada?" Eu, a Elisama da comunicação não violenta, que estuda e nomeia sentimentos há um bocado de anos, não encontrei uma palavra sequer para descrever o coração acelerado e a tensão que percorria o meu corpo em me imaginar sem agir. Usei uma imagem para descrever a sensação, já que nenhuma palavra parecia capaz de abarcar o tamanho da angústia. "É uma sensação tão primária que não encontro palavras que caibam. Uma sensação de desproteção, como se eu estivesse em um campo aberto, sozinha, nua. Só de imaginar, meu corpo treme."

Uma sensação primária. Infantil. A sensação da criança que tem bem pouca autonomia e direito de escolha em sua rotina. A sensação de quem sabe que o castigo, a palmada, o grito e todos os sentimentos absurdamente assustadores que eles trazem podem aparecer de uma hora para a outra, sem aviso prévio. A sensação da criança que quer fazer tudo certo para não sentir dor. Certa vez Einstein foi questionado sobre a pergunta mais importante que poderíamos nos fazer. Esperava-se que respondesse algo sobre a relatividade ou questões mais geniais, mais eis que ele surpreendeu com: "O universo é amigável?" Uma parte considerável de nós aprendeu, na infância, que depende. Depende do quanto você se comporta, do quanto faz as coisas como elas devem ser feitas. Do quanto agrada papai, mamãe, a professora e os outros adultos. Depende do lado da gangorra do poder que você ocupa.

Não há pai e mãe que seja só amor. Nossos pais ou outros cuidadores são humanos e, como humanos, erraram. Tinham dias ruins. Tinham as suas feridas, as suas angústias. Tinham uma história que precedia a nossa existência. Mas fomos ensinados a vê-los apenas como nossos pais e a nos responsabilizarmos por suas atitudes, humores e descontroles. "Bati porque você mereceu!", "Você está me pedindo para te bater!", "Assim papai fica triste", "Você tira a minha paciência!" Frases como essas deixavam subentendida a mensagem: "Posso ser só amor e carinho e colo e bondade se você fizer tudo certo." Não, não podiam. Essa é uma mentira que repetimos para nós mesmos e transferimos para outras relações. Se nos comportarmos direitinho, fizermos tudo como deve ser feito, teremos apenas o lado bom da vida. Se as pessoas fizerem tudo como esperamos, terão apenas o lado bom de nós mesmos. Mas somos mais complexos que isso. Papai e mãe eram mais complexos que isso. A vida é mais complexa que isso.

Não importa o quanto você segue se comportando bem, fazendo tudo como deve ser feito. Não importa o quanto controla os carboidratos, a saúde, os números no trabalho: a vida não será apenas boa para você. Não será feita apenas de sorrisos e sabores doces. Viver, entre outras coisas, dói. Não há como fugir dessa dor. Não há como prever o que pensarão de você quando contar que vai mudar de emprego, mesmo sendo *bem-sucedido* no que está. Não dá para ter certeza de que tudo dará certo: saindo ou ficando, agindo ou esperando. Um câncer ainda pode aparecer, aquele assalto ainda pode acontecer. Claro que algumas atitudes reduzem ou aumentam os riscos, mas é uma ilusão infantil acreditar que bons meninos e boas meninas não sofrem. Ou que homens e mulheres poderosos mandam na vida e no que lhes acontece.

A ilusão de que podemos evitar as dores da vida nos faz senti-las com ainda mais intensidade. Fugimos das conversas difíceis, das situações que exigem de nós a demonstração do nosso limite e querer, dos momentos em que precisamos nomear e reconhecer as nossas dores porque acreditamos que podemos viver sem sentir as incertezas e angústias da vida. Nós nos entorpecemos numa tentativa infrutífera de não reconhecer as partes de nós que suplicam por cuidado e ação. Horas em redes sociais, bebida, comida, cuidado com a vida alheia, somos criativos nas diversas formas de fugirmos da nossa dor, de fingir que ela não existe, de esperar que ela simplesmente passe sem que tenhamos que olhar para ela. E, quando menos esperamos, quando baixamos a guarda e paramos de nos distrair de nós mesmos, ela aparece, trazendo uma tristeza ainda maior do que a que sentíamos antes, infestando as nossas relações com uma insatisfação constante. Abalando a nossa saúde, ofuscando o brilho da nossa vida.

Ficamos presos a situações que nos machucam, porque a dor conhecida é menos assustadora que o que podemos encontrar no futuro sem ela. O que pode acontecer se você finalmente contar para seu companheiro que está descontente com os rumos que o casamento está tomando? O que pode acontecer se você chamar sua chefe para conversar e informar que o que está designando para você é um acúmulo de função? O que pode acontecer se pedir aos seus pais que parem de criticar seu jeito de educar? Sim, existe a possibilidade real do seu companheiro ou companheira assumir que se sente como você e que, talvez, o melhor caminho para ambos seja o divórcio. Pode ser que sua chefe demita você e que seus pais se chateiem a tal ponto de não quererem mais conviver com sua família. Sim, seus maiores medos podem se concretizar. E também pode ser que não. Pode ser que, após a conversa que você está com medo de ter, vocês iniciem uma terapia de casal, façam novos acordos e encontrem uma nova forma de estarem juntos. Pode ser que sua chefe esteja aberta a uma negociação e sua atuação na empresa seja diferente. Pode ser que seus pais, mesmo não concordando com sua forma de educar, decidam respeitar seu espaço e sua forma de lidar com seus filhos. Não existe risco zero. Não encontraremos relações que despertem apenas a felicidade, a alegria e a tranquilidade em nós.

Na verdade, para alguns de nós, a alegria pode ser algo assustador. Dependendo das referências que guardamos das nossas histórias de vida, relações que nos trazem tranquilidade, relaxamento e conforto são tão diferentes de tudo que já vivemos e experimentamos que simplesmente nos assustam. Alguns de nós se acostumaram tanto com o coração sobressaltado e o medo do que pode acontecer que não conseguem respirar aliviados em momentos de paz. Dizemos que queremos fugir da dor, mas, por vezes, não sabemos o que fazer sem ela. Estamos apegados ao que falamos sobre ela, às narrativas repetitivas que nos colocam paralisados em nossa própria vida. Não, não vou iniciar agora um papo de meritocracia e encerrar o livro com um *basta querer!*. A sociedade é muito mais complexa que as receitas prontas de sucesso, em regra, ditas por homens brancos que nasceram com pontos de partida privilegiados na corrida da vida. Acontece que a voz contadora de histórias em nossa cabeça narra a vida e seus desdobramentos de uma maneira rasa e imprecisa. Ela fica na superfície, com medo de se aprofundar verdadeiramente nas nossas essências e perceber que não tem o mínimo controle sobre os rumos da história. Ela quer previsibilidade, e a vida é imprevisível.

Das coisas mais poderosas que aprendi nos últimos anos, observar meus sentimentos foi, sem dúvida, a mais importante. Observar sem julgá-los como certos ou errados. Observar sem dizer o que eu deveria estar sentindo. Observar e assumir o que dói e o que essa dor me conta sobre mim. Sentimentos são bússolas que apontam para as nossas necessidades que estão ou não sendo atendidas. Eles nos falam sobre a nossa vida e o que precisa ser cuidado, movido, transformado e mantido. Aprender a acolhê-los faz da nossa vida um lugar melhor. Não dá para viver sem sentir. A opção *sem sofrimento, angústia, frustração e decepção* não veio *de série* e você não pode pedi-la como quem dispensa as fritas para acompanhar o hambúrguer. Nossas energias são mais bem investidas quando seguimos as pistas deixadas pelos nossos sentimentos e entendemos o que elas dizem sobre nós.

Lembro de Bia, que volta e meia me procurava para falar sobre o casamento. A relação de quase quinze anos não fazia sentido havia muito tempo. Via-se distante do marido, insatisfeita com a forma com que interagiam, com o que haviam se tornado ao longo dos anos. Quando perguntava qual o maior medo que tinha de conversar com ele sobre o que falava comigo, ela afirmava que tinha medo de encarar o fim. Queria adiar a conversa o máximo que pudesse, por mais que soubesse que as coisas estavam absolutamente insustentáveis. Por mais que não precisasse financeiramente dele, como sabia que era o caso de muitas mulheres que se mantinham em relações infelizes, ela precisava do casamento, dos problemas que ele tinha, da vida focada no outro para fugir das duras verdades sobre a própria vida. Certo dia, ela me ligou contando que o marido havia saído de casa. Por tanto tempo ela evitou a conversa sobre o que seria do futuro dos dois que não lembrou que ele também poderia estar descontente com a vida que levavam. Com o quarto vazio e a casa silenciosa, Bia encarou a dor da qual fugia. Enquanto não se permitia sequer perguntar a si mesma se ainda amava o marido e queria seguir com ele, a vida tomava seu curso sem lhe pedir permissão. Tentar fugir da dor não a impediu de enfrentá-la.

Não chegaremos a um momento da vida em que as dores não aparecerão. Não chegaremos a uma fase em que não seremos invadidos pela insegurança, angústia, tristeza. Quando eu era criança, tinha verdadeiro fascínio por escritores. Eu amava livros e achava que quem os escrevia tinha uma vida mágica e encantada, muito diferente da vida dos outros mortais. Ao chegar na casa de uma tia, eu corria até a revista que continha, nas ultimas páginas, a lista dos livros mais vendidos do país. Eu era uma menina de cerca de 9 anos e sonhava que um dia meu nome estaria lá. E, quando esse dia chegasse, ah, eu estaria no auge da minha vida. Eu seria tão feliz, tão segura, tão adulta, que nada me abalaria. Vários anos depois, o sonho se realizou. O *Por que gritamos* ficou, por duas semanas, na lista de mais vendidos do país. Eu tinha chegado lá, o *lá* que a Elisama menina idealizou em suas tardes de domingo. Acontece que as tristezas continuaram aparecendo. Eu continuo com mais dúvidas que certezas. A vida ainda me assusta e faz com que me sinta uma criança. Não me livrei de nenhum dos sentimentos que eu, até então, acreditava que sentia porque era uma criança. E que cresci e acreditei que ainda sentia porque não tinha chegado lá. Demorei a entender que não existe *lá*.

Nenhum dos seus sentimentos é ruim, feio ou inadequado. Nenhum deles é uma prova da sua incompetência ou existe apenas porque você ainda não realizou seus sonhos ou não alcançou a maturidade que acha que deveria. Não existe um botão que possa fazer com que eles se desliguem e simplesmente desapareçam. Não importa o quanto você tente controlar, ignorar, entorpecer, fugir; conviverá com seus sentimentos até o seu último suspiro. Quando vai parar de brigar com eles? Não sei quantas vezes recebi a pergunta: "Como me controlo?", "Como controlar a minha raiva?" Vivemos com essa busca insana por um controle que nos possibilite pausar esse ou aquele sentimento, excluir aquele outro, aumentar o volume do outro. Queríamos ter o poder de controlar os filmes que passam por nossa cabeça e aceleram nosso coração. Mas não o faremos. Podemos escolher como vamos agir diante dos sentimentos, mas não temos qualquer controle sobre quando eles surgirão em nossa vida. Quanto mais resistentes estamos ao que sentimos, mais difícil fica lidar com cada sentimento. O caminho não é o do controle, mas o da aceitação. Da curiosidade. De entender que sentir faz parte da vida e que o máximo que podemos fazer é escolher como vamos agir diante de cada um dos sentimentos que surgem. É aprender a regular as emoções, com amorosidade a cada uma delas. É ter a curiosidade de escutá-las e saber que mensagens trouxeram sobre nós.

Força e vulnerabilidade

Perguntei em minhas redes sociais quais os momentos em que as pessoas se sentiam mais vulneráveis. Quando conseguiam se despir da ilusão de que podiam controlar o incontrolável? Que situações da vida as faziam perceber que vivemos sem qualquer garantia de resultado e que a parte que nos cabe é viver com todo o coração? Compartilho com você algumas das respostas:

"Vulnerabilidade foi ter gêmeos e um ter ficado na UTI e o outro em casa, nunca me senti tão exposta, vulnerável e sozinha, mesmo com pessoas ao meu redor. Foi a vez em que me vi mais vulnerável na vida toda. Encontro hoje minhas vulnerabilidades diversas vezes, mas aquele momento foi quando me enxerguei e me vi mais vulnerável como nunca antes."

"Para mim, vulnerabilidade é quando deixamos o outro ver nossas fraquezas e medos, o que, a meu ver, não é ruim, é mostrar-se humano. Todos somos vulneráveis, e deixar isso à mostra, para mim, é realmente baixar a guarda, se entregar de verdade. Me sinto vulnerável quando vejo desenhos e choro muito, rs. Me sinto vulnerável quando olho meu filho dormir. Me sinto vulnerável quando penso que a vida acontece sem perguntar nosso querer."

"Sempre tive a ilusão de ter o controle das coisas. Quando engravidei, descobri na gestação que a minha filha tinha pé torto congênito. Me vi diante de um medo absurdo de não ter o controle e precisar encarar a minha vulnerabilidade."

"Vulnerabilidade é quando aceito que não consigo controlar tudo e tenho que delegar, confiar, entregar, solicitar ajuda."

"Me sinto vulnerável agora, chegando aos 60... Numa caminhada de aceitar que tenho menos tempo pela frente do que já tive, que as perdas serão mais frequentes e que o esforço de controlar tudo (tenho TAG) é mais nocivo que a própria vulnerabilidade."

"Vulnerabilidade, para mim, é dar espaço para as minhas filhas saírem sozinhas, confiando que farão escolhas adequadas para elas, mesmo eu tendo vontade de sair correndo atrás e observar, e talvez interferir."

"Eu me sinto completamente vulnerável quando penso na possibilidade de deixar minha filha ou ficar sem ela. Aqui estou falando de algo que não posso controlar, como a separação pela morte, chega a doer a barriga, a cabeça, o coração..."

São muitos os exemplos possíveis. Segundo Brené Brown, em *A arte da imperfeição*, a vulnerabilidade permeia as nossas vivências mais importantes. Ela está presente quando, depois de um encontro incrível, temos a coragem de enviar uma mensagem dizendo "adorei te ver, espero que a gente possa repetir a dose em breve", mesmo que tenhamos medo de parecer grudentos e carentes. Ela está presente quando dizemos "eu te amo" primeiro. A vulnerabilidade está presente quando algo bom e sonhado acontece e quase duvidamos do nosso merecimento por sermos tão felizes. A vulnerabilidade está presente quando investimos energia e sonhos em um novo projeto ou em um amor. Ela está presente quando baixamos a guarda e nos permitimos viver, apesar do medo, da incerteza, do risco.

Acontece que a maioria de nós aprendeu a criar muros para nos protegerem. Aprendemos a negar nossa humanidade porque assumi-la poderia nos deixar frágeis, desamparados, desprotegidos. O que o outro pode fazer se souber meus sonhos? Se souber que estou com medo? Se souber que desejo a companhia dele? O que vai fazer se souber que errei, que me atrapalho, que sou miseravelmente humana e cheia de imperfeições? Passamos parte do nosso tempo nos protegendo das possíveis ameaças, dos possíveis abandonos, dos possíveis desenganos. Nós nos condenamos à solidão porque temos medo da solidão. Afastamos quem se aproxima porque temos medo de sermos abandonados. Eu me lembro da mãe de uma amiga que criticava o filho adolescente de uma maneira tão intensa que me angustiava. "Essa roupa está ridícula, tire!", "Pare de fazer tanto barulho mastigando, está comendo pedra?", "Que postura feia! Sente-se direito!" Cada grito, cada crítica era gerada pelo medo. Ela tinha um medo tão grande de ver o filho sendo criticado pelas pessoas que conheceria ao longo da vida, de que ele sofresse toda a ausência de aceitação e afeto que ela mesma viveu, que o fazia sentir toda aquela dor imediatamente. Por medo de que ele sofresse, ela o fazia sofrer.

Se a vulnerabilidade aparece quando erramos, quando nos vemos menos que perfeitos, quando não temos qualquer garantia do que nos acontecerá, como reagimos a ela? Quais são as formas que você encontra de driblar a nudez que ela impõe? Constrói grandes muralhas ao redor do seu coração para protegê-lo? Torna-se intolerante às falhas e aos tropeços do outro? Culpa quem se aproxima pelas suas falhas? Você se isola? Come? Bebe? Briga, grita e se irrita? Alimenta discursos mentais que repetem, inúmeras vezes, o quanto você é imbecil e incompetente? Que palavras usa sobre si e sobre o outro quando se percebe humano, demasiadamente humano?

Aprendemos que a força está em não sentir e esquecemos que o poder de transformação da vida está justamente em nossos sentimentos. A etimologia da palavra *emoção* é do latim *ex movere*, *mover para fora*. As emoções nos convidam a mudarmos de lugar, a sairmos do que nos incomoda. São elas que nos fazem humanos e nos conectam ao outro. Mas na ilusão de nos mantermos fortes e inatingíveis, fingimos não sentir: o medo, a angústia, a frustração, a incerteza, a decepção, o desejo, o amor, a carência. E nos acomodamos a situações que pedem o movimento que apenas as emoções possibilitam. Certa vez, durante uma conversa com Ligia Fabreti, uma amiga, ela me disse que quando eu como para aliviar a dor dos meus problemas, entorpeço a dor, mas também entorpeço a força. Levei um tempo digerindo a fala e percebendo o poder que ela tem. Se não fingir não sentir, o que eu farei? Se não engolir a dor com uma fatia de bolo de chocolate, que movimentos iniciarei? Quantas palavras, dores, medos, preocupações e tristezas engoli quando tudo de que precisava era deixar que existissem e crescessem a ponto de não mais me deixar tolerar o que claramente se mostrava intolerável?

Quanto da sua vida tem ficado do lado de fora desse muro que você criou para se defender da dor? Quem paga pelo que você considera ser a sua força? E o que pode fazer para sustentar uma força real, vulnerável, humana, imperfeita? No primeiro capítulo, citei um trecho do filme *Procurando Nemo*, em que Marlin conta para Dory que prometeu ao seu filho, Nemo, então desaparecido, que nada aconteceria a ele. E Dory, com uma feição confusa e reflexiva, afirma: "Coisa estranha de se prometer. Se nada acontecer ao Nemo, então nada vai acontecer ao Nemo." Quanto de energia você tem gasto buscando manter a absurda promessa de que nada vai acontecer? Que conversas tem evitado, de que assuntos tem fugido, de que encontros tem desviado? Quanto da sua força real tem anestesiado buscando entorpecer a dor?

As conversas mais importantes da sua vida vão escancarar as suas vulnerabilidades. Vão apertar seu coração e fazer você perguntar a si mesmo se não é melhor deixar tudo como está. Não haverá garantias. Nunca há. Lembre-se de que é na conexão com seus sentimentos e suas necessidades que está sua força. Quanto mais você assume e cuida do que vive em você, mais força terá. Força para lidar com os tropeços da vida, força para levantar quando as quedas forem inevitáveis. Força para descobrir a força que você nem sabia que existia em si. Uma das músicas que mais cantarolei em 2020, em meio ao caos pandêmico, foi uma composição de Flaira Ferro e Igor Carvalho, com a participação do cantor Chico César, "Suporto perder". A plenos pulmões eu gritava no meio da sala: "Eu tenho suporte, eu suporto perder!" A vida não será apenas de vitórias para nenhum de nós. A construção dessa rede de suporte que nos ajuda a suportar a perda é alicerçada em vulnerabilidade. É construída com corações abertos, reconhecimento e acolhimento da dor. Se as dores certamente nos atingirão, como está o seu suporte? O que pode fortalecer você para que suporte perder?

A vergonha da vergonha

Em 2019 a minha carreira estava em ascensão. Eu havia lançado o *Educação não violenta*, e os convites para palestras e eventos estavam surgindo como nunca. Estávamos saindo da fase de maior dificuldade financeira que tínhamos vivido, e meu marido e eu combinamos que eu aceitaria o máximo de trabalho possíveis e que ele daria todo o suporte necessário com as crianças. Por anos fui eu quem focou nas crianças enquanto ele cuidava da carreira, e aquela era a minha vez. Certo dia, enquanto organizava as coisas em casa para pegar as crianças na escola, recebi uma mensagem no grupo de pais e mães no WhatsApp. Aqui preciso abrir um parêntese. No dia em que o tal grupo foi aberto e o meu número acrescentado, vi que o nome do grupo era "Mamães do primeiro ano". Meu marido não foi colocado no grupo, apenas eu. Imediatamente me manifestei dizendo que Miguel era educado por pai e mãe, que o nome do grupo deixava subentendido que a responsabilidade pelas crianças era apenas das mulheres e que esse era um retrato social que não queríamos manter. Solicitei que mudassem o nome e que meu marido fosse incluído, assim como os demais pais. Dois minutos no grupo e eu já era a mãe problemática. Ok, é a vida, pensei. Pois bem, abri o tal grupo e lá estavam várias mães — apenas elas interagiam, alguns pais haviam saído assim que foram incluídos, porque, segundo eles, era desnecessário ter os dois ali — combinando os detalhes das roupas das crianças para a festa junina.

Eu havia esquecido completamente que existia festa junina, que crianças ensaiam e fazem apresentação de danças nessa época, sobretudo onde morávamos, no Nordeste. Qual seria a data da festa? Que tipo de mãe eu era que não sabia sequer o dia da festa preferida dos filhos na escola? Procurei incessantemente nas mensagens antigas, aquelas que várias vezes ignorei porque estava ocupada demais trabalhando, e não encontrei nenhuma informação. O horário de saída da escola das crianças estava chegando e eu não podia me atrasar. Entrei no carro repetindo a ladainha mental de que era uma péssima mãe. Coitados dos meus filhos. Se a festa fosse naquele final de semana, o que usariam? Assim que cheguei na escola, algumas mães conversavam na porta da sala. O assunto, claro, era a tal festinha. Eu me aproximei, sorrindo educadamente, com a voz da culpa me dizendo que os meus filhos perderam na loteria da vida. "Estou tão atrapalhada, qual é mesmo o dia da festa?" Responderam em coro, claro, porque elas sabiam, e a única que não se importava de verdade com os filhos era eu. Tá, talvez não tenham respondido em coro, mas foi assim que a voz julgadora em minha mente percebeu a situação. Assim que escutei o dia da festa, senti o corpo gelar. Vasculhei a minha mente, torcendo para estar enganada. Eu tinha um evento naquele dia. Eu estaria a mais de 2 mil quilômetros de distância, enquanto meus filhos estariam dançando quadrilha e me procurando na plateia. Alguma delas me perguntou algo e eu não escutei. Congelei um sorriso na cara, peguei meu filho, me despedi de todas e saí, querendo me teletransportar, desaparecer. Pode ser que você esteja pensando: *Mas era só uma festinha da escola.* Acontece que meus filhos seriam os únicos sem a mãe na tal festinha. E talvez sem a roupa específica também. Mais uma vez me perguntei que tipo de mãe eu era, como se mães fossem como arroz, que podemos separar por tipo. Eu era a mãe arbóreo, agulhinha ou parboilizado?

Eu me tranquei no quarto e chorei, porque aquela era uma prova clara da minha incompetência como mãe. A contadora de histórias em minha cabeça me contava que meus filhos ficariam traumatizados para sempre porque eu não estaria lá. Lembrava-me das várias cenas de filme em que crianças procuravam seus cuidadores durante a apresentação na escola, com os olhinhos ávidos e ansiosos e, quando não os encontravam, baixavam o olhar e uma lágrima solitária e dolorida escorria pelo rosto. Lá estava eu, protagonizando meu drama novelesco e tendo a certeza de que meus filhos jamais me perdoariam. Imaginei as mães me olhando, de maneira impiedosa, me julgando a feminista problemática que pouco se importa com os filhos. É provável que cada uma delas estivesse ocupada com os próprios conflitos e que nem tenha pensado em mim, mas, claro, a minha mente me fazia acreditar que os meus erros estavam sendo exibidos em um telão para todos assistirem. Naquele instante a vergonha operava em mim a todo vapor. A vergonha que nos faz esquecer que errar é humano. Ela, que nos faz acreditar que somos um erro. Que reprisa nossas falhas incessantemente, fazendo com que percamos a perspectiva e a noção de quem somos.

A vergonha aparece quando agimos de forma diversa da que gostaríamos ou da que gostariam que agíssemos. Ela é uma transgressão à imagem que planejamos para nós. Ela nos atordoa, nos desnorteia. Temos vergonha de falar sobre a vergonha e assim nos afundamos ainda mais em seu lamaçal. A saída para as situações vergonhosas é a conversa: conosco e com quem sabemos que terá empatia em nos escutar. Em *Eu achava que isso só acontecia comigo*, Brené Brown propõe seis perguntas que nos auxiliam no caminho para o desenvolvimento da resiliência e nos ajudam a recuperar o fôlego após mergulharmos em doses cavalares de vergonha. Vou compartilhá-las com você, torcendo para que as inclua em sua vida. Para um entendimento mais simples, vou respondê-las utilizando o exemplo que dei anteriormente. Antes de responder às seis perguntas, Brené Brown propõe que assumamos as nossas expectativas, dividindo-as em *expectativas desejadas* e *expectativas indesejadas*.

As minhas expectativas desejadas eram: eu queria ser uma boa mãe e, como tal, queria ser acolhedora e amorosa com os meus filhos, estando presente sempre que precisassem. Queria ser participativa nos momentos importantes da vida, e isso incluía todas as festinhas de escola e de aniversário de amigos que julgassem importantes. Na realidade, eu queria não perder nada, nunca, do desenvolvimento deles. Também queria ser exemplo de alguém feliz e bem-resolvido no trabalho. Queria ser uma mãe de quem eles se orgulhassem.

As minhas expectativas indesejadas eram: não queria parecer uma mãe que não se importa, que prioriza o trabalho em vez das pessoas que ama. Não queria que as pessoas achassem que meus filhos têm uma mãe que não considera importante estar presente nas pequenas alegrias da vida deles.

Ciente das expectativas, começamos a responder às perguntas:

Pergunta 1 — Minhas expectativas são realistas?

Qualquer expectativa que inclua *sempre* e *todas* não é realista por um motivo muito simples: não somos constantes. Acreditar que podemos ser ou estar sempre de um mesmo jeito é ignorar uma das coisas mais certas da vida: a sua mutabilidade. Por mais frustrante que possa parecer, eu não estarei sempre com eles, todas as vezes que precisarem. Minha humanidade não me permitirá isso.

Pergunta 2 — Posso ser tudo isso o tempo inteiro?

Essa é bem fácil de responder. Independentemente da minha ou da sua expectativa, jamais seremos a mesma coisa o tempo inteiro. Em alguns dias não serei doce e acolhedora, em algumas situações eles odiarão meu trabalho em vez de se orgulharem dele. Em alguns momentos eles vão preferir que eu esteja em casa vendo TV que ao lado deles (adolescência, é você?). Em algumas situações eles vão precisar de mim e eu estarei emocionalmente indisponível, porque, às vezes, não temos nada de bom para oferecer para ninguém. Não, eu não serei essa pessoa idealizada o tempo inteiro.

Pergunta 3 — Existe conflito entre essas expectativas?

Não é difícil perceber que a resposta é *sim*. Quem consegue ser bem-sucedido em uma profissão e estar o tempo inteiro com as crianças? É óbvio que é incompatível, é normal ter de abrir mão de algumas horas com as crianças para me dedicar a outros projetos e sonhos, e tudo bem. No final das contas, as minhas duas maiores expectativas são conflitantes! Quero estar cem por cento no trabalho e cem por cento com os filhos. Não vai rolar. Trabalhar como se não tivesse filhos e cuidar dos filhos como se não tivesse trabalho; com essas expectativas, é claro que volta e meia vou me frustrar. Expectativas enormes alimentam frustrações enormes.

Pergunta 4 — Estou descrevendo quem eu quero ser ou quem os outros querem que eu seja?

Quero ser uma mãe acolhedora e que dá orgulho aos filhos. Quero ser exemplo e, até aqui, sei que essas são expectativas minhas, não que colocaram em mim. Mas lembro de um dia em que iniciei uma discussão com o marido por conta da cor dos panos de prato. Estavam sujos e amarelados, e eu passei alguns minutos brigando e reclamando porque, se eu não os deixasse brancos e limpos, ninguém o faria. Ele me olhava com uma cara de *do que você está falando?, são apenas panos de prato!*, enquanto eu reclamava como se as crianças estivessem repetindo a mesma calcinha e cueca há uma semana.

Um tempo depois, refletindo sobre o motivo de me sentir tão incomodada, escutei em minha mente a minha mãe dizer: "Sua avó dizia que conhecemos a qualidade de uma dona de casa pela cor dos panos de prato!" Eu estava brigando por acreditar que a cor dos panos de prato poderia determinar a minha competência como mulher! Quantas expectativas irreais assumimos sem sequer perceber? Quanto do que é importante para você é apenas uma mera repetição da expectativa alheia?

Pergunta 5 — O que acontece quando alguém me associa a uma dessas identidades indesejadas?

Se alguém pensar que sou uma mãe desleixada, que não cuida dos filhos ou não os acolhe, que não se importa com os seus sentimentos e quereres, eu sinto uma imensa vergonha. Muita vergonha. Uma vergonha que me faz querer provar que não sou assim, que me faz perder a perspectiva e a noção de quem sou.

Pergunta 6 — Posso controlar como os outros me veem? Como tento fazer isso?

É impossível controlar como os outros nos veem. Lógico que eu jamais vou conseguir controlar a imagem que as pessoas criam sobre mim. Mas sei que volta e meia eu tento. Tendo a pensar no julgamento dos outros antes de agir, buscando agradar a todos ou me esforçando para controlar o comportamento das crianças e as coisas que acontecem até quase adoecer.

Brené Brown chama esse exercício de "praticar a consciência crítica". O exercício de perceber que estamos buscando fugir da vergonha nos afundando em expectativas e ações que apenas nos farão mais e mais infelizes. Quando paramos de sentir ainda mais vergonha das situações que nos trouxeram vergonha e olhamos para nós e para o que vivemos, diminuímos o volume das histórias que surgem em nossa mente e que nos fazem duvidar do nosso valor. Substituímos a voz julgadora por uma mais acolhedora, amorosa e, principalmente, realista com quem somos. Brené Brown afirma que podemos fazer isso de três formas diferentes:

- *Contextualizando.* Criando um panorama que enxerga a situação com maior amplitude, como respondendo às seis perguntas propostas.
- *Normalizando.* Normalizar é duvidar dos pensamentos que afirmam que isso só acontece conosco. É perceber que não somos as únicas pessoas no universo que erram e se atrapalham. Você não é a única pessoa do mundo que fala em um momento em que seria melhor calar, que ofende pessoas que ama sem querer e que falha mais vezes do que gostaria. Eu não fui a primeira, nem serei a última mãe do mundo a perder a festinha dos filhos por conta do trabalho. A imperfeição é algo normal.
- *Desmistificando.* Essa é a forma mais difícil de lidar com a vergonha, mas também é singularmente poderosa: conversar com outras pessoas sobre o assunto. Ser escutado ou escutada e receber compaixão. Falar sobre o nosso erro, fazer com que deixe de ser um fantasma e seja visto, olhado, observado. Cuidar de nós. Lembrar que um comportamento, fala ou atitude não muda quem somos. Desmistificar é permitir que a conversa e o encontro com o outro nos dê colo e amparo. A principal forma de lidar com a vergonha é falar sobre ela.

Merecimento e amor

Na capa da apostila que eu entregava para os participantes de um *workshop* que ministrei por três anos pelo país havia o seguinte parágrafo:

> Quero que ele conheça exatamente a coisa especial que ele é, senão não perceberá quando ela começar a ir embora. Quero que ele permaneça desperto e veja as possibilidades mais loucas. Quero que ele saiba que vale a pena fazer de tudo só para dar ao mundo um pequeno pontapé quando se tem a chance. E quero que ele saiba a razão sutil, fugidia e importante pela qual nasceu humano, não uma cadeira.

A citação da peça *Mil palhaços*, de Herb Gardner, é uma das falas mais bonitas que já li. Eu iniciava os eventos com ela como um convite para que as pessoas refletissem sobre o motivo de estarem ali. O tema era "Educação não violenta" e, em regra, a sala se enchia de pais e mães ávidos por respostas e passo a passos que ensinassem como agir com as crianças em seus momentos mais desafiadores.

Alguns sentavam com cadernos abertos e canetas a postos, olhos fixos em mim, aguardando a grande resposta. O que fazer quando as crianças não querem tomar banho e nenhum pedido adianta? O que fazer quando desferem tapas de novela em quem lhes desagrada? O que fazer com o escândalo no supermercado por causa do maldito pacote de jujuba? A grande maioria não queria enrolação. Queria saber o que fazer, como fazer. Eu começava o evento lendo a citação em voz alta e fazendo uma pergunta: "Hoje, enquanto se organizava para vir pra cá, você lembrou a razão sutil, fugidia e importante pela qual nasceu humano, não cadeira? Qual foi a última vez que pensou nisso?" Algumas pessoas me olhavam com uma cara de quem comeu e não gostou: *O quê? Não vim aqui para isso!*, elas me diziam, sem palavras. Outras ficavam em silêncio, digerindo a incômoda pergunta.

Eu queria que refletissem. Explicava que, quando penso em mudar a forma de educarmos as nossas crianças, penso na importância de educar seres que tenham consciência do quanto são únicos e especiais. Pessoas que sabem que, não importa o que façam ou falem, não importa o quanto errem e tropecem, merecem amor, carinho e respeito por serem quem são, porque todos merecemos. Aprendemos que somos cadeiras que podem ser desempenadas, lixadas, consertadas. Aprendemos que ser quem somos é pouco, precisamos ser mais. Esquecemos, sem perceber, a razão especial, fugidia e importante pela qual nascemos humanos e não cadeiras. Enquanto a maioria me procurava buscando formas de consertar a si mesmos ou aos filhos, eu queria lembrá-los de que nenhum de nós precisa de conserto.

Nas últimas páginas convidei você a olhar para lados seus que talvez não esteja acostumado ou acostumada a ver. Pedi que assumisse os seus lados imperfeitos, rancorosos, vingativos, mesquinhos. Convidei você a ter a coragem de olhar para si e para o outro com amorosidade e verdade. Não sei que sentimentos foram despertados no caminho, que histórias foram viradas e reviradas, de que expectativas você se despediu no percurso. Quero lembrar a você de que em nenhum momento seu valor esteve em jogo. Que olhar para as suas feiuras não diminuiu sua beleza.

Tenho a mania de terminar meus livros dizendo que somos suficientemente bons. Não melhores ou piores que ninguém, mas bons, incomparáveis, únicos. Somos bons sendo quem somos hoje. Podemos melhorar, evoluir, crescer, mas isso não pode sair de uma convicção equivocada de que não somos bons agora. Já.

As mudanças que tentamos implementar em nossa vida pedem tempo e treino. Você não vai começar a ser um poço de empatia e autoconsciência amanhã. Ainda vai agir impulsivamente e se arrepender de dizer algumas coisas assim que as palavras saírem da sua boca. Vai ser um péssimo ouvinte, vai cair na chantagem emocional ou vai fazê-la. Vai esperar do amor mais do que ele pode dar. Você vai fazer merda, e não há caminho que tenha cem por cento de eficácia para evitar isso. Espero que não falte abraço nos momentos de caos interior, escuta, empatia e compaixão nos instantes em que você duvidar de que merece recebê-los.

Por anos a fio, aprendemos que merecemos carinho, respeito e amor quando somos impecáveis, quando agimos conforme a cartilha. Acontece que merecemos amor sempre. Costumo falar para os pais e mães que me procuram que quando um filho está mais difícil de amar, é o momento em que ele mais precisa de amor. Quando estamos mais irritados, nervosos, impacientes, destrambelhados e ranzinzas, é o momento em que mais precisamos de conexão, de apoio e de amor. Devemos assumir as consequências das nossas falhas, nos esforçar para transformar as nossas estratégias trágicas em caminhos eficientes para o atendimento das nossas necessidades. Mas que sigamos entendendo que, feridos, precisamos de cuidado, não de castigo. Que saibamos respeitar o outro sem nos desrespeitarmos no caminho.

Somos potentes. Somos interessantes. Somos incríveis.

Mesmo errando. Mesmo sendo imperfeitos. Mesmo sendo miseravelmente humanos.

Que possamos ter conversas corajosas conosco e com o outro.

A conversa é o caminho para o entendimento.

Vale a pena. Eu acredito. Espero que você também!

Resumo do capítulo

- Achar que conseguiremos controlar o que nos acontece é uma ilusão que turva a nossa visão e nos desconecta do que vive em nós.
- Conversas verdadeiras acontecem quando abrimos mão do desejo de controlar o outro e o que ele deve pensar. Quando abrimos mão do desejo de controlar como vamos nos sentir. Quando abrimos mão do desejo de saber o que dizer, quando dizer e como dizer. Ou temos controle, ou temos inteireza, as duas coisas não convivem bem. A vida, as conversas, os encontros não cabem em uma planilha de Excel.
- Não importa o quanto você segue se comportando bem, fazendo tudo como deve ser feito. Não importa o quanto controla os carboidratos, a saúde, os números no trabalho: a vida não será apenas boa para você. Não será feita apenas de sorrisos e sabores doces. Viver, entre outras coisas, dói. Não há como fugir dessa dor.
- Não dá para viver sem sentir. A opção *sem sofrimento, angústia, frustração e decepção* não veio *de série* e você não pode pedi-la como quem dispensa as fritas que acompanham o hambúrguer. Nossas energias são mais bem investidas quando seguimos as pistas deixadas pelos nossos sentimentos e entendemos o que elas dizem sobre nós.
- As conversas mais importantes da sua vida vão escancarar suas vulnerabilidades. Vão apertar seu coração e fazer você perguntar a si mesmo se não é melhor deixar tudo como está. Não haverá garantias. Nunca há. Lembre-se de que é na conexão com seus sentimentos e suas necessidades que está a sua força. Quanto mais você assume e cuida do que vive em você, mais força terá.
- Contextualizar, normalizar e desmistificar são, segundo Brené Brown, formas eficazes de diminuir a onda de vergonha que nos inunda quando agimos de maneira contrária à que esperamos — ou que esperam de nós.
- Somos humanos, não cadeiras. Merecemos amor, carinho e respeito sendo quem somos, hoje, já.

AGRADECIMENTOS

Este não era um livro que estava em meus planos. Acostumada a escrever para pais, mãe e cuidadores, falar de comunicação não violenta (CNV) de uma forma mais abrangente era algo além das minhas intenções. Tanto se fala sobre o assunto, que mais eu teria para acrescentar? Até que um dia, conversando com uma amiga sobre CNV, entendi o que tinha a oferecer: meu olhar, minha vivência de mulher negra, nordestina e com certa tendência a responder aos desagrados com agressividade. Dentro dos vários estereótipos que rotulam as pessoas da minha cor de pele, a violência é um dos mais fortes. Há algo especial e revolucionário em ter uma mulher negra como referência em não violência na educação. Entendi que, sim, eu tinha algo a falar — e escrever.

As páginas que você leu não seriam possíveis se eu não tivesse uma boa rede de apoio que me dá suporte. Se não tivesse uma mãe que saiu da sua cidade e passou alguns meses em minha casa, me permitindo focar apenas na escrita. Obrigada por tanto cuidado e amor, por acreditar em mim, quando eu mesma duvidei. Mãe, você é incrível, te amo.

Agradeço a Isaac, meu parceiro, amigo, companheiro, que por diversas vezes apenas abriu os braços e me permitiu chorar o cansaço, a exaustão, as inseguranças e o caos que se apresentam quando decido escrever. Agradeço por ter, junto com a minha mãe, cuidado da casa e das crianças, me deixando o mais livre possível para trazer este livro ao mundo. Obrigada, meu amor, por acreditar em mim.

Aos meus filhos, por entenderem — ou não — os meus pedidos de "não falem comigo, estou escrevendo o livro!". Obrigada por despertarem em mim um novo olhar para a vida. Obrigada por me ensinarem sobre coragem, confiança, honestidade e amor. Que privilégio vê-los crescer! Que riqueza poder amá-los e ser amada por vocês!

À minha irmã, Déborah, que escutou as minhas reflexões, que interrompeu algumas vezes as próprias atividades para me ouvir ler trechos do livro e perguntar: "E aí, o que você acha?" Obrigada, irmã, por cada opinião, cada colo que me deu, mesmo a distância. Obrigada por comemorar cada vitória e chorar a cada tropeço do caminho. Nunca estive só porque você existe. Eu te escolheria como irmã por quantas vidas tivesse de vir.

Ao meu pai, que me ensinou a ter garra, coragem, persistência. Que acreditou nos meus planos mais loucos, desde muito nova. Obrigada por ter me ofertado o amor que me ofertou. Te amo demais.

Aos meus amigos e amigas, que receberam trechos, que escutaram meus choros, que fazem a minha vida melhor. Às amigas com quem não falo todos os dias, mas que sabemos que podemos contar umas com as outras, em qualquer momento. Citando Emicida: "O amigo é um mago do meigo abraço/ É mega afago, abrigo em laço/ Oásis nas piores fases quando some o chão e as bases/ Quando tudo vai pro espaço, é isso/ Quem tem um amigo tem tudo." Eu tenho tudo. Obrigada.

A Lívia, minha editora querida, que comprou a ideia deste livro sem sequer saber como ele seria, respondeu às minhas mensagens oscilantes e deu conta de lidar com uma ariana empolgada e ansiosa por alguns meses. Que coisa boa ter você no meu caminho.

Agradeço cada mensagem, cada carinho, cada história que recebo nas redes sociais. Em tempos de tanto ódio, minhas redes me enchem de amor. Obrigada por me presentearem com suas histórias, obrigada por me permitirem fazer parte de sua vida.

A você, leitor, leitora, leitore. Obrigada por ter escolhido este livro para acompanhar você em algumas horas do seu dia. Espero, de coração, que a leitura seja acolhedora como um abraço. Somos incríveis, não esqueça disso.

REFERÊNCIAS BIBLIOGRÁFICAS

ANGELOU, Maya. *Mamãe & Eu & Mamãe*. Rio de Janeiro: Rosa dos Tempos, 2018.

BEATTIE, Melody. *Codependência nunca mais: pare de controlar os outros e cuide de você mesmo*. Rio de Janeiro: BestSeller, 2013.

BOWLBY, John. *Formação e rompimento dos laços afetivos*. São Paulo: Martins Fontes, 2015.

BROWN, Brené. *A arte da imperfeição: abandone a pessoa que você acha que deve ser e seja você mesmo*. Rio de Janeiro: Sextante, 2020.

_____________. *A coragem de ser imperfeito: como aceitar a própria vulnerabilidade, vencer a vergonha e ousar ser quem você é*. Rio de Janeiro: Sextante, 2016.

_____________. *Eu achava isso que só acontecia comigo: como combater a cultura da vergonha e recuperar o poder da coragem*. —Rio de Janeiro: Sextante, 2019.

FORD, Debbie. *O lado sombrio dos buscadores da luz: recupere seu poder, criatividade e confiança, e realize os seus sonhos*. São Paulo: Cultrix, 2001.

FORWARD, Susan. *Chantagem emocional: quando as pessoas ao seu redor usam o medo, a obrigação e a culpa para manipular você*. Rio de Janeiro: Rocco, 1998.

FREUD, Sigmund. *Psicologia das massas e análise do eu e outros textos*. São Paulo: Companhia das Letras, 2011.

GOTLIEB, Lori. *Talvez você deva conversar com alguém: uma terapeuta, o terapeuta dela e a vida de todos nós*. São Paulo: Vestígio, 2020.

HOOKS, bell. *Erguer a voz: pensar como feminista, pensar como negra*. São Paulo: Elefante, 2019.

JUNG, Carl Gustav. *Sobre sentimentos e a sombra: sessões de perguntas em Zurique*. Petrópolis: Vozes, 2015.

MILLER, Alice. *A revolta do corpo*. São Paulo: Martins Fontes, 2011.

MULLER, Jean-Marie. *O princípio da não violência: uma trajetória filosófica*. São Paulo: Palas Athena, 2007.

OLUO, Ijeoma. *Então você quer conversar sobre raça*. Rio de Janeiro: BestSeller, 2020.

ROSENBERG, Marshall. *Amo você sendo quem sou*. São Paulo: Palas Athena, 2020.

_____________. *Comunicação não violenta: técnicas para aprimorar relacionamentos pessoais e profissionais*. São Paulo: Ágora, 2006.

_____________. *Juntos podemos resolver essa briga: paz e poder na resolução de conflitos*. São Paulo: Palas Athena, 2020.

_____________. *A linguagem da paz em um mundo de conflitos: sua próxima fala mudará seu mundo*. São Paulo: Palas Athena, 2019.

_____________. *O surpreendente propósito da raiva: indo além do controle para encontrar a função vital da raiva*. São Paulo: Palas Athena, 2020.

_____________. *Vivendo a comunicação não violenta: como estabelecer conexões sinceras e resolver conflitos de forma pacífica e eficaz*. Rio de Janeiro: Sextante, 2019.

SAUJANI, Reshma. *Corajosa sim, perfeita não: cometa mais erros, viva sem medo e com ousadia*. Rio de Janeiro: Sextante, 2019.

SCHOR, Daniel. *Heranças invisíveis do abandono afetivo: um estudo psicanalítico sobre as dimensões da experiência traumática*. São Paulo: Blucher, 2017.

THE SCHOOL OF LIFE. *Relacionamentos*. Rio de Janeiro: Sextante, 2018.

Este livro foi composto na tipografia Frutiger LT Std, em corpo 10/15, e impresso em papel off-white na Geográfica.

POR QUE GRITAMOS

ELISAMA SANTOS

POR QUE GRITAMOS

COMO FAZER AS PAZES CONSIGO E
EDUCAR FILHOS EMOCIONALMENTE SAUDÁVEIS

1ª edição

PAZ & TERRA
Rio de Janeiro
2025

EDITORA PAZ & TERRA
Rua Argentina, 171, 3º andar – São Cristóvão
Rio de Janeiro, RJ – 20921-380
www.record.com.br

Texto revisado segundo o novo Acordo Ortográfico da Língua Portuguesa de 1990.

CIP-BRASIL. CATALOGAÇÃO NA PUBLICAÇÃO
SINDICATO NACIONAL DOS EDITORES DE LIVROS, RJ

Santos, Elisama
S234p Por que gritamos : como fazer as pazes consigo e educar filhos emocionalmente saudáveis / Elisama Santos. – 1ª ed. – Rio de Janeiro: Paz & Terra, 2025.

ISBN 978-65-55-48154-9

1. Crianças – Formação. 2. Parentalidade. 3. Educação de crianças. 4. Psicologia infantil. 5. Pais e filhos. I. Título.

20-63430 CDD: 649.1
CDU: 649.1

Leandra Felix da Cruz Candido – Bibliotecária – CRB-7/6135

Impresso no Brasil
2025

Aos meus filhos, Miguel e Helena, por me reconectarem à criança que fui um dia. Hoje sei que ela ficaria orgulhosa da adulta que me tornei.

SUMÁRIO

PREFÁCIO

Quando Elisama me convidou para escrever o prefácio do seu segundo livro, *Por que gritamos*, o título me saltou aos olhos, já que vira e mexe me pego falando alto com meus filhos — para, na sequência, sentir o arrependimento, acompanhado das lembranças dos gritos de minha mãe para mim, na minha infância. Junto do arrependimento e das lembranças, perguntas me passam pela cabeça: *Precisava gritar?; Esse grito era porque meu filho/minha filha não me obedeceu ou porque estou exausta?; Diz respeito a eles ou a mim?; Existe uma maneira diferente de educar, menos violenta?.*

Preciso dizer que detesto grito e tenho muita dificuldade em lidar com a violência. Mesmo assim, quando me pego fazendo uso dela, me sinto culpada e volto à minha infância: eu fui uma criança que apanhei. Não muito, mas apanhei, porque naquela época bater em filhos era uma forma de educar.

Então, quando engravidei, prometi a mim que jamais bateria em meus filhos, e nesses 8 anos de vida do meu filho mais velho, João Vicente, e 5 anos de Maria Antônia nunca bati em nenhum deles, mas gritar... Ah, os gritos saem quando eu menos espero e voltam em looping: arrependimento, lembranças e perguntas. Por isso, quando o texto de Elisama chegou até mim, me chamou tanta atenção. Não quero gritar com eles, porque acho violento e não acredito na violência como solução para nada. Eu acredito no amor, no acolhimento, no afeto e no diálogo. Ah, acredito no limite também, porque limite, para mim, é amor. Será possível educar meus filhos somente sobre esses pilares? Mesmo quando eles parecem ter entrado num acordo de que só pararão de testar minha paciência quando eu der o primeiro grito?

Conheci o trabalho da Elisama por meio das redes sociais. Educação é um tema que me interessa muito, e me senti seduzida por esse "novo" conceito de *educação não violenta*. Novo para mim, já que fui educada da forma "antiga". Bom, segui acompanhando o trabalho dela pelas redes, trocamos algumas mensagens, até ela me convidar a escrever estas linhas.

Além deste volume que você tem nas mãos, ela me enviou seu primeiro livro, *Educação não violenta*, obra em que não só explica o conceito como dá exemplos de como colocá-lo em prática. Para escrever com maior conhecimento, achei prudente começar pelo primeiro livro — o que me fez quase perder o prazo de entrega deste texto. Eu me reconheci em vários relatos de mães e pais, muitas vezes perdidos e encurralados entre a educação que tiveram e a que gostariam de dar aos filhos. Como filtrar a educação que tivemos? Como não repetir o que não consideramos útil? E como fazer uso do que recebemos de melhor dos nossos pais?

Considero esses dois livros de Elisama como dois amigos que posso recorrer para me acolher, reconfortar, aconselhar e até para me guiar. Como estou com os dois ao lado da minha cama e como tenho dois filhos que estão 24 horas comigo — sim, estou escrevendo este prefácio no período de distanciamento social, para evitar o proliferação do novo Coronavírus, mais especificamente no 17º dia dentro de casa. Podem imaginar o quanto esses livros estão fazendo sentido?

Podem rir, faço isso o tempo inteiro; também choro, e muito. Tenho oscilado demais! E tem sido assim, dia após dia. Esses dias têm sido importantes para tudo: repensar como nos relacionamos com a Terra, com os seres humanos que habitam esse planeta, com os animais, com as plantas, com quem não conhecemos, com quem escolhemos dividir nossos dias e com nossos filhos, que são crianças e merecem um mundo justo e de possibilidades iguais para todos. Parece que estamos neste momento sendo colocados em xeque para que consigamos recalcular a rota, para seguirmos por um caminho diferente deste até aqui. E quem são e como estão nossos filhos, e como lidamos com eles nestes momentos de crise?

Termino destacando um pensamento que não me sai da cabeça: Quanto de mim, dos meus problemas, medos, angústias, cansaço, tristezas e frustações eu jogo nos meus filhos? Quanto a minha insegurança influencia na educação que dou a eles? Como não passar para eles uma carga que é minha? E como criar crianças que possam compreender os valores fundamentais da vida e das relações, vivendo num mundo e num momento tão específico como este, em que o medo e a insegurança tomam conta do meu corpo e da minha mente? Quando os vejo correndo pela casa, brincando, brigando e até me desobedecendo, parece que essas respostas me chegam de maneira muito natural: é por eles. Por eles que a coragem deve superar o medo. Então, coragem, mães e pais! Coragem para nos encararmos de frente e com maturidade! A leitura dos livros de Elisama vale muito. E vale por muitos motivos. Principalmente para entender que não somos os únicos e não estamos sozinhos nesta aventura cheia de caminhos, que é a educação de uma criança.

Taís Araujo, atriz,
apresentadora e jornalista

CARTA AO LEITOR E À LEITORA

Antes de iniciar uma palestra eu sempre dou três avisos que julgo muito importantes. E cá estou, iniciando este livro com eles. São lembretes simples, e seriam óbvios se não vivêssemos tão desconectados de nós mesmos e da fluidez da vida. E digo *vivêssemos* porque são avisos que repito para mim, dia sim, dia também, porque não vou me colocar no lugar de pessoa que encontrou a iluminação e jamais pisa na bola. Estamos todos na caminhada, cada um a seu passo e ritmo. A vida existe para além dos *feeds* perfeitos.

Pois bem, vamos aos avisos:

O primeiro deles é que não sou capaz de reprogramar o seu DNA. Nem de trocar o seu chip. Neste livro não há uma receita infalível para que você nunca mais grite com a criança ou jamais faça chantagem emocional com o adolescente. Temos algumas certezas na vida: precisamos de ar para viver; os bebês possuem um sensor que detecta quando as mães vão saborear uma comida quentinha e que os faz chorar desesperadamente justo nesse momento, e nós vamos errar. Vamos errar muito, várias vezes. Vamos gritar mesmo sabendo que não é o melhor caminho. Vamos perder a paciência, mesmo tendo prometido a nós mesmos que permaneceríamos calmos e serenos como a brisa. Vamos fazer merda. Todos nós, sem exceção. A escritora Kristin Neff, no livro *Autocompaixão*, afirma que, sempre que prometemos nunca mais errar, estamos estabelecendo para nós mesmos uma meta de gente morta. Gente viva erra. E eu quero lembrar que você está vivo. Ou viva. Então adeque as suas expectativas e lembre-se disso antes de se impor algo que jamais vai atingir. Não se presenteie com a garantia de frustração.

O segundo aviso é que os seus pais fizeram o melhor que podiam, com as ferramentas que tinham. Quando educaram você, não havia palestras sobre educação. Não havia livros, aos montes, nas prateleiras das livrarias. Não havia o Google. Pasme: não havia redes sociais. Munidos do conhecimento limitado que tinham, fizeram o que era possível fazer. A maioria deles não foi nem sequer tocada pelos próprios pais. Você já parou para pensar nisso? Que as gerações anteriores às nossas eram tratadas com tanta indiferença emocional que não recebiam um toque gentil ou um colo dos cuidadores? O conceito de infância é recente, sobretudo da forma que enxergamos essa fase da vida na atualidade. Então, de acordo com o que sabiam e diante do que receberam, eles fizeram o melhor e nada do que dissermos aqui será uma crítica pessoal ao que fizeram ou a quem são. Não há pai nem mãe que acorde disposto a causar danos emocionais aos filhos. Mesmo que isso não seja verbalizado, estão todos, cada um ao seu modo, fazendo o melhor com o que têm para dar. Os nossos pais fizeram o melhor. E nós também o fazemos.

O terceiro e último aviso é que você possui hoje tudo o que é necessário para iniciar a prática da não violência. O que quero dizer é que você não é uma pessoa nervosa demais ou irritadiça demais para isso. Você não é alguém que não tem jeito. E cuidar de si e do outro com gentileza e respeito não é coisa de gente naturalmente calma, branda e amorosa. E digo isso com muita segurança, já que branda não é exatamente uma palavra que alguém poderia utilizar para me definir. Na verdade, desde muito nova o meu apelido faz referência a algo oposto: um furacão. Eu tenho a palavra "c'alma" tatuada no braço direito. Alguém que tatua "calma" não é alguém calmo, concorda? Você não precisa ser outra pessoa, precisa apenas aprender a lidar com quem é. Simples e complexo assim. Essas são as cartas que vieram para a sua mão, e reclamar porque a dama de ouros ou o ás de copas não estão entre elas não fará do seu jogo algo melhor. Você é bom o suficiente. Você é boa o suficiente. E eu quero provar isso nas próximas páginas. É para isso que este livro surge. Para que você faça as pazes consigo.

Em tempos de receitas milagrosas para ficar famoso, juntar o primeiro milhão, influenciar pessoas e conquistar a vida dos sonhos, eu desejo que você aprenda a amar quem você é. A apreciar as coisas simples da vida. A estar presente, mesmo quando o presente não é a realização dos seus sonhos. Porque aprender a abraçar a nós mesmos nos deixa mais dispostos a abraçar os nossos filhos. Cuidar dos nossos sentimentos nos torna mais capazes de cuidar dos deles. Ter compaixão pelas nossas imperfeições muda o nosso olhar para as imperfeições deles. Aceitar quem somos nos torna mais capazes de aceitar quem são. Educar é uma missão que começa por dentro. E o que temos dentro transborda.

Nas próximas linhas, vou dividir com você conceitos que estudei, desenvolvi e vivenciei. Vou compartilhar histórias minhas e de pessoas queridas que me deram o privilégio de escutar as suas dores e alegrias — alterando os nomes, para preservar a identidade e privacidade de cada um. Espero que entre Anas, Elisamas, Marcos e tantos outros que serão citados no caminho, você perceba que não está só. Que *tudo bem* ser você. Que existem formas saudáveis e possíveis de lidar com os seus erros e tropeços como parte importante da sua caminhada. Espero que você entenda que aceitação é o oposto de comodismo. A gente só é capaz de transformar o que aceita que existe. E, enquanto não aceitar quem é, você estará limitando o seu potencial. As suas relações podem ser mais verdadeiras e saudáveis. Você pode alinhar as suas atitudes com o que acredita. Ao escutar o que grita por trás dos nossos gritos, aprendemos muito sobre nós. E crescemos como pais e seres humanos.

Desejo que este seja um caminho de transformação: amorosa, gentil, assertiva, um pouco dolorosa, eu sei, mas também divertida. E, principalmente, libertadora, porque merecemos gozar da liberdade de sermos quem somos. E os nossos... ah, eles merecem pais livres, para que se sintam amados e aceitos sendo exatamente quem são.

Que o equilíbrio, a compaixão e a conexão transbordem na nossa vida.

Um abraço daqueles bem apertados,
Elisama Santos

1. FAZENDO AS PAZES COM OS SENTIMENTOS

O grupo está atento. O silêncio enquanto eu falo é quase palpável. Na segunda fileira, Ana me encara, com uma expressão que não consigo identificar. Assim que concluo o raciocínio, ela levanta a mão.

> — Eu me pergunto se você também lava prato, organiza a casa, briga com o marido e tem conta para pagar. Porque a minha vida está um caos, e eu não consigo seguir nada disso. Eu não consigo...

As lágrimas rolam feito enxurrada, enquanto ela me conta sobre os problemas financeiros que estão enfrentando em casa. Com dois filhos, marido desempregado e trabalhando para manter a vida nos trilhos, Ana não tem tempo, paciência nem equilíbrio para ouvir os sentimentos dos filhos ou acolher as suas dúvidas e dores. Quando estamos com lágrimas endurecidas no peito, como vamos acolher a lágrima que rola livremente pelo rosto das nossas crianças? Como vamos admitir o choro quando acumulamos tanto choro a ser chorado? Ana me conta que perde a paciência e grita com os filhos, sem perceber que o grito que exige colaboração é, na realidade, um pedido desesperado de socorro.

Seria mais fácil se a vida fosse sempre linda, satisfatória e maravilhosa enquanto educamos os nossos filhos. Seria incrível se, enquanto temos a difícil missão de ensinar sobre o mundo e a vida, as contas se pagassem automaticamente, a casa permanecesse perfeitamente limpa e organizada e o casamento e o trabalho não entrassem em crise. É inegável que seria mais fácil apenas educar. Mas não é bem assim que acontece. Enquanto o caçula grita porque o irmão escondeu o brinquedo, o mais velho berra que é mentira, os e-mails pipocam na caixa de entrada, o resultado do exame assusta e uma crise financeira assola a família e o país. Tudo junto e misturado. Sentimos dor, angústia, medo, frustração, raiva. E, em meio ao caos diário, cuidar dos sentimentos de uma criança que chora porque o brinquedo quebrou parece impossível, um desperdício da pouca energia que temos para dar conta das nossas próprias demandas. "É só um brinquedo, não precisa chorar!" pula da boca de maneira automática. "Não precisa chorar!" diz mais do que parece. Diz: "Eu tenho tantos problemas e coisas sérias para resolver e não estou chorando, quem é você para chorar por uma bobagem dessa?"

Silenciar os sentimentos dos nossos filhos diz muito sobre a nossa inabilidade de lidar com o nosso próprio sentir. O grito fala sobre nós. O nosso barulho interno excessivamente alto nos impede de escutar e nos conectar com a dor dos nossos filhos. Gritamos. Batemos. Silenciamos. Queremos que a dor pare — a nossa e a deles. E, já que não temos controle sobre o que acontece, já que não podemos mudar o resultado dos exames de saúde ou voltar no tempo e impedir a demissão e a crise financeira, calamos os nossos filhos, porque pelo menos nessa relação sentimos que temos um pouco de poder. De controle. Nela podemos gritar, exigir, subjugar. E quanto mais a vida dói, mais negamos o que sentimos, mais a dor aumenta e menor é a paciência para lidar com a dor alheia, o que causa ainda mais dor. É o ciclo do caos.

Calma, não quero que você sinta culpa ou desesperança neste momento. Quero apenas que entenda que o "felizes para sempre" não existe. Que a Cinderela com certeza bateu algumas portas do castelo, sentindo vontade de mandar o príncipe para o inferno. Idem para a Branca de Neve. Depois do "felizes para sempre" ainda há muita história a ser vivida e contada. Ainda há lágrimas, frustrações, medo. E nenhum desses sentimentos é prova de que você é incompetente e incapaz de lidar com a vida. Não existe linha de chegada. Dentre outras coisas, viver dói. Assumir isso como parte da existência transforma a nossa forma de lidar com a vida. Então não, a vida não vai ficar sentada, docemente, esperando que você aprenda a lidar com os desafios que a educação apresenta. A paz não virá de fora. Ninguém vai aparecer montado em um cavalo branco ou empunhando uma varinha mágica para salvá-lo ou salvá-la. Não vai surgir uma receita milagrosa, fácil e simples de filhos emocionalmente saudáveis, colaborativos e bem-sucedidos. Seus problemas não vão acabar. Faço questão de deixar isso claro aqui, bem no comecinho da leitura, para que você ajuste as suas expectativas e assuma as suas responsabilidades. Na realidade, a opção fácil e simples não vem no pacote. Sinto muito. Educar olhando para os nossos sentimentos é difícil, mas bater e gritar o dia inteiro também é. Lidar com a culpa e a ressaca moral depois de bater em um ser mais frágil física e emocionalmente que nós e humilhá-lo também é.

Ok, vamos educar enquanto sentimos dor, enquanto as frustrações acontecem, enquanto os pratos sujos se multiplicam, as contas vencem e os problemas surgem. Algumas fases serão simples, fáceis e doces, outras serão angustiantes e excessivamente desafiadoras. A vida é uma dança. A linha reta é a morte. Enquanto estivermos vivos, vamos conviver com luz e sombra, alegria e dor, vida e morte. Felizes, tristes, angustiados, animados, alegres, desesperançados e tantas outras coisas para sempre. É hora de assumir que não fomos educados para lidar com tudo isso. Hora de assumir que não sabemos quase nada sobre quem somos. Hora de admitir, finalmente, que aprender trigonometria ou a conjugação de verbos transitivos e intransitivos foi muito pouco para nos preparar para a vida. Precisamos de mais, porque a nossa interação com o mundo exterior depende diretamente do que acontece no mundo interior. Como lidamos com as nossas emoções interfere diretamente no "bom dia" que damos — ou não — ao vizinho, na forma de conduzirmos o carro, no tom de voz que utilizamos para responder ao "mãe!" ou "pai!".

Não escolhemos a força das ondas, o tom da música ou as cartas do jogo. A vida manda, a gente aprende a lidar com ela. Decidimos como vamos navegar, que passos vamos dar, que jogadas vamos fazer. Não é o que fizeram conosco, mas o que fazemos com o que fizeram conosco. Podemos fazer muito. E aprender a lidar com os sentimentos e com quem somos é o melhor caminho possível.

O QUE APRENDEMOS SOBRE OS SENTIMENTOS

Ana concluiu a fala, enquanto muitos balançavam a cabeça para cima e para baixo, demonstrando concordância com o que tinham acabado de escutar. Eu manifestei a minha solidariedade ao momento difícil que ela estava vivendo e perguntei se ela acolhia a própria dor. A pergunta causou um nítido estranhamento. O que é acolher a própria dor? Como se faz isso? Ela me respondeu que não pensava muito. Se pensasse, não daria conta da vida. Ela simplesmente seguia. E é nesse "simplesmente seguir", sem pensar nem refletir, sem olhar para nós e para as nossas necessidades, que mora uma das maiores dificuldades no relacionamento com os filhos. Com o outro. Com o mundo. Sem reconhecer e acolher o sentir, Ana seguia extravasando a própria dor em gritos de "larga o seu irmão!", "come a comida toda!", "se eu for aí você vai se arrepender!".

Os sentimentos fazem parte da vida. Não são aplicativos que podemos desinstalar ou desativar. São tão humanos quanto a vontade de fazer xixi ou a sensação de frio. Mas, diferentemente das nossas necessidades físicas, as emocionais não costumam ser levadas em consideração ou escutadas. Pelo contrário. As mensagens que recebemos sobre os sentimentos nos afastaram da capacidade de lidar com eles.

APRENDEMOS QUE OS SENTIMENTOS SE CLASSIFICAM ENTRE BONS E RUINS

Os primeiros podíamos sentir; os segundos, não. Podíamos ficar alegres, animados, felizes. Não podíamos ficar tristes, frustrados. Não podíamos, de forma nenhuma, sentir raiva. "Você quer um motivo de verdade para chorar?" foi uma frase ouvida com frequência pela maioria das crianças. Enquanto estávamos frustrados com o brinquedo que parou de funcionar ou com o castelinho que insistia em não permanecer firme, o adulto mais próximo minimizava a nossa dor e dizia que não deveríamos sentir o que estávamos sentindo. "Que coisa feia, uma menina tão linda chorando assim!", "Se não parar de chorar, eu não vou dar o brinquedo!" Assim, aprendemos que havia algo de inadequado e errado em alguns sentimentos. Agora me diga, com sinceridade, quantas vezes repetiu para si mesmo ou para si mesma que não deveria chorar, ou que a sua dor era ridícula e boba, fez com que se sentisse melhor? Quantas vezes você ficou triste por estar triste? Aprendemos que os sentimentos ditos ruins não deveriam existir e, por isso, passamos a vida brigando com eles.

Sempre pergunto, nas palestras e nos eventos dos quais participo pelo país, quem, em um momento de tristeza ou depois de cometer um erro, trata a si mesmo com carinho e respeito. Quem acaricia o próprio braço, respira fundo e diz a si mesmo: "A fase está complicada... está doendo... mas você está fazendo o seu melhor!" A sala fica em silêncio. Volta e meia, alguém sorri. É tão estranho que chega a ser engraçado. Daí pergunto quem costuma dizer a si mesmo as seguintes frases: "Eu não deveria chorar", "Eu sou muito ridícula de chorar por isso!", "Eu mereço mesmo quebrar a cara, quem sabe assim aprendo." As gargalhadas brotam, e os olhares de "você tem uma câmera na minha sala?" me miram. Nós nos acostumamos tanto a ter os nossos sentimentos ridicularizados e menosprezados pelos nossos cuidadores que seguimos falando com a voz deles. Os sentimentos ruins não deveriam existir. Acontece que só aprendemos a lidar com o que aceitamos que existe.

APRENDEMOS QUE OS SENTIMENTOS NÃO SÃO CONFIÁVEIS

— Eu odeio a vovó!

— Você não odeia ela, você ama a vovó! Que coisa feia! Olhe a ingratidão!

— Mãe, *tô* com fome!

— Você acabou de comer, não está com fome!

Os exemplos seriam inúmeros. Crescemos ouvindo que a nossa voz interna não sabem de nada. Que não podemos confiar nos nossos sentimentos e sensações. Que apenas a mamãe, o papai e os demais cuidadores sabem do que precisamos e o que queremos; afinal, "criança não tem querer". Veja bem, quando crianças, confiávamos plenamente no que os adultos diziam. O que nos diziam sobre quem somos, quem eles eram e como era o mundo eram verdades absolutas. Já reparou como as crianças buscam nos pais a resposta para as questões mais diversas? Nessa fase, tão estruturante, escutamos dos adultos que eles sabem mais sobre nós do que nós mesmos. Que não podemos ouvir a nossa própria voz interna, porque ela nos coloca em perigo. Como vamos aprender a lidar com os sentimentos se não podemos confiar neles?

Há algum tempo vi uma criança perguntando à mãe se ela própria estava com sede. O nível de desconexão com as próprias necessidades era tão grande que a criança não conseguia sequer reconhecer algo tão básico quanto a sede. O pior é que achamos que essas situações são normais. Acreditamos que sim, o adulto sabe tudo sobre a criança, a ponto de atropelar o saber nato de todo ser humano. Quantas vezes, na vida adulta, nos colocamos em situações que nos provocam dor e sofrimento, negando todas as vozes internas que nos dizem que aquela não é uma boa opção? Quantas vezes anulamos o nosso próprio querer e saber, buscando no outro a resposta para como devemos agir? Quantas vezes terceirizamos a responsabilidade sobre as decisões? Quantas vezes fica subentendido, nos nossos gestos e falas, que não nos consideramos confiáveis?

APRENDEMOS QUE OS SENTIMENTOS SÃO SINÔNIMO DE FRAQUEZA E DESCONTROLE

Não sei se você já assistiu ao filme *Frozen*, da Disney. Se não assistiu, vou contar um pouco do enredo. O filme conta a história de duas irmãs, Elsa e Anna. Uma delas, Elsa, tem o poder mágico de criar e manipular o gelo e a neve. Nos primeiros anos da infância de ambas, Elsa usava seu dom para divertir a irmã mais nova. Produzia gelo e neve para que ela patinasse e escorregasse, até que, em uma das brincadeiras, fere acidentalmente Anna, que quase morre. Desesperados e sem saber como lidar com a situação, os pais a isolam, impedindo-a de conviver com outras pessoas, inclusive a irmã, e lhe dão um par de luvas que a ajudam a conter seus poderes. Em determinada cena, a personagem canta: "Não podem vir, não podem ver/ Sempre a boa menina deve ser/ Encobrir, não sentir, nunca saberão/ Mas agora vão."

Já adulta e após a morte dos pais, Elsa se vê forçada a sair da sua prisão. E as luvas que por tanto tempo a impediram de machucar outras pessoas não conseguem mais conter seu dom. Sem saber como lidar com todo aquele poder, ela foge para as montanhas, onde cria para si um castelo de gelo e, no processo, mergulha acidentalmente todo o reino de Arendelle em um inverno interminável. O filme tem um final lindo: Elsa começa a aceitar seus poderes e a lidar com eles, e tudo volta a ser fofo e florido, mas não é a esse ponto que quero chegar. Quero que você preste atenção à letra da canção que Elsa canta quando foge para as montanhas. Isso faz com que se lembre de alguma coisa? O que aprendemos a fazer com a raiva? Encobrir e não sentir. E com a tristeza? Encobrir e não sentir. E com o medo? Encobrir e não sentir. E com a frustração? A angústia? A ansiedade?

Agora me conte: o que acontece depois de anos e anos encobrindo esses sentimentos? Quantas e quantas vezes fingimos não sentir, até não dar conta de tanta dor e a descarregar no outro ou em nós mesmos? Quantos invernos congelantes produzimos fora e dentro de nós porque anos usando luvas nos impediram de lidar com quem somos?

Aprendemos a encobrir os sentimentos porque forte é quem não sente. É quem sustenta o sorriso no rosto mesmo com o coração despedaçado. Choro é sinal de fraqueza; raiva é sinal de descontrole. Ambos demonstram que não somos os seres humanos perfeitamente educados e maduros que deveríamos ser.

Quantas vezes escutamos — e por vezes dizemos — que alguém é forte porque aparenta não sentir uma perda ou uma dor? E quantas vezes negamos o nosso sentir porque consideramos que, se demonstrarmos alguma vulnerabilidade, seremos considerados fracos e inadequados?

Qual é o preço da sua força? Quanto de você é atropelado e esquecido diariamente para que se mantenha firme no papel de quem não sente?

Volta e meia alguém me questiona sobre que capacidade uma geração que tem os sentimentos acolhidos terá de lidar com a dor e a frustração. Esse questionamento me mostra que temos pouquíssima consciência das nossas incapacidades. Olhe ao redor: nós somos uma sociedade que sabe lidar com a frustração? Nós sabemos lidar com a dor?

HELENA E O BRINCO

Não furamos a orelha de Helena, minha filha caçula, quando ela nasceu. Aos 5 anos, a pequena decidiu que gostaria de usar brincos. Procurei um lugar adequado, fomos até lá, mas saímos com apenas uma das orelhas furadas e uma hora de choro sofrido. Decidimos que um dia, quando estivesse pronta, eu a levaria novamente. Uma semana depois, enquanto eu viajava, algo bastante improvável aconteceu. Enquanto o pai desembaraçava os cabelos da pequena, o pente se prendeu ao brinco, puxando-o de tal forma que ele saiu pelo furinho recém-feito. Imediatamente, muito sangue escorreu. Diante da dor, do susto, do medo e da frustração de ver o brinco sair dessa forma, a minha menina chorou desesperadamente. Até que fechou os olhos, respirou fundo e cantou. Cantou para se acalmar, como eu já havia feito inúmeras vezes. Muitas pessoas me dizem que a vida não é gentil e acolhedora. Que as crianças precisam aprender a engolir a dor, porque não estarei ao lado delas para acolhê-las para sempre. Não, eu não estarei. Mas quando não estiver ao lado, estarei no coração. E Helena, aos 5 anos, provou claramente a verdade disso. Não encobrimos, sentimos. Permitir que os sentimentos existam nos torna mais capazes de lidar com eles. Força é sustentar o que se sente com respeito e honestidade. Sentimentos não são sinônimo de fraqueza.

OS HOMENS E A FORÇA

Impossível falar de força e sentimentos sem mencionar a forma como educamos os nossos meninos. Há um conceito distorcido do que é ser homem em nossa sociedade que aprisiona os homens e os distancia do próprio sentir. Sou mãe de um menino e de uma menina e vejo as pessoas tratarem o meu filho com menos carinho pura e simplesmente porque ele é menino. É comum que mudem o tom de voz ao falar com ele. Enquanto os sorrisos e o carinho costumam fazer parte da forma com que falam com Helena, Miguel recebe tapinhas nas costas, soquinhos e apertos de mão. Eu, que sou mãe e sei ler boa parte dos olhares do pequeno, sei que ele também gostaria de carinho, abraços e beijos. O fato de ter um pênis não tira dele a necessidade de toque e aconchego. Certa vez, conversando com o meu marido sobre amizade, percebemos a imensa diferença na forma como enxergamos os nossos amigos. A intimidade e o companheirismo que tenho com as minhas amigas foram construídos com lágrimas e abertura emocional. Quando criança, quando estava chateada porque havia apanhado dos meus pais, podia bater na porta da minha vizinha e melhor amiga, Carol, e era certo que encontraria um ombro no qual chorar. Era seguro demonstrar os meus sentimentos para ela. Já Isaac, meu marido, não podia fazer o mesmo. Era muito provável que, se batesse à porta de um amigo chorando porque tinha apanhado ou algo semelhante, escutasse coisas como: "Você é veado? Homem não chora!", "Você é um homem ou um saco de batatas?"

Mesmo que a família não fosse um lugar seguro para demonstrar as emoções, para boa parte das mulheres a amizade servia como amparo e refúgio. Para os homens, não. Enquanto a mulher foi educada para se preocupar com a aparência, atrelando o valor que dava a si mesma aos quilos na balança, os homens foram educados para serem fortes. Elas não deveriam parecer gordas. (Quantas vezes você, mulher que me lê, perguntou a alguém próximo: "Essa roupa me deixa gorda?") Eles não deveriam, em hipótese alguma, aparentar fragilidade. Parecer afeminado? Jamais!

A luva colocada na mão dos meninos vai ficando mais e mais grossa. E os seus efeitos sobre a relação com eles mesmos e com os outros são sentidos diariamente, nos índices de violência ou em simples conversas domésticas.

APRENDEMOS QUE OS SENTIMENTOS NOS FAZEM MENOS MERECEDORES DE AMOR, CARINHO E RESPEITO

Certa vez, em um momento de raiva, a minha filha, então com pouco mais de um ano, gritou com a minha mãe. Naquele momento, de maneira automática, ela respondeu: "Assim a vovó não ama!" A minha mãe deixaria de amar a neta? Jamais. Mas aquela era a forma de demonstrar reprovação que ela conhecia. Condicionando o amor. Já falei que os nossos pais fizeram o melhor que podiam com as ferramentas que tinham, mas isso não muda o fato de que aprendemos que somos amados quando somos legais, obedientes e bonzinhos. Somos amados quando agimos da maneira esperada. Quando a raiva aparecia, quando a frustração causava dor, quando a tristeza invadia, éramos também tomados pela sensação de solidão. Em vez de abraços e acolhimento, recebíamos críticas, agressões e ameaças, e o desconforto que os nossos sentimentos causavam era quase palpável. "Não posso demonstrar o que sinto, ou ninguém vai gostar de mim" era uma conclusão fácil.

Nenhum bebê deixa de chorar por medo de perder o amor dos pais. Se sente medo, fome, sono, susto, ele chora, já que o choro é a sua principal forma de comunicação. É com o tempo e a reação dos adultos ao nosso redor que concluímos que alguns sentimentos podem ser demonstrados, outros não. Que alguns sentimentos podem ser vivenciados e outros causam um desconforto tão grande em quem nos cerca que devem ser escondidos e ignorados. Que quando sentimos raiva, o papai grita e bate; quando sentimos medo, a mamãe menospreza e nos chama de bobos. Assim, associamos a alguns dos principais sentimentos humanos a certeza de que eles diminuem o afeto de quem deveria nos amar incondicionalmente.

Antes que você conclua, erroneamente, que eu acredito que as crianças devam agir da forma que quiserem, gritando, batendo e ameaçando os pais enquanto estes apenas riem e pensam: "É só uma criança!", esclareço que entre acolhimento e permissividade há uma diferença enorme. Acolher o sentimento é entender que somos os adultos da relação e que é nosso dever ensinar às crianças que os sentimentos são inevitáveis, as nossas atitudes diante deles, não. No livro *Educação não violenta*, apresento formas saudáveis, amorosas e assertivas de fazê-lo.

AS CONSEQUÊNCIAS DESSES APRENDIZADOS

Foram muitos os aprendizados equivocados sobre os nossos sentimentos; listei apenas os principais. Nos ensinaram o que era um lápis e um tênis, como manusear a faca. No entanto, nunca foi prioridade nos ensinar o que são a frustração, a tristeza, a angústia. Não nos ensinaram a lidar com a raiva. No intenso e desafiador mundo interior, nos aventuramos sozinhos. E o que aprendemos a nosso respeito apenas nos distanciou dos tão almejados autocontrole e força. Fugir dos nossos sentimentos nos faz vivenciar consequências que ferem a nossa relação conosco, com o outro e com o mundo.

NÓS NOS ENTORPECEMOS

Se os sentimentos são, na sua maioria, ruins; se não são confiáveis; se são sinônimo de fraqueza e de descontrole e não nos fazem merecedores de amor, carinho e respeito, é claro que não saberemos vivenciá-los com sabedoria. Temos tanto medo do medo e ficamos tão tristes por estarmos tristes que encontramos na fuga o caminho mais eficaz. Nós nos entorpecemos. Não, não estou falando do uso de drogas ilegais, mas sim dos nossos pequenos entorpecimentos diários. Horas nas redes sociais, percorrendo *feeds* e *timelines* alheios, para não pensar em nossa própria vida. Beber, comer. Assistir à Netflix até que a mensagem "Você ainda está assistindo?" apareça na tela. Vale qualquer coisa para não experimentar a dor, o desconforto, a frustração. Nos dois anos mais difíceis da minha vida adulta, engordei 26 quilos. O nó na garganta descia mais fácil com doces cheios de leite condensado.

Cada vez que, na infância, a dor aparecia, nós recebíamos uma nova camada de dor provocada pelos nossos cuidadores. O brinquedo quebrava e você, cheio de frustração e irritação, o atirava longe. O adulto mais próximo, com a sua própria imaturidade emocional, levava a atitude para o lado pessoal. Entendia que aquele gesto era uma afronta de uma criança mal-educada. E, como reação impensada, gritava, batia, silenciava. O seu coração, que já estava acelerado, batia ainda mais rápido. Medo, raiva e mais frustação se misturavam à dor que já existia. A sensação de inadequação tomava o corpo, que, silenciado, era obrigado a engolir o choro. Assim fomos apresentados às sensações físicas e emocionais dos sentimentos. E em vez de lidar com o nosso sentir, queremos apenas que a dor pare. Nós nos entorpecemos, buscando uma anestesia. Seguimos, como a criança que se vê ameaçada por um ser com duas ou três vezes o seu tamanho, assustada e encolhida, impotente diante do que a vida traz. E é chegada a hora de assumirmos o nosso tamanho.

BRIGAMOS E RESPONSABILIZAMOS O OUTRO PELO QUE SENTIMOS

— Assim a mamãe fica triste!
— Assim o papai chora!
— Você me decepcionou!

Frases como essas nos ensinaram que somos responsáveis pelos sentimentos dos outros. Que temos o poder de mudar o que acontece no mundo interno de quem cuida de nós. É um pouco pesado responsabilizar uma criança de 1, 2, 5 ou 10 anos pela sua felicidade, não? Nossos filhos não nasceram para nos fazer felizes, assim como não nascemos para fazer os nossos pais felizes. Podemos contribuir para o bem-estar uns dos outros, mas cada um é responsável por cuidar do que lhe faz bem. Os nossos sentimentos falam mais sobre nós do que sobre o outro. Quando não nos responsabilizamos pelo que sentimos, perdemos a espetacular oportunidade de aprender mais sobre o que acontece no nosso mundo interno. E de, diante dessa consciência e dessa informação, comunicar ao outro como pode contribuir para a nossa felicidade. Contribuir, não se responsabilizar.

A HISTÓRIA DA BANANA-DA-TERRA

Estávamos em casa, meu marido e eu, preparando o jantar. Gostamos de vários alimentos com texturas diferentes, a banana-da-terra é um deles. Eu gosto firme e macia, Isaac prefere molenga, quase se desmanchando. Ao perceber, durante o preparo, que a banana estava no ponto que eu gosto, separei uma quantidade para mim e deixei as demais cozinhando. Ele passou por mim, viu o prato com a comida e disse:

— Custava me esperar? Ficou pronto e nem me chamou!

Veja bem, um dos meus rótulos na infância, além de brava, era gulosa. Havia sempre alguém vigiando o que estava no meu prato, comentando que eu estava comendo demais e que deveria lembrar que mais pessoas ainda iam se alimentar. Não importava se eu estava comendo pouco, se eu estava ou não com fome: eu era a gulosa. A minha irmã, como era de se esperar — temos a tendência de aprisionar os irmãos em papéis antagônicos —, não gostava de comer. Volta e meia os nossos pais diziam para ela: "Se você não comer, vou dar para a Elisama!" Sim, eu era o cachorro. Ser vista assim me irritava profundamente. A sensação de injustiça amargava a boca e me despertava muita, muita raiva. Quando Isaac comentou sobre a comida no meu prato, adivinhe que dor eu acessei? Eu gostaria, verdadeiramente, de dizer que fui doce e gentil e que reagi exatamente como manda a cartilha. Mas a verdade é que soltei um palavrão. As sensações físicas da infância voltaram e a minha vontade foi revidar, já que, diferentemente de quando era criança e não podia responder os meus pais, agora eu podia. Eu só queria gritar: "Agora vou comer essa merda toda, você não manda em mim! Grosso!" Respirei fundo. Reconheci o coração acelerado, os punhos cerrados. O corpo pronto para a luta. Assumi que aquela não era uma dor do agora. Que se aquilo estava me abalando tanto, era porque mexia em algo profundamente dolorido em mim. Por sorte, eu sabia exatamente o que era. Respirei, me entendi e disse:

— Amor, passei a infância tendo o meu prato vigiado. Odeio que comentem sobre o que como, quando como ou como eu como. Não faça isso novamente, por favor. A sua ainda não está como você gosta, tirei essa parte para não cozinhar demais.

Assumir o que sinto me fez compreender por que doeu e dizer a Isaac como ele poderia agir em uma situação semelhante. Certamente um caminho mais eficaz do que culpá-lo pela minha dor.

NÃO ESCUTAMOS O QUE A DOR TEM A NOS ENSINAR

Como expliquei no livro *Educação não violenta*, os sentimentos são como bússolas que nos direcionam para as nossas necessidades, que são ou não atendidas. A frustração, a angústia, a tristeza contam coisas importantes sobre nós. Olhar para cada sentimento nos faz entender por que está doendo. E quando entendemos por que está doendo, temos a possibilidade de cuidar dessa dor.

MARINA

Marina estava sentada na primeira fila. Atenta, fazia várias anotações. Quando abri para perguntas, foi uma das primeira a levantar a mão. Disse que não sabia lidar com o filho quando ele dizia que não gostava dela. Conseguia lidar com outras situações com certa tranquilidade, mas ouvir que ele não gostava dela a tirava do sério. Queria dicas de como fazer com que ele não lhe dissesse mais isso. Expliquei que as crianças ainda não desenvolveram grande parte dos nossos filtros sociais e acabam por dizer o que pensam. E que, em todas as relações, há momentos em que sentimos raiva de quem amamos. Não existe relação só de amor.

> — Diga que entende que ele está com raiva e que você gosta de ser tratada com gentileza. Peça a ele que expresse a raiva de outra forma e diga que pode ajudar se ele quiser. Só mais um ponto em relação a sua pergunta. Vale refletir sobre por que é tão importante que seu filho goste de você o tempo inteiro. Em que ferida essa fala dele toca para que você se irrite tanto?

Marina chorou. Estava vivendo para o filho, se esforçando para ser a melhor mãe possível. Havia abandonado os próprios sonhos em nome da maternidade, e ouvir que o filho não gostava dela era interpretado como um atestado de fracasso. A fala do filho, tão comum, em sua vida ganhava um peso imenso. Entender o que estava por trás da própria irritação deu a Marina oportunidade de olhar para dores maiores e mais profundas. E de poder cuidar melhor delas.

FICAMOS INFELIZES

Imagino que você já tenha feito algum tratamento dentário com o uso de anestesia. Enquanto o dentista mexe e remexe na nossa boca, não sentimos quase nada além de alguns puxões. A dor parece não existir. Mas se, assim que o tratamento terminar, lhe for oferecida a sua comida preferida, com o melhor tempero e o melhor preparo possíveis, você não sentirá o sabor nem a textura. A anestesia não bloqueia somente a dor. Ela dessensibiliza tudo. O mesmo acontece quando nos entorpecemos e fugimos dos nossos sentimentos. Não dá para escolher deixar de sentir a tristeza, a frustração, o medo e seguir sentindo a conexão, o amor, a alegria. Nos dessensibilizamos para tudo. E volta e meia a vida parece sem graça. Sem propósito. Nada faz sentido. Acordamos querendo que o dia acabe. Adoecemos.

Acolher toda a enorme gama de sentimentos que nos visitam nos faz mais felizes. Cada sentimento cumpre a sua função e dá lugar a um novo sentimento. Impedir esse fluxo natural tem um alto preço. Não é à toa que estamos vivendo um momento social tão complicado. Nós nos distanciamos de nós e do outro, deixamos de ver as desigualdades e de nos indignar com as injustiças porque não queremos lidar com o incômodo que olhar para tudo isso causa. Nós nos acostumamos a relações ruins — conosco e com o outro. E buscamos tapar esses buracos emocionais com mais e mais prazer imediato. Engolimos a dor, em vez de cuidar de nós mesmos diante dela. E pagamos toda essa dor com a nossa felicidade.

O PODER DO CHORO

A leitura até aqui pode estar um pouco indigesta, eu sei. Falar de sentimentos, sobretudo os que doem, não é uma missão simples. Estamos acostumados a fugir, ignorar, menosprezar. Talvez você esteja reconhecendo algumas falas que usa na educação dos seus filhos e talvez isso tenha despertado mais sentimentos dolorosos. Respire. Acolha. Aceite que esses sentimentos fazem parte da vida. Que achar que pode viver sem eles é meta de gente morta. Se presenteie com a liberdade de tratar-se bem. E chore. O choro lava a gente de dentro para fora. O choro acalma e liberta. Regula. Somos uma sociedade que sofre de lágrima presa. Precisamos, finalmente, entender o poder do choro.

LÍDIA

Acompanhei Lídia algumas vezes, por meio de consultorias. Ela era uma mulher simpática, de fala firme e doce ao mesmo tempo. No entanto, naquela consulta, estava diferente. Quando começou a falar, entendi o porquê. Havia poucos dias o filho tinha sido diagnosticado com um transtorno mental. A notícia abalou profundamente seus sonhos e planos. Ela falava de maneira agitada. Ansiosa. Depois de alguns minutos, perguntei se havia chorado a dor, o susto, o medo e a frustração diante da notícia. Ela me respondeu que sim, que vinha chorando muito ultimamente. Então perguntei qual era o discurso interno enquanto chorava. O que dizia a si mesma enquanto as lágrimas rolavam? "Preciso ser forte, meu filho precisa de mim!"? "Eu não deveria estar me sentindo assim, deveria agradecer porque ele está vivo!"? Ela assentiu com a cabeça.

> — Então, minha querida, o choro não está cumprindo a sua função. Você está se reprimindo, negando os seus sentimentos e calando a sua dor. Deixe o choro fluir, lavar a sua alma. Você pode sentir todo esse furacão emocional que está em você agora. Está tudo bem...

Lídia chorou. Chorou, falou do medo, das angústias, das dúvidas. Deixou que os sentimentos aflorassem, e o rio fluiu. E pela primeira vez desde que tinha recebido a notícia, se permitiu chorar até suspirar.

Aprendemos a engolir o choro. Nós, que parávamos de chorar entre soluços e engasgos, não conhecemos o poder de parar de chorar com um suspiro de alívio. Não sabemos o poder de permitir que as lágrimas brotem e ajudem em nossa regulação emocional. Lágrimas emocionais possuem substâncias analgésicas naturais. São a sabedoria do nosso corpo. E nós impedimos que elas fluam e cumpram a sua missão. Quer viver mais feliz? Permita-se chorar mais. Chore até que o alívio venha em forma de suspiro.

Certa vez, escrevi um texto nas redes sociais sobre o choro, e alguém postou um comentário no qual dizia que na vida adulta não podemos nos dar ao luxo de parar e chorar. Que a vida não espera e, por isso, precisamos nos tornar hábeis em engolir o choro e seguir em frente. Há algum tempo, eu seria a pessoa a escrever aquele comentário. Não me permitia muito o choro, achava que não tinha tempo. O que pensariam de mim se me vissem chorando? Que sou fraca, vulnerável? Como usariam o meu choro contra mim? Então eu acreditava que engolir e seguir em frente era a melhor opção. A mais adulta. A mais útil. Não percebia que as lágrimas engolidas na verdade viravam raiva, dedo na cara, palavras duras. Não percebia que engolir o choro me machucava e, machucada, eu machucava as pessoas que me cercavam. Esses medos e crenças não surgiram do nada. Quantas vezes escutamos: "Olha a moça vendo você chorar"? Que mensagem recebemos com essa fala? "O que essa moça pensa ao seu respeito é mais relevante do que o que você está sentindo." Há também uma causa que seguimos perpetuando sem perceber.

Em um momento de dor e tristeza, desabafamos com os nossos pais: "Eu não queria que a vovó fosse embora." Minutos depois, quando agimos de maneira contrária à esperada pelo adulto, o nosso desabafo é imediatamente usado contra nós: "Você fala assim com a sua avó, depois chora porque não quer que ela vá embora!" A informação sobre o que sentimos vira uma arma contra nós, então o mais seguro é fingir não sentir.

Ainda hoje existem situações nas quais engulo o choro. Mas agora, quando percebo esse comportamento, aguardo a calmaria chegar, à noite, e choro, abraçada ao meu marido, a uma amiga ou ao telefone com a minha irmã. Aprendi que a minha raiva é uma capa grossa para esconder a minha vulnerabilidade. Engrossar a capa me faz afastar as pessoas que amo. E me impede de sentir o calor do abraço ou a carícia da brisa. Eu não nasci para engolir o choro. Você também não.

O PODER DA AUTOCOMPAIXÃO

Além de libertar o choro, para fazer as pazes com os nossos sentimentos, precisamos exercitar a autocompaixão. São muitas as definições possíveis para a autocompaixão. Ao longo dos anos, desenvolvi a minha forma de explicar e simplificar o conceito. Autocompaixão é ter a consciência de que vamos fazer besteira, pisar na bola e agir de maneira contrária à que consideramos a melhor, mas continuar nos amando e nos valorizando apesar disso. É entender que um erro não nos define, que somos maiores e mais complexos do que um ato, gesto, palavra ou momento. Autocompaixão é reconhecer que somos imperfeitos, e está tudo bem. Sério, está tudo bem.

Nós aprendemos a ter pavor dos erros. Os nossos pais aprenderam que os erros faziam com que sofressem, por isso, desejavam que fôssemos perfeitos para que sofrêssemos menos. Não queriam nos ver sofrer. E por isso exigiam de nós a perfeição. O melhor. Endurecidos, buscavam nos endurecer também. Viam as nossas falhas através de lentes de aumento. E assim passamos a acreditar que os nossos gestos e atos são pequenos, imperfeitos e insuficientes.

HELENA E A BONECA

Estávamos no restaurante e, enquanto esperávamos a refeição, as crianças brincavam. Helena balançava a boneca, fazendo sons de luta. Diante da fragilidade do brinquedo, avisamos:

— Filha, assim a boneca pode quebrar.

— Filha, essa boneca não aguenta uma brincadeira dessa!

Ela seguiu brincando e fazendo os sons de luta. Em pouco tempo, a perna da boneca quebrou. Assim que viu a perna solta, meu marido não segurou a frase que falamos quase sem perceber, a confirmação da nossa superioridade e sabedoria.

— Eu avisei! Agora vai ficar sem a boneca!

Irritada, ela cruzou os braços. As sobrancelhas cerradas demonstravam raiva.

— Eu sinto muito, filha. Sei que era a sua boneca predileta — eu disse, genuinamente.

Os bracinhos se descruzaram e se abriram na minha direção. E ela chorou. Veja bem: eu não prometi uma boneca nova. Não disse que ela estava certa e que brinquedos existem para serem quebrados. Apenas reconheci a dor e demonstrei solidariedade. O difícil e valioso exercício da empatia.

No Código Penal brasileiro há um conceito chamado "perdão judicial". A lei prevê que, "na hipótese de homicídio culposo, o juiz poderá deixar de aplicar a pena, se as consequências da infração atingirem o próprio agente de forma tão grave que a sanção penal se torne desnecessária". A minha primeira formação foi em Direito, e lembro que o professor, ao explicar o perdão judicial, utilizou o exemplo de uma atriz famosa que atropelou e matou um dos próprios filhos, à época com 12 anos, enquanto tirava o carro da garagem. O juiz, no caso em estudo, não aplicou a pena, por entender que o próprio crime já trazia dor demais àquela mulher; não fazia sentido imputar-lhe uma punição adicional. Acontece que, na relação com os filhos, não somos tão compreensivos e empáticos. Eles erram, sofrem com o erro, e nós agravamos essa dor com diversos "Eu avisei, agora bem feito!". Você se imagina dizendo algo assim a uma amiga que está sofrendo por uma traição? Ou a um amigo que perdeu o emprego porque cometeu um erro? Mas os adultos falavam assim conosco, e nós interiorizamos essa fala como a forma correta de tratar a nós mesmos quando somos menos que perfeitos. Então seguimos nos maltratando quando mais precisamos de carinho.

Não sei que erros você cometeu nas últimas horas. Se gritou com o seu filho ou com a sua filha, se deixou de entregar um trabalho importante, se esqueceu de comprar o remédio da sua mãe. Sei que errou. Como eu. Como todo o resto da humanidade. E independentemente do seu erro, a sua intenção não era ruim. Você não pensou: "Vou gritar bastante com essa menina, vai fazer terapia até morrer!", ou: "Vou deixar esse trabalho de lado e espero que a equipe inteira sofra com o meu erro!" E acredito que também não pensou: "Vou deixar de comprar o remédio porque quero que ela passe muito mal!" Salvo raríssimas exceções, a sua intenção foi boa. Você queria acertar. Pode ser que a sua filha não conheça a sua intenção, que a equipe não perdoe o seu atraso e que a sua mãe ache que foi falta de amor, mas você conhece as suas intenções, pelo menos as conscientes. Você sabe que queria o bem. Por que, mesmo sabendo disso, se trata como se fosse uma pessoa ruim? Por que segue acreditando que os seus erros definem quem você é e o tornam uma pessoa menos merecedora de amor e respeito? Por que segue se maltratando quando mais precisa de um abraço e carinho?

COMO PRATICAR?

Decidir vivenciar a autocompaixão não é uma escolha fácil e única. É uma escolha que fazemos e refazemos todos os dias. É observação contínua. Porque a nossa voz interior, os nossos padrões virão com força nos empurrando para as falas de sempre: "Eu só faço besteira!", "Tenho que quebrar a cara para ver se aprendo!", "Eu não tenho jeito!". E é um exercício diário respirar fundo, sentir o ar entrar e sair das narinas e, conscientemente, mudar o rumo da prosa. Usar novas palavras. Reconhecer que essa voz que acusa apenas não sabe exprimir a sua preocupação de outro jeito. "Estou triste, não gosto de falhar com as pessoas que amo. Agi de uma forma que eu não gostaria, mas isso não muda o fato de que sou uma pessoa suficientemente boa, que merece amor, carinho e respeito."

Quando nos acolhemos, quando aceitamos as nossas falhas, reconhecemos a dor e a nossa boa intenção, nos sentimos mais capazes de agir de maneira melhor. Bons comportamentos surgem de bons sentimentos. E o acolhimento e a confiança em nós mesmos são sentimentos geradores de comportamentos maravilhosos. Tratar-se com respeito não é um caminho fácil e simples. Mas é potente e transformador. Comece praticando. Um dia por vez.

AS PEQUENAS ALEGRIAS DA VIDA

Pergunte a pessoas que perderam um ente querido do que elas sentem mais saudade. Posso afirmar, com segurança, que a resposta não vai envolver os prêmios que a pessoa ganhou, ou os grandes acontecimentos da vida. Quando perdemos alguém, o que mais dói é a saudade das coisas comuns. Do corriqueiro. Do simples, que acontece todo dia.

Do cheiro do sabonete que tomava a casa após o banho. Do som da gargalhada. Do sabor do tempero. Do comentário perspicaz que só ele sabia fazer. Do abraço que só ele tinha. É isso que marca. São essas lembranças que apertam o peito e fazem faltar o ar. Quanto das pequenas alegrias da vida você tem se permitido experimentar? Quanto tem aproveitado do privilégio de estar vivo ou estar viva? Será que a anestesia para a dor tem tirado também a sua sensibilidade para valorizar o que precisa ser valorizado?

Uma excelente forma de fazer as pazes com os nossos sentimentos é estarmos atentos aos presentes corriqueiros. Comemorarmos as pequenas vitórias. O dia de paz depois de uma semana enlouquecedora. O filme em família. O cheiro de bolo assando no forno. O grito que quase saiu, mas que se transformou em respiração profunda ou em canção. A beleza da covinha que se forma na bochecha do pequeno quando ele sorri.

Quando foi a última vez que você se abriu para os pequenos prazeres da vida? Qual foi a última vez que sentiu o calor da mão do seu filho tocando a sua pele? Qual foi a última vez que sentiu a água do chuveiro percorrer seu corpo e ficou ali, presente, em vez de simplesmente pensar nos boletos e contas vencidas e ainda por vencer? Quantas vezes, de propósito, aproveitou o dia?

Ajustar as nossas expectativas às nossas possibilidades atuais é um gesto de autocuidado. De carinho e respeito por quem somos e pela nossa história. Falaremos de forma mais aprofundada sobre o tema nos capítulos adiante. Enquanto isso, hoje, ao fechar este livro, se comprometa a fazer as pazes com o que sente. Com o que vive em você. Todos os sentimentos são importantes e aceitos. E só conscientes disso podemos fazer as melhores escolhas sobre como agir. Mais uma vez: tudo bem sentir.

RESUMO DO CAPÍTULO

- A vida não vai parar e esperar que tudo esteja bem e tranquilo para que possamos educar os nossos filhos. Temos que cuidar deles enquanto sentimos medo, angústia, frustração, tristeza e tantos outros sentimentos. Brigar com o que sentimos não vai facilitar a nossa missão.

- Não escolhemos a força das ondas, o tom da música ou as cartas do jogo. A vida mandou, a gente aprende a lidar com o que ela manda. Decidimos como vamos navegar, que passos vamos dar, que jogadas vamos fazer.

- Os sentimentos fazem parte da vida. Não são aplicativos que podemos desinstalar ou desativar. São tão humanos quanto a vontade de fazer xixi ou a sensação de frio.

- Nós aprendemos que existem sentimentos bons e ruins e que os ruins não deveriam existir. Também aprendemos que os sentimentos não são confiáveis, são sinônimo de fraqueza e descontrole e nos fazem menos merecedores de amor, carinho e respeito.

- O que aprendemos sobre os sentimentos traz consequências difíceis de lidar. Nós nos entorpecemos, culpamos o outro pelo que sentimos, fugimos da nossa dor e não ofertamos a nós mesmos o cuidado de que precisamos. Ficamos infelizes.

- Lágrimas emocionais possuem substâncias analgésicas naturais. São sabedoria do nosso corpo. E nós impedimos que elas fluam e cumpram a sua missão. Quer viver mais feliz? Permita-se chorar mais. Chore até que o alívio venha em forma de suspiro.

- Autocompaixão é ter a consciência de que vamos fazer besteira, pisar na bola e agir de maneira contrária à que consideramos a melhor, mas continuar nos amando e valorizando apesar disso. É entender que um erro não nos define, que somos maiores e mais complexos do que um ato, gesto, palavra ou momento. Autocompaixão é reconhecer que somos imperfeitos e que está tudo bem.

- Uma excelente forma de fazer as pazes com os nossos sentimentos é ficar atentos aos presentes corriqueiros e comemorar as pequenas vitórias.

2.
FAZENDO AS PAZES COM QUEM SE É

Venho de uma linhagem de gente brava. O meu pai, os meus tios, grande parte dos meus primos, todos estão acostumados a explosões de raiva. Lembro de, volta e meia, o meu pai ter de viajar até a cidade onde vivia o meu avô para resolver problemas causados por ele e suas brigas. Cresci sendo a que não leva desaforo para casa. A que fala o que pensa. Brava. Nervosa. E ser brava e nervosa não era uma coisa legal. "Ninguém gosta de gente nervosa assim." "Nenhum homem vai querer se casar com você." "Você não pode ser assim!" Mas onde fica o botão "deixar de ser assim", que eu nunca o encontrei? À medida que crescia, fui aceitando que ser brava me definia e fim de papo. Tinha convicção de que deveria ser mais calma e tranquila, mas acreditava com a mesma convicção que nunca conseguiria ser diferente. Então, o melhor era me acostumar a brigar volta e meia e fazer muita força para segurar a raiva perto das pessoas que eu amava, porque não queria que elas se afastassem de mim.

No final da gestação do meu primeiro filho, Miguel, eu decidi que não bateria nele. Que os castigos físicos e psicológicos não podiam fazer parte da nossa vida. O grande problema era: como a menina brava vai conseguir educar sem bater? A resposta parecia simples. Preciso virar uma pessoa mais calma. E no primeiro ano de vida do pequeno, eu consegui segurar a raiva de uma forma que nunca havia feito. Quando Miguel tinha pouco mais de 1 ano, descobri a segunda gestação. Quase enlouqueci. Como eu daria conta de educar duas crianças? No meio do caos da descoberta, dos meus medos, da minha ansiedade, a máscara da mãe tranquila caiu. E um dia, não me recordo o que Miguel fez, mas perdi a paciência, trazendo à tona toda a raiva represada. Segurei os braços dele com força, enquanto o coração parecia querer saltar pela boca. O meu corpo tremia e eu apertava os lábios tentando conter a explosão. A mente, acelerada, me dizia que aquela era eu. Violenta. Grosseira. Nervosa. Soltei os braços dele e corri para o banheiro. Liguei para a minha irmã, chorando a ponto de mal conseguir falar.

> — Eu não nasci para esse negócio de ser mãe. Gente nervosa como eu não deveria ter filhos. Um dia eu vou fazer uma merda muito grande. Coitado desse menino, coitada dessa menina que está na minha barriga.

Chorei mais um tanto, me acalmei e saí, me sentindo a pior das mães, o pior dos seres humanos. Mães são doces e gentis, e eu tinha acabado de sentir vontade de bater no meu filho até a mão doer. Quando cheguei na sala, ele estava sentado no sofá. Eu me aproximei, culpada e frustrada. Vi que a força que fiz para conter a minha raiva havia machucado o meu filho. Minhas unhas haviam deixado marcas nos braços dele. Enquanto eu me julgava um pouco mais, Miguel olhou para o braço, olhou para mim e disse:

> — Mamãe, a gente tem que cortar a sua unha!

Aquele menino havia visto a minha face que nunca apareceu no Instagram. Que nenhuma amiga viu, que escondo até de mim mesma. Ele viu. E continuava me amando. Quando engravidamos, escutamos que os filhos despertam o nosso melhor. Esquecem, no entanto, de nos dizer que despertam também o nosso pior. Que em uma relação tão intensa e simbiótica, as máscaras não se sustentam. Que nos deparamos com as nossas luzes e sombras. Aquele dia mudou a minha história. Mudou o meu relacionamento comigo mesma. Ele continuava me amando. Eu precisava me amar também. Sem condições. Sem "vou me amar quando eu for mais calma", sem todos os "tem que" que havia aprendido ao longo da vida. Parar de brigar com a minha raiva me fez compreender que sou muito maior que ela. De todas as coisas que vamos tratar neste livro, peço que guarde este capítulo no seu coração. Brigar com quem somos só causa dor e frustração. Faça as pazes com quem você é. Esse é o maior presente que você pode se ofertar.

NEM BOM, NEM RUIM

Como eu disse, no primeiro ano de vida de Miguel, eu falava baixo e de maneira tranquila. Estudava dia e noite para lidar com o desenvolvimento emocional dele. Havia parado de trabalhar, e o meu filho era o meu grande projeto de vida. E eu acreditava firmemente que, se seguisse a cartilha, teria um filho calmo e tranquilo. Um pequeno Buda. À medida que o pequeno crescia, no entanto, eu via o que não queria ver. Brinquedos lançados longe na hora de frustração. As mãozinhas fechadas e o rosto vermelho nos momentos de contrariedade. Era ela: a raiva. Aquela contra a qual eu sempre havia lutado. A que sempre acreditei me fazer menos merecedora de amor, carinho e respeito. O meu pequeno Buda estava mais para Wolverine. E a minha mente me dizia que ele havia herdado o meu gênio ruim.

Fazer as pazes com quem sou, incluindo a parte brava, me fez enxergar de maneira mais amorosa as características do meu filho. Sim, ele tinha um tanto da agressividade que sempre vivera em mim. Mas ele era outra pessoa e tinha outra história. E eu me esforçava para mostrar que tudo bem sentir raiva, que precisamos apenas tomar cuidado com a forma de externá-la. Meu filho podia até ter herdado uma característica minha, mas não precisava herdar os meus julgamentos, dores e ansiedades a respeito dela. As ocasiões em que bati nos meus colegas, gritei no mercado, briguei no trânsito não foram resultado de quem eu sou, mas sim do fato de eu não saber lidar com quem eu sou. A raiva, por si só, não é capaz de ferir ninguém. Não saber como agir diante dela, sim.

Passamos anos e anos ouvindo que não deveríamos ser como somos ou que não deveríamos ser quem somos. Nervosa demais, ansioso demais, lento demais, apressada demais, faladeira demais, tímido demais. A mensagem era sempre a mesma: não somos suficientemente bons. Precisamos de ajustes, de consertos. E aprendemos a brigar diariamente com nós mesmos. Eu não seria capaz de listar quantas vezes, durante um evento ou consultoria, escutei "infelizmente eu sou...", seguido de uma característica absolutamente humana e normal, mas que a pessoa acreditava que nela era uma aberração, responsável pelos males da sua vida.

Nenhuma característica é boa ou ruim por si só. Todas têm as suas potencialidades e as suas fraquezas. Aprender a olhar para cada pedacinho nosso com esse respeito e essa leveza transforma a vida. A agressividade, que sempre odiei em mim, também me faz enfrentar meus medos. Alimenta o meu senso de justiça e honestidade. O mesmo acontece com Miguel. A sensibilidade que volta e meia julgo excessiva em Helena faz com que ela seja dotada de uma inteligência social impressionante. Conhecer as nossas características e simplesmente entender que elas são o que são nos faz mais potentes. Esse é o primeiro passo para termos uma relação mais pacífica e amorosa conosco: entender que as nossas características têm a cor que damos a elas. São neutras, nem boas nem ruins. Simplesmente são o que são.

Acontece que aprendemos a encarar apenas o lado ruim do que somos. Com a intenção de evitar sofrimentos futuros, os nossos pais nos criticavam e apontavam o que deveríamos mudar, quem deveríamos ser. Quais características nossas precisavam desaparecer para que fôssemos considerados bons e adequados. Enquanto esses "defeitos" eram vistos sob lentes de aumento, na maioria das vezes as qualidades e os pontos positivos passavam despercebidos. "Não fez mais do que a obrigação" era frase presente em muitas e muitas famílias. É difícil enxergar a si mesmo com gentileza e amorosidade quando herdamos dos nossos pais o olhar crítico e cheio de cobrança com o qual éramos mirados diariamente. É difícil enxergar a nós mesmos para além dos nossos erros e falhas quando eles eram citados e relembrados com frequência, mesmo quando acertávamos. "Finalmente se comportou! Já estava perdendo as esperanças." "Olha só, o quarto está arrumado. Vai chover!" Nem mesmo nos momentos em que buscávamos atender as expectativas, as nossas falhas eram esquecidas. Acostumados a receber críticas ainda mais pesadas dos seus pais, os adultos que nos criaram também feriram a nossa autoimagem. Mas agora temos a oportunidade de limpar as lentes e enxergar com mais amorosidade e clareza. Qual é o lado bom de ser você que tem passado despercebido no dia a dia?

MARTHA

A primeira vez que conversamos, Martha se queixou da filha de 5 anos. A menina, segundo ela, não a respeitava. Exigia muitas coisas, gritava demais, reclamava de tudo. A realidade era que Martha fazia qualquer coisa para evitar conflitos. Era pacifista a ponto de se anular para não ter de vivenciar o desconforto que os "nãos" poderiam provocar. Ela me dizia que queria ser mais firme, falar de maneira enfática e assertiva, mas se considerava molenga demais. Era interessante notar que ela acreditava que, para conseguir impor limites nas relações, precisava virar outra pessoa. Alguém que fosse o oposto de quem era. Conversamos sobre como ela, sendo quem era, poderia defender o que acreditava ser o melhor para si. De que maneira poderia falar, quais estratégias poderia usar. "Não é sobre quem você deveria ser, mas sobre quem você é. O que podemos fazer com as cartas que temos nas mãos?" Abandonar o que deveria ser mudou sua perspectiva. Ela aprendeu a identificar os sinais físicos do desconforto e a admitir que, às vezes, era preciso senti-los. Compreendeu que poderia dizer "não" sem necessariamente ser dura com as pessoas. E entendeu que o seu jeito leve e tranquilo a ajudava muito em diversas situações. Ela precisava apenas prestar um pouco de atenção às próprias necessidades para não ignorá-las em nome da paz mundial. O bom ou ruim está nas lentes através das quais vemos a nós mesmos, não nas nossas características em si.

ERA SÓ UMA OPINIÃO

Marcos e eu tínhamos muito em comum e, em pouco tempo de convivência, nos tornamos muito amigos. Ele era um homem generoso e sensível. Eu o considerava uma das pessoas mais bondosas que já havia conhecido. Não por ser caridoso, mas por demonstrar um coração gentil nas pequenas e grandes interações do dia a dia. Depois de um tempo de amizade, descobri que, aos olhos da família, Marcos era o extremo oposto. Chato, reclamão e maldoso. Por vezes, enquanto os pais descreviam o filho, eu me perguntava se realmente o conheciam. Nada daquilo parecia corresponder à pessoa cujas confidências eu escutava. Com o tempo, descobri que o irmão desempenhava o papel de bonzinho em casa e, como esse papel já estava ocupado, Marcos foi alocado no extremo oposto. Se o irmão lavava o banheiro e arrumava a cama e Marcos apenas arrumava a cama, isso era um sinal de que Marcos não era suficientemente bom. E assim eles seguiam desempenhando os seus papéis no teatro da família. O mais impressionante era que, por conta do personagem que representava em casa, Marcos desenvolveu diversos problemas de autoestima. Não conseguia reconhecer as suas características positivas, não enxergava a própria generosidade. Mesmo sendo um homem adulto, seguia como a criança que acreditava piamente nas palavras e opiniões dos pais. Certa vez, depois de uma interação com a família dele, fiz um comentário sobre uma situação em que os pais o haviam comparado ao irmão sem nenhum pudor.

> — Agora entendo a forma como você olha para si mesmo. Aos olhos do seu pai, seu irmão é perfeito! Nunca deu trabalho, nunca acordou de madrugada, é melhor que você em todos os esportes e até nos jogos de tabuleiro! Caramba!

A resposta dele foi apenas:

> — É, ele é bom em tudo. E eu nem percebi que meus pais tinham dito isso.

Os pais haviam passado quase trinta minutos falando das inúmeras características incríveis do irmão, e Marcos, acostumado a escutar as comparações, nem se deu conta. A fala dos pais era a verdade inquestionável. E ele seguia enxergando a si mesmo de maneira limitada e cruel.

Há uma diferença imensa entre fato e opinião. Fato é o que é. O que acontece. Aquilo contra o que não é possível apresentar argumentos. Opinião é o nosso julgamento sobre os fatos. É a lente através da qual enxergamos o que acontece. Pode ser debatida, questionada, alterada. Entre o que os nossos olhos veem e o que o nosso cérebro armazena há uma grande distância. Categorizar e julgar são capacidades necessárias à nossa sobrevivência. Precisamos guardar a informação de que determinada fruta, apesar de bonita, é venenosa. Ou de que determinada pessoa, apesar do sorriso largo, teve atitudes que nos prejudicaram algumas vezes. Armazenamos as informações em nossa mente, separadas e rotuladas, para sabermos como agir quando determinadas situações se apresentarem novamente. Essas informações nos ajudam a não repetir constantemente os mesmos erros. Isso faz parte do processo evolutivo. O problema é que, na maior parte das vezes, nos esquecemos que existe uma grande distância entre a realidade e os nossos julgamentos, e misturamos as duas coisas como se fossem uma só. Acreditamos que a nossa forma de enxergar a realidade é a realidade em si. Esquecemos que um ponto de vista é apenas a vista do ponto onde estamos.

Não somos os únicos a fazer essa confusão. Os nossos pais fizeram o mesmo. Então, quando você se negou a cumprimentar alguém que chegou em casa (fato), escutou que era tímido ou tímida (opinião). Quando fez algo mesmo depois da negativa dos seus pais (fato), escutou que era teimoso ou teimosa (opinião). Quando chorou porque estava triste (fato), escutou que era chorão ou chorona e sensível demais (opinião). Quando repetiu o prato no almoço (fato), escutou que era guloso ou gulosa (opinião). Quando disse não aos pais (fato), escutou que era uma pessoa ruim (opinião). Tudo se misturou. Você não questionou se eles estavam certos ou errados. Não se perguntou se eles sabiam o que estavam fazendo ou dizendo. Eles eram os seus pais, e você acreditou em cada palavra dita por eles. Dessa forma, opiniões proferidas de maneira descuidada viraram verdade absoluta, pedras importantes no alicerce da sua identidade. As histórias sobre você se tornaram a base para a construção da narrativa da sua vida. Assim seguimos acreditando que somos chatos, teimosos, agitados, irritados, sensíveis, desastrados, corajosos ou medrosos. Seguimos acreditando que as palavras que ouvimos nos definiam. Papai e mamãe sabem tudo; se estão falando, é a verdade. Uma criança não duvida das expectativas dos pais, mas duvida da sua capacidade de atendê-las. Ela não duvida de quem os pais são, mas duvida de quem ela é.

MIGUEL E O MACHUCADO NO PÉ

Estávamos em casa, as crianças e eu, quando Miguel machucou o pé. Pulou em um pião, que entrou no calcanhar, formando uma poça de sangue ao redor. Lidei com a situação de maneira tranquila e, após cuidar do ferimento e acalmá-lo, liguei para o pai para contar o que aconteceu. Algum tempo depois, a avó ligou, e eu contei a ela também o ocorrido. A minha irmã ligou, e eu repeti a história. No dia seguinte, o pequeno encontrou uma amiguinha e relatou o que aconteceu. O que me impressionou foi que ele contou exatamente como eu havia contado. Sem tirar nem acrescentar uma vírgula. Não disse o que sentiu, não comentou sobre a dor. Simplesmente repetiu o que contei. Como estou sempre atenta ao que falo sobre eles, o meu relato havia se resumido aos fatos: Miguel pulou, havia um pião no chão, que entrou no pé, causando um ferimento, do qual eu cuidei. Ele estava bem. Sem dizer que ele havia sido medroso ou corajoso. Sem adjetivos para descrever a organização dos brinquedos. Sem atribuição de culpa. Se outros detalhes e palavras tivessem feito parte da minha narrativa, ele teria acreditado e reproduzido, sem pestanejar.

Tudo o que você escutou sobre você até hoje foi apenas a opinião de alguém. Uma opinião. Uma opinião de alguém que tinha toda uma história de vida para além de você. Que tinha seus próprios medos, anseios, feridas e dores. Uma opinião de alguém que carregava os próprios rótulos. As lentes que miravam você estavam embaçadas. Tinham marcas e arranhões que impediam de enxergar com clareza. De onde vieram as palavras que você utiliza para se definir? Quando começou a acreditar que era uma pessoa intensa demais, teimosa demais, tímida demais? Consegue se lembrar? Quando crianças, não sabíamos que os nossos pais projetavam em nós o seu mundo interno. Não tínhamos o discernimento necessário para diferenciar o que era nosso e o que era deles. Herdamos as suas histórias e narrativas como se fossem nossas, não apenas no que dizia respeito a quem éramos, mas também no que dizia respeito a todo o resto. A maior parte das nossas lembranças de infância está contaminada pelo olhar dos nossos pais, como a história de Miguel e do machucado. Repetimos as suas opiniões e os seus olhares como se correspondessem à vida em si. Acontece que agora já somos capazes de separar as coisas, por mais difícil que pareça. Agora você pode finalmente começar a compreender que quando diziam que era uma pessoa teimosa, chata, ansiosa, dentre tantos outros adjetivos, isso não era uma verdade, como a cor da sua pele ou a sua altura. Agora você é capaz de ver a si mesmo com os seus olhos, não com os olhos alheios. Muito além de perceber que as suas características não são boas ou ruins, você precisa entender que a maioria delas nem sequer existe de fato; são apenas a fala de alguém que não sabia separar o que é fato do que é opinião.

Pode ser que você esteja, neste momento, pensando que sim, algumas das suas características não são realmente verdadeiras, mas histórias contadas pelos seus pais. Mas que muitas delas correspondem à verdade, são o que são. E você as odeia. Não sabe lidar com elas e gostaria apenas que fossem diferentes. E cá estou eu, para lembrar que você é maior do que elas. Que nenhuma característica isolada é capaz de definir quem você é. Ninguém é uma coisa só. Todo rótulo é uma prisão. Somos mansões enormes, complexas, cheias de quartos, cômodos, varandas e porões, mas estamos acostumados a viver em apenas um cômodo, que mal nos comporta.

Fomos empurrados para dentro do quartinho de bravo, ansioso, tímido. E deixamos de explorar a nossa capacidade de encontrar a calma, a temperança, a expansão. Somos muitas coisas. Mas fortalecemos aquilo que ganhou atenção por toda a vida. E acreditamos que somos apenas um cômodo de nós mesmos. Pequeno, estreito, apertado.

Como era rotulado de chato e egoísta, meu amigo Marcos não conseguia enxergar que era bem mais do que isso. Não conseguia enxergar que dominava vários jogos, era bom em futebol e tinha uma memória impressionante. Quando digo que sou brava, esqueço que também sei escutar, sou muito leal aos meus amigos e sou uma companhia divertida. Não há uma única palavra capaz de definir a complexidade e a imensidão do que somos.

BANDEIRA BRANCA

No dia em que decidi aceitar a raiva e a agressividade como partes de mim, tive mais dúvidas que certezas. Como eu ia fazer isso? Como ia parar de lutar contra a raiva? E se parar de lutar contra ela me transformasse em uma fera descontrolada? As únicas coisas que eu sabia fazer eram brigar, pensar que eu não deveria ser assim e me julgar cada vez que agia de maneira contrária à que eu julgava correta. Depois de uma vida inteira procurando o botão "deixar de ser assim", eu estava finalmente pronta para desistir. Mas não fazia ideia de como começar.

O primeiro passo foi buscar entender como eu funcionava. Escutamos tantas certezas a nosso respeito que perdemos a curiosidade. Achamos que simplesmente sabemos quem somos, mas a realidade é que há sempre muito a aprender. E eu precisava entender como a raiva chegava, a fim de elaborar estratégias para lidar com ela. Lembro que a minha avó sabia quando ia chover, e isso sempre me impressionava. Uma mulher analfabeta, que não tinha televisão e nenhum contato com meteorologia. A bem da verdade, ela não sabia nem sequer pronunciar essa palavra. Mas sabia quando a chuva viria, e preparava a casa. Tirava as roupas do varal, prendia os animais. Uma vez, perguntei como ela sabia quando se preparar para a chegada da chuva.

— É o vento, minha filha.

Passei a aguçar os meus sentidos, como a minha avó. Sentar e reclamar porque a tempestade viria não era muito útil; eu precisava aprender o que anunciava a sua chegada e me preparar. Já que a chuva viria, eu não queria ser pega de surpresa. E essa atenção aos meus sinais me presenteou com algo que os anos de briga nunca me proporcionaram: a autorregulação.

Dividi a chegada da raiva em três estágios. No primeiro, o meu coração acelera e a respiração muda. Esse estágio é sutil, e por toda a minha vida passou despercebido. Eu só sabia que estava com raiva quando já estava xingando e chamando alguém para a briga. Então entendi que, antes da explosão, havia sinais que me alertavam sobre a necessidade de me afastar e me regular. Eu só precisava ficar atenta para identificá-los. No segundo estágio, além dos sinais anteriores, os meus músculos se contraem. Temos, todos os animais vertebrados, uma região em nosso cérebro que regula as nossas reações mais primitivas, que nos faz lutar ou fugir ao menor sinal de perigo. O meu cérebro, em regra, me faz lutar. E o meu corpo se prepara para o combate. As mãos se abrem e se fecham com certa rapidez, os músculos das costas e dos braços ficam tensos. Os pensamentos se aceleram. No último estágio, além de todos esses sinais, sinto a cabeça doer e o estômago queimar. Confesso que conhecia apenas esse estágio e acreditava firmemente que passava da calmaria a ele em segundos. Mas a realidade era que os sinais eram enviados, mas eu estava ocupada demais brigando com quem sou para percebê-los.

Agora que eu entendia os sinais, podia criar um plano de ação para quando eles surgissem. O que funcionava para me acalmar? De que forma eu podia lidar com a raiva em cada estágio? Iniciei a fase dos testes. Descobri que, no primeiro estágio, praticar respiração profunda e consciente tem um efeito muito bacana. No segundo, preciso de movimentos físicos. Dançar, lavar as mãos, bater palmas. No terceiro, além dos movimentos físicos, preciso vocalizar. Cantar, gritar. Passei então a identificar os principais gatilhos para a raiva: necessidades físicas não atendidas (fome, sono, cansaço), frustração e vergonha eram os principais. Eu, que achava que sabia tudo sobre mim, descobri um universo interno até então desconhecido. Não posso dizer que as descobertas foram rápidas. E que descobrir e pôr em prática são sinônimos. Uma vida inteira brigando com as minhas características tinha deixado marcas. Mas eu não dizia mais, internamente, que não deveria ser quem era. Que não tinha jeito. Com o tempo, percebi que havia passado a me regular mais rapidamente. E que já não era qualquer coisa que me tirava do sério. Parei de reclamar da chuva e aprendi a perceber o vento.

Talvez a sua característica que mais causa angústia não seja a agressividade. Talvez seja a passividade, a lentidão, a teimosia. Não importa se você nasceu com ela ou se ela faz parte de um personagem que você desenvolveu como estratégia de sobrevivência, brigar com quem você é não vai melhorar as coisas. Presenteie-se com a curiosidade. Quais são os sinais que o seu corpo envia para avisar que você vai agir de determinada maneira? Quais são os pensamentos que demonstram que o padrão vai se repetir? Que estratégias pode usar para que ele não se repita? E, caso as coisas saiam do controle, o que pode ser feito para que retornem ao esperado? Percebe que procurar o botão "deixar de ser assim" não nos fornece nenhuma dessas informações? Que uma educação focada em moldar a personalidade dos filhos de acordo com as expectativas dos pais só nos torna pessoas menos conscientes e mais despreparadas para a vida?

Na época em que as guerras e os combates armados eram comuns, a bandeira branca era um sinal de que a tropa estava desarmada e queria negociar. Uma rendição ou pedido de trégua. Hora de levantar a bandeira branca. De parar de brigar e passar a negociar. De deitar as armas no chão, porque não nos levaram a lugar nenhum. Essas são as cartas que você tem em mãos. É com elas que precisa jogar. Aceitá-las pode trazer surpresas.

Mais uma vez digo que não será uma decisão fácil ou simples. Mas brigar consigo mesmo também não é. Em algumas épocas, lidar com a minha tendência a explosões de raiva é algo simples e tranquilo e chego a pensar que nem faz mais parte de mim. Em outras, tenho a sensação de que apago um incêndio a cada 20 minutos. Nessas épocas, observo com mais atenção os meus gatilhos, aumento a frequência de atividades que me fazem bem e acolho melhor os meus sentimentos. Entendo que nem a dificuldade, nem a facilidade definem o meu valor ou me tornam mais ou menos merecedora de amor e respeito. São apenas expressão das minhas necessidades e do que está vivo em mim.

Não busque a perfeição, mas a aceitação e o equilíbrio. Não esqueça, no entanto, de que equilíbrio é um eterno balançar, como um ciclista em sua bicicleta. Pende um pouco para um lado. Observa. Corrige o rumo. Volta para o centro. Segue. Opa, pende para o outro lado. Observa. Corrige o rumo, volta para o centro. Segue. Em alguns momentos, esse balançar é leve e quase não o notamos. O caminhar fica fluido. A bicicleta se guia quase sozinha. Em outros momentos, o terreno está diferente, as nossas pernas estão cansadas, a nossa atenção está longe. O balançar é forte e quase nos faz crer que não vamos conseguir. Algumas vezes, por mais prática e anos de pedalada que tenhamos, beijamos o chão em quedas homéricas. E de corpo doído, joelho ralado e lágrimas nos olhos, a vida nos pede para subir na bicicleta novamente e seguir. Equilibrando. A linha reta é a morte, a vida é dança, é balançar, é movimento. Gritou com a criança hoje? Observe. Corrija o rumo. Volte para o centro. Siga. Deixou de se posicionar a respeito de algo que era importante demais para você? Observe. Corrija o rumo. Volte para o centro. Siga. Comeu mais do que dava conta? Observe. Corrija o rumo. Volte para o centro. Siga. Educar, viver, amar, aprender. Tudo que pede equilíbrio pede movimento, atenção, coragem. Errar faz parte da vida. Pender para um lado que não é o que gostaríamos também. Lembre-se da bicicleta. Do equilíbrio. Observe. Corrija o rumo. Volte para o centro. Siga.

SEU CORPO CASA

LETÍCIA

Letícia tinha três filhos e era mãe solo. Lidar com as crianças era um desafio enorme porque, assim como eu, ela havia crescido com o rótulo de brava. Durante a consulta, perguntei quais eram os sinais físicos de que a raiva estava chegando. Ela não entendeu. Como assim sinais físicos? Ela simplesmente explodia, era tudo o que sabia. Explodia e amargava uma culpa imensa, que a deixava mais frustrada e propensa a explodir outra vez. Quando pedi que observasse o corpo, me respondeu que não conseguia. Letícia, como a maioria das mulheres, sobretudo as brasileiras, tinha uma imensa lista de descontentamentos com o próprio corpo. Era flácido demais, tinha gordura demais e beleza de menos. Era inadequado e ruim. Como escutaria os sinais do corpo, se não gostava nem confiava nele? Como poderia se conectar com algo que tinha vergonha de olhar, tocar e amar? Muito além de aprender a lidar com as próprias emoções, a bela mulher diante de mim precisava aprender algo que todos deveríamos saber instintivamente: habitar o nosso corpo, que é a nossa primeira e última casa.

Seu corpo não é o seu meio de transporte. Ele não existe apenas para levar você de um lugar para outro. Ele é maior do que isso. É a sua casa. Quando você está apaixonado ou apaixonada, o coração acelera e você experimenta o frio na barriga. É o corpo que se arrepia de excitação e quase perde a consciência durante o gozo. É no seu corpo que o abraço é vivenciado e o beijo é sentido, é o seu corpo que o carinho inunda. Esse corpo que abraça, acolhe, cozinha, anda, dança. Que dá e recebe amor. Que sustenta a sua existência. Até quando você vai negar a importância da sua casa, dando tanta importância às aparências e ao que acha que ele deveria ser? Quando você vai começar a habitar cada pedacinho de si?

Habitar o corpo, conhecendo os seus sinais, é uma ferramenta poderosa para regular a mente. O corpo é a nossa âncora no presente.

A mente pode estar em qualquer lugar ou tempo. Enquanto você está com este livro nas mãos, a sua mente pode estar na sua última viagem de férias, na praia. Ou no jantar de Natal de 2030, com filhos e netos ao redor da mesa. Ela simplesmente atravessa o tempo e o espaço. Mas o seu corpo, ele não. Ele só tem a opção de estar no presente, ocupando o espaço que ocupa. Quando nos desconectamos dele, vivemos montados nesse cavalo selvagem e desgovernado que é a nossa mente. E nos angustiamos, sofremos, perdemos a paz em meio a medos e paranoias. A vida acontece no aqui e agora.

Mas, enquanto a vida acontece, nos perdemos nas histórias que criamos diariamente. Cada um de nós tem, em sua mente, um contador de histórias. Eu poderia dizer que criamos roteiros dignos de novela das oito, mas creio que os dramalhões mexicanos fazem mais jus às nossas habilidades. O menino não atende ao que pedimos e, em instantes, somos projetados para o futuro e vemos um adolescente grosseiro e desleixado nos envergonhando. A menina se recusa a comer o almoço e já imaginamos a adulta cheia de problemas de saúde, que se alimenta apenas de *fast food* e Coca-Cola. Como estamos acostumados a acreditar nos nossos pensamentos e a achar que correspondem à verdade absoluta, deixamos que eles determinem as nossas ações. E em vez de perceber que o pequeno estava concentrado em uma atividade e por isso não nos atendeu, e que a menina, apesar de se recusar a comer o brócolis, comeu o feijão e a cenoura, nos perdemos nos nossos medos e nas nossas projeções terríveis para o futuro. Gritamos, brigamos, reclamamos e agimos de maneira contrária à que consideramos ideal. O medo nos cega.

E onde o corpo entra nessa história? Na regulação. No autocontrole. Um minuto de respiração consciente, focando no ar que entra e sai, percebendo a diferença de temperatura do ar durante esse movimento, é capaz de reduzir os níveis de cortisol, conhecido como o hormônio do estresse, no sangue. Um minuto percebendo os sinais do corpo nos tira da nossa mente. Silencia o contador de histórias que há em nós. Quando a vida está corrida, quando os dias se atropelam, quando sentimos angústia e ansiedade a ponto de quase sufocar, habitar o nosso corpo e conhecer as suas potências é a melhor saída. Caminhar, dançar, pintar, desenhar. Estar presente quando acordamos e lavamos o rosto, sentindo a temperatura da água que sai da torneira e umedece os dedos. Sentir a temperatura da mão dos filhos no momento em que nos tocam. Perceber que a vida acontece nesse instante, não em nossa mente tagarela. Que ela acontece nesse corpo que vale mais que o número do seu jeans.

Nessa jornada para conhecer melhor quem somos e onde moramos, é essencial ter consciência de que se trata de uma escolha que implica remar contra a maré. Há um mercado bilionário que se alimenta da nossa insatisfação. Segundo dados da empresa de pesquisas Euromonitor International, as vendas do setor de produtos de beleza e cuidados pessoais no Brasil alcançaram 109,7 bilhões de reais em 2018. Sabe o que isso significa? Sobretudo se for mulher, isso significa que o mercado precisa que você odeie os seus culotes e queira comprar cremes e mais cremes redutores para adequá-los ao padrão. Que é importante que você ache o seu cabelo bonito, mas que ele só será maravilhoso se for exatamente igual ao da atriz da novela e, para que isso aconteça, você precisa usar aquele produto inovador feito com a matéria-prima mais incrível de todos os tempos que até ontem não sabíamos que existia. Não gostar do seu corpo é essencial para manter uma indústria que, apesar da crise econômica e da inflação, só cresce no país. Segundo a Sociedade Brasileira de Cirurgia Plástica, foi realizado mais de 1,7 milhão de procedimentos cirúrgicos no país em 2018, 60% dos quais para fins estéticos. A cirurgia plástica surgiu para reparar danos causados por acidentes e doenças, no entanto, mais da metade dos procedimentos é realizada por motivos estéticos! Somos o segundo país no ranking dos que mais realizam cirurgias plásticas no mundo, perdendo apenas para os Estados Unidos. Aumento de seios, lipoaspiração, cirurgia de pálpebras e rinoplastia lideram os procedimentos mais realizados. Não estou criticando quem se submete ou não a um procedimento, mas convidando você a perceber que existem inúmeros fatores que fazem com que você considere o seu braço gordo demais ou magro demais. Que enquanto você segue com a sua vida, as multinacionais convocam reuniões durante as quais dados e mais dados são apresentados, buscando a forma ideal de fazer você acreditar que precisa, urgentemente, do próximo produto que a marca vai lançar.

Se somarmos a isso a educação que recebemos, que nos distanciou do nosso corpo e das nossas sensações físicas e nunca nos ensinou a cuidar da nossa casa por amor, temos a combinação perfeita para a insatisfação. Crescemos escutando que não podemos confiar no nosso corpo, que precisamos raspar o prato e tomar banho, caso contrário, quando a tia vai nos beijar estaremos com cheiro ruim. O foco sempre foi o que o outro vai pensar, o que vai achar de nós, se vai nos amar ou não. Para as mulheres, a questão do peso era triplicada, pois precisamos estar magras, sorridentes e belas, mesmo que isso custe o nosso conforto e a nossa felicidade. Um prato cheio para a indústria, não? Seu corpo é maior que a sua aparência. É mais que dois ou três dígitos na balança. É mais potente do que uma boa pose no *feed*. Cuide dele. Ame-o. Respeite-o.

Mas como fazer isso? Como levantar a bandeira branca também nessa relação? Buscando a consciência. Questionando a nossa mente, ganhando perspectiva sobre as situações. E aceitando que há um longo caminho de aceitação a ser percorrido, um passo por vez. Passei anos brigando com a balança. Não importava o número que aparecesse nela, eu o considerava alto demais. Emagrecer foi o foco de uma vida inteira. Meu peso oscilou tanto que não sei mensurar. Lembro da minha primeira dieta, aos 13 anos. A dieta da sopa. De lá para cá foram muitas. Dos pontos, da lua, da laranja, *low carb*, paleo, Atkins. Inúmeros planos alimentares. Todos funcionaram, por um tempo. Em todos emagreci, mas voltei a engordar. Quando engordei pela última vez, em 2017, decidi que não conseguiria mais seguir uma dieta. Chorei de cansaço, de exaustão. Derrotada e frustrada porque, entre os jogos desse mercado bilionário, a jogada de mestre é culpar a sua força de vontade por não se adequar ao padrão. Na busca por uma forma consciente e amorosa de cuidar de mim, encontrei a nutrição comportamental. E descobri que não conhecia a minha fome nem a sensação de saciedade. Tantos anos focando em comer tudo que estava no prato tinham me afastado do meu sensor natural que me dizia que já havia comido o bastante. Eu não conhecia o meu corpo; a maioria de nós não conhece. E, assim como fiz com a raiva e com as minhas emoções e características, passei a ter curiosidade em vez de certeza. Compaixão em vez de rancor.

Não é possível ter uma relação de consciência e amor por si sem estar em harmonia com o corpo. Sem ter atenção à respiração. Sem estar atento ao que se come e à maneira como essa comida é recebida. Nesse processo de me observar, descobri que doces em excesso me dão ressaca. Primeiro fico feliz e eufórica, mas um tempo depois sinto desânimo e tristeza. Nenhuma dieta seria capaz de me contar isso. Só fazendo as pazes com o meu corpo eu aprendi a lidar com ele. Comecei a me exercitar por amor. Massageio os pés ao final do dia, agradecendo a essa casa por ter me abrigado por mais 24 horas. Qual foi a última vez que você massageou os seus pés? Qual foi a última vez que tocou amorosamente o seu corpo, agradecendo por tudo que ele é capaz de fazer? O que está esperando para começar hoje, agora, neste momento?

TUDO BEM SER VOCÊ

Há algum tempo, quando realizava *workshops*, começava sempre com a mesma frase, de autoria de Herb Gardner: "Quero que ele conheça exatamente a coisa especial que ele é, senão não perceberá quando ela começar a ir embora. Quero que ele permaneça desperto [...] e veja as possibilidades mais loucas. Quero que ele saiba que vale a pena fazer de tudo só para dar um pequeno pontapé no mundo quando se tem a chance. E quero que ele saiba a razão sutil, fugidia e importante pelo qual nasceu um ser humano, e não uma cadeira." Depois de recitar a frase, perguntava aos participantes quem, naquela manhã, havia se lembrado da razão sutil, fugidia e importante pela qual havia nascido um ser humano, e não uma cadeira. Ninguém, em nenhum dos eventos, levantou a mão.

Nós nos acostumamos a ver a nós mesmos como cadeiras. Achamos que, se lixar aqui, desempenar ali, trocar o assento e alguns detalhes, ficaremos perfeitos. Mas não somos cadeiras que precisam de consertos e ajustes. Somos humanos, por mais que não tenhamos aprendido isso. Com a intenção de nos preparar para a vida, os nossos pais achavam que podiam nos moldar de acordo com as suas expectativas. E se esforçaram para nos encaixar em suas formas e padrões. No próximo capítulo, vamos falar sobre o conceito de infância e suas repercussões na forma como fomos educados, mas preciso que você entenda, desde já, que havia — e de certa forma ainda há — uma visão de que nascemos como livros em branco. Que os pais são capazes de determinar como os filhos devem agir, falar e ser. E os nossos pais acreditavam que essa era a sua missão. Determinar quem somos. Nos moldar. Como marceneiros, lixaram, cortaram, encaixaram. E assim seguimos esquecendo a razão sutil, fugidia e importante pela qual nascemos humanos, não cadeiras.

O filho que idealizamos não nasceu. A criança que gestamos ou adotamos e para a qual fizemos planos e cultivamos sonhos não veio ao mundo. Esse ser que educamos é alguém único; nunca houve nem nunca haverá ninguém igual. Não interessa se você tinha uma fôrma quadrada, perfeitamente idealizada e calculada; se recebeu uma estrela-do-mar para criar, é com ela que vai conviver e é ela que precisa amar. Tentar encaixar a estrela-do-mar em sua fôrma quadrada vai exigir esforço e energia descomunais. E vai machucar e ferir a estrela, que nada tem a ver com as suas expectativas. Acontece que, infelizmente, os nossos pais não tinham essa consciência. A maioria de nós tem marcas profundas dessa tentativa de encaixe em fôrmas nas quais não cabe. Acreditamos que as expectativas deles eram os padrões aos quais deveríamos nos adequar e sofremos e duvidamos das nossas capacidades. Passamos a acreditar que não somos bons o suficiente e que só seremos amados, aceitos e acolhidos quando mudarmos. Cadeiras e marceneiros.

Você não nasceu para fazer os seus pais felizes. Não existe para dar orgulho a quem quer que seja. Você nasceu para ser você. Para se amar, para colocar os seus dons e talentos a serviço do mundo.

Para crescer com a comunidade, se relacionar com o outro sem desrespeitar os seus limites. Você nasceu para amar, sorrir, chorar, crescer e evoluir. Não para se adequar a um padrão criado por alguém que também nasceu para amar a si mesmo e não sabe disso. Tudo bem ser você. Com essas características, com esses sentimentos, com esse corpo. Tudo bem. Você não será capaz de encontrar calma e tranquilidade, de educar respeitando o outro e a si mesmo ou a si mesma se estiver brigando com quem é, diariamente.

Tudo o que você leu até aqui não vai mudar a sua relação com quem você é imediatamente. Isso vai exigir tempo e treino. Vai exigir que você acolha a dança da vida, que aceite o equilíbrio que é movimento. Quando a voz julgadora — que está acostumada a violentar o seu coração toda vez que você erra e é menos que perfeito ou perfeita — aparecer, respire. Respire por pelo menos um minuto. Sinta o ar entrar e sair, ancore-se no presente. Lembre que são os seus medos gritando alto. E diga para si mesmo ou para si mesma que, não importa o que faça ou diga, você é alguém especial, que merece amor, carinho e respeito. Não importa o tamanho do erro ou da falha. Chore a sua frustração, assuma a responsabilidade e repare o que for necessário. E jamais esqueça que ser você é o bastante. Que há uma razão sutil, fugidia e importante pela qual nasceu humano, não cadeira.

RESUMO DO CAPÍTULO

- Brigar com quem somos só causa dor e frustração. Faça as pazes com quem você é. Esse é o maior presente que você pode se ofertar.

- O primeiro passo para uma relação mais pacífica e amorosa consigo mesmo é entender que as nossas características têm a cor que damos a elas. São neutras; nem boas nem ruins. Simplesmente são o que são.

- Grande parte das palavras que você utiliza para definir quem é trata-se apenas a opinião dos seus pais ou cuidadores que você acreditou corresponder à verdade. Uma criança não duvida das expectativas dos pais, mas, sim, da sua capacidade de atendê-las. Ela não duvida de quem os pais são, mas, sim, de quem ela é.

- Não há uma única palavra capaz de definir a complexidade e a imensidão do que somos.

- Ninguém é uma coisa só.

- Substitua a certeza pela curiosidade e descubra como você funciona. Dessa forma, estará utilizando melhor a sua energia do que se seguir procurando o botão "deixar de ser assim".

- O seu corpo é a sua casa. Uma boa relação com ele, além de fortalecer a autoestima, cuida da saúde mental e auxilia na regulação das emoções.

- Você é bom o suficiente. Você é boa o suficiente. Merece amor, carinho e respeito sendo quem é. Há uma razão sutil, fugidia e importante pela qual nasceu um ser humano, e não uma cadeira.

3.
FAZENDO AS PAZES COM O PASSADO

O evento acabou e, na fila para que eu autografasse seu exemplar de *Educação não violenta*, uma mulher parecia nervosa. Mexia as pernas, roía as unhas. Entre um abraço e outro, eu observava, de longe, a inquietude dela. Quando chegou sua vez, Amélia me disse com um riso desconfortável:

> — Eu tenho dois filhos, um de 18 e outro de 15. O que faço agora? Fiz tudo que você falou que não devemos fazer. Rotulei, gritei, bati, mandei calar a boca quando chorava. Faço um filho novo? O que eu faço com a culpa que estou sentindo?

Abracei aquela mulher com todo o amor que eu podia. E a inquietude se desmanchou em choro. Por alguns instantes ficamos ali, abraçadas, em silêncio. Segurei gentilmente o rosto dela e disse que sabia que ela havia feito o melhor que podia, com as ferramentas que possuía. Disse que tinha certeza de que nunca houvera, no seu coração de mãe, o desejo de prejudicar os filhos. Que ela precisava se perdoar para poder seguir em frente com mais leveza. Reconhecer os próprios esforços era o primeiro passo para fazer diferente dali em diante. Nos seus 18 anos de maternidade, Amélia ofertou aos filhos o que tinha para ofertar, como todos nós fazemos. E como fizeram os nossos pais.

Até aqui falamos sobre os nossos sentimentos e características, percebendo que, infelizmente, não aprendemos a cuidar deles com o respeito que merecem. Por vezes, olhar para a nossa história nos faz culpar os nossos pais. Eles podiam ter sido diferentes, podiam ter cuidado melhor de nós. Eles, eles. Neste momento, convido você a deixar esse pensamento arrogante de lado. A olhar para a sua história de maneira mais abrangente e compassiva com você, com os seus pais e com todos os envolvidos. Eles fizeram o melhor que podiam, diariamente, assim como fazemos. E para seguir livre e assumindo a responsabilidade pela sua história, você precisa parar de culpá-los.

Não temos, hoje, nenhuma garantia de que a nossa forma de educar será reconhecida e aceita pelos nossos filhos como a melhor de todas. Não estou livre de, daqui a trinta ou quarenta anos, ter a minha forma de educar esmiuçada e questionada em um livro escrito por um dos meus filhos. De posse de novos estudos e conhecimentos, eles saberão coisas que hoje não sei. Esse é o curso natural da vida. Esse é o nosso processo evolutivo. Aprendemos com os que vieram antes de nós, agradecemos pelo que nos ensinaram e fazemos ainda melhor no que podemos. Nenhuma linha deste livro tem a intenção de fazer com que você acredite que é melhor ou pior do que qualquer outra pessoa. Quando acolhemos o passado como parte importante da nossa história, ganhamos a oportunidade de fazer um futuro diferente. Os seus pais cumpriram a parte deles, agora chegou a sua vez de fazer a sua. A responsabilidade por quem é e pelo que fará com isso está em suas mãos.

UMA HISTÓRIA SOBRE A INFÂNCIA

A minha mãe é canhota, mas aprendeu a escrever e fazer quase tudo com ambas as mãos. A minha avó se sentava com o chicote de couro conhecido como reio, no colo, ficava observando os filhos fazerem o exercício de casa passado pela professora e, sempre que algum comportamento fugia ao esperado, como escrever com a mão errada, o reio servia de corretivo. Pessoas normais escreviam com a mão direita, e ela queria filhos normais. Como não tinha nenhum conhecimento sobre o funcionamento do cérebro, ela achava que escrever com a mão esquerda era pirraça e desobediência. Um mau comportamento que precisava ser corrigido com uma surra. As histórias que os meus pais contam da infância me fazem chorar. Por diversas vezes pensei: "Como alguém consegue fazer isso com uma criança? Como alguém é capaz de machucar assim um ser menor e mais frágil?" A grande questão aqui é que o conceito de infância não é estático e mudou bastante ao longo dos anos. A forma pela qual enxergamos o desenvolvimento humano hoje é recente. E, antes de concluirmos que os nossos antepassados eram pessoas ruins e cruéis, precisamos contextualizar o momento social em que viveram. A sociedade é a família da família, e as suas crenças e convicções influenciam diretamente o comportamento e as ações de cada um de nós.

Para que você compreenda melhor a enorme diferença entre o que pensamos hoje sobre a criança e a infância e o que as sociedades que nos antecederam pensavam a esse respeito, vou fazer um breve apanhado desse conceito ao longo da história. Juro que é superinteressante e que vai valer a pena não pular essa parte. Aqui, vamos compreender a infância como um período do desenvolvimento e a criança como o ser humano que vivencia esse período. Usei como base um trabalho publicado pelo grupo de pesquisa Contextos Educativos da Infância, que compõe o Núcleo de Estudos e Pesquisas em Educação da Infância (Nepe), vinculado ao Programa de Mestrado em Educação, da Universidade do Estado de Mato Grosso (Unemat). Vale frisar que estamos falando desses conceitos na sociedade, já que foram eles que mais influenciaram a nossa forma de enxergar a criança. As visões indígenas e africanas não estão incluídas nessa perspectiva porque, infelizmente, foram atropeladas no período da colonização.

Pois bem, na Antiguidade Clássica, a criança era vista como um ser inferior ao adulto, e a infância era considerada apenas a época que antecedia a vida adulta, sem que tivesse qualquer peculiaridade ou exigisse algum cuidado especial. Alguns textos antigos de Platão descrevem a criança como um ser selvagem, intratável, traiçoeiro e astucioso, que precisa ser contido por muitas rédeas. Quando avançamos no tempo e chegamos à Idade Média, segundo o historiador Philippe Ariès, nos deparamos com o conceito de infância apenas como o período da vida durante o qual o ser humano ainda não falava com clareza e que se encerrava aos 7 anos. Dessa idade em diante, a criança era inserida na sociedade adulta, sem haver diferença de tratamento. Isso quer dizer que frequentava os mesmos lugares que os adultos, participando inclusive de atividades sexuais. Não existiam livros infantis nem pediatria. As crianças vestiam as mesmas roupas, sapatos e acessórios que os adultos, o que dificultava as brincadeiras, a diversão e a exploração livre. Crianças eram consideradas miniadultos e eram tratadas como tal. A taxa de mortalidade infantil era altíssima e era comum que as famílias tivessem vários filhos, na esperança de que dois ou três sobrevivessem.

Após a popularização da alfabetização, a visão da infância começou a mudar, com base nas competências de leitura. Mas foi só no século XVIII que a criança começou a ser vista como um ser único, rico em peculiaridades. As crianças ainda eram encaradas de forma muito diferente da atual, mas já era uma visão mais humana e consciente que a dos tempos anteriores.

Resumindo, as crianças primeiro eram vistas como seres indomáveis e selvagens, depois como miniadultos e só em um passado recente passaram a ser vistas como seres únicos em suas competências e em seu desenvolvimento. Até bem pouco tempo atrás, o Estado não podia interferir em absolutamente nada que dissesse respeito à relação entre pais e filhos, porque se entendia que a criança era propriedade do adulto, que tinha liberdade de agir com ela da forma que considerasse mais justa e correta. A nossa geração tem acesso à informação como nenhuma outra. Temos livros, evidências científicas, grupos de estudo. Vários e vários perfis nas redes sociais compartilhando informação. E deste lugar de privilegiado onde estamos, é fácil acreditar que todos sabem o que sabemos. Que os nossos pais não nos deram o que queríamos, da maneira que precisávamos, porque não quiseram. E nos esquecemos que, ampliando a visão, a realidade é muito mais complexa.

NINGUÉM DÁ O QUE NÃO TEM

Estávamos em um grupo pequeno, e eu guiava uma meditação durante a qual os praticantes deveriam visualizar a infância dos seus pais. Esse exercício costuma humanizar os pais de quem o pratica. Faz com que enxerguemos uma realidade que vai além das nossas feridas de infância (falaremos melhor da criança ferida no próximo capítulo). Quando encerramos a meditação, cada um contou como se sentiu diante da experiência. Ao chegar sua vez, Marisa chorou, magoada. Disse que não conseguia sentir compaixão pelos pais. Que eles tinham sido indiferentes, frios, quase cruéis. Que ainda se lembrava de toda a dor que havia sentido na infância e que eles tinham escolhido agir daquela forma com ela. Tinham escolhido. Não importava de onde tinham vindo ou qual era a sua história; ela havia conseguido ressignificar a própria história e educar os filhos de maneira amorosa, dando a eles o que não havia recebido. Por que os pais não fizeram o mesmo? Por que não se esforçaram como ela se esforçou? Marisa, profundamente machucada pelas dores da infância, não conseguia enxergar que os pais também estavam imersos em sua própria dor. De alguma forma, ao longo da vida, ela encontrou amor e apoio suficientes para dar aos filhos. Conseguiu, como a flor de lótus, brotar da lama. Nem todos conseguem. Os pais de Marisa não conseguiram. E tudo bem.

Falamos um pouco sobre as diferentes percepções da infância ao longo da história, e eu espero que você já esteja começando a entender que a sua infância foi vivenciada em um determinado contexto social. E que a dos seus pais foi vivenciada em outro. Entre uma geração e outra, muita coisa mudou. Quando digo que os nossos pais fizeram o que podiam, com as ferramentas e as possibilidades que tinham, é porque o que vivenciaram na infância foi ainda mais duro do que o que passaram para nós. Talvez os seus pais tenham apanhado com o reio, como a minha mãe. Talvez nunca tenham recebido afeto e carinho dos pais deles. Talvez nunca tenham escutado que eram pessoas bacanas, que tinham valor na família. Talvez tenham sido obrigados a assumir ainda muito cedo responsabilidades muito maiores do que eram capazes de dar conta. Fato é que tudo que ofertaram a você foi fruto de uma infância muito mais fria e dura que a sua. E no meio de toda a dor — uma dor que não era nomeada nem reconhecida, uma dor que, acreditavam, não deveria existir — eles cuidaram de você. Com toda essa dor, eles ofertaram a você o conceito de amor que podiam ofertar. Nem mais, nem menos do que era possível.

Não pense, de forma alguma, que estou diminuindo as dores que vivenciamos em nossa infância. Jamais. Para realmente aceitar os nossos pais e fazer as pazes com a nossa infância, precisamos acolher e aceitar toda a dor que silenciamos por acreditar que era normal e necessária. Não há futuro consciente sem um olhar amoroso e realista para o passado. No próximo capítulo, falaremos melhor sobre esse processo; neste momento, quero apenas que você entenda que essa é a sua história, que esses são os seus pais e que tudo o que fizeram ou deixaram de fazer não estava relacionado ao fato de você merecer amor, mas à (in)capacidade que eles tinham de ofertar aquilo de que você precisava. As atitudes, os gestos e as falas que talvez o ou a atormentem até hoje refletem o mundo interior deles. Era sobre eles, não sobre você.

E por que é tão importante fazer as pazes com a nossa história? Não podemos simplesmente ignorar todas essas memórias, trancá-las em um baú e seguir em frente? O que nos aconteceu na infância reverbera intensamente em nossa forma de ver o mundo, na narrativa que criamos para a nossa vida e, principalmente, na forma de educar os nossos filhos. Por aproximação ou por negação, estaremos usando a educação que recebemos como base para a forma como vamos lidar com os nossos filhos, os seus conflitos e as suas dores. Quando ainda estamos com o foco no passado, deixamos de educar com presença. Tentamos, através dos nossos filhos, atender às necessidades da criança que fomos, não das crianças que temos. Vou explicar melhor, separando a aproximação da negação, para que você consiga perceber os nossos comportamentos habituais.

A aproximação é muito comum e poderia ser traduzida na famosa frase: "Na minha infância foi assim e eu não morri!" Há uma geração de sobreviventes que, para lidar com toda a dor causada pela infância, acreditou no discurso do papai e da mamãe que dizia que se apanhou foi porque mereceu. Que se tratava de uma criança impossível. Que crianças precisam de palmadas e castigos para serem educadas e domesticadas. Percebe a semelhança dessa ideia com a forma de ver a criança na Antiguidade Clássica? Essas pessoas soterraram a dor e assumiram para si as falas dos pais. Não se recordam do medo que sentiam, do sofrimento, do susto, do desamparo. Não assumem que toda aquela dor teve reflexos na sua vida adulta, na sua forma de se relacionarem consigo mesmo e com o outro. Escutaram tantas vezes "você é o que é graças às palmadas que levou!" que passaram a acreditar. Não é difícil encontrar adultos assim por aí. A sensação de desamor na infância é uma dor grande demais para darmos conta, então criamos personagens para lidar com ela. Adotamos discursos que fazem a dor parecer menos desoladora. Pais podem bater nos filhos, e por isso eu apanho das pessoas que mais deveriam me proteger no mundo. Pais não acreditam nos filhos. Pais não brincam e não dão carinho. A vida é assim. Ponto final. Mais uma vez digo que não se trata de falta de amor dos nossos pais, mas de falta de capacidade de demonstrar esse amor de uma forma válida e acolhedora para a criança. Adultos que assumiram esse discurso seguem batendo nos filhos e castigando-os. Provavelmente um pouco menos do que o que os próprios pais, pois acreditam que eles exageravam, mas estavam corretos. Questionar essa forma de educar e olhar para o passado assumindo que doeu mexe com estruturas profundas. É melhor seguir acreditando que bater era a coisa a certa a fazer.

A negação nos leva para o extremo oposto e poderia ser traduzida por: "Meus pais foram duros demais comigo e quero fazer tudo diferente!" Ao contrário de quem se apegou ao discurso dos adultos, quem se encontra no lugar de negação se identifica completamente com a dor infantil. Lembra em detalhes a dor que sentiu, o medo, a ansiedade, a apreensão. Lembra-se das próprias angústias como se as estivesse revivendo e adota com os filhos o comportamento oposto. "Quero ser tudo, menos a minha mãe ou o meu pai." A maioria das pessoas que busca uma forma não violenta de educar inicia o processo nesse ponto. De buscar ser o oposto. Mas a negação funciona como um elástico tensionado, esticado ao extremo, que, em determinadas situações, se solta e se aproxima do objeto oposto a grande velocidade. É comum ouvir: "Prometi que nunca ia agir como a minha mãe e, quando vejo, estou falando exatamente como ela!" Ou: "Eu detesto a maneira como o meu pai age, mas sou exatamente como ele com o meu filho!" A negação, assim como a aproximação, nos tira a autonomia para decidir que pai ou mãe queremos ser para os nossos filhos. Impede-nos de construir a nossa história com base nas nossas crenças e possibilidades reais. É como dirigir olhando apenas para o retrovisor.

Você pode ter chegado até aqui com a intenção de ser o oposto dos seus pais, mas é importante entender que, para construir seu próprio caminho e jeito de educar, precisa olhar para trás, fazer as pazes com a sua história, separar o que é seu e o que é dos seus pais e seguir em frente. Esse é o exercício de uma vida inteira. Identificar no dia a dia o que nos move, o que está por trás da nossa forma de agir. Entender que os nossos pais nos deram o que tinham para dar não diminui a dor da infância. Não apaga o passado, não pinta de cor-de-rosa os momentos dolorosamente cinza. Mas nos liberta da raiva, da mágoa. Da culpa que carregamos e imputamos ao outro. Não há culpados nessa história. Há dores passadas de geração em geração. Há um conceito de amor distorcido transmitido como herança, de pais para filhos, há anos e anos. Eles nos amaram como podiam. Para a criança, roupas lavadas e dobradas em cima da cama não são uma demonstração de amor. Suportar os gritos do chefe e dos clientes para sustentar a família também não. A criança entende presença, carinho, colo, brincadeira, palavras de conforto. Criança precisa de um amor palpável. As abstrações adultas não são amor; não para elas. Houve amor em algum momento da sua jornada, por mais difícil que ela tenha sido. Os seus pais deram a você o que podiam dar. Deixaram transbordar o que tinham em si. Não era sobre você.

ELES NÃO SÃO OBRIGADOS

No capítulo anterior, falamos sobre quem somos e sobre a liberdade de entender que não nascemos para suprir as expectativas dos nossos pais. Somos pessoas únicas, com as nossas possibilidades e as nossas histórias. Não importa que houvesse uma fôrma quadrada nos esperando e que tenhamos nascido estrela-do-mar. Era com a estrela-do-mar que os nossos pais precisavam lidar. Também dissemos que as fôrmas que guardamos e nas quais tentamos encaixar os nossos filhos ideais servem apenas para nos frustrar e fazer os nossos filhos reais sofrerem. Tentar adequá-los a nossas idealizações é a receita perfeita para sofrer enormemente e machucá-los para o resto da vida. E é chegada a hora de abandonar mais uma fôrma. Talvez aquela à qual estamos mais apegados. A fôrma que guardamos para os nossos pais. O desejo infantil de que eles atendam a todas as nossas necessidades, da maneira que esperamos. Que mudem. Que sejam mais compreensivos e amorosos. Que enxerguem os erros do passado e nos peçam perdão. Que admitam que falharam para que, finalmente, possamos sentir a justiça e o amor que tanto esperamos. Seguimos desejando que nos olhem com o orgulho do qual achamos que somos dignos. Que digam as frases que sonhamos ouvir. E enquanto não se encaixarem nas nossas expectativas, seguiremos acreditando que são difíceis, mesquinhos, grosseiros, frios e que não nos amam como merecemos. Acontece que nos esquecemos de algo muito importante: eles não são obrigados a nada.

Quando comecei a estudar a não violência, me deparei com o peso dos rótulos. Não somente o peso dos rótulos que assumimos como rótulos (chato, teimoso, inteligente, bondoso), mas também dos rótulos que correspondem à verdade, mas que desumanizam. Dentre esses rótulos, os mais significativos e mais pesados são, certamente, "pais" e "filhos". Explico: Marshall Rosenberg, responsável por desenvolver o método da comunicação não violenta, conta em seu livro *Criar filhos compassivamente* que, em seus *workshops* para pais, realizava a seguinte atividade: dividia os participantes em dois grupos. Entregava a ambos uma situação de conflito e pedia que buscassem a solução entre si. Para um dos grupos, acrescentava uma informação: esse conflito acontece entre pai e filho. Ao final, quando se sentavam para compartilhar as soluções, o grupo que havia recebido a informação extra apresentava um diálogo bem mais violento que o do outro grupo. O teor da conversa, a forma como ela acontecia, o tom das respostas dadas e recebidas mudavam por completo pura e simplesmente porque as pessoas envolvidas estavam identificadas como pai e filho. Eles falavam a partir desses papéis, e não a partir do coração.

Enxergarmos os nossos pais apenas como pais faz com que os desumanizemos. Esquecemos que são seres humanos, com uma história própria e única. Que, além de nossos pais, são filhos, amigos, companheiro e companheira. Esquecemos que são chefes de alguém ou empregados de alguém. Que são colegas. Que têm uma vida. Proponho a você um exercício simples, mas profundo. Escreva a história dos seus pais, chamando-os pelo nome; esqueça "meu pai" e "minha mãe". Por aqui a história começaria assim: Reginaldo, um menino que cresceu no Recôncavo Baiano, junto a muitos irmãos, com um pai alcoólatra e agressivo e enfrentando dificuldades financeiras. Perdeu a mãe, que ele idolatrava, aos 10 anos. Vivenciou dores e dificuldades que eu nem saberia nomear. A outra história seria de Nilzália, uma menina que nasceu no sertão baiano, também em meio a muitos irmãos, durante uma das maiores secas que o Nordeste já viu. Caminhava horas para chegar à escola. Passou fome. Deixou a roça ainda muito nova para tentar uma vida melhor. Histórias de vida complexas. Duras. Áridas. Maiores de que apenas serem os meus pais.

Talvez você esteja pensando que eles tinham muitas obrigações sim, porque eram os seus pais. Que você não pediu para nascer e, por isso, eles tinham de cuidar das suas necessidades. Que isso é o certo. O justo. Sim, em um mundo ideal, todos os pais teriam condições emocionais e psicológicas de cuidar de uma criança da forma que ela precisa. Em um mundo ideal, todos teríamos tempo e recursos. E uma criança teria colo e carinho em livre demanda. Descobriria os limites do mundo e das relações com respeito pelo outro e por si mesma. Não teríamos desigualdade social nem violência. Seria realmente incrível e lindo. Então, sim, é injusto. E errado. Mas é o que é. Esses são os seus pais, e essa é a sua história. Eles não são obrigados a atender as suas expectativas. Eles não são obrigados a mudar o posicionamento político, o tom de voz ou a forma de agir para serem os pais que você gostaria de ter. Talvez, um dia, eles mudem a forma de lidar com você. Talvez não. E isso é sobre o que eles são capazes de fazer e oferecer. É resultado da história de vida deles, e sobre essa história de vida você tem pouca — ou nenhuma — influência. Aceite esse lugar. Viva o luto da sua idealização. Chore a realidade, se for necessário. E finalmente pare de brigar com ela.

VOCÊ NÃO É OBRIGADO/VOCÊ NÃO É OBRIGADA

Quando falo de aceitar a realidade e assumir que temos a história que temos e os pais que temos, algumas pessoas entendem que devem se sujeitar à vontade dos pais sem questionar. Que devem atender os desejos deles, porque é o seu papel como filhos. Acontece que, assim como eles não são obrigados, você também não é. Entender quais são os seus limites nessa relação e saber como estabelecê-los é um papel seu. Só seu. Como disse anteriormente, é provável que eles jamais alcancem a iluminação que você espera. É provável que não deixem de apontar as suas falhas e os seus erros, como quando você era uma criança e dependia deles para se manter viva. É provável que sigam comparando o seu comportamento ao dos seus irmãos, sem o mais remoto pudor. É provável que, após algumas visitas, você ainda saia se sentido um ser pequeno, indefeso e inadequado, como na infância. É chegada a hora de, diante disso, assumir a responsabilidade de cuidar de você.

A relação abusiva da qual temos mais dificuldade de nos desvencilhar é a relação com os nossos pais. Não estou dizendo que todos os pais são abusivos, mas os comportamentos abusivos são comuns em muitas famílias. Nos meus anos de consultoria, tenho escutado histórias que me fazem pensar: "Por que essa pessoa continua permitindo que os pais a humilhem?" Histórias que me fazem pensar em como sobreviveram à infância, como conseguem, apesar de tudo, ser funcionais. Histórias que me fazem acreditar cada vez mais na capacidade de sobrevivência e na resiliência das crianças. Pais que manipulam, mentem e normalizam os abusos psicológicos de forma a sugar toda a energia dos filhos. Violência sexual, sadismo. E mesmo adultos, crescidos, independentes financeiramente, essas pessoas seguem se submetendo a humilhações e esperando que um dia, como prova de amor, os pais enxerguem as falhas no próprio comportamento e mudem. Obedientemente submissas e pagando por essa submissão com a própria felicidade.

Quando mudamos o pensamento de "eles são os meus pais e deveriam agir de outra maneira" para "esses são os meus pais, como posso lidar com isso, com respeito por todos os envolvidos?", as possibilidades mudam. Conseguimos pensar em formas de comunicar o que sentimos, de deixar claro que o fato de serem os nossos pais não lhes dá o direito de nos desrespeitar. De nos ofender ou nos humilhar. Na maior parte das vezes, eles nem sequer enxergam que o comportamento é humilhante ou ofensivo para você. O rótulo de filho/filha desumaniza. A criança que você era não tinha permissão para responder. O adulto que você é tem, e agora tem a possibilidade de fazê-lo sem ilusões infantis. "Mãe, não gosto que comentem sobre o meu corpo. Sei que você acha que está falando para o meu bem, mas esses comentários me magoam. Por favor, quando eu chegar, me faça perguntas que não envolvam o meu peso." "Pai, escutar que não faço nada direito me machuca. Fico muito triste quando me critica assim, pois espero mais cuidado na nossa relação. Quando não gostar de algo que fiz, pode pontuar sem que isso defina quem eu sou?" Percebe que em nenhum dos dois exemplos houve ofensa aos pais? Que em nenhum deles houve uma desvalorização dos pais que eles são, com as suas possibilidades e a sua história? Aprendemos que existem apenas duas opções: surtar ou calar, e nos esquecemos que entre o 8 e o 80 existem 72 possibilidades. Defenda o seu lugar sagrado. É uma missão sua. Importante. Única. Especial. Os seus pais vão concordar e ficar felizes com esse limite? Provavelmente não. Será incômodo, mas, parafraseando Dominic Barter, um dos maiores estudiosos da comunicação não violenta no Brasil, o incômodo é a trilha sonora da mudança. Você não vai conseguir operar grandes mudanças se não aprender a aceitar o incômodo no processo. Eles não precisam concordar nem entender. Precisam apenas respeitar. E você precisa assumir a responsabilidade de cobrar esse respeito.

E já que cá estamos, falando de estabelecer limites e defender o nosso lugar sagrado, precisamos falar dos pais nocivos. Tóxicos como veneno. Pais que guardam em si uma dor tão grande e tão mal trabalhada que são incapazes de respeitar, escutar ou compreender. Que agridem física e emocionalmente os filhos, tirando a sua paz de espírito. Volta e meia recebo mensagens de filhos que vivenciaram histórias terríveis, mas que ainda assim se sentem péssimos por terem se afastado dos pais. Por vezes, no entanto, essa é a única possibilidade para manter a própria saúde mental. Fazer as pazes com o passado não significa ter de ligar para os seus pais e pedir perdão. Não significa uma aproximação que faz mal. Por vezes, esse entendimento é algo que se dá apenas no nosso coração. Algo que resolvemos internamente. Algo que nos liberta das expectativas que nos fazem sofrer e liberta os nossos pais para serem quem são. Humanos, demasiado humanos.

SAIA DO CASTIGO

Quando um pai ou uma mãe me pergunta o que penso sobre castigos, eu devolvo com uma pergunta: quando, durante um castigo, você pensou: "qual é a forma mais construtiva de lidar com esse problema quando ele acontecer novamente?" A resposta é sempre a mesma: "Nunca!" Castigos não funcionam. Quando, na infância, alguma coisa da qual gostávamos era tirada de nós como forma de punição, os pensamentos que nos invadiam eram sobre nós, sobre o outro ou sobre a relação. Nunca sobre o problema em si. "Eu sou uma pessoa muito ruim mesmo, só faço besteira e deixo a minha mãe triste." Ou: "Os meus pais são horríveis, eu queria ter nascido em outra família!", "Os meus pais nunca me entendem! Isso é muito injusto!" O castigo nos atira em um ciclo irracional do qual saímos feridos. Só. O grande problema é que os castigos foram normalizados, se tornaram algo comum, e nós nos acostumamos a eles. Já não temos o adulto que nos punia e ditava as regras como se fossem verdades absolutas. A aprovação do adulto não é mais essencial para a nossa sobrevivência. Por que continuamos no mesmo ciclo do castigo? Por que seguimos, em nossa relação conosco, com os nossos pais e com o outro, perpetuando ciclos de "Eu não sou bom o bastante!", "Você não é bom o bastante!" e "A nossa relação é ruim!"? Quando vamos partir para: "Qual é a forma mais construtiva de lidar com esse problema quando ele acontecer novamente?"?

Seus pais não podem mais deixar você de castigo. Não podem tirar de você coisas das quais gosta. Não podem proibir os seus amigos de irem à sua casa nem podem proibir você de vê-los. Mesmo que ainda dependa financeiramente deles, agora, como adulto, tem possibilidades imensas de se ver livre disso. O ponto a que quero chegar aqui é que os seus pais não precisam amar as suas escolhas. Não precisam entender tudo o que você faz, aceitar os seus sonhos e a sua forma de ver a vida. Eles cumpriram a missão deles. Saia desse lugar de levar tudo o que eles falam e fazem para o lado pessoal. Já vimos que não é sobre você. Que eles não são obrigados. E, para encerrar este nosso papo sobre o passado, vou deixar dicas práticas.

COMO MELHORAR A RELAÇÃO COM OS SEUS PAIS, RESPEITANDO A ELES E A VOCÊ

ELEJA AS SUAS BATALHAS

Não precisa reclamar de tudo, brigar por tudo. Por vezes, quando desejamos deixar claros os nossos limites nas relações, ficamos intolerantes com tudo que contradiz o que acreditamos ser o correto. Nas relações, às vezes é preciso ceder. Antes de reclamar de algo que disseram ou fizeram, pense se é realmente importante. Se for, posicione-se com gentileza.

FALE DOS SEUS SENTIMENTOS, SEM ROTULAR OS SEUS PAIS

Quando fala apontando o dedo e dizendo quem o outro é ou o que sente, você aumenta a resistência à sua fala. Em vez de se conectar com o que você está sentindo e pedindo, a pessoa fica concentrada no contra-argumento, e isso gera desconexão. Substitua: "Você só aponta os meus erros, isso é insuportável!" por: "Sinto falta de ver os meus acertos reconhecidos na nossa relação. Quando você fala dos meus erros dessa forma, me sinto uma pessoa inadequada, pois espero um pouco mais de cuidado com as palavras. Pode falar dos fatos sem me rotular?"

PERMANEÇA NO PRESENTE

Os seus pais falharam, como nós falharemos. Guardamos mágoas, dores e marcas das palavras e dos gestos que nos feriram na infância. Mas os seus pais não podem voltar no tempo, mesmo que queiram muito. Então, cobrá-los por coisas que aconteceram há dez, vinte, trinta ou quarenta anos não vai fazer com que a relação de vocês mude nem com que a sua dor desapareça. Fale do presente. Do que eles podem fazer hoje, sendo quem são agora. O que eles podem fazer por você adulto, não pela criança que foi. Por mais dolorida que tenha sido a relação de vocês, o passado já passou.

ACOLHA AS SUAS DORES

Algumas trocas ainda vão doer. Alguns momentos serão angustiantes, vão trazer de volta episódios da infância e remexer em dores antigas. Não menospreze os seus sentimentos, não os silencie, não se critique. Não justifique as atitudes do outro como forma de ignorar a sua dor. Nomeie os seus sentimentos, chore se necessário. Anote tudo em um caderno, se isso ajudar a organizar o seu mundo interno. Ligue para alguém que saberá reconhecer o privilégio que é ouvir o que acontece no seu íntimo. Você não está mais de castigo, e a sua dor importa. Muito. Não se esqueça disso.

LEMBRE-SE DE QUE TODOS ESTÃO FAZENDO O SEU MELHOR

Uma das coisas que mais me ajudaram a encarar a vida com mais tranquilidade foi entender que todos estamos fazendo o melhor que podemos, com as ferramentas de que dispomos. Ninguém acorda disposto a ser a pior pessoa do mundo, determinado a ferir todos aqueles que ama. Salvo raríssimas exceções, acordamos hoje buscando ser melhores do que fomos ontem. Buscando evoluir. Deixamos transbordar o que há em nós. Eles estão fazendo o melhor que podem, mesmo que não pareça. Não levar para o lado pessoal nos torna menos rancorosos. Não nos poupa de sofrer, mas remove camadas de raiva que só pioram as coisas.

RESPEITE O SEU PROCESSO

Mudar a forma de agir na relação mais antiga da nossa vida leva muito tempo. É um processo longo, intenso e que exige atenção e persistência. O seu padrão vai levar você para o lugar que sempre ocupou. Lembre-se de que sair dele é uma responsabilidade exclusivamente sua, um compromisso que você precisa fazer e refazer diariamente. Lembra-se do equilíbrio? Ele se aplica aqui também. Não é uma linha reta e ascendente. É uma dança. Oscilamos entre momentos em que as coisas parecem fáceis e momentos que exigem muito esforço e energia. E tudo bem.

AGRADEÇA POR QUEM VEIO ANTES DE VOCÊ E HONRE-OS

Dependendo do nível de mágoa e dor que guarda em relação aos seus pais, esse pode parecer um passo impossível, quase absurdo. Não conheço intimamente a sua história, mas sei que você existe porque alguém lhe deu a vida. E que antes desse alguém existiram outros alguéns. Não brotamos no mundo sozinhos. Viemos porque muitos vieram antes de nós, e graças a eles estamos aqui. As suas histórias, conquistas e dores contribuíram para a nossa existência, e o privilégio de estarmos vivos, por si só, já é motivo para agradecermos. Essa é a sua história, a sua vida, e você não vai ser feliz brigando com ela. Pode ser que não seja bela e glamorosa como desejava, mas é sua. Honre-a. Agradeça por ela. Educar filhos com amor pede que amemos quem somos. E somos também a nossa história e a história dos nossos antepassados. Temos que saber amar e acolher para realmente evoluir.

RESUMO DO CAPÍTULO

- Quando acolhemos o passado como parte importante da nossa história, ganhamos a oportunidade de fazer um futuro diferente. Os seus pais fizeram a parte deles, chegou a sua vez de fazer a sua. A responsabilidade por quem é e pelo que vai fazer com isso é exclusivamente sua.

- Inicialmente, as crianças eram vistas como seres indomáveis e selvagens; em seguida, passaram a ser vistas como miniadultos, e só em um passado recente começaram a ser encaradas como seres diferentes dos adultos em suas competências e no seu desenvolvimento. A visão social sobre a infância influenciou diretamente a forma como fomos educados.

- O que nos aconteceu na infância reverbera intensamente na nossa forma de ver o mundo, na narrativa que criamos para a nossa vida e, principalmente, na forma como educamos os nossos filhos. Por aproximação ou por negação, usamos a educação que recebemos como base para a forma de lidar com os nossos filhos, os seus conflitos e as suas dores.

- Os seus pais lhe deram o que podiam. Transbordaram o que tinham em si, o que a história de vida deles permitiu. Não era sobre você.

- "Pai" e "mãe" são rótulos que, por vezes, desumanizam. Eles não são obrigados a atender as suas expectativas, a agir de acordo com o que você espera. São quem são: seres completos e cheios de outras faces além de serem os seus pais.

- Assim como os seus pais não são obrigados, você também não é. Abandone a expectativa do outro, enxergue o que você precisa e mude. Assuma a responsabilidade por comunicar os seus limites e defender os seus interesses. Isso fará toda a diferença na sua paz de espírito.

- Pense em soluções em vez de viver como uma criança no castigo. Eleja as suas batalhas; fale dos seus sentimentos, sem rotular os seus pais; permaneça no presente; acolha as suas dores; lembre-se de que as pessoas estão fazendo o melhor que podem; respeite o seu processo e; agradeça e honre quem veio antes de você.

4.
FAZENDO AS PAZES COM A CRIANÇA QUE MORA EM NÓS

Ao nascer, Miguel me fitou com uma carinha séria, sobrancelhas franzidas. Um olhar forte. Lembro-me de pensar, um tempo depois, que ele não tinha um olhar de bebê. A minha avó diria que nasceu com um espírito velho. Os anos passam, e o olhar permanece. Ora com uma doçura devastadora, ora com um chamado à briga difícil de recusar. Talvez por ter aprendido, ainda muito nova, que, quando um adulto manda, a criança baixa os olhos, por deferência, e escuta, o olhar contundente do meu filho me sacode. Sinto a criança que fui se remexer em mim, revoltada, querendo dizer que agora é a minha vez de mandar com o olhar, não a dele. A minha vez de mandar calar a boca, de dizer: "Eu sou a sua mãe e mando em você!" É a minha vez, e ele não tem o direito de subverter a ordem. Fui uma criança que não levava desaforo para casa e que, quando era forçada a engolir as próprias explosões porque o adulto mais próximo reivindicava o seu direito supremo de explodir e mandar, remoía a raiva dentro de mim, multiplicando o rancor, pensando que quando chegasse a minha vez de ser adulta ninguém ia me dar ordens. E a vida, com as suas grandes surpresas, me enviou meu menino de olhar forte e destemido. Que encara, sem titubear. E que faz a criança em mim remexer toda a raiva guardada, todo o choro engolido, todo o "quando eu for adulta!". O meu maior desafio no processo de educar é lidar com a minha criança magoada enquanto educo as duas crianças que pari. É ver passado e presente misturados nos momentos de tensão. É conter o grito do cansaço, do estresse, das expectativas, da criança que finalmente pode falar alto depois de muito ouvir calada. E a maior vantagem de toda essa loucura é curar essas feridas que o passado deixou e que, antes de ter os meus filhos, eu nem tinha consciência de que existiam. Cada vez que consigo perceber a minha própria imaturidade emocional e lidar com ela, cada vez que acolho as crianças que educo, curo mais um pouco a criança que mora em mim. E é nesse sentido que educar é um presente. Daqueles difíceis de desembrulhar, que dão trabalho, mas que encerram em si um valor imensurável.

Começar a estudar a infância me fez enxergar a criança que ainda existe dentro de todos ao meu redor. A criança magoada que se escondia quando os pais gritavam e brigavam, e que segue se escondendo e deixando de se manifestar nos conflitos que vivencia na idade adulta. A criança que não recebia atenção positiva dos pais, salvo quando adoecia, e que segue com o padrão de adoecimento e vitimismo para ser enxergada e amada nos relacionamentos que mais preza. A criança que tinha medo do abandono e hoje abandona para não correr o risco de vivenciar a dor de ser deixada. A criança que aprendeu que quando a mamãe grita ela está demonstrando amor e segue buscando relações permeadas de gritos e brigas porque é a única forma que conhece de se relacionar. A criança que teve de obedecer cegamente aos pais e agora, com a carapaça de adulto, se tornou inflexível e só aceita as coisas à sua maneira. A criança que fazia de tudo para deixar a mamãe e o papai felizes e segue se anulando em todas as relações para que os outros fiquem felizes, mesmo que isso custe a sua própria felicidade. Seguimos agindo como crianças magoadas, deixando que as nossas feridas falem mais alto do que a nossa voz.

O problema é que, quando temos uma criança para educar, precisamos agir como adultos. Precisamos sair desse lugar de reações impensadas e baseadas na mágoa e na reatividade para que os nossos filhos fiquem livres para serem crianças, e não adultos que precisam cuidar de nós. A criança só pode ser criança quando o adulto se comporta como adulto. Quando forçamos os nossos filhos a engolir a própria explosão, calando-se, porque estamos descontrolados e nervosos, estamos pedindo que eles assumam o papel de adultos maduros. Quando esperamos que manifestem a frustração com um tom de voz calmo e tranquilo porque, caso não o façam, ficaremos nervosos e irritados, estamos desejando que sejam mais adultos do que nós. Quando esperamos que se responsabilizem por atividades práticas do dia a dia sozinhos, sem nos incomodar nem pedir nossa ajuda, estamos exigindo que ajam como adultos. Roubamos a sua infância, porque aprendemos que a vida é assim. Porque a nossa infância foi roubada de nós. E a dos nossos pais foi roubada antes da nossa. Como não pudemos ser crianças, como não tivemos o direito de ser imaturos, inconsequentes e impulsivos na época apropriada para isso, nos tornamos adultos apenas na idade e no tamanho. Continuamos imaturos, inconsequentes e impulsivos em uma fase da vida em que esses comportamentos já deveriam fazer parte do passado. Não aprendemos a lidar com a nossa mente e as nossas dores. Precisamos amadurecer.

A INFÂNCIA NÃO PASSOU

RAFAELA

Rafaela cresceu convivendo com uma mãe que sofria de sérios problemas de depressão. A mãe engravidou assim que concluiu a faculdade e encarou a gravidez com pesar. Acreditava que os filhos tinham arruinado as suas chances de um futuro profissional de sucesso, e a tristeza que a tomou evoluiu para uma depressão que se estendeu por toda a infância dos filhos. Diversas vezes contou a eles a sua história, e Rafaela, por ser a filha mais velha, atribuiu a si mesma a responsabilidade pelo que havia acontecido com a mãe. Como criança que era, achava que tinha que se calar para não incomodar ainda mais, já que a sua existência era, por si só, um estorvo. Assim, Rafaela tornou-se uma adulta completamente desconectada das próprias necessidades, incapaz de dizer o que desejava ou precisava em suas relações. Tornou-se uma daquelas pessoas que não incomoda, que não diz não, que não conhece nem defende os próprios limites. Quando teve a primeira filha, Rafaela viu-se infeliz. Não conseguia se divertir com ela, não conseguia organizar a rotina e a divisão das tarefas com o marido. Viu-se tomada por uma enorme apatia. Desejava ser uma mãe melhor do que a sua tinha sido, mas não conseguia se encontrar como mãe nem como mulher. Como poderia achar que tinha o direito de querer algo, se acreditava que a sua chegada havia acabado com a alegria da mãe? Como poderia ser feliz, com uma família estruturada e organizada, se a sua infância tinha sido um deserto emocional? A apatia e a tristeza que a tomavam eram um retorno a uma sensação que era muito frequente na infância. Rafaela era uma mulher de pouco mais de 35 anos, mas ainda se comportava como a criança que não podia incomodar.

"A infância é o chão sobre o qual caminharemos o resto de nossos dias." Essa frase da escritora Lya Luft traduz perfeitamente o que precisamos entender sobre a infância. Ela não passa. Não passará para os nossos filhos, não passou para nós. Reverbera na nossa relação conosco e com o outro. A nossa forma de agir, falar e lidar com os problemas foi aprendida nos nossos primeiros anos de vida. Foi na infância que aprendemos o que é o amor e como consegui-lo. Foi nessa época que aprendemos quem somos e como cuidar de quem somos. Foi na infância que aprendemos a defender — ou a não defender — aquilo em que acreditamos. Foi na infância que você aprendeu a ver o mundo da forma que o enxerga hoje. E você nem percebe. Não se pergunta por que reage como reage, por que não gosta de dançar ou por que ama o Natal. Você não questiona, porque está cheio de certezas sobre si mesmo e acredita que as coisas são como são, esquecendo-se de que foi na infância que elas se tornaram o que são. Todos os seus problemas de relacionamento, no trabalho ou no casamento, têm raízes nos seus primeiros anos de vida. Quando finalmente vamos olhar para esse chão no qual fomos criados? E quando vamos parar de acreditar que "é fase" e cuidar do chão que estamos preparando para que os nossos filhos pisem ao longo da vida?

A história de Rafaela é apenas uma dentre as várias que poderiam ser contadas sobre as repercussões da infância na vida adulta. Se você parar para analisar agora, neste momento, vai reconhecer nas suas relações os padrões que aprendeu na infância. Pode se ver gritando com o seu filho, dizendo exatamente o que a sua mãe dizia. Pode se ver repetindo a frieza do seu pai. Pode se ver procurando briga com o marido ou com a esposa diariamente porque a briga era a conexão que existia na sua família, era o lugar-comum. Nós buscamos amor nas nossas relações, buscamos aceitação e pertencimento, mas como receber essa aceitação e esse amor é algo que aprendemos ainda muito pequenos, em um momento da vida em que as nossas interpretações se limitavam a uma visão mais simplista e incompleta da existência. Se somarmos a isso as histórias e falas dos nossos pais, que também viviam com os olhos embotados pela própria dor, teremos uma combinação de desconhecimento e engano a respeito de quem somos, do que gostamos e queremos e das nossas capacidades. Na infância, aprendemos o que é um lápis e como utilizá-lo, o que é um monte e o que é um morro, como acontece a fotossíntese, mas não aprendemos sobre quem somos, não aprendemos a nos relacionar de maneira saudável e amorosa conosco e com o outro. O que aprendemos ficou em nós e, para desconstruir esses aprendizados, precisamos de tempo e atenção, um compromisso diário e constante, que precisa começar com um novo olhar para a infância.

O maior argumento contra a prática da educação não violenta que escuto é: "Apanhei e não tenho traumas", com as suas variações: "Meus pais gritavam todo dia, e eu não tenho traumas!" e "Bastava meu pai me olhar para eu parar! E não tenho trauma nenhum!". Quando escuto essas afirmações tenho um desejo sincero de entender como essa pessoa se relaciona consigo mesma e com o outro. Como lida com quem discorda dela? Como lida com a própria frustração e a própria raiva? Como está o seu relacionamento amoroso? Aliás, qual é o histórico da sua vida amorosa? Como se relaciona com chefes, empregados e colegas? Os reflexos dos traumas que vivemos na infância — e sim, eles existiram, por mais que algumas pessoas neguem — estão em coisas mais sutis que os números da conta bancária. A criança é um ser resiliente, e a vida sempre quer vencer. Sobrevivemos porque essa é uma missão da nossa espécie. Mas até quando vamos viver como sobreviventes? Quantas das suas relações sofrem com os impactos da sua inabilidade de lidar consigo e com o outro? Mais uma vez, não quero aqui que afundemos na culpa, mas que sejamos capazes de assumir a responsabilidade pela nossa vida, e para isso precisamos começar enxergando quem somos e onde estamos. E assumindo que sim, a infância doeu. Doeu, e essa dor segue reverberando na nossa vida.

DE ONDE VEM O TRAUMA

Certa vez, estava na minha cama conversando com o meu filho mais velho quando escutamos um barulho e, em seguida, gritos da caçula. Saí do quarto rapidamente e, ao abrir a porta, o pai já estava com ela no colo. A pequena havia caído da escada. Assim que verifiquei se estava tudo bem com ela, voltei para o meu quarto. Quando retornei, Miguel estava enrolado no lençol, chorando. Eu me aproximei e perguntei se ele estava assustado porque a irmã havia caído. O pequeno balançou lentamente a cabeça.

> — Você me deixou aqui sozinho e correu para ver a Helena. A gente estava conversando, e você saiu. Eu vou ficar solitário para o resto da vida.

Ele chorava, desolado. Fiz carinho em cachinhos dourados que lhe cobriam a cabeça, enquanto ele soluçava.

> — Meu amor, você achou que eu saí porque gosto mais de Helena do que de você? Que eu não acho importante o que você estava me contando?

Ele chorou ainda mais, dizendo que sim. Acolhi a dor dele e disse que sentia muito que ele se sentisse assim. Disse também que faria o mesmo por ele. Que quando um dos meus filhos chora, eu saio correndo para saber o que houve e ver se está tudo bem. E fiz questão de explicar que não existe máquina de medir amor, que cada filho a gente ama de um jeito. E que eu o amava muito. Que amo as nossas conversas, o abraço forte e quentinho que ele dá. Descrevi coisas que fazemos juntos e que demonstram que realmente aprecio a sua companhia. Ele me abraçou e disse que também me amava. Talvez, se eu tivesse rido do seu sentimento, se tivesse me referido a ele com ironia ou menosprezo, ele tivesse ganhado uma marca dolorosa na sua vida. Não posso garantir que a marca não surgiu, mas posso garantir que fiz o que pude. Que cuidei dela assim que ela surgiu. Que pus gelo e passei uma pomada cicatrizante.

Traumas são marcas que as situações dolorosas nos deixam. Algumas são menores, outras maiores. Algumas doem menos, outras doem tanto que quase nos impedem de respirar. Todos temos muitas marcas. Em geral, quando falamos de traumas, as pessoas pensam naqueles que paralisam e, ao olhar para si mesmas e constatar que são funcionais, concluem que não possuem nenhum trauma resultante das experiências dolorosas que tiveram na vida. Acontece que raramente ficamos paralisados, sobretudo as crianças, seres tão resilientes por natureza. Seguimos mancando, sentindo dores diárias, mas seguimos. E aprendemos que seguir basta e que isso é prova de que tudo deu muito certo. Só que não.

Mas como surge o trauma? E como posso saber se as situações doloridas resultaram em traumas para mim ou vão resultar em traumas para os meus filhos? O primeiro esclarecimento importante sobre o trauma é que ele não se refere ao que acontece, mas à maneira como interpretamos o que acontece. Não é a realidade em si, mas como essa realidade é vista e sentida por quem está vivenciando a situação. Consegue perceber como é algo sutil e difícil de mensurar? Consegue perceber como é impossível determinar que esta ou aquela situação causará um trauma em alguém, e qual será a extensão desse trauma? Há situações que são potencialmente traumatizantes, mas como a pessoa vai reagir a esse trauma e que marcas ele vai deixar é um mistério que só será desvendando no dia a dia. Lembro-me de uma história que uma amiga compartilhou há alguns anos. Ela contou que, na infância, tinha sido vítima de um abuso. O porteiro do prédio onde morava com a família havia colocado a mão dela em seu pênis. Ela se lembrava da situação, mas não guardava um sofrimento intenso relacionado a ela, não percebia reflexos em seu corpo ou em sua mente. Até que, em uma sessão de terapia, compreendeu o motivo. Quando o abuso aconteceu, ela foi imediatamente para casa, sem entender direito o que tinha se passado, e relatou tudo ao irmão, que contou ao pai, que desceu e foi falar com o porteiro. Ninguém, em momento algum, duvidou da palavra dela. Ninguém fez com que ela duvidasse da gravidade do que tinha acontecido. A família demonstrou apoio, confiança e um amor incondicional. Da situação potencialmente traumatizante, ficou a certeza de que ela era uma criança amada e protegida. Isso aconteceria com todas as pessoas? Não. Como você e eu reagiríamos em situação semelhante, com iguais condições de temperatura e pressão? Não sabemos. Sabemos como ela reagiu e como a situação reverberou em sua vida.

Uma mesma situação pode deixar uma marca profunda em uma pessoa, um arranhão em outra e não provocar nada em uma terceira. Uma mesma vivência pode causar uma intensa sensação de injustiça em uma pessoa, uma certeza de desamor em outra, uma mágoa e uma tristeza profundas em outra. São muitas as variáveis nessa equação. Não é algo palpável, que se possa medir e tangibilizar, e exatamente por isso era tão difícil termos as nossas dores acolhidas na infância. Porque os nossos pais e cuidadores mediam a nossa dor com a régua que possuíam, pelas dores que tinham vivenciado. E se eles, que viveram violências físicas e psicológicas maiores do que as que praticavam conosco, não se consideravam traumatizados, por que achariam que as suas atitudes iam nos traumatizar? Sem ter consciência das marcas que doíam em seu corpo, não conseguiam perceber os potenciais danos que suas ações poderiam provocar na nossa história. Não sabiam que somos semelhantes, não iguais. E essa é uma informação importante para que você acolha a sua dor e perceba a dor do outro. Todos experimentamos sentimentos semelhantes. Todos os seres humanos sentem tristeza, angústia, frustração, medo, aflição, ansiedade, alegria, ânimo, euforia, esperança. Isso é o "o quê". Ele é universal. O "como" e o "por que" são únicos, pessoais e intransferíveis. O que desperta os nossos sentimentos e como experimentamos cada um deles no nosso corpo é um processo singular de cada indivíduo.

É importante que você entenda que a sua dor, a forma como a sente e experimenta é única, só sua. Comparar a sua vida com a da vizinha ou do vizinho não vai diminuir a sua dor, vai apenas acrescentar um tanto mais de dor ao que já dói. Na comparação, ou nos sentimos inferiores, tomados pela inadequação e pela frustração, ou nos sentimos superiores, deixando que a arrogância nos invada. Em ambas as situações, não lidamos com o que realmente importa: o que acontece dentro de nós. A forma como a dor reverbera não nos torna mais fortes ou mais fracos, não define quem somos nem quão merecedores somos de amor, carinho e respeito, e eu espero que os capítulos anteriores tenham mostrado isso a você. Essa informação também é importante para que você compreenda que a forma de sentir do seu filho ou da sua filha é única e singular. Não importa se em uma situação semelhante você não se abalaria; se causou dor ao seu filho, é a dor dele que você precisa olhar. Empatia é ver o mundo com os olhos do outro.

A CRIANÇA FERIDA

Agora que você entendeu que o trauma é uma marca que fica depois de situações emocionais doloridas e que a extensão, a profundidade e a forma de apresentação dessa marca são únicas e particulares em cada ser humano, podemos falar do pedacinho de nós que guarda toda essa dor. Que está cheio de feridas não cicatrizadas. E que, volta e meia, assume as rédeas da nossa vida, provocando ainda mais dor, a nós e ao outro: A nossa criança ferida. Quando utilizo esse termo, vejo pessoas torcendo o nariz. Eu também já o fiz. Temos orgulho de termos crescido. De termos sobrevivido aos "Cala a boca!", "Engula o choro!" e "Você não tem querer!". Passamos pela infância e a trancafiamos em um baú, com algumas correntes em volta, para termos certeza de que algumas daquelas sensações jamais retornarão. Então não, não queremos voltar e olhar para essa fase. Há, no entanto, um grupo de adultos que afirma que a infância foi linda, doce e alegre porque sobrepuseram lembranças de alegria e felicidade aos momentos dolorosos e ruins, que, para a maioria de nós, foram muitos. Com pais que não tinham consciência das próprias dores, dos próprios medos e anseios, que não buscavam o autoconhecimento e o entendimento de si, não recebemos uma educação que realmente acolheu a nossa essência, as nossas características e os nossos sentimentos. A infância doeu, quer você assuma isso quer não.

Você pode até fazer piada das vezes em que apanhou. Pode assumir o discurso do adulto e dizer que mereceu, que era uma criança difícil e levada. Mas isso é uma mentira à qual você se agarrou para sobreviver. Porque a dor e o medo que sentiu quando criança eram grandes demais para que desse conta deles sozinho ou sozinha. Escutou que a responsabilidade era sua e que havia doído mais em seus pais do que em você. Então, não bastava a dor de ter apanhado de quem deveria lhe dar proteção e cuidado. Não bastaram o medo e a apreensão ao ver uma mão duas vezes maior do que a sua erguida na sua direção. Você precisava carregar também a culpa pelo que havia acontecido. E a culpa pela culpa que os seus pais sentiam depois. Você sentia a sua dor e a dor de ter causado sofrimento aos seus pais. Rir e contar esses episódios em tom de piada foi uma forma que você encontrou de não sofrer olhando para tudo isso. Mas é uma mentira. Essa criança assustada ainda mora em você, e a sua dor é ativada quando o seu filho grita. Quando o seu chefe reclama. Quando alguém fecha o seu carro no trânsito. Essa criança se manifesta gritando de volta, buscando ser o mais assustadora possível para ver se o medo vai embora. Ela grita tudo que não pôde gritar porque se gritasse apanharia ainda mais. Ou então essa criança se encolhe e deixa que a humilhem e pisoteiem, porque revive os gritos do pai e da mãe e é tomada pela impotência que essa vivência despertava. Nos momentos de crise, de medo, de pavor, essa criança fala por nós sem que nos demos conta.

Cuidar dessa criança, do medo que ela sente e das ferramentas que desenvolveu para lidar com esse medo e dores é a nossa função. Nós precisamos maternar e paternar essa criança a partir de um lugar de consciência, entendimento e amor, um lugar que os adultos que cuidaram de nós, mesmo com a melhor das intenções, não tiverem a possibilidade de acessar. E para isso precisamos assumir que essa criança existe. Que essa dor ainda reverbera. Que ela toma conta de nós nos momentos de crise. Que quando o nosso cérebro nos coloca em estado de "lute ou fuja!", nós reagimos com as armas que essa criança desenvolveu. Enquanto negar a existência dessa criança, você deixará que ela siga governando suas atitudes nos momentos mais impróprios. E que siga ferindo, magoando e fazendo sofrer quem o cerca, porque a dor é tão grande que essa é a única maneira de agir que ela conhece.

É importante que você saiba que se trata de uma dor bem protegida pelo seu inconsciente. Lembra que a vida quer vencer? Para garantir a sua sobrevivência, a criança enterrou bem fundo determinadas sensações e lembranças e afixou nelas um aviso de perigo bem grande. Dourou algumas memórias, aplicou um filtro em outras. Ela queria que você conseguisse crescer. Que você chegasse até aqui. E isso não é de todo ruim. Essas estratégias de sobrevivência foram importantes para que você desse conta. E agora que quer mais do que simplesmente sobreviver e dar conta, você vai precisar enxergar o que doeu. Terá de acessar lembranças mais pálidas do que se recordava. O alerta de perigo vai piscar muito forte, e pensar nessas dores vai trazer um medo de morte. Medo, medo. É preciso que você entenda que é capaz de cuidar dessas dores. Que se a criança, pequena e indefesa, deu conta de passar por elas, você também vai dar. Olhar para elas e nomeá-las vai doer, mas seguir sem cuidar dessa criança dói ainda mais.

Talvez a infância seja um grande branco em sua memória. Talvez você não se recorde de falas ou situações que o angustiaram e não faça a mais remota ideia de como cuidar dessa tal criança ferida. Para acessar essas lembranças, vou propor um exercício de atenção. Observe-se. Manter um diário pode ajudar muito. Anote nele as situações que aconteceram ao longo do dia, como você agiu e o que acredita estar por trás da maneira como agiu. Descreva o que sentiu, o que motivou a resposta que deu. E em outra coluna escreva que atitude poderia tomar quando a situação ocorrer novamente. Não se julgue, não olhe para quem você é com crueldade. Se errou, perceba o erro, entenda os seus motivos e se acolha. Um detalhe importante é que essas anotações não devem servir para acusar os outros envolvidos. Fale apenas sobre o que sente em relação ao que aconteceu. A ideia é descobrir como a dor dessa criança tem se manifestado no seu dia a dia. Você não precisa saber a origem de cada dor; se conseguir observar como ela reverbera, já estará caminhando rumo à melhora. Trazer para a luz é o início de uma grande transformação.

Perceber o que sentimos e como as situações que vivemos reverberam em nós é algo muito estranho ao nosso *modus operandi*. Não aprendemos a fazer isso. Nosso foco estava sempre em agradar os outros ou fugir da punição. Ninguém nos incentivou a fechar os olhos, sentir se as nossas atitudes nos traziam paz e tranquilidade ou se nos angustiavam e nos faziam sofrer. Ninguém nos guiou nesse caminho da autopercepção, então é provável que, nesse exercício de entender as suas dores e como você reage a elas, você sinta muita dificuldade. Que não consiga nomear o que sente nem como sente. Que consiga apenas rotular o comportamento do outro, porque foi isso que aprendemos a fazer. E tudo bem vivenciar essa dificuldade. Respeite o seu tempo e o seu processo nesse caminho, porque é a única forma saudável de viver. E lembre-se de que não precisa dar conta de nada sozinho ou sozinha. Procure um terapeuta. Busque apoio para iniciar essa caminhada que sim, é dolorosa. Mas é também libertadora.

SENDO ADULTO

LÚCIA

Lúcia tinha sérios problemas com o filho de 6 anos. O menino brigava, gritava e se descontrolava quando era contrariado e dizia coisas terríveis. Nesses momentos, ela perdia o controle e agia de forma completamente contrária à que acreditava ser a melhor. Lúcia não queria bater, não queria gritar. Tinha o real desejo de educar por meio do diálogo, mas os comportamentos do filho despertavam nela coisas que não sabia nomear. Aos poucos ela percebeu que não conseguia se conectar com ele. Que se magoava e levava os comportamentos do menino para o lado pessoal. Nesse momento, tornava-se uma criança disputando o brinquedo com outra. A criança mais forte e maior, que podia, em vez de dizer: "Acabou o jogo, a bola é minha!", dizer: "Cale a boca porque eu sou a sua mãe." Acontece que o menino não se dobrava. E as punições só aumentavam. Os castigos e gritos foram se tornando tapinhas, que deixaram de funcionar e se tornaram palmadas mais fortes, que, por sua vez, se transformaram em chineladas. Agora, nada mais parecia funcionar, e o menino seguia gritando e xingando a mãe e apresentando um comportamento cada vez pior. Lúcia precisou olhar para a relação de forma geral. E olhar para si mesma. Ela tinha sido uma criança que apanhara muito, pelos motivos que sempre julgara mais injustos.

Tinha muita raiva guardada dentro de si, e o menino mexia profundamente com essas dores. Também estava infeliz e com o casamento abalado, sentindo a vida desmoronar. Lúcia queria que toda a dor cessasse, mas não assumia a reponsabilidade por lidar com o caos que sua vida havia se tornado. Como uma criança, esperava que alguém resolvesse os seus problemas ou lhe dissesse o que fazer para que a vida melhorasse. Mas a vida só começou a mudar, sobretudo na relação com o filho, quando Lúcia assumiu o seu lugar de adulta. Não havia a quem obedecer. Era ela a única responsável pela melhora na relação consigo mesma e com o filho, por mais duro que isso parecesse. Iniciou um processo terapêutico, implementou mudanças significativas na rotina e, aos poucos, a relação com o filho se transformou. As palmadas e os castigos deixaram de existir, e a conexão entre eles melhorou muito. Trabalhar a autoconfiança e o bem-estar reverberou em todos os âmbitos da vida. Quando a relação com a criança ficava estremecida, era hora de olhar novamente para si e perceber onde estava se descuidando, que dores estava deixando de observar. Maternar a si mesma com amor transformou Lúcia em uma mãe melhor e mais consciente.

Nos dois últimos capítulos, falamos do passado, da nossa criança interior, e revisitamos lembranças doloridas da infância. Isso é essencial para que consigamos alinhar as atitudes que queremos ter com as que acreditamos serem as melhores. E mais importante que isso é assumir que agora é com você. Que o que os seus pais fizeram faz parte da sua história, mas não determina o seu futuro. Que agora você é adulto, pai e mãe de si mesmo ou de si mesma. Agora você pode acolher o seu próprio choro, em vez de engoli-lo na base do grito e do julgamento. Agora pode acolher o temor, dizer para a criança dentro de você que tudo bem sentir medo, em vez de dizer que ela não tem motivo nenhum para temer. Pode ir aos poucos, com respeito pelos seus sentimentos, porque uma coisa não anula a outra. Agora você pode se escutar, se entender e se aceitar, porque isso está em suas mãos. Ser adulto é sair desse lugar apertado no qual insistimos em viver dentro de nós.

Quando crianças, a nossa segurança emocional morava fora de nós. Eram os nossos pais ou cuidadores que atendiam às nossas necessidades mais básicas. Eles representavam o alimento, o colo, o abrigo, o bem-estar. Sem o adulto, a nossa sobrevivência estava ameaçada. Então, aprendemos a pedir da forma que eles determinavam, ou a calar para não incomodar e não perder o amor do papai e da mamãe. Aprendemos a esperar o cuidado do outro porque o poder de cuidar de nós mesmos não estava em nossas mãos. Mas agora, como disse antes, você é o adulto. A segurança emocional não virá de fora. Ninguém tem a obrigação de suprir as suas carências, de atender as suas necessidades emocionais, de fazer com que se sinta seguro ou segura, como quando os seus pais diziam que iam protegê-lo ou protegê-la. Enquanto não entendermos que as necessidades dessa criança que ainda clama por escuta e colo devem ser atendidas por nós mesmos, não pelo outro, vamos ter relações cheias de cobranças e insatisfação. Pediremos ao outro o reconhecimento, a atenção, o carinho, a proteção e os abraços que não recebemos dos nossos pais. Exigiremos que preencham os nossos vazios.

Não é difícil projetar no outro as nossas faltas, e é exatamente por isso que o processo de autoconhecimento é tão importante na construção de relações saudáveis. Entender o que é nosso, quais são as nossas necessidades e responsabilidades nos torna mais compassivos com quem somos e com aqueles com quem nos relacionamos, sobretudo os nossos filhos. Mas, calma, ser adulto não quer dizer que você terá todas as respostas — essa é uma ilusão infantil, e, quando pensa nisso, você está sintonizando as dores de infância de novo. Assumir a nossa responsabilidade é entender que a dor que a fala do outro desperta fala sobre nós e sobre as nossas necessidades. Dia desses, uma amiga me contou que o filho tinha dito que não a achava bonita. Não tinha sido em um momento de raiva, como as crianças costumam fazer, mas em um momento de calma e tranquilidade: uma constatação. Ela se ofendeu e passou parte do dia sem falar com o menino. Como anda atenta à criança que mora dentro dela, minha amiga buscou entender por que a fala de uma criança de 4 anos a havia ofendido tanto. E percebeu que tinha se sentido como uma menina que gostava de um garoto da escola e havia levado um fora. O sentimento de rejeição, que tinha vindo de maneira tão intensa, falava de dores passadas e não atuais. Ela respirou, acolheu a própria dor e disse a si mesma que entendia o seu lado infantil, que desejava muito ser aceita por todo mundo e que podia dar a si mesma essa aceitação. Fortaleceu o seu valor próprio e tirou dos ombros do filho um peso que ele não precisava carregar. Mesmo que decidisse pedir que ele não falasse daquela forma com ela, o pedido não viria de um lugar de dor e culpa.

Quando não assumimos a responsabilidade por organizar a nossa bagunça, bagunçamos a vida de quem se aproxima de nós. E a bagunça não é organizada em segundos. Não sabemos colocar cada coisa em seu lugar, por vezes nem temos estantes e prateleiras suficientes para fazê-lo. Ser adulto é saber que a inciativa e a perseverança para encontrar o que é necessário depende de nós. E é o adulto também quem coloca limites nos impulsos impensados da criança. É o nosso lado infantil que quer as coisas para ontem, que não pode esperar nem um minuto. É a criança que mora em nós que fala sem pensar, sem se preocupar em como o outro vai receber o que é dito, como o filho da minha amiga. Ser adulto é entender que entre o que sentimos e como vamos agir há espaço para escolha. É o seu adulto quem precisa dizer não: com amorosidade, com gentileza, com firmeza e com segurança. Recebemos tantos nãos na infância que hoje nos recusamos a ser contrariados e seguimos agindo como crianças nos famosos episódios de birra. Às vezes a recompensa é adiada, às vezes o impulso precisa ser contido, às vezes a decisão precisa ser pensada com mais cuidado.

Quando começou a cuidar de si, a enxergar as próprias necessidades e os próprios vazios, assumindo a responsabilidade por eles, Lúcia descobriu que era maior e mais potente do que jamais imaginara ser. E essa nova visão de si reverberou em todas as suas relações. A mulher que agora compreendia a si mesma se tornou mais segura, e essa segurança foi sentida pelo filho, que pôde, finalmente, relaxar e se permitir cuidar, porque não havia do que se defender. Quando não assumimos o papel do adulto, a criança conclui que precisa defender a si mesma e preencher os seus vazios. Torna-se mais exigente, mais briguenta e mais desafiadora. Ter por perto um adulto que se comporta como tal equilibra a dinâmica familiar. A criança só pode ser criança quando o adulto se comporta como adulto.

A CRIANÇA FELIZ

Nem só de dores vive essa criança em nós. É na criança que reside a nossa criatividade, a vontade de viver a vida de peito aberto. É a criança que se encanta com a cor do céu, com o arco-íris. É ela quem fecha os olhos para sentir o sol esquentando a pele ou a brisa balançando os cabelos. A criança é o encantamento, o ânimo, a alegria de viver. A desconexão com essa força de vida em nós nos faz perder o brilho. Volta e meia alguém me diz que detesta brincar, que não consegue se sentar com os filhos para um jogo qualquer e que não tem nenhuma criatividade para tornar o dia a dia mais leve. Quando escuto isso, o meu pensamento é: "Tire essa criança do castigo, porque ela está louca para sair."

Todos somos criativos. Todos. A criatividade é a mola propulsora da vida. Nascemos com ela. Mas crescemos ouvindo que inventar coisas era ruim. Crescemos ouvindo que existia um jeito único e correto de realizar as tarefas e que só nos adequando a ele seríamos realmente aceitos. Crescemos ouvindo que a nossa forme de ver a vida era errada, ruim, que desperdiçava tempo e energia e Deus nos livre de desperdiçar tempo. Tempo é dinheiro. E ganhar dinheiro, ter uma profissão e se adequar a um sistema de produção que sustenta o lucro é o que importa. Brincar, correr, inventar jogos com gravetos e criar histórias para a formiguinha que sobe a parede são coisas de criança, coisas que precisam ser abandonadas com o crescimento. Importante é aprender matemática e pensar no vestibular. Essencial é saber o que vai ser quando crescer.

Brincar é essencial para a vida. Qual foi a última vez que você gargalhou até sentir a barriga doer? Qual foi a última vez que pisou no chão e sentiu a grama fazer cócegas nos pés? Qual foi a última vez que sentiu o cheiro de bolo saindo do forno e a boca se encheu de água? Qual foi a última vez que você sonhou? A ausência desses momentos é prova de que estamos desconectados da nossa essência. Da vida que pulsa em nós. E desconectados assim, seremos pais que veem a vida através de uma lente cinza. Que reclamam quando a criança segura um graveto, sem entender que o graveto é a varinha do Harry Potter, um detector de metais e um guia mágico, tudo junto e misturado. Enquanto vivermos desconectados dessa criança, deixaremos a nossa imaginação minguar. E antes que você me diga que essas coisas são inúteis, saiba que a criatividade e a imaginação estão diretamente ligadas à nossa capacidade de resolver problemas e enxergar saídas.

Qual era a brincadeira da qual você mais gostava na infância? Consegue se lembrar? Consegue se lembrar de qual era o seu maior sonho? E de qual era a comida que você mais amava, a melhor de todas? Quantas vezes você se permitiu experimentar essas sensações no último mês? E que brincadeiras a sua criança faria com o seu filho ou a sua filha, se eles se conhecessem? Eu amava desenhar, brincar de pega-pega e de casinha. Montava uma casa inteira com pedras no meu quintal. Minha comida predileta era lasanha — e dei a sorte de me casar com um homem que faz uma lasanha maravilhosa —, eu amava pudim e brigadeiro. Pipoca com leite condensado me faz voltar à infância e chupar manga me sujando toda traz uma felicidade ao meu coração que nem sei descrever. Meu sonho era ser advogada, porque assim eu poderia defender as pessoas. Fui advogada, mas aprendi que defender quem somos e as nossas crianças faz a minha alma mais feliz. Quando a menina que fui assume o comando por aqui, brinco de pega-pega com as crianças e sinto uma paz imensa. Esconde-esconde também. Desenhar com eles deixa a vida mais leve. E enquanto estamos nesse lugar, pouco importam os boletos, os problemas no trabalho ou o resultado dos exames. Por alguns instantes o tempo paralisa, para que a vida flua.

Em nossa mente radical, cheia de dualidades, acreditamos que precisamos ser responsáveis, adultos chatos e preocupados 100% do tempo, e enterramos muito fundo o que nos faz sentir vivos, criativos e energizados. Entregar-se à infância não vai fazer de você uma pessoa menos adulta nem diminuir a sua capacidade de lidar com a vida; não vai abalar a sua autoridade diante dos seus filhos. Vai deixar a vida mais leve, o seu coração mais tranquilo e a conexão em família mais forte do que nunca. Você sabe brincar. Todos sabemos. E os nossos filhos são um convite irresistível a relembrar essa capacidade inata, poderosa e incrível. Pelo menos uma vez ao dia, deixe que a criança que mora em você responda a uma das perguntas mais bonitas e importantes do mundo: "Quer brincar comigo?"

RESUMO DO CAPÍTULO

- Nossa forma de agir, falar e lidar com os problemas foi aprendida nos nossos primeiros anos de vida. Foi na infância que aprendemos o que é o amor e como conquistá-lo. Foi nessa fase que aprendemos quem somos e como cuidar de quem somos. Foi então que aprendemos como defender — ou não defender — aquilo em que acreditamos. Foi na infância que você aprendeu a ver o mundo da forma que o enxerga hoje.

- Traumas são marcas que as situações dolorosas deixam em nós. Algumas são menores, outras maiores. Algumas doem menos, outras doem tanto que quase nos impedem de respirar. Todos temos muitas delas.

- Todos experimentamos sentimentos semelhantes. Todo ser humano sente tristeza, angústia, frustração, medo, aflição, ansiedade, alegria, ânimo, euforia, esperança. Isso é o "o quê". Ele é universal. O "como" e o "por que" são únicos, pessoais e intransferíveis. O que desperta os nossos sentimentos e como experimentamos cada um deles no nosso corpo é um processo singular para cada indivíduo.

- Ser adulto é assumir a responsabilidade de cuidar de si e lidar com as próprias necessidades e os próprios vazios, entendendo que a resposta não virá de fora. É também conter o imediatismo e a impulsividade da criança que ainda mora em nós.

- Na nossa criança interior residem a vontade de viver, o encantamento e a alegria. Entregar-se à infância não vai fazer de você uma pessoa menos adulta nem diminuir a sua capacidade de lidar com a vida, não vai abalar a sua autoridade diante dos seus filhos. Vai deixar a vida mais leve, o seu coração mais tranquilo e a conexão em família mais forte do que nunca.

5.
FAZENDO AS PAZES COM A PARENTALIDADE POSSÍVEL

Abri espaço para perguntas, e Vera logo levantou a mão. Ela me contou que estava enfrentando grandes dificuldades com a filha e que não sabia mais o que fazer. Além das dificuldades em si, sentia culpa pelos sentimentos que elas lhe despertavam. A filha era um sonho antigo, que fora nutrido em seu coração durante anos. Foram diversas consultas médicas, notícias ruins e tentativas. A tão sonhada gravidez chegou após duas fertilizações. Depois de tanto sonho, esforço, investimento de tempo e dinheiro, Vera se sentia profundamente frustrada com a realidade. O sonho parecia um pesadelo, e ela julgava tudo o que sentia como indevido, uma demonstração de ingratidão. Enquanto falava, Vera chorava. Não entendia o que estava acontecendo e acreditava que a dificuldade de engravidar tinha sido um aviso divino: ela não havia nascido para cuidar de outro ser humano. Acolhemos, o grupo e eu, a sua dor. E, aos poucos, muitos dos presentes dividiram as suas próprias frustrações, seus medos e angústias em relação aos filhos. Vera não estava sozinha e pôde sentir isso. A maternidade não era o que ela havia sonhado. Na vida real havia menos felicidade do que o prometido. E tudo bem. Ao olhar para as próprias idealizações e ver o quanto eram irreais, Vera pôde cuidar da relação com a filha para além da própria frustração.

Cada um de nós tem uma lista mental que descreve como um pai e uma mãe devem ser, e isso não está diretamente relacionado com ter filhos. Mesmo quem afirma que nunca terá filhos tem, em sua mente, uma definição clara do que isso significa, de como os pais devem agir e dos requisitos que devem atender para serem considerados bons. E o problema está exatamente aí. A fôrma na qual achamos que devemos caber como pais foi construída por alguém que não fazia a mais remota ideia do que é educar uma criança. Das repercussões emocionais, físicas, financeiras e existenciais que essa relação implica. Como filhos, sabemos que tipo de pais queríamos. A forma como eles deveriam ser. Como deveriam falar e se comportar. Como deveriam se sentir em relação a nós e aos nossos feitos. Como dito anteriormente, esquecemos que são humanos e que possuem uma história que nos antecede e desejamos que atendam às nossas expectativas infantis.

Quando os nossos filhos nascem, não abandonamos essas expectativas, apenas as transferimos de lugar. Agora temos que ser essa mãe ou esse pai ideal. Agora temos que ser felizes, amorosos, acolhedores, firmes e tantas outras coisas. E essa idealização se choca com a nossa humanidade. Nós nos damos conta de que não damos conta. E nos frustramos porque acreditamos que não estamos sendo o pai ou a mãe que deveríamos ser. Que não estamos sentindo a felicidade avassaladora e constante que deveríamos sentir. Que os filhos não nos completam e não trazem plenitude. E isso não pode estar certo, afinal. Onde está a mãe calma e tranquila que idealizamos? Onde está o pai brincalhão e amoroso que sonhamos ser?

Grande parte das mães e pais que me seguem acha que não é boa ou bom o suficiente. Eles afirmam que costumam dormir frustrados e angustiados com a distância gigantesca que existe entre a expectativa e a realidade. E essa frustração contribui para o grito, para o tapa, para a atitude impensada. A frustração desencadeia raiva, que leva a comportamentos que não desejamos ter, o que, por sua vez, leva à culpa, que leva a mais frustração. É o ciclo do caos instaurado, reforçando a certeza de que somos pais com defeito de fábrica.

Precisamos olhar para o ideal que estamos buscando atender e ver o que, nesse pai ou nessa mãe ideal, faz sentido para nós e para a nossa história. O que, dentro dessa fantasia, pode permanecer como um referencial e o que deve ser descartado porque apenas nos oprime e nos entristece. Essa mãe que você acredita que deveria ser, ela é humanamente possível? E esse pai? Ele respeita a sua história? Até quando vamos tentar atender a uma idealização que criamos muito antes de sabermos o que era ter filhos?

Eu convido você a acolher a realidade. A abandonar a parentalidade ideal e assumir a parentalidade possível, viva. A parentalidade que enxerga as suas possibilidades e dificuldades. Que acolhe a sua história e a sua realidade. Convido você a rever esse conceito. A redefinir a mãe ou o pai que acredita que deveria ser. Isso pode transformar a sua vida.

A PARENTALIDADE IDEAL

Quantas lembranças você tem dos seus pais sentados no chão brincando com a família reunida? Quantas vezes se recorda de ver a sua mãe preocupada com o que você ia fazer à tarde em casa, depois da aula, assumindo a responsabilidade pelo seu entretenimento e pela sua diversão? Quantas vezes se recorda dos seus pais estudando a pedagogia da escola na qual você ia estudar ou lendo os rótulos de todos os alimentos que entravam em casa para saber qual a quantidade de conservantes em cada um deles? Eu sei que nos faltou muita coisa e que hoje podemos fazer mais do que os nossos pais puderam. Não estou, de forma nenhuma, contradizendo o que já foi escrito até aqui e adotando o discurso dos sobreviventes. Quero apenas que você pare para pensar no quanto o conceito de pais ideais mudou em apenas uma geração. No quanto estamos assumindo responsabilidades maiores do que é humanamente possível. No quanto tentamos preencher o nosso vazio através dos nossos filhos e da nossa forma de maternar e paternar. Fomos de um oposto ao outro, e é preciso encontrar o equilíbrio.

Imagine que, por muito tempo, seguramos um pêndulo do lado esquerdo da estrutura que o sustenta. Quando o soltamos, ele não parou no meio, mas partiu, com intensidade, para o extremo oposto. Enquanto os nossos pais se esforçavam apenas para nos manter vivos e fisicamente saudáveis, na medida do que lhes era possível, nós adotamos a ideia de que precisamos suprir todas as necessidades dos nossos filhos. Fazer uma programação na qual não haja lugar para o ócio. Colocar cinco cores em todos os pratos, em todas as refeições, de preferência com ingredientes orgânicos, recém-colhidos da horta doméstica, que, por sua vez, é nutrida pelo adubo da composteira. Escolher uma escola Montessori, ou Waldorf, ou que siga outra pedagogia mais focada no desenvolvimento humano. Matricular no inglês, no mandarim e em outra língua que será absolutamente necessária no futuro. Comprar roupas feitas por artesãos, com algodão natural. Não terceirizar os cuidados com os filhos, responsabilizando-se pessoalmente por cada troca de roupa e refeição. E fazer tudo isso enquanto cuidamos da nossa carreira e somos exemplo de sucesso e felicidade. Não podemos esquecer que precisamos manter as crianças entretidas, de preferência com brinquedos feitos em casa com material reciclado e gravetos. Ah, e tudo isso com um sorriso no rosto, porque ter filhos traz muita felicidade, plenitude e realização. Fácil, não?

Não seria capaz de dizer quantas vezes escutei de pais e mães que eles não eram bons; sobretudo as mães, que são mais cobradas pela sociedade. Se colocarmos no papel as expectativas que depositamos em nós mesmos no que diz respeito aos pais e mães que deveríamos ser, veremos que é impossível atendê-las e que estamos cultivando enormes frustrações. Você não vai ser a mãe perfeita. Não vai ser o pai perfeito. Faremos merda tantas vezes que não saberemos listar. Adequar as nossas expectativas às nossas possibilidades nos traz mais tranquilidade. Reduz a frustração, que reduz a raiva, que reduz o caos, que reduz a culpa.

LEILA

Leila estava enfrentando grandes dificuldades na adaptação escolar da filha Júlia, de 3 anos. A menina chorava desesperadamente sempre que avistava a escola, e a mãe não sabia mais o que fazer. A minha primeira pergunta para ela foi sobre o quanto confiava na escola. Se estava segura da decisão que havia tomado. A resposta veio cheia de inseguranças e frustrações. Leila queria uma escola com uma pedagogia mais voltada para o desenvolvimento humano, e não só para o desenvolvimento intelectual, mas não havia nenhuma opção na cidade onde morava. A escolha havia sido a "menos pior" dentre as opções possíveis. Cada fala e cada gesto dos professores aumentavam sua convicção de que a escola era inadequada. Conversamos sobre as opções disponíveis. Ela me disse que não havia nenhuma outra, pois precisava trabalhar, precisava colocar a menina na escola e precisava, também, fazer as pazes com as próprias possibilidades. Sim, uma escola alinhada com as prioridades da família seria algo maravilhoso. Um ambiente focado no desenvolvimento da autonomia, da inteligência emocional e das habilidades sociais deveria ser um direito de toda criança, assim como o alimento nutritivo e o acolhimento das suas dificuldades e potencialidades. Infelizmente não é sempre assim. Lidar com o que é possível é mais útil e sábio do que se agarrar a idealizações. Ao reconhecer que o que havia oferecido era o melhor que as suas possibilidades lhe permitiam, Leila recuperou a segurança que precisava transmitir à filha. Nos dias que se seguiram, a menina chorou a despedida, a saudade, mas encontrou na mãe o apoio de que precisa para atravessar aquele importante momento. E esse apoio e essa segurança mudaram tudo.

Pode ser que os pais ideais que descrevi não tenham reverberado em você. Pode ser que os orgânicos, a escola alternativa e os brinquedos reciclados do Pinterest não sejam referências na sua realidade. Mas eu posso garantir que você tem, aí na sua mente, a imagem da mãe ou do pai que deveria ser. Esse ser que nunca erra, que sabe a quantidade exata de sins e nãos que deve dizer no dia a dia. Que tem todas as respostas e que exala segurança e maturidade. Esse ser impossível, que na maior parte do tempo oprime em vez de inspirar. Você é bom o suficiente. Você é boa o suficiente. Hoje, do jeito que é. Sempre podemos melhorar, mas isso não muda o fato de que somos suficientemente bons. De que ofertamos o melhor que podemos, todos os dias. Lembrar disso nos torna mais seguros e equilibrados. Quantas vezes você recita a ladainha mental de que deveria agir de maneira diferente? Quantos "deveria" diz para si mesmo por dia? Já parou para descrever a mãe ou o pai ideal? Pegue um papel e descreva essa figura, com todas as características que considera essenciais. Quanto dessa descrição é realmente possível? Quanto dessa descrição vem da criança que você foi? Quanto vem da sociedade, mas não faz o mais remoto sentido para você?

HUMANO, DEMASIADO HUMANO

Quando Vera falou sobre a frustração com a maternidade, me lembrei do puerpério de uma amiga. Fui visitá-la quando o bebê estava com cerca de dois meses. Depois de alguns minutos de conversa, perguntei se o amor já havia chegado. A minha amiga chorou tão intensamente que levei um susto. Ela me contou que esperava sentir o tal amor de mãe que lhe tiraria o chão e o ar, mas que, até aquele momento, achava o filho lindo, fofo... e só. Que gostava dele tanto quanto do meu filho, por exemplo. E que a ausência daquele sentimento tão sobrenatural a fazia crer que era uma mulher mesquinha, uma mãe com defeito de fábrica. Tinha medo de protagonizar uma daquelas histórias de mães que machucam o bebê, porque, obviamente, ela não era uma mãe normal. Quando perguntei se o amor já havia surgido, sem saber tirei um peso das suas costas. Ela não era um monstro em forma de mulher. Era apenas uma mãe normal, que, como muitas outras, sente o amor chegar aos poucos, construindo a relação nas trocas do dia a dia.

Você vai sentir mais que amor pelo seu filho. Vai sentir frustração, medo, raiva, ódio, decepção. Vai experimentar mais sensações do que as que aprendeu que são próprias de um pai ou de uma mãe. Porque, adivinhe: você é um ser humano. Porque não há relação que se constitua apenas de amor. E tudo bem. Nós crescemos construindo uma visão irreal dos pais. Até quando nos batiam ou perdiam a paciência, eles nos responsabilizavam por isso. Fantasiavam o descontrole com amor. E nós acreditamos que amor era a única coisa que sentiam, independentemente das suas atitudes, das suas falas e dos seus gestos. Eles sentiam amor e ponto. Os nossos filhos nasceram e descobrimos que a realidade é bem diferente da idealização. Que há mais choro — nosso e deles — do que achamos que haveria. Sentimos vontade de fugir e entrar para o programa de proteção à testemunha do FBI, mudar de nome, endereço e identidade. Há medo, dúvidas, inseguranças. Não temos as certezas que os nossos pais pareciam ter. E acreditamos que, claro, o problema somos nós.

Ter filhos não lhe deu superpoderes. Não nasceram asas, não houve uma canonização. Você era um ser humano sem filhos e agora é um ser humano com filhos. Simples — e complexo — assim. A idealização dessa relação de seres angelicais é opressora. Lembra-se do peso do rótulo? Pois então. Pai e, sobretudo, mãe são rótulos difíceis de carregar porque trazem consigo expectativas irreais. Você é falível, erra, se equivoca. Você tem dias bons e dias ruins. Você faz parte de uma natureza cíclica e mutável e, como tal, tem variações de humor, vive fases mais fáceis e simples e fases complicadas e enlouquecedoras. As árvores perdem as folhas no outono, as marés sobem e descem, os bichos reduzem a pelagem no calor. Não há constância. Viver é uma dança. Precisamos aceitar que não somos robôs com uma programação única, que nos garante sempre o mesmo sorriso e sempre as mesmas ações. Acolher a nossa natureza nos torna mais capazes de lidar com ela. Eu sou uma pessoa bem-humorada. Tenho riso solto e um otimismo que, segundo o meu marido, é quase infantil. Acontece que, como todo ser humano, tenho os meus dias ruins. Há algum tempo, eu me obrigava a ficar bem nesses momentos. Acreditava que tinha que estar feliz, porque, afinal de contas, "Eu sou feliz". Essa obrigação me frustrava e, como você já deve ter aprendido aqui, a frustração é um gatilho para a raiva e a irritabilidade. Tentando ficar mais feliz, eu me empurrava para o extremo oposto.

Aceitar que somos humanos e sair do trono é libertador. Podemos sentir tristeza, alegria, excitação, medo, dúvida. Podemos ter vontade de desistir. E o nosso valor como pai ou mãe não está atrelado a nada disso. Sentir a nossa humanidade pulsar em nós não é uma demonstração de que somos pais inadequados e ruins, e essa consciência nos torna pais melhores, mais pacientes e capazes, o que se dá por dois motivos. O primeiro é que nos permitimos aprender com os erros e tropeços em vez de brigar com eles. O segundo é que libertamos os nossos filhos de serem os filhos perfeitos para nos sentirmos os pais perfeitos. Os comportamentos dos nossos filhos não são uma medida das nossas capacidades enquanto pais. Não são um termômetro da nossa parentalidade. Os comportamentos podem indicar a qualidade da nossa conexão, os sentimentos e a necessidades deles, mas não determinam se somos bons ou maus, capazes ou incapazes. Não podemos viver nessa montanha-russa em que nos consideramos bons pais quando nossos filhos se comportam bem, dão bom-dia, boa-tarde, boa-noite e agem de forma que nos dá orgulho, e péssimos pais quando eles respondem, mentem e batem nos irmãos. Somos pais suficientemente bons, sobretudo quando aprendemos a lidar com quem somos.

E, já que estamos despindo a relação entre pais e filhos de sua santidade, precisamos aceitar que, algumas vezes, nossos filhos não vão gostar de nós. Que nos dirão outras coisas além de "Eu te amo!". E tudo bem. Você não precisa da aprovação da criança e do adolescente para reconhecer o seu lugar — ou pelo menos não deveria precisar.

Certa vez, atendi uma mãe que me dizia que não aceitava que o filho lhe dissesse que não gostava dela, e que, todas as vezes que o menino falava algo assim, ela respondia: "Você me ama, sim!" Eu sorri e disse a ela:

> — Posso lhe contar um segredo? Ele não mentiu para você. Naquele momento, ele não gostava mesmo.

Se assumimos que há dias que queremos sumir, que em determinados momentos sentimos outras coisas além de amor pelos filhos, por que esperamos que eles sejam constantemente gratos e felizes por nos terem como pais? Sim, em alguns momentos eles desejarão ter pais diferentes. E isso tampouco mede as nossas capacidades. Dia desses meu filho mais velho me disse a seguinte frase: "Eu não gosto de você, nem parece que você escreveu o livro *Educação não violenta*!" Veja bem, volta e meia eu faço merda. Volta e meia tenho atitudes que fogem ao que eu gostaria. Mas nesse dia fui impecável. Naquele momento eu havia agido exatamente como acho que deveria agir. Mas ele havia recebido um não e, como esperado, estava frustrado. Não ia me agradecer, sorrindo diante da negativa. E eu não preciso do selo de "mãe superlegal", dado pelos meus filhos, sobretudo em momentos de raiva, para me considerar uma boa mãe.

Em qualquer relação entre humanos há conflito. Há desagrado. E todos os envolvidos nessa relação experimentam os mais diversos sentimentos e as mais diversas facetas humanas, mesmo que um desses envolvidos tenha menos de um metro de altura. Os nossos filhos acessam feridas que nem sabíamos que existiam, e todas as descobertas que eles nos possibilitam ter nos tornam pessoas melhores. Aceitar que somos mais do que pais sorridentes e responsáveis nos faz aceitar que eles são mais do que filhos sorridentes, gratos e obedientes. Acolher a nossa humanidade nos deixa mais dispostos a acolher a deles. A aceitação transborda.

VOCÊ NÃO TEM QUE DAR CONTA

Há um ditado africano que diz que é preciso uma aldeia inteira para educar uma criança e, sem dúvida, ele está correto. A missão de educar e atender as demandas de um serzinho de forma que ele cresça emocionalmente saudável e seguro é grande demais para ser assumida por apenas duas pessoas. Ou por uma, como acontece em grande parte dos lares brasileiros. Mães costumam ser aquelas que ficam mais sobrecarregadas pelos cuidados com os filhos, as que são mais cobradas para atender as expectativas sociais e, exatamente por isso, sofrem a solidão imposta a quem tem filhos em nosso país. É o velho "Quem pariu Mateus que o embale!" impondo seus efeitos nefastos.

Quando a minha mãe descobriu a primeira gestação, havia na igreja que ela frequentava um programa de apoio às mulheres. Sempre que uma mulher engravidava, uma mãe mais experiente assumia a responsabilidade de ajudá-la com o bebê e com a maternidade. A mulher que assumiu essa responsabilidade em relação à minha mãe foi uma amiga da família que eu chamo de mamãe Sônia até hoje. Os anos se passam e o senso de comunidade vai se perdendo à medida que nos transformamos em uma sociedade cada vez mais individualista e competitiva. A responsabilidade pelo bem-estar geral e pela construção de um futuro melhor foi reduzida a encontrar uma boa carreira profissional, e nos esquecemos de que, além do que construímos individualmente, precisamos construir uma convivência coletiva mais justa, igualitária e tolerante. Sem essa consciência, perdemos apoio e parceria. Receber apoio e ter com quem contar faz com que a parentalidade, em especial a maternidade, seja uma experiência menos intensa.

A ideia absurda de que precisamos dar conta de tudo nos oprime, sobretudo as mães. Enquanto meninos crescem brincando de carrinho, cuidando apenas de si mesmos e desenvolvendo força de trabalho, as meninas são educadas para cuidar de todos ao redor. Crescem brincando de boneca, para que no futuro saibam cuidar dos bebês. Aprendem a prestar atenção à sujeira que se esconde em cada cantinho da casa. São educadas para fazer o outro feliz. E são cobradas por isso. Boas meninas não reclamam, não incomodam e fazem tudo o que precisa ser feito com um sorriso no rosto. Crescemos acreditando que, como mães, precisamos dar conta de todas as demandas das crias, da casa, de nós mesmas. Somos sufocadas por listas mentais de tarefas intermináveis e impossíveis de serem realizadas. Acordamos e dormimos insatisfeitas e acreditando que dar conta nos define como mães e mulheres. Certo dia, Isaac meu marido saiu com uma camisa amassada. Odeio ferro de passar roupas e nem sei por onde ele anda em casa. Pois bem, a minha mãe reparou na camisa e me chamou em um canto: "Como você deixou o seu marido sair com uma camisa nesse estado? As pessoas vão pensar o quê? Que tipo de mulher deixa o marido sair assim?"

Como sempre foi responsável por tudo da casa, desde a lavagem da calçada até o meu penteado e o penteado da minha irmã, ela acreditava que a roupa de um homem adulto, saudável, lúcido e capaz era responsabilidade minha, como mulher. Pois não é. E eu não vou assumir como minhas as responsabilidades que não fazem sentido apenas porque dizem que deve ser assim. Ressignificar o papel de cada um dos integrantes da família, assumindo apenas a parte que nos cabe, é libertador. Eu não dou conta. E não vou me massacrar por isso. Aprendi a pedir ajuda, a perguntar o que não sei — mesmo que tenha escutado a vida inteira que deveria saber —, a admitir que essa ou aquela tarefa me deixa confusa. Fortalecer em mim a ideia de que sou uma mãe suficientemente boa, de que faço o melhor que posso com as ferramentas e as possibilidades que tenho, faz com que me preocupe menos com o olhar julgador do outro, e é exatamente por isso que precisamos analisar as nossas prioridades e convicções; se não o fazemos, somos arrastados por uma enxurrada de obrigações e expectativas que não nos pertencem.

MEL

Mel era uma mulher de 32 anos que parou de trabalhar para cuidar dos dois filhos. Vivia para as crianças. Preparava as refeições, organizava a casa, mantinha os exercícios em dia e cuidava do material escolar. Além de preparar as refeições, era ela, como a maioria das mulheres, quem pensava no que comprar, quando comprar e como comprar. Quando conversamos, ela estava exausta. Havia muito tempo não ia ao cinema ou lia um livro. As obrigações rotineiras não deixavam espaço para que ela fizesse nada além de administrar as demandas de todos os membros da família. Estava infeliz, exaurida. E toda essa infelicidade se refletia na relação com as crianças. Perguntei se já tinha pensado em deixar as crianças com o pai, que não representava uma fonte de ajuda, mas era tão responsável pelos filhos quanto ela. A resposta imediata foi que ele não daria conta. Que ele não seria capaz de fazer tudo da forma correta, que, obviamente, era a dela.

Ao ouvir isso, lembrei-me da primeira vez que viajei a trabalho e deixei as crianças com o pai por dois dias inteiros. Fiz uma lista das coisas que achava que ele ia precisar, comprei comida, deixei a minha mãe de sobreaviso. E acreditei verdadeiramente que ele não ia dar conta das demandas dos pequenos. Liguei para casa várias vezes. Quase enlouqueci. Quando retornei, a casa estava bagunçada e o cabelo das crianças estava mal penteado. Fui invadida por uma raiva mortal, senti vontade de nunca mais repetir o que considerei um erro. Mas ele precisava aprender. Mais viagens surgiram e, de lá para cá, as coisas mudaram muito. Ele aprendeu a cuidar da casa do jeito dele, e eu aprendi que não sou a única responsável por tudo.

Perguntei a Mel se ela tinha amigos e parentes próximos com quem pudesse contar, se algum dia havia pedido que ficassem com os filhos para ir ao cinema ou sair para jantar com amigas. Ela me disse que morava perto da sogra, mas que a avó deixava que as crianças assistissem à TV, e ela não gostava. Que se as regras dela não eram respeitadas, preferia não deixar os filhos com ninguém. Munida da convicção de que somente ela sabia cuidar dos filhos e da casa, Mel carregava um peso muito maior do que precisava carregar. E se tornou uma mãe irritada e impaciente.

Quando falamos de rede de apoio e do famigerado "dar conta", precisamos aprender que, quando delegamos uma tarefa, ela será executada de uma maneira diferente da nossa. No livro *Deixe a peteca cair*, a autora, Tiffany Dufu, cunhou uma expressão da qual gosto muito: "síndrome do controle do lar", ou SCL. Segundo ela, essa síndrome traduz a necessidade que temos de que tudo, absolutamente tudo, seja feito do nosso jeito. A crença de que sem a nossa presença o mundo desaba. A ideia de que somente os nossos braços podem se movimentar freneticamente no malabarismo diário. Nós nos deixamos sufocar por demandas que poderiam ser delegadas ou simplesmente abandonadas. Quantas vezes você procurou pessoas conhecidas que moram perto de você para dividir a obrigação de deixar as crianças na escola? Quantas vezes se sentou com o marido ou a esposa, o companheiro ou a companheira e fez uma lista das tarefas domésticas, dividindo as responsabilidades? Quantas vezes procurou outras mães, outros pais e pessoas responsáveis por crianças, criando um grupo de apoio? Quantas vezes se movimentou para que a vida ficasse menos solitária?

Não quero que você ache que estou menosprezando as consequências terríveis do machismo e das suas imposições na vida de mulheres e homens em nossa sociedade. Não quero que acredite que estou desconsiderando as desigualdades sociais, a ausência de creches públicas e de qualidade, e a falta de apoio em empregos e escolas para que pais, sobretudo mães, tenham uma atuação social mais igualitária. É justamente conscientes desses fatores que precisamos nos fortalecer e decidir o que vamos fazer com toda essa desigualdade. Peça ajuda e aceite que as coisas não serão feitas exatamente como você deseja, e isso não é necessariamente ruim. Existem outros jeitos de fazer as coisas além do seu. Seus ombros não precisam sustentar o mundo. E lembre-se de que algum tempo diante da TV ou comendo doce na casa da avó não vai destruir todos os seus esforços. Você ganha algumas horas para si, a criança ganha novas perspectivas de vida. No fim das contas, delegar faz bem para todo mundo.

E QUANDO O PAI (OU MÃE) NÃO CONCORDA?

Estamos no fim do quinto capítulo e, até aqui, creio que você já percebeu que educar por meio da não violência é um caminho de autoconhecimento. E, como tal, só pode ser trilhado individualmente. O que quer dizer que, por mais incrível e transformadora que esteja sendo a sua jornada, você não pode desenhar o caminho do outro. Não pode simplesmente convencê-lo do que é certo ou errado. Mudar a forma como educamos exige que olhemos para a nossa própria história. Desejar abandonar as palmadas e os castigos exige que reconheçamos que houve excesso e violência na nossa infância. Que doeu. E assumir isso mexe com convicções estruturantes da nossa vida e da nossa personalidade. Cada pessoa tem o seu tempo e o seu momento para lidar com as próprias dores. E tudo bem.

Construir um relacionamento saudável com uma criança ou adolescente é uma missão desafiadora. É algo que demanda dedicação, reconhecimento das nossas falhas e dos nossos acertos. Olhar para nós mesmos e para o outro com uma profundidade à qual não estamos habituados. Tarefa de uma vida inteira. Não seremos capazes de assumir a responsabilidade pela construção do relacionamento do outro com a criança. É pesado, exaustivo e impossível. E por mais que doa, essa é a história de vida desse ser humano que estamos educando. Mesmo que você se divorcie, que nunca mais veja aquele pai ou aquela mãe, ele não vai deixar de ser o pai ou a mãe do seu filho. Este é um laço que não se desfaz. Cabe a nós ajudar a criança a compreender que ela não é responsável pelo comportamento do pai que bate ou da mãe que grita. Cabe a nós ajudá-la a lidar com o abandono, com a frustração e com a dor causados pelos comportamentos que pais feridos costumam ter. Nos resta dar apoio, amor, carinho, cuidado. Nenhuma mãe pode ocupar o lugar de um pai, e vice-versa. O melhor que podemos fazer pelos nossos filhos é assumir o nosso papel de corpo e alma, esforçando-nos para sermos suficientemente bons para eles. É seguirmos a nossa jornada.

Diariamente, recebo mensagens de pessoas que não sabem como atuar nos conflitos entre os cônjuges e os filhos, que não querem interferir na autoridade deles, mas desejam proteger as crianças e os adolescentes dos abusos físicos e psicológicos. A resposta não é simples, mas há uma medida para sabermos até aonde ir. Se eu visito a sua casa e o seu esposo ou a sua esposa começa a gritar, me xingar ou me maltratar, creio que a sua reação será nos separar. É provável que se aproxime e peça que ele ou ela se afaste. Duvido muito que assista a toda a cena impassível, acreditando que a outra pessoa sabe o que está fazendo e que eu preciso entender a sua história de vida. Reflita: se você interferiria em uma situação que envolvesse um adulto perfeitamente capaz de cuidar de si, por que acredita que não pode interferir quando um dos envolvidos é uma criança? Por que acredita que, em uma relação em que há grande desigualdade física e psicológica, você precisa se calar? Defender os nossos filhos é a nossa missão, mesmo que seja defendê-los das pessoas que mais amamos. Ou de nós mesmos. Eu preciso ter a confiança de que, se um dia a minha razão for sequestrada por algum infortúnio da vida, o meu marido vai defender os meus filhos de mim, porque o bem-estar e o desenvolvimento deles precisam ser a nossa prioridade como pais e como espécie.

Essa interferência não precisa ser ofensiva, chamando o pai de louco ou a mãe de descontrolada. "Você está nervoso, ou nervosa, eu assumo daqui em diante." Separe os dois e proteja a criança ou o adolescente. Acolha a dor, o medo, a frustração. Não se omita. A dor de sentir o abandono e o desamparo pode marcar uma vida tanto quanto a agressão. Eu me recordo de uma amiga que iniciou um processo terapêutico em um grupo do qual eu também participava. Sempre que falávamos das dores da infância, ela trazia a imagem do pai: um homem duro, grosseiro, intransigente. Foram inúmeros os episódios da infância que fizeram dele o seu algoz. A mãe era vista como o oposto. Um anjo. A melhor mãe do mundo. Irretocável. Em uma das dinâmicas, inesperadamente, ela acessou uma dor profunda relacionada a essa mãe. O choro e a raiva vieram à tona e ela repetia, dando voz à criança que foi: "Você era adulta, você podia me ter me defendido dele e não fez nada! Você deixava, você foi covarde." A nossa covardia é sentida pelos nossos filhos como desamparo. E isso dói profundamente. A esperança de receber a proteção e o cu dado dessa mãe perfeita se transformou em uma mágoa que ela não conseguia acessar. Se transformou na convicção de que não podia contar com ninguém, de que estava sozinha em seus sofrimento. Isso interferiu diretamente na construção da narrativa da sua própria vida.

Você pode enviar vídeos e prints de textos e compartilhar posts das redes sociais. Pode ler trechos de livros em voz alta. Pode espalhar as sementes, desejando verdadeiramente que encontrem, em algum momento, um terreno fértil para brotar. Mas não esqueça, nunca, que educar um adulto não é sua missão. Foque em construir uma relação saudável consigo mesmo e com a cria. Quando uma peça muda a forma de funcionar, toda a engrenagem se vê obrigada a mudar também. Faça a sua parte. Há de ser o bastante.

TCHAU, CULPA!

Você vai errar. Vai gritar. Vai agir de maneira completamente oposta à que gostaria de agir. Isso é tão certo quanto o azul do céu ou o sal do mar. E quando essas falhas e erros acontecerem, você precisa lembrar que eles não definem a sua maternidade ou a sua paternidade. Que você é maior do que um comportamento pontual. Que os seus esforços diários não são apagados quando você perde a paciência e quando as suas feridas falam mais alto.

A culpa fala sobre os nossos padrões e sobre o que é importante para nós ou para a sociedade. Todas as vezes que não atendemos ao que achamos que deveríamos atender, a culpa aparece para nos lembrar disso. Quando esse sentimento surgir, em vez de nos perdermos em autojulgamento e autopunição, precisamos tentar entender o que sentimos, por que sentimos e o que podemos fazer para melhorar. É um exercício transformador. Não podemos deixar que a culpa nos desconecte de nós mesmos e nos faça confundir *cometer* um erro com *ser* um erro.

Para ajudar você a lidar com a culpa, sugiro aqui o roteiro para uma viagem dentro si.

IDENTIFIQUE A REGRA QUE VOCÊ INFRINGIU

A sua fala ou a sua atitude feriu que regra? O que era tão importante para você que deixou de ser atendido? Conectar-se com essa informação pode surpreender você. Talvez essa regra não seja realmente sua, mas sim um padrão irreal imposto pela sociedade. Crianças adoecem, caem, se machucam. Coisas ruins acontecem. A ideia de que devemos ser onipresentes e onipotentes na educação dos filhos nos faz mergulhar em ciclos de culpa que não deveriam existir. Mães, em especial, se sentem culpadas porque se divertiram com amigas, porque saíram sozinhas. Se sentem culpadas quando fogem à idealização de uma plenitude e uma santidade impossíveis de alcançar. Separar o que é seu e o que é do outro pode reduzir drasticamente as chances de enveredar em um espiral de culpa. Essa regra é realmente importante para você? Ela é humanamente possível?

RECONHEÇA AS SUAS BOAS INTENÇÕES

Você conhece os motivos pelos quais agiu como agiu. Que necessidades buscava atender com as suas atitudes?

EXERCITE A AUTOCOMPAIXÃO

No primeiro capítulo, falamos sobre o poder da autocompaixão e sobre o quanto ela pode fazer diferença na nossa jornada. Quando for inundado ou inundada pela culpa, lembre-se de que pode ofertar a si mesmo o carinho e o cuidado de que precisa.

CRIE UM PLANO DE AÇÃO

Se responsabilize pelas suas ações. Como agir de maneira diferente quando a situação se repetir? Quais são os pequenos passos que pode dar na direção da mudança? Enquanto a culpa nos paralisa, a responsabilidade nos movimenta. Ciente do que sente, do que é importante para você, conectado com o seu coração, você poderá enxergar novas formas de atuar nas relações.

Para encerrar, divido com você um aprendizado muito importante. Quando digo que não dou conta de algo, estou indiretamente dizendo que não tenho apoio suficiente para sustentar esse algo na minha vida. Somos seres que vivem em comunidade e precisamos do apoio uns dos outros para nos desenvolvermos de forma saudável. Muito desse apoio deveria ser ofertado pelo Estado e poderia ser oferecido pelas empresas, pela família e pelos amigos. Fato é que, quando assumimos que não sustentamos uma escolha, é porque nos faltam braços e mãos para ajudar a suportar o peso. Quando nos voltamos para a culpa e acreditamos que as nossas incapacidades nos definem, trazemos para o individual uma responsabilidade que deveria ser coletiva. Nomear as nossas culpas e ficar apenas com o que realmente é nossa responsabilidade nos deixa mais potentes, menos estressados e menos sobrecarregados. Faz de nós pais melhores. Você não tem que ser perfeito ou perfeita. Pais possíveis são suficientemente bons. Isso há de ser o bastante.

RESUMO DO CAPÍTULO

- A ideia do que é um pai ou uma mãe ideal foi construída, em grande parte, pela criança que fomos, e buscar atendê-la causa sofrimento e frustração.
- Adequar as nossas expectativas às nossas possibilidades nos traz mais tranquilidade. Reduz a frustração, que reduz a raiva, que reduz o caos, que reduz a culpa.
- A relação entre pais e filhos desperta outras coisas além do amor. Vamos vivenciar inúmeros outros sentimentos por eles, e eles por nós.
- Aceitar que somos mais do que pais sorridentes e responsáveis nos faz aceitar que eles são mais do que filhos sorridentes, gratos e obedientes. Acolher a nossa humanidade nos deixa mais dispostos a acolher a deles. A aceitação transborda.
- Peça ajuda e aceite que as coisas não serão feitas exatamente como você deseja, o que não é necessariamente ruim. Há outros jeitos de fazer as coisas além do seu.
- Cada um dos pais é responsável pela relação que constrói com os filhos, e esse caminho é individual e específico de cada um. Foque em construir uma relação saudável com seus filhos e deixe que o outro trilhe o seu próprio caminho.
- Quando a culpa aparecer, identifique a regra que você infringiu, reconheça as suas boas intenções, exercite a autocompaixão e crie um plano de ação.

6.
FAZENDO AS PAZES COM OS RELACIONA-MENTOS

Não é o amor que sustenta o relacionamento, mas é o modo de se relacionar que sustenta o amor. Essa é uma daquelas frases que circulam por aí, de autoria desconhecida, mas que carregam em si uma verdade imensa. Acreditamos que o amor basta. Aprendemos isso nas grandes e pequenas trocas que tivemos na infância, nos contos de fadas, nas histórias passadas de geração a geração. Acontece que relacionamentos pedem escuta: do que está vivo em nós, do que está vivo no outro. Pedem limites e autoconhecimento. Talvez por isso os relacionamentos sejam tão influenciados pela educação que recebemos. São eles que mais sofrem com a nossa incapacidade de regular as nossas emoções, de sustentar as nossas escolhas, de enxergar os limites e as possibilidades do outro.

Em quantos dos seus relacionamentos atuais você tem sido você mesmo ou você mesma? Em quantos deles tem assumido o que pensa e o que é realmente importante para você? Quantas vezes se cala por medo de que deixem de gostar de você? Quantas vezes se comporta como a criança pequena que não podia dizer não, porque para ser amada precisava agradar? E quantas vezes cobra o que o outro não pode — ou não quer — dar a você? Relacionar-se é uma dança complicada. Um eterno fazer e refazer acordos, testar e abandonar ideias, retomar ideais. Separar o que é possível do que é uma idealização infantil. Assumir responsabilidades, cuidar do próprio bem-estar. E é surreal que cresçamos sem que ninguém nos ensine como atuar nas nossas relações. Aprendemos sozinhos, aos trancos e barrancos, com as conclusões equivocadas a que chegamos sobre como devemos falar e escutar para sermos amados e aceitos. A noção do que é a arte do relacionamento vem das feridas dos que vieram antes de nós.

Uma das maiores objeções ao meu trabalho é: "Mas assim meu filho não vai ficar mal-acostumado? O mundo é cruel!" Mesmo que com frequência não estejamos pensando no que estamos ensinando aos nossos filhos, eles estão se acostumando com um padrão de relacionamento. Estão entendendo o que significa o amor e como consegui-lo. Estão aprendendo o que é respeito e como conquistá-lo. Estão aprendendo como devem ser tratados. Com o que queremos que se acostumem? O que queremos que considerem normal?

Estamos acostumados a relações rasas, nas quais escondemos os nossos sentimentos e emoções para sermos aceitos e amados pelo outro. Desejamos que o outro adivinhe as nossas necessidades e as atenda. Estamos acostumados ao medo do abandono e ao sentimento de desamor. Queremos mesmo que esse seja o costume dos nossos filhos? Eu desejo que eles tenham como padrão de normalidade o respeito. A empatia. O conhecimento das próprias emoções e dos próprios limites. Que saibam dizer não, que saibam ouvir um não. Aprendizados que transformam a vida.

Desenvolver a capacidade de se relacionar de maneira saudável interfere em todos os âmbitos da nossa vida, desde a forma de tratar o vizinho até nosso desempenho no ambiente de trabalho. De acordo com uma pesquisa realizada em 2018 pela Page Personnel, consultoria global de recrutamento para cargos de nível técnico e suporte à gestão, nove em cada dez funcionários são contratados pelas suas capacidades técnicas e demitidos por problemas comportamentais. Segundo a pesquisa, falta aos profissionais inteligência emocional, capacidade de trabalhar em equipe e respeito ao próximo. Os dados da pesquisa não foram uma surpresa para mim, e é provável que não sejam para você. As nossas dificuldades de relacionamento são nítidas. Lembro-me de uma ocasião em que fui convidada pela gerente de uma empresa para falar com os funcionários sobre comunicação não violenta. As queixas que ela me apresentou podiam ter sido feitas por uma professora de crianças de 8 anos. Mas em vez de meninas e meninos disputando brinquedos, formando grupinhos e brigando com os colegas, aquela gerente tinha diante de si um grupo de profissionais graduados e pós-graduados, alguns formados em grandes universidades no exterior. A qualidade técnica da equipe era imensa, e ela não queria perder ninguém, mas passava o dia resolvendo intrigas e ouvindo queixas, mediando conflitos que atrapalhavam o andamento do trabalho. A situação estava tão complicada que os problemas estavam prejudicando a imagem da empresa junto aos clientes. E ela só queria poder focar no desenvolvimento da empresa.

Diferentemente das brigas entre crianças de 8 anos, as brigas entre os adultos duram bastante. Quase não há humildade e abertura para conversar e fazer as pazes. Há egos inflados e uma capacidade de sustentar a birra que nenhuma criança tem. Somos adultos que não sabem lidar com os próprios sentimentos, defender os próprios interesses e reconhecer as próprias necessidades. Sem saber o que nos move, sem compreender o que sentimos, como poderemos atuar de maneira razoável nas nossas relações? Como vamos saber o que pedir ao outro se não sabemos reconhecer o que realmente queremos? Sem autoconhecimento, nenhum relacionamento pode ser saudável. Só podemos ser dois se soubermos ser um. Só poderemos lidar com o nós se estivermos conscientes do nosso eu, da nossa beleza e da nossa feiura, das nossas capacidades e de tudo em nós que ainda precisamos conhecer e desenvolver. Só vamos aprender a apreciar e a aceitar o outro quando aprendermos a fazer o mesmo por nós. Sem isso, seguiremos como crianças que dependem do outro para ter as suas necessidades atendidas e a sua felicidade valorizada.

O QUE IMPORTA PARA VOCÊ

CAROL

Carol me procurou para uma consulta sobre comunicação não violenta. As consultas sobre como lidar com conflitos entre adultos eram raras; em regra as pessoas me procuram porque estão atoladas por questões envolvendo os filhos. Carol queria falar sobre o seu relacionamento com a sogra. A mãe do marido iria visitá-la em breve, passaria quase quinze dias em sua casa, e ela queria que dessa vez a relação fosse menos tensa. Elas não brigavam, mas viviam em uma espécie de guerra fria. Se ofendiam com as falas uma da outra e usavam a ironia como defesa. Carol estava trilhando um caminho de autoconhecimento e desejava mudar essa dinâmica entre as duas. Assumir que a mudança que desejava precisava partir dela é uma percepção que poucos de nós têm. Carol me contou toda a história com a sogra desde o início do relacionamento com o marido: os problemas, a não aceitação, os inúmeros conflitos. Assim que concluiu, buscamos identificar como se sentia em relação à chegada da sogra e o que esperava dela. Só nesse ponto, demoramos mais da metade da sessão. Ela simplesmente não conseguia identificar o que esperava da mulher. Usava frases genéricas. "Quero que ela me respeite!", "Quero que ela me considere!", "Quero que ela me aceite!" Eu insistia no aprofundamento desses quereres. "Como ela pode demonstrar respeito? E consideração? E aceitação?" Ela não conseguia responder. Não conseguia dar corpo às próprias ideias. Não sabia o que queria, o que importava e o que pedir.

Para facilitar, pedi que imaginasse a sogra entrando pela porta. O que desejava que ela dissesse? Qual seria a primeira atitude que ela deveria ter? Carol me disse que não sabia, mas eu percebi que, na realidade, ela estava com vergonha dos próprios sentimentos. Pedi que descrevesse o que esperava, que eu não a julgaria. Era seguro abrir o coração. Então ela descreveu: gostaria que a sogra passasse pela porta, que cumprimentasse o filho e que, com igual entusiasmo, a cumprimentasse também. Queria poder abraçá-la, perguntar como tinha sido a viagem e ficar feliz com a sua presença. Enquanto falava, chorou, sentindo-se ridícula por causa daquela idealização. Acolhemos o seu desejo e, a partir dele, pensamos em ações futuras, no que era possível e no que, talvez, jamais se realizasse. Todo o rancor partia de uma dor que precisava ser cuidada. Naquele instante, Carol se conectou com o que importava para ela. E muita coisa mudou.

O que importa para você? O que é essencial nas relações? Você tem parado para pensar nisso? Já fez isso alguma vez na vida? Nós não aprendemos a olhar para dentro. Não aprendemos a identificar o que importa para nós. E a ausência desse conhecimento nos faz cobrar do outro o que nem sabemos que queremos. Ela nos faz esperar que o outro preencha os nossos vazios. Saber o que esperamos do outro é libertador, para nós e para ele. Nos faz adequar as nossas expectativas, lidar com os nossos lutos e pautar as nossas ações em outras coisas que não as nossas idealizações infantis.

Melhorar as nossas relações em geral tem dois efeitos extremamente positivos para os nossos filhos. O primeiro é que eles não pagam a conta pelos nossos problemas com as outras pessoas. Sejamos honestos, várias vezes as crianças escutam um grito que era destinado ao chefe, a amigos, ao cônjuge. Com as nossas necessidades não atendidas, somos tomados pela frustração, e a nossa irritabilidade alcança níveis perigosos. Cheios de palavras engasgadas, nós nos tornamos péssimos ouvintes. Quando sabemos reconhecer as nossas necessidades e os nossos sentimentos e defendê-los com o respeito que merecem, assumimos a nossa responsabilidade em vez de descontar a dor em todos ao nosso redor.

O segundo grande efeito positivo para os filhos é que aprendem a ter relacionamentos saudáveis. Adotam um padrão de normalidade nas relações que os impede de aceitar os abusos que, por vezes, passam despercebidos em nossa vida. Estamos sempre ensinando algo aos nossos filhos. Muito mais do que com as palavras e os discursos bonitos que usamos com eles, os pequenos aprendem por observação. Você está ensinando algo quando grita no trânsito. Quando fala de forma grosseira com o garçom que trouxe o pedido errado. Quando chama o caixa do mercado de lerdo. Quando trata com rispidez os seus próprios pais e irmãos, está ensinando sobre relacionamento em família. Quando grita e esbraveja com o(a) cônjuge, está ensinando sobre casamento. Quando fura a fila, está ensinando sobre honestidade. Quando ofende para vencer a discussão, está ensinando sobre argumentar. Quando bate, está ensinando sobre poder. Quando estaciona na vaga de idosos, está ensinando sobre oportunismo. Quando manda que cale a boca, está ensinando sobre escuta. Quando rotula e critica, está ensinando sobre como cuidar de si quando erra. Estamos sempre ensinando algo, mesmo que não tenhamos a intenção de fazê-lo. A grande questão é: o que estou ensinando? Estou sendo a vizinha ou o vizinho, a amiga ou o amigo, a filha ou o filho, a companheira ou o companheiro e tantas outras coisas que desejo que a criança seja?

Claro que não somos os únicos responsáveis pelas nossas relações. Pode ser que, por mais boa vontade e consciência que tenhamos, algumas relações jamais mudem. No entanto, os nossos filhos observam o que fazemos com os 50% que nos cabem em cada relação. O que fazemos com a parte que nos cabe em cada problema que enfrentamos? Qual é a nossa contribuição para as situações difíceis que vivenciamos? Por mais que nos doa admitir, sempre haverá uma metade que nos cabe. Para alguns problemas, contribuímos com a omissão. Com o silêncio quando deveríamos nos posicionar, com o sorriso quando o coração dói no peito. Em outros momentos, revelamos o pior de nós e causamos os problemas porque falamos a partir das nossas feridas. Precisamos assumir o que fazemos — ou não — para vivermos as relações nos moldes em que as vivemos. Para isso, é essencial deixar os julgamentos de lado e olhar para nós mesmos com verdade. Você não é pura beleza, um poço de candura que emana apenas amor. Há em você inveja, mágoa, desejo de mentir e enganar. Todos temos facetas e desejos que não cabem no cartão de dia das mães e de dia dos pais. Enxergar quais dessas facetas e desses desejos têm atuado em nossas relações nos dá o poder de escolher o que fazer com os 50% que nos cabem.

O que o move nas suas falas? O que realmente importa? Será que o que dizemos e o que é importante para nós está alinhado e voltado para um mesmo objetivo? Digamos que você tenha tido um dia difícil no trabalho. Muitos problemas para resolver, um cliente um pouco mais exigente pedindo soluções impossíveis. A caminho de casa, o cansaço dá sinais por meio de dores no corpo, e tudo o que você deseja é silêncio, tranquilidade e um bom banho. Talvez ver uma série com o companheiro ou a companheira. Você precisa de paz e conexão. Precisa de amor e carinho depois de um dia caótico. Ao abrir a porta de casa, em regra, em vez de se conectar com essa necessidade e com o que realmente importa para você, as suas falas vêm da sua dor. Reclama da sandália fora do lugar, dos brinquedos espalhados, do barulho. Em vez de se conectar com o que está vivo e clamando por atenção dentro de si, deixa que a dor fale mais alto do que a sua consciência. Quando as pessoas ao redor reagem a isso, a sua dor triplica e o contador de histórias na sua cabeça compõe uma narrativa trágica do quanto os seus sacrifícios e as suas necessidades são ignorados por todos ao seu redor. Você termina o dia sentindo um cansaço ainda maior, além de mais frustração e angústia.

Quando assumimos a responsabilidade pelo que sentimos e precisamos, quando nos conectamos com o que realmente importa para nós, ganhamos clareza. Sabendo o queremos, podemos pensar nas atitudes que podemos ter para atender as nossas necessidades. Podemos comunicar ao outro o que queremos dele, em vez de esperar que ele leia os nossos pensamentos e conclua sozinho quais são os nossos quereres. Faça um exercício hoje. Pense nas suas principais relações. O que é mais importante manter e preservar nelas para você? Anote. Depois leia as suas anotações. Quantas vezes você comunicou aos envolvidos o que era importante? O que você tem feito com os seus 50%?

TENHA CONVERSAS DIFÍCEIS

Depois da nossa sessão, Carol tinha mais clareza sobre o que queria da relação com a sogra, sobre o que sentia a respeito da forma como era tratada e do que precisava fazer para iniciar uma mudança na relação. Acontece que ter uma conversa franca e verdadeira com a mãe do marido era algo assustador demais, e ela preferiu tentar apenas mudar dali em diante. Não funcionou. E em um dia difícil, ela explodiu. Resgatou fatos do passado, falou de mágoas profundas e antigas. Passada a raiva, tiveram uma conversa na qual alinharam as expectativas e possibilidades de cada uma. Uma conversa difícil, extremamente desconfortável, mas absolutamente necessária. Um divisor de águas na relação das duas, no casamento de Carol e na vida em família.

Não há como falar em assumir a responsabilidade pelos nossos 50% nas relações sem falar delas, as temidas, as assustadoras conversas difíceis. A verdade é que queríamos que fosse mais fácil. Que não houvesse desconforto, que as mudanças acontecessem de forma suave como a brisa. Acontece que, na maior parte das vezes, para que a mudança aconteça, precisamos experimentar o medo, a insegurança, a dúvida e a ansiedade que ela provoca em nós. Precisamos assumir a importância de dizer não. De estabelecer os nossos limites e de acolher os nossos sentimentos e as nossas necessidades, pois ninguém o fará por nós. E precisamos assumir, também, que entender o limite do outro e respeitá-lo é essencial para uma convivência saudável e duradoura. Que quando alguém nos diz não, não é um não universal, mas sim um "essa forma de fazer as coisas não atende às minhas necessidades".

Quando nos abrimos para demonstrar os nossos limites e sentimentos, estamos dando a quem convive conosco espaço para fazer o mesmo. Estamos sendo vistos e estamos vendo o outro em sua integralidade. Mas sermos vistos assusta. Aprendemos que há partes nossas que não são dignas de amor e carinho. Escondemos muitas das nossas características, tão humanas, porque queremos ser legais. E, como Carol, engolimos até explodir, porque não conseguimos esconder quem somos para sempre. Cobramos, brigamos, reclamamos. Queremos ser aceitos como somos, mas não queremos arriscar ser vistos sem as duras couraças dos personagens da infância. Não aceitamos a vulnerabilidade que uma conversa honesta implica. O que será que o outro vai fazer quando descobrir o que eu realmente quero? O que vai fazer quando descobrir que não sou tão forte, tão decidido ou tão legal quanto eu gostaria que ele acreditasse que sou?

Temos medo de perder as nossas relações importantes, mas pagamos um preço alto tentando sustentá-las aos trancos e barrancos.

Por vezes, pagamos com a nossa própria saúde mental, ou até com a saúde mental dos nossos filhos... E por vezes, sem ter a intenção, interferimos negativamente na saúde mental do outro. Certo dia, escrevi nas minhas redes sociais pedindo aos pais que não se calassem quando alguém estivesse envergonhando crianças e adolescentes. Que se manifestassem dizendo que a criança não estava gostando da brincadeira, que sentia medo sim e isso não era um problema, enfim, que colocassem limites, até porque assim ensinariam as crianças a se posicionarem sobre o que as desagradava. Os comentários foram inúmeros. Em muitos deles, as pessoas diziam que não tinham coragem de pedir que um parente interrompesse uma brincadeira ou que um amigo não caçoasse do choro dos próprios filhos. Relatos de situações nas quais as crianças choravam, incomodadas e envergonhadas, mas mesmo assim os pais não conseguiam dizer não.

Fomos educados para agradar. Para obedecer, para dizer "sim, senhora", "não, senhora", "sim, senhor", "não, senhor". Não fomos projetados para dizer: "Eu não gosto", "Pare!", "Podemos tentar de outro jeito?" Sendo assim, fingimos não notar os sinais de que os nossos limites foram ultrapassados. Menosprezamos as nossas sensações e emoções em nome de uma paz que não nos atende. E que oprime a nós mesmos e ao outro. Quem convive com você merece a sua honestidade. E você merece tirar as máscaras e finalmente viver relações nas quais não seja preciso fingir. Aquele incômodo que você sente não é bobagem. Aquela ansiedade e aquela apreensão com um simples telefonema também não. O preço de ignorar os sinais é alto.

Para facilitar, deixo um roteiro que pode nortear as suas primeiras conversas difíceis.

FAÇA UM RASCUNHO DA CONVERSA

Não é um rascunho do que você vai de fato falar, mas uma oportunidade de deixar a raiva sair antes da conversa real. Escreva em um papel, que deve ser rasgado depois. Escreva tudo que vier à mente, sem julgar que é certo ou errado, bom ou ruim. Simplesmente deixe que essa primeira camada de mágoa, dor, raiva ou vergonha saia para que você consiga acessar as verdadeiras raízes do que importa.

CONECTE-SE COM O QUE É IMPORTANTE PARA VOCÊ

Retirada a camada de impulsividade, conecte-se com o que é importante, com o seu desejo e a sua intenção. Por que quer ter essa conversa? Aonde quer chegar com ela? Qual é o seu objetivo? Não existe falar por falar. Estamos sempre pedindo algo a quem nos escuta. Por vezes, pedimos acolhimento e empatia. Por vezes, pedimos uma atitude real. Por vezes, pedimos um retorno ("como é isso para você?). Mas fato é que todas as nossas atitudes partem de sentimentos e necessidades. O que você quer pedir? O que é realmente importante para você?

LEMBRE-SE DE QUE NINGUÉM É OBRIGADO A NADA

Sempre que iniciamos uma conversa achando que o outro é obrigado a algo, nos desconectamos dele e de nós mesmos. Quando exigimos algo, despertamos resistência em quem nos escuta. Quando considera necessário se defender do que dizemos, a pessoa não se conecta com os nossos sentimentos e com as nossas necessidades. Ela não nos escuta de verdade. A maioria das nossas conversas é rasa. Ouvimos pensando em contra-argumentos. Enquanto o outro fala, não pensamos em como ele tem interpretado a realidade, nos seus sentimentos e nas suas necessidades e no que ele nos pede. Se quer uma conversa na qual seja visto de verdade, abra mão dos títulos, dos rótulos e das suas consequentes obrigações. O não é uma resposta possível. E isso não diz nada sobre o nosso valor próprio. Precisamos aceitar que assim como temos os nossos limites, o outro também tem os dele.

FALE SOBRE OS SEUS SENTIMENTOS E SOBRE AS SUAS NECESSIDADES

Você não sabe o que o outro está pensando, por mais que acredite que o conheça. Só somos capazes de falar do que se passa dentro de nós e, acredite, isso já é bastante desafiador. Para conhecer o outro, precisamos escutá-lo. Então, fale do que precisa, sem julgamentos, sem achar que você é isso ou aquilo. Uma boa dica, que uso muito nas minhas relações, sobretudo no casamento, é deixar claro quando estou emitindo um julgamento meu, assumindo que ele não corresponde à realidade. "Quando você age assim, eu conto na minha cabeça a história...", assim não aprisiono quem escuta nos meus pensamentos.

RESPEITE O SEU LIMITE

Aceite que a dor às vezes nos impede de ter empatia pelo outro. Ligue para alguém, marque uma sessão de terapia, receba empatia antes de iniciar uma conversa difícil. Emocionalmente nutridos, somos mais capazes de estabelecer os limites e defender o que queremos sem desrespeitar o outro.

ABANDONE O ROTEIRO

Não sabemos o rumo que as conversas vão tomar. Não sabemos como o outro vai agir e reagir, não temos controle, sobretudo quando nos permitimos acessar a nossa vulnerabilidade. Troque a certeza por abertura e curiosidade, isso pode mudar o rumo da conversa.

DECIDA O QUE VAI FAZER

Assim como não podemos falar sobre o que se passa dentro do outro, não podemos decidir o que ele deve ou não fazer. Decida o que você vai fazer. Que atitudes vai tomar. Decida o que está ao seu alcance. O que vai fazer com os seus 50%?

NINGUÉM NASCEU PARA FAZER VOCÊ FELIZ

Se temos 50% de responsabilidade no que acontece nas nossas relações, quando se trata da nossa própria felicidade, esse número é ainda maior. Somos 100% responsáveis pela nossa própria felicidade, ou pelo menos por buscá-la. Claro que existem inúmeros fatores que influenciam a sensação de bem-estar — falaremos melhor sobre eles no próximo capítulo —, mas o cuidado com os nossos sentimentos e o atendimento das nossas necessidades são nossa responsabilidade. Ninguém nasceu para fazer você feliz. Nem os seus pais, nem o seu namorado ou a sua namorada, nem o seu marido ou a sua esposa. Os seus filhos não nasceram para fazer você feliz. Transferir essa responsabilidade para o outro nos aprisiona em um perigoso estado de impotência, além de atribuir ao outro uma responsabilidade que ninguém deveria carregar.

Como disse anteriormente, a maioria de nós cresceu acreditando que era responsável pelo sorriso ou choro da mamãe ou pela ira do papai. Acreditamos verdadeiramente que as nossas atitudes podiam determinar o estado de espírito dos nossos pais, como uma troca justa pela dedicação e pelo amor que nos devotavam, pelos sacrifícios que faziam para nos manter vivos. Eles cuidavam de nós, e nós nos esforçávamos para fazê-los felizes, para ser motivo de orgulho. Todo o sacrifício que faziam tinha de valer a pena, afinal. Acontece que crescemos e transferimos essa dinâmica para as demais relações. Nós nos esforçamos para despertar sorrisos. Dizemos sim quando na verdade queremos dizer não. Nós nos sacrificamos como prova do nosso amor e da nossa benevolência, e esperamos que, em reconhecimento, o alvo da nossa dedicação faça a sua parte e se sacrifique por nós. Que diga não para si mesmo e sim para os nossos pedidos, porque, afinal, é assim que fazemos. Esperamos que escolha o restaurante do qual mais gostamos, que adivinhe os nossos pensamentos, que realize os nossos desejos, mesmo os que não sabemos que temos.

Esquecemos — sobretudo as mulheres — o nosso bem-estar, os nossos sonhos, as nossas vontades e nos dedicamos ao outro com todo o nosso ser. As relações passam a ser uma troca na qual duas pessoas vazias pedem ao outro o que ele não pode dar. A melhor forma de atuar nas relações é estar inteiro. É cuidar de si o suficiente para conseguir sustentar a importância do nós. É nutrir a nossa felicidade e o nosso amor-próprio, é se preencher para que a relação não seja um sacrifício. Amor não é sacrifício. Relacionamentos que exigem que sacrifiquemos a nossa vontade, a nossa felicidade, as nossas amizades e o nosso bem-estar não são saudáveis. Essa noção distorcida que aprendemos nas nossas primeiras relações só nos faz sofrer. E faz o outro sofrer também, porque ninguém consegue ser feliz sendo responsável pela felicidade do outro. Podemos contribuir para a felicidade de quem amamos e podemos buscar agradar com demonstrações de afeto, mas isso não pode nos custar a nossa própria felicidade, porque mais cedo ou mais tarde vamos apresentar a conta, com juros e correção monetária.

Nenhum sacrifício é gratuito. Nenhuma doação é feita puramente porque somos benevolentes, bonzinhos, pequenos e brilhantes raios de luz. Nós nos doamos e cobramos a contrapartida. Por vezes, nos sentimos superiores, por vezes, o fazemos para manter para nós mesmos a imagem de Madre Teresa de Calcutá da qual nos imbuímos. Toda doação que não vem de transbordamento tem seu preço. E só há transbordamento quando cuidamos de nós mesmos e alimentamos o que nos faz bem. Afora isso, o sacrifício virá das nossas faltas e feridas. Pesará nas nossas relações.

Lembro-me de uma crise que Isaac e eu vivenciamos no nosso casamento. Na época, eu estava vivendo um momento profissional intenso e era responsável por coisas que nunca haviam sido minha responsabilidade. O meu marido estava desempregado, atravessando a maior crise que já havia vivenciado na carreira. Cada um vivia uma crise pessoal, sem tempo para si nem para o que nos fazia bem. A nossa pouca paciência e a nossa pouca energia eram dedicadas às crianças, que, percebendo a nossa desconexão, demandavam ainda mais. Sem perceber as nossas próprias crises, esperávamos que o outro cuidasse de nós. Eu esperava que ele colocasse a própria dor no bolso e cuidasse de mim, afinal, eu havia feito isso milhares de vezes na nossa relação. E ele esperava que eu notasse o seu sofrimento e o fizesse se sentir bem.

Certo dia, após uma discussão, sentamos para conversar. Fazia algum tempo que estávamos fazendo terapia, cada um em seu processo de autoconhecimento. Conversamos honestamente sobre a nossa tristeza, sobre o nosso próprio esvaziamento emocional. E assumimos que não tínhamos mais nada a oferecer. Precisávamos nos nutrir emocionalmente, precisávamos fazer coisas que nos fizessem bem. Combinamos de nos revezar saindo com amigos, de começar a praticar exercícios físicos. Cada um de nós assumiu a responsabilidade pela própria felicidade, que estava na mesa, desamparada. Assumimos o compromisso de nos cuidar para podermos cuidar das crianças e um do outro. Sem aquela conversa, a nossa relação provavelmente não teria sobrevivido. Volta e meia, quando o nervosismo aparece de maneira desproporcional com as crianças, quando começamos a trocar farpas, nos lembramos da importância de nos cuidarmos individualmente.

"Amor, você está precisando de escuta e nesse momento não dou conta de ouvi-lo. Ligue pra alguém" virou um lembrete comum e essencial para a manutenção da nossa paz. Preciso admitir que, para mim, dizer isso é um exercício diário. Porque eu sempre fui a Elisama que dá conta. Que resolve problemas, que escuta, que coloca todo mundo para cima. Eu sempre fui a que faz todo mundo feliz. Como admitir que não era capaz de ser a companheira maravilhosa com disponibilidade para a escuta? Como eu podia devolver para ele a responsabilidade pelo seu próprio bem-estar? Isso me parecia um atestado de incompetência. Eu faço as pessoas felizes, o meu ego precisava sustentar esse papel. A doação que vinha da falta, não do transbordamento. Como eu ia ser a supermulher se não conseguia fazer o meu marido feliz? Não é essa uma das nossas principais funções em um relacionamento? Fazer o outro feliz? Não é isso que prometemos uns para os outros como o ápice do amor romântico? Achar que a felicidade dele definia quem eu era me fazia cobrar que ele fosse feliz. Que estivesse sempre bem. A tristeza me irritava. Como ele podia não ser feliz, mesmo com todos os sacrifícios que eu fazia? Como ousava? Claro que as minhas cobranças contribuíam para a infelicidade, o que aumentava as brigas.

Quando finalmente entendi que precisava cuidar de mim e que não era capaz de fazê-lo feliz, me libertei de um peso imenso. Refizemos as nossas promessas. Prometo estar ao lado dele, enquanto fizer sentido para nós, ofertando amor, parceria e ombro amigo para que ele consiga alcançar a própria felicidade. E é o que espero dele também. Parceria, ombro amigo, amor, para que eu consiga cuidar da minha felicidade. Acredite, isso é o bastante. Sei que pode parecer egoísta, mas quando cuidamos de nós, cuidar do outro não é sacrifício. É o caminho óbvio, é transbordamento.

Sempre que alguém com filhos pequenos me procura relatando a própria impaciência, reclamando exageradamente dos acordares noturnos, das demandas e necessidades da criança, pergunto o que tem feito por si. Quanto tem se cuidado? Quanto tem se nutrido para que possa nutrir? Como tem cuidado de si? Cuidar de si implica assumir aquilo de que damos conta e aquilo de que não damos. Estabelecer limites e dizer não. Lembrar que não somos seres isolados, mas interdependentes. Precisamos pedir ajuda. Por vezes, o autocuidado é um banho mais demorado, com a luz apagada e música ambiente. É massagem no pé.

Ter filhos é como correr uma maratona. Não seremos capazes de fazê-lo se estivermos famintos. E ficar sentados, com um prato na mão, aguardando que alguém nos alimente para que a energia retorne não é uma atitude muito inteligente. Por mais difícil que pareça, por mais injusto que pareça, a sua felicidade é responsabilidade sua. Ninguém nasceu para fazer você feliz. Você não nasceu para fazer ninguém feliz. Podemos caminhar juntos, mergulhando nas nossas escuridões, lembrando uns aos outros da nossa luz. Podemos ter parceiros que caminham conosco, lado a lado, apoiando-nos sempre que necessário. Mas percorrer o caminho rumo à própria felicidade e à autenticidade é uma missão individual e singular. Ninguém pode percorrê-lo por você.

PERTENCER É DIFERENTE DE CABER

Pertencimento é uma necessidade humana básica. Somos seres que vivem em comunidade, queremos saber que fazemos parte de um grupo, que temos coisas em comum, que somos vistos e aceitos. Acontece que, na busca por pertencimento, acabamos nos conformando com o seu antônimo, que de tão parecido às vezes nos confunde. Nós nos contentamos em caber. Em nos diminuir ou nos aumentar para nos encaixar em espaços apertados demais ou largos demais para nós. Caber é silenciar as nossas vozes internas para parecermos legais. É desconsiderar o incômodo, o aperto no peito, a ansiedade. Caber dói. Cansa. É difícil e exige muito.

Pertencer liberta. Quando pertencemos sentimos os músculos menos tensos, o coração mais leve. Quando somos realmente aceitos, o nó na garganta vira um suspiro de alívio. Há conforto. Em quantas situações você finge ser outra pessoa para ser aceito ou aceita? Quantas vezes ignora os próprios sentimentos e as próprias necessidades por medo de ser deixado ou deixada de lado? Quantas e quantas vezes aceita brincadeiras desagradáveis e comentários dolorosos por medo do afastamento e da exclusão? Sim, quando fingimos temos uma falsa sensação de aceitação. Podemos experimentar o reconhecimento e ganhar *likes* e aplausos. Mas no fundo sabemos que quem está ali não somos nós, mas sim o personagem que criamos.

Estamos acostumados a isso, desde muito pequenos. Aprendemos que não somos amados por sermos quem somos, mas quando agimos como os outros esperam. Quando nos adequamos às expectativas que projetam para nós. Quando nos recusamos a caber e rogamos por pertencimento e amor, recebemos negativas e críticas. "Você não pode ser assim, eu sei quem você deve ser. Você tem que ser mais calmo. Mais sorridente. Mais tranquilo. Mais feliz. Você precisa ser como eu acho que deve ser, exatamente como acho que deve ser, ou ninguém vai gostar de você." Recebemos essa mensagem de tantas formas que nos acostumamos ao desconforto de fingir gostar, de fingir estar feliz, de fingir estar bem. Concluo este capítulo lembrando a você a certeza de que o pertencimento é uma necessidade humana básica. E você merece pertencer. Sendo quem é, da forma que é. Merece ser visto ou vista.

Para sabermos se estamos pertencendo ou cabendo, no entanto, é essencial saber o nosso tamanho. Qual é o seu tamanho para além do seu jeans? Você já parou para pensar nisso? Nas suas dimensões? Nas suas reais capacidades? No quanto você sente vergonha das suas potências porque acredita que precisa ser humilde? Ou no quanto nega os seus talentos — e às vezes nem os reconhece — porque não consegue se ver com olhos amorosos e verdadeiros? No quanto tem ficado preso em um quartinho pequeno dentro de si, quando há uma mansão a ser habitada e explorada?

Defenda o seu lugar sagrado, porque ninguém poderá fazê-lo no seu lugar.

Não aceite apenas caber, você merece mais.

RESUMO DO CAPÍTULO

- Os relacionamentos são muito influenciados pela educação que recebemos e são os que mais sofrem com a nossa incapacidade de regular as nossas emoções, de sustentar as nossas escolhas e de identificar os limites e as possibilidades do outro.

- Desenvolver a capacidade de se relacionar de maneira saudável interfere em todos os âmbitos da nossa vida, desde a forma como tratamos o vizinho até o nosso desempenho no ambiente de trabalho.

- Melhorar as nossas relações tem dois efeitos extremamente positivos na forma como nossos filhos vão vivenciar as relações. O primeiro é que eles não pagam a conta pelos nossos problemas com as outras pessoas. O segundo grande efeito positivo para os filhos é que eles aprendem a ter relacionamentos saudáveis. Adotam um padrão de normalidade nas relações que os impede de aceitar abusos que, por vezes, passam despercebidos na nossa vida.

- Quando assumimos a responsabilidade pelo que sentimos e precisamos, quando nos conectamos com o que realmente importa para nós, ganhamos clareza. Sabendo o que queremos podemos pensar em atitudes que atendam às nossas necessidades.

- Sempre temos 50% de responsabilidade pelos nossos relacionamentos, e precisamos assumir essa responsabilidade para sermos capazes de melhorá-los.

- Para conversas difíceis, faça um rascunho, conecte-se com o que é importante para você, lembre-se de que ninguém é obrigado a nada, fale sobre os seus sentimentos e sobre as suas necessidades, respeite o seu limite, abandone o roteiro e decida o que vai fazer.

- Ninguém nasceu para fazer você feliz. Você não nasceu para fazer ninguém feliz. Podemos caminhar juntos, mergulhando nas nossas escuridões, lembrando uns aos outros da nossa luz. Podemos ter parceiros que caminham conosco, lado a lado, nos apoiando sempre que necessário. Mas percorrer o caminho rumo à própria felicidade e autenticidade é uma missão individual e singular. Ninguém pode percorrê-lo por você.

- Não aceite apenas caber. Pertencimento é uma necessidade humana básica. E você merece pertencer. Sendo quem é, da forma que é. Você merece ser visto ou vista. Você merece mais.

7.
FAZENDO AS PAZES COM A VIDA

Você não vai chegar lá. Não existe esse lá onde seremos sempre felizes, sorridentes, pacientes, bem-sucedidos e sem conflitos. Não existe esse ponto de chegada, quando teremos atingido todo o autoconhecimento possível. Não existe a perfeição. O que temos pela frente é um longo processo, com idas e vindas, altos e baixos. É importante ter consciência disso, para não adoecermos tentando alcançar um estado impossível. Acreditar que chegará um dia em que você vai saber absolutamente tudo sobre si e sobre a vida é uma ilusão.

Espero que o que escrevi até aqui tenha ajudado você a compreender que é um ser múltiplo e cheio de camadas. Que por trás do seu grito há muito mais do que uma mera ausência de autocontrole. Que para entendermos a nossa paciência, a nossa irritabilidade, a nossa forma de lidar com a dor, com o medo, com a ansiedade, precisamos de curiosidade, amor e respeito por quem somos e pela história que nos trouxe até aqui. Não há resposta fácil, não há uma receita milagrosa que fará com que tudo mude em um final de semana. Ou depois de assistir a um vídeo. Ou de ler um livro. O conhecimento pode ser uma lanterna que ajuda a clarear o caminho, mas a caminhada é sua e será feita no seu tempo e no seu ritmo. Ninguém poderá fazê-la por você. Ninguém vai apresentar um atalho milagroso para que você chegue à iluminação eterna.

Dia desses, durante uma sessão de terapia, chorei de cansaço, porque esperava que fosse mais rápido e fácil aprender a lidar com quem eu sou. Lá se vão vários anos de autoconhecimento, de prática de autoempatia e autocompaixão. E ainda assim, por vezes, sinto como se estivesse segurando um touro bravo com rédeas curtas. Conter a minha intensidade, que por vezes beira a irresponsabilidade, é um exercício diário e constante. Na maior parte das vezes, quero algo e quero agora. A criança impulsiva que vive em mim bate o pé, chora e grita. E eu preciso lembrar que também sei ser adulta. Que posso dizer à criança que há em mim que podemos esperar até amanhã, ou deixar para depois. Ser a adulta que compreende, acolhe e diz gentilmente não aos diversos quereres dessa criança por vezes é exaustivo. Eu queria, de verdade, que fosse mais fácil. Mais simples. Que em um passe de mágica eu soubesse lidar com a vida com tranquilidade e confiança. Mas escolher a confiança, a tranquilidade e a responsabilidade é um exercício diário e constante, realizado minuto a minuto, para o resto da vida.

Estou contando isso para que você saiba que o caminho é longo. Veja bem, eu vivo de escrever e ler sobre desenvolvimento humano e infância. Dou palestras, ministro cursos presenciais e virtuais. Já li mais livros sobre o tema do que a maioria das pessoas que conheço. E eu faço merda. Cada conhecimento adquirido me ajuda a trilhar o caminho de maneira mais consciente e confiante, mas não faz dele um jardim florido com passarinhos cantando. E, antes de desanimar, saiba que a caminhada, por si só, já vale a pena. Reconheça os seus tropeços e aprenda com eles. Comemore e celebre cada pequena vitória, porque elas farão com que se sinta mais capaz de seguir adiante.

Nossa forma de encarar a vida e receber o que nos acontece interfere diretamente na nossa relação conosco e com o outro. Ajustar as expectativas e a realidade e lidar com as frustrações que esse ajuste traz é uma prática necessária para sabermos aproveitar cada instante. É essencial para nos lembrarmos de que o presente não tem esse nome por acaso.

ESSA TAL FELICIDADE

Conheci Maria em um curso que fizemos juntas. No intervalo, conversávamos sobre o conteúdo e dividíamos experiências pessoais. Ela era uma mulher rica, que vivia em uma casa muito parecida com as mansões que aparecem nas novelas. Tinha dois filhos lindos que combinavam perfeitamente com a sua própria beleza, completamente dentro dos padrões estéticos vigentes. O marido era igualmente bonito e bem-sucedido. Acontece que, mesmo atendendo a todos os itens da lista do que o senso comum estabeleceu como os requisitos para a felicidade, Maria estava absolutamente infeliz. Ela me disse que chorava todas as noites e não via sentido na própria existência. Brincava com os filhos de maneira automática e, na maior parte dos dias, queria apenas ficar deitada na cama e dormir. Estava sendo devidamente acompanhada por profissionais capacitados para lidar com a depressão que a assolava e ainda assim não se sentia bem. O pior era que negava a própria dor. Tinha tudo, não tinha o direito de sentir toda aquela tristeza, afinal. Achar que não deveria sentir o que estava sentindo aumentava a culpa, que aumentava a tristeza. Maria queria ser feliz. Só isso. Não era pedir muito, era?

Malditos contos de fadas que nos fizeram acreditar que existia um "felizes para sempre". Crescemos achando que existe uma receita para a felicidade, um momento em que nenhum sentimento difícil nos atravessará, que acordaremos sorrindo e vendo arco-íris todos os dias até o fim da vida. Acontece que a realidade não é exatamente assim. As pessoas que nos cercam não leram o roteiro, não atuam como esperávamos. Nós não nos sentimos como esperávamos. Há um abismo entre o musical da Broadway que achamos que a tal felicidade seria e o dia a dia com crianças chorando, crises mundiais e vazios existenciais. Assim como não existe linha de chegada, também não existe essa felicidade que é definida pela ausência eterna de tristezas.

No capítulo anterior, aprendemos que a sua felicidade é responsabilidade exclusivamente sua, e aqui quero explicar um pouco melhor, porque não desejo, de forma alguma, dar a entender que desconsidero o papel das políticas públicas no bem-estar da população. Vivemos em um momento social no qual somos cobrados intensamente para sermos felizes, bem-sucedidos e belos, mas somos bombardeados o tempo inteiro por informações que abalam profundamente o nosso bem-estar. É difícil ser feliz com o corpo que temos quando a mídia no diz que precisamos perder 10 quilos, 5 centímetros nos quadris e 10 centímetros na barriga. É difícil confiar na vida quando os jornais e as mensagens que recebemos no nosso celular noticiam as mortes, os roubos e as violências que ocorreram na Argentina, na França e na principal avenida da cidade, dando a impressão de que ir até a esquina é uma missão altamente perigosa. É um desafio imenso acreditar que somos suficientemente bons quando nas redes sociais os sorrisos parecem mais felizes, mais capazes e mais realizados que os nossos. Então não, eu não quero dizer que se você está triste, emocionalmente abalado ou abalada e sentindo um imenso vazio diante das intempéries da vida é porque não é competente o suficiente para ir atrás da sua felicidade, como uma cartomante que promete trazer a pessoa amada em três dias.

A sua responsabilidade é priorizar esse bem-estar. É buscar se nutrir emocionalmente, reconhecer as próprias reservas emocionais e manter o tanque cheio. É saber que ninguém vai fazer isso por você, por mais amado ou amada que seja. Nós não escolhemos a intensidade das ondas. Não escolhemos se no dia que planejamos saborear água de coco à beira-mar o sol realmente vai aparecer ou se seremos presenteados com uma tempestade. A vida foge ao nosso controle. Mas podemos escolher como vamos navegar. Podemos escolher nos deitar no sofá com o livro, em vez de ficar de roupa de banho brigando com as nuvens escuras no céu. E eis um dos maiores segredos da paz interior, da harmonia com o fluir da vida: não brigar com a realidade. Não querer determinar como ela deveria ser.

Nós nos agarramos à falsa sensação de que podemos controlar os rumos que a vida vai tomar e nos sentimos incompetentes quando ela nos mostra que o que nos acontece vai além das nossas escolhas. Você não deveria ser diferente do que é, a vida não deveria ser de outra forma. O excesso de "deveria" causa uma imensa dor. Sim, seria uma delícia se tudo ocorresse com beleza, tranquilidade e exatamente como planejamos. Mas a possibilidade de ser diferente não significa que a realidade esteja equivocada em ser como é. A vida é o que é, nos resta aceitar. E mais uma vez explico que entre a aceitação e o comodismo há uma distância bem grande.

Comodismo é cruzar os braços e deixar que a vida nos leve, passivamente. Aceitação é respirar fundo, assumir toda a dor, decepção e frustração que a realidade traz e decidir o que fazer com ela. Consegue perceber a diferença? Consegue perceber que, já que não determinamos exatamente como as coisas vão acontecer, precisamos decidir como vamos lidar com elas?

Quantas vezes por semana você para para pensar em como as coisas que aconteceram mexeram com você? Quantas vezes faz um balanço, decidindo quais atitudes precisam ser mantidas e quais precisam ser recalculadas? Quantas vezes olha para a sua vida com a mesma dedicação e a mesma seriedade com as quais encara um projeto profissional? A vida seria melhor se encarássemos a nossa felicidade e a nossa satisfação como prioridades. Se plantássemos a alegria como um projeto de longo prazo.

Temos a tendência de simplesmente esperar que o amanhã seja diferente do hoje enquanto continuamos a agir do mesmo jeito. Não existe felicidade sem tristeza, não existem somente os tons vibrantes, alegres e acolhedores na paleta de cores que usamos para colorir a nossa existência. Portanto, para sermos mais felizes, precisamos tornar esse conceito mais real e possível, ajustando-o à nossa essência. Às vezes, o que faz o meu olho brilhar não o encanta. Por vezes o meu conceito pessoal de felicidade é completamente diferente do seu. A felicidade não é uma roupa de tamanho único disponível em uma vitrine de loja de marca. Ela é individual, singular e feita à mão. E se comunica com o que é importante para nós.

Quando o meu filho Miguel nasceu, resolvi parar de advogar. Eu era uma profissional muito competente e tenho certeza de que caminhava para um belo futuro na profissão, mas estava absolutamente infeliz. Abandonei o Direito para cuidar dele, e por um tempo o meu marido bancou as contas da casa — um privilégio que sei que poucas pessoas têm. Algum tempo depois, resolvi buscar uma nova profissão e comecei a trabalhar com confeitaria. Escutei inúmeras vezes que era um absurdo uma advogada brilhante largar o diploma para fazer bolo. Depois da confeitaria, comecei a escrever nas redes sociais e lancei o meu primeiro livro. E mais uma vez as pessoas tentaram me encaixar em um padrão de felicidade que não me atendia. Muitos anos se passaram desde então, e a cada dia eu tenho mais certeza de que escutar a minha alma, que me dizia que a minha definição de felicidade era somente minha, foi a melhor decisão que eu poderia tomar.

Querem nos dizer quando devemos nos casar, comprar a casa própria, ter filhos. Querem nos empurrar um *checklist* de uma vida feliz, como se a felicidade fosse uma receita de bolo de liquidificador. Mas há muitas variáveis únicas e singulares nessa equação. O que faz o seu coração vibrar? O que faz você entrar em transe e sentir a vida transbordando de você? O que faz com que esqueça o tempo e o espaço e simplesmente se entregue? Eu não posso lhe dar essa resposta. A sua mãe ou o seu pai também não. O *coach* famoso do Instagram tampouco. Ela é sua, individual, e apenas uma reconexão com o seu coração pode amplificar o alcance dessa voz dentro de você.

A PERUCA DA WHITNEY HOUSTON

Há algum tempo li o livro de Shonda Rhimes *O ano em que disse sim*. Nele ela conta que durante toda a infância e a adolescência foi uma menina considerada desengonçada, que usava óculos fundo de garrafa e não era muito popular na escola. Com a autoestima baixa, todos os dias se olhava no espelho e passava horas com o *babyliss* na mão, ajeitando os cabelos para que ficassem parecidos com os da cantora Whitney Houston. Todos os dias. Ela imaginava que, se tivesse aqueles cachos incrivelmente arrumados, seus problemas desapareceriam. Mas eles nunca ficaram iguais aos da diva inspiradora, por mais que queimasse os dedos tentando. Algum tempo depois, já rica e famosa, ela passou a frequentar o mesmo salão que Whitney frequentava e contou à cabeleireira o seu sonho de criança. A moça riu. "Você não sabe? Aquilo era uma peruca!" Ela diz que quase chorou. Nem a Whitney Houston tinha o cabelo da Whitney Houston. A projeção da perfeição era uma farsa. Pare para pensar em quantos dedos queimados nós colecionamos querendo alcançar o inalcançável. Em quanta frustração engolimos por desejarmos ser o que não somos. Por desejarmos nunca mais errar. A mãe que sabe exatamente o que fazer, em todos os momentos, que nunca perde a paciência nem a linha é o cabelo da Whitney Houston. A pessoa que nunca duvida das próprias escolhas e só toma as melhores decisões é o cabelo da Whitney Houston. A pessoa que não tem uma coleção de dores na própria história é o cabelo da Whitney Houston. O ser que dá conta de todas as demandas sem nenhuma dificuldade é o cabelo da Whitney Houston. Pare de queimar os seus dedos querendo ser assim. É uma peruca. Comece a aceitar que a vida real não é impecável. Que os dias não serão constantes, que as dificuldades existem e sempre existirão. Que não há linha de chegada, que tudo é caminhada, processo. Que alguns dias serão lindos, leves e fluidos, e outros serão vividos com lágrimas nos olhos e dores nas costas. Que a vida é impermanente.

Nas redes sociais sabemos recortes da vida dos outros, recortes muito bem escolhidos. Não é real. Não desperdice o seu tempo sofrendo por ser quem é e se comparando com a vizinha; você não sabe o que ela esconde por trás do sorriso. Você não sabe as batalhas internas travadas pelas outras pessoas.

Lembro que, na minha infância, sabíamos apenas o que acontecia na nossa rua, no máximo nas duas ruas próximas. Comprávamos pão na padaria da Teresa e milho de pipoca no mercadinho do Jorge. Íamos para a escola andando e cantando pela rua. As fofocas eram contadas na calçada de casa, entre risos e brincadeiras. O mundo era do tamanho do nosso bairro. Sou da geração que viu os primeiros aparelhos celulares circulando nas ruas, presos à cintura de quem tinha condições de pagar por eles. A geração que viu o primeiro computador à venda como algo impressionante. Que esperava até a meia-noite para poder conectar a rede discada. Não estávamos preparados para as proporções que essas mudanças tomariam. Não estávamos preparados para os reflexos que teriam em nós. Agora o que acontece na China chega até nós em segundos. Temos centenas de amigos nas redes sociais. O mundo ficou tão grande, acelerado e urgente que dá angústia só de pensar. De repente, as 24 horas do dia parecem pouco. Pequenas. Insuficientes. Queremos andar, falar, pensar e agir na mesma velocidade dos processadores dos nossos *smartphones*. A vida, que antes nos bastava viver, agora tem de ser fotografada, postada e curtida. Tem sempre alguém na sua frente, tem sempre uma informação que você não possui, uma novidade que precisa ser vista, lida e comentada hoje. Agora. Neste instante. Urgência, pressa. A dieta da moda cujos resultados impressionantes a blogueira postou. A viagem que o seu ex-colega da escola que você não vê há quinze anos fez e que faz você achar que ele deu certo e você não. A foto sorridente de alguém que nunca lhe disse bom dia, mas que faz a sua lista de insuficiências crescer. Definitivamente não estávamos preparados. Essa coisa toda, que deveria servir para facilitar a vida, virou uma prisão. Nos perdemos do que realmente importa para nós. Se fizéssemos uma limpeza nas expectativas, se ajustássemos a rota com o coração, muita coisa iria ficar de fora. Muito "tem que" deixaria de existir.

Enquanto o mundo era do tamanho da minha rua, a mesma pessoa que eu via arrumada e maquiada no domingo à noite, eu também via de cabelo embaraçado e roupa de faxina varrendo a calçada. Agora vemos apenas um ângulo, cuidadosamente escolhido e editado. Nós nos comparamos e sofremos. Sou da geração que pagava multa se não entregasse a fita VHS rebobinada na locadora. Que conhece a origem da expressão "caiu a ficha". Definitivamente, não estávamos preparados para ter um mundo virtual na palma da mão. Precisamos voltar a viver a vida *off-line*. Cheirar as crias. Tomar banho de mangueira. Comer brigadeiro na panela. Dançar descabelado no meio da sala. Receber e dar abraço, beijar na boca, fazer sexo. Sentir cheiro de livro e de bolo quente. Uma vida que não cabe na mão, que exige o corpo inteiro. Porque quando conseguimos estar inteiros, a sensação de que está tudo errado vai embora. Se ficarmos nos comparando a essa figura frankensteiniana que é a soma de inúmeros recortes da vida alheia, estaremos sempre atrasados e infelizes. Sempre. Para trás. Incompetentes. Quando a sua mente tagarela lhe disser que todo mundo está lindo, feliz e sorridente e só você está atolado ou atolada em demandas, lembre-se de Shonda. No fim das contas, deve ser só uma peruca.

A VIDA DOS SONHOS

Eu achava que 2017 tinha sido um ano horrível, que merecia o troféu de pior ano da minha vida. Quando a minha mãe descobriu um pequeno nódulo na mama e fez a primeira ultrassonografia, no comecinho de 2018, o médico nos tranquilizou dizendo que, com aquela aparência, dificilmente seria câncer. Respiramos aliviadas. Lembro de dizer a uma amiga: "Eu não sei o que seria de mim se esse exame desse positivo. Câncer? Que piada de mau gosto a vida estaria me pregando, né?" Estávamos vivendo uma crise financeira complicada, o casamento estava igualmente em crise, e as crianças, bem, estavam sendo crianças e não robôs silenciosos que apenas dizem sim. Eu estava à beira de um colapso nervoso. Em fevereiro, fui buscar o resultado da biópsia que havia sido feita apenas por precaução. Abri o envelope e li o que estava escrito, acreditando que veria palavras sem sentido que, depois de uma rápida pesquisa no Google, me diriam que estava tudo bem. Positivo. Carcinoma maligno. Não precisei de nenhuma pesquisa para saber o que aquilo significava. Era um maldito câncer na mama da minha mãe, e nós teríamos que encarar aquela luta juntas, enquanto o meu casamento ruía, as prestações da escola das crianças atrasavam e faltava dinheiro para a gasolina. A vida havia me pregado a tal peça.

Passamos por milhares de exames e consultas até a cirurgia, que seria o início do tratamento. No dia da cirurgia, o médico ia testar os linfonodos para saber se as células cancerígenas haviam atingido a axila. Funciona assim: o médico retira o linfonodo sentinela, entrega para que um familiar leve para a biópsia e, no laboratório, um médico patologista analisa o material e liga diretamente para o centro cirúrgico informando se o resultado é negativo ou positivo. O resultado positivo implicaria um esvaziamento axilar, a retirada de 10 a 40 linfonodos, o que acarretaria uma baixa da imunidade e o comprometimento dos movimentos do braço. Claro que eu estava torcendo pelo resultado negativo. A vida já havia pregado peças demais, concorda? Pois bem, depois de horas aguardando em frente ao centro cirúrgico, em um dos momentos de mais medo que experimentei na vida, o médico apareceu. Ele me olhou de um jeito simpático, sorriu com doçura e disse: "Deu positivo, Elisama. Esvaziei a axila. Ela está se recuperando e logo vai para o quarto." Eu me agarrei à minha irmã e chorei até soluçar. Era para ser mais fácil, não? O que custava dar negativo?

Ver a minha mãe chegar no quarto, sem um dos seios, foi um choque. A vida parecia puxar o meu tapete incessantemente. No dia seguinte, viajei a trabalho e, no fundo, agradeci por ter um tempo longe de tudo. Da minha vida caótica. Esqueci de mencionar que o meu rosto estava entortando para o lado esquerdo, com movimentos involuntários. Um mês depois, iniciamos a quimioterapia e o que seria um longo tratamento. Eu estava cheia de planos profissionais, precisando fazer com que as coisas dessem certo, mas a vida parecia não concordar com os meus planos. Estresse físico, quimioterapia, crianças demandando emocionalmente mais que do que eu era capaz de ofertar, marido desempregado, casamento em crise, quase 30 quilos a mais. Saturno na minha lua em câncer — sim, eu acredito em astrologia. Eu só queria que aquela fase passasse, porque estava doendo demais ser eu.

Certa vez, escutei uma monja budista falar em rendição. O momento em que simplesmente paramos de brigar com o que nos acontece e extraímos da dor o que ela tem para nos ensinar. Que deixamos de lado a ladainha mental do "por que comigo?" e passamos a buscar o que podemos aprender com tudo aquilo. O pior momento da minha vida me ensinou mais sobre mim do que qualquer outro. Parei de achar que não deveria estar vivenciando tudo aquilo e comecei a pensar em como poderia me fortalecer para que os pratos necessários — e somente eles — continuassem a girar. Comecei a meditar, apesar de achar que a minha mente não havia nascido para ficar observando a si mesma. Melhorei as minhas horas de sono. Disse "não" todas as vezes que achei necessário. E entendi que alguns planos e sonhos teriam de esperar mais um pouco. Parei de resistir à vida, porque brigar com ela era um desperdício de energia. A minha energia precisava estar focada em mim, no tratamento da minha mãe, nas crianças, que dependiam do meu cuidado físico, financeiro e emocional. Definitivamente brigar com a vida não iria ajudar.

Eu não sei o que você está vivenciando agora. Não faço ideia dos problemas que está enfrentando, se tem uma vida dos sonhos para chamar de sua ou se está perguntando ao Universo, como fiz algumas vezes, se ele está achando graça da piada em que a sua vida se transformou. Eu só posso dizer que achar que as coisas deveriam ser diferentes não vai ajudar. Achar que a vida deveria ser mais benevolente ou que você deveria ser mais forte é um caminho que só nos leva a dores imensas. Você não "tem que" nada. Não tem que ser mais forte, mais feliz, mais sorridente. Você só tem que ser você. É esse o grande propósito da nossa existência: sermos nós mesmos e, a partir dessa conexão, atuar no mundo. Não sei se a sua vida dos sonhos vai chegar. Se um dia vai viver exatamente o que espera viver. Mas sei que a vida que você tem está acontecendo agora. Que algumas vezes você escolhe como as coisas vão acontecer, outras vezes só lhe resta respirar fundo, procurar um ombro amigo para chorar e descobrir como lidar com elas. É impossível brigar com a vida e educar de maneira gentil. É impossível achar que está tudo errado e ser amável, doce e gentilmente firme com a criança ou o adolescente. Educar por meio da não violência é um exercício de consciência. É um transbordamento. Cuidar da nossa forma de viver a vida, de encarar o que nos acontece, pode melhorar a nossa paciência e a nossa presença. E nos torna pais e mães melhores.

SUFICIENTEMENTE BONS

Último tópico do livro. Na realidade, não chega a ser um tópico, mas um lembrete. Corro o risco de soar repetitiva, de dizer algo que já disse antes, mas que é tão importante, tão essencial, que precisa ser repetido. E repetido mais uma vez. *Você é suficientemente bom. Você é suficientemente boa.* Nenhuma característica sua muda isso. Nada que tenha ocorrido na sua vida muda isso. O seu valor está além de um comportamento pontual. É maior do que a sua conta bancária. Independe do número do seu jeans. Você é bom ou boa por ser você. Porque nasceu guardando em si a razão sutil, fugidia e importante de ser um humano, não uma cadeira. Talvez a mídia diga o contrário, talvez o Instagram diga o contrário. Talvez o mercado esteja fazendo você achar que falta uma bolsa cara, ou um carro do ano, ou uma promoção no trabalho para acreditar nisso. E eu rogo que, mesmo que o mundo diga o contrário, você acredite em si.

Não vai ser fácil. Não vai ser fácil acreditar que tem feito o melhor quando a realidade parecer completamente diferente do esperado. Não vai ser fácil acolher as suas dores e se ofertar uma palavra gentil depois de passar anos se maltratando. Você vai errar, e vai ser um desafio aceitar isso. Mas é um compromisso. Seguir. Buscar o equilíbrio. Voltar para o caminho quando, por acaso, se distanciar dele. Escolher a autenticidade e o amor-próprio vai ser assustador. Aceitar a vulnerabilidade como uma condição própria da existência humana é uma escolha que fazemos e refazemos diariamente. E vale a pena. Ela reverbera na verdade com que acolhemos a humanidade dos nossos filhos. Transborda para a nossa capacidade de escuta. Muda as lentes com as quais enxergamos a nós mesmos e à vida.

Entender o que está por trás do grito dói. Não entender também. Em um a dor cura, em outro apenas inflama. O que vamos escolher?

Espero, verdadeiramente, que este livro tenha ajudado você a fazer descobertas importantes e profundas sobre si mesmo. Que ajude você a melhorar as suas relações, sobretudo a relação mais importante de todas: a sua consigo. Torço para que os dias lhe sejam gentis e, mesmo quando não forem, que você saiba ofertar a si a gentileza de que precisa — e que saiba pedir por ela, se necessário. Os nossos filhos merecem pais que se conhecem e se amam. E nós, como sociedade, merecemos uma geração educada por pessoas conscientes das próprias potências e dores.

Que você jamais esqueça que merece amor, carinho e respeito. Sempre.

Confie no seu processo.

Confie na vida.

Confie em si mesmo.

Eu confio em você.

E lembre-se de aproveitar a caminhada.

RESUMO DO CAPÍTULO

- Aprender a lidar com quem somos é um processo, um caminho que não vai ser percorrido em apenas um dia.

- Reconheça os seus tropeços e aprenda com eles. Comemore e celebre cada pequena vitória, porque elas farão com que se sinta mais capaz de seguir adiante.

- Priorizar a sua felicidade é uma responsabilidade sua e de mais ninguém.

- Comodismo é cruzar os braços e deixar que a vida nos leve, passivamente. Aceitação é respirar fundo, assumir toda a dor, decepção e frustração que a realidade traz, e decidir o que vamos fazer com ela.

- As redes sociais são um recorte editado da vida de alguém. Não se compare, não tente atingir ideais impossíveis e cruéis.

- Educar por meio da não violência é um exercício de consciência. É um transbordamento. Cuidar da forma como vemos a vida, como encaramos o que nos acontece, pode melhorar a nossa paciência e a nossa presença. E nos torna pais melhores.
- Aceitar a vulnerabilidade como uma condição própria da existência humana é uma escolha que fazemos e refazemos diariamente. E vale a pena. Ela reverbera na verdade com que acolhemos a humanidade dos nossos filhos. Transborda para a nossa capacidade de escuta. Muda as lentes com as quais vemos a nós mesmos e a vida.
- Confie no seu processo. Confie na vida. Confie em si mesmo. E lembre-se de aproveitar a caminhada.

AGRADECIMENTOS

Escrever um livro não é um processo simples. Eternizar os nossos pensamentos e as nossas convicções é uma responsabilidade que, por vezes, faz faltar o ar. Escrevi este livro enquanto encarávamos uma mudança da Bahia para São Paulo. Os capítulos fluíram enquanto desencaixotávamos coisas e nos habituávamos a uma nova rotina. Quando um livro quer ir para o mundo, ele não escolhe hora. E eu, mesmo dada à rebeldia, costumo obedecer às demandas dessa missão. Dito isso, não posso começar os agradecimentos de outro jeito que não agradecendo ao meu marido, aos meus filhos e à minha mãe, que se mudou para a nossa casa por dois meses para que eu pudesse escrever, pela paciência. Obrigada por aturarem a minha impaciência e minha ansiedade. Obrigada por me apoiarem. Sem vocês, nada faria sentido.

Agradeço aos meus pais, por terem me dado a vida. Pelo esforço que fizeram, por terem transformado a aridez da educação que receberam no máximo de amor e carinho que conseguiram. Sem vocês, eu não estaria aqui. Sem a sua presença eu não seria quem sou. Eu agradeço e honro vocês.

Agradeço a Isaac meu marido, amigo e companheiro. Agradeço pelo apoio, pela confiança nas minhas capacidades, pelo suporte na minha carreira. Agradeço, principalmente, pela disponibilidade de olhar para si com profundidade. Pelo desejo de se conhecer para ser um pai e um ser humano melhor. “Mozão”, obrigada pelo seu amor. Obrigada por nós.

Agradeço a Miguel e Helena por serem meus filhos. Por me fazerem olhar tão intensamente para mim mesma. Por me ensinarem que mereço amor, carinho e respeito por ser quem sou. Agradeço pela humanidade pulsante em cada um deles, pelo encantamento pela vida, pelas inúmeras vezes que chamam a minha criança interior para brincar. Como eu digo e repito todas as noites: eu amo ser a mãe de vocês.

Agradeço às minhas amigas, que comentaram e leram o livro enquanto estava sendo escrito, que acolheram meus choros e me fizeram rir quando achei que ia enlouquecer. Vocês são incríveis. Agradeço também à Livia, minha editora, por todo o esforço e todo o carinho desde a publicação do *Educação não violenta*. Sua parceria faz toda a diferença na minha escrita. Juntas somos fortes.

Agradeço a Deus, ao Universo, a essa força poderosa que me faz acreditar em milagres todos os dias.

Agradeço, por fim, a você, que acreditou que este livro poderia ajudar na busca por mais autenticidade e mais inteireza e por um relacionamento mais fluido e amoroso consigo mesmo ou mesma e com os seus filhos. Espero que tenha valido a pena.

Este livro foi composto na tipografia Frutiger LT Std, em corpo 10/15, e impresso em papel off-white na Geográfica.

EDUCAÇÃO NÃO VIOLENTA

ELISAMA SANTOS

EDUCAÇÃO NÃO VIOLENTA

COMO ESTIMULAR AUTOESTIMA, AUTONOMIA, AUTODISCIPLINA E RESILIÊNCIA EM VOCÊ E NAS CRIANÇAS

1ª edição

Paz & Terra
Rio de Janeiro
2025

Esta obra tem como base situações reais. Todos os nomes e as informações pessoais foram modificados para preservar o anonimato e a privacidade das pessoas envolvidas.

EDITORA PAZ & TERRA LTDA.
Rua Argentina, 171, 3º andar – São Cristóvão
Rio de Janeiro, RJ – 20921-380
www.record.com.br

Texto revisado segundo o novo Acordo Ortográfico da Língua Portuguesa de 1990.

CIP-BRASIL. CATALOGAÇÃO NA PUBLICAÇÃO
SINDICATO NACIONAL DOS EDITORES DE LIVROS, RJ

Santos, Elisama
S234e Educação não violenta: como estimular autoestima, autonomia, autodisciplina e resiliência em você e nas crianças/Elisama Santos. – 1ª ed. – Rio de Janeiro: Paz & Terra, 2025.
168 p.; 23 cm.

ISBN 978-65-5548-153-2

1. Psicologia infantil. 2. Pais e filhos. 3. Educação de crianças. 4. Crianças – Desenvolvimento. I. Título.

18-54094 CDD: 155.4
CDU:159.922.7

Vanessa Mafra Xavier Salgado – Bibliotecária – CRB-7/6644

Impresso no Brasil
2025

Aos meus filhos, Miguel e Helena,
por me ensinarem diariamente a
compaixão e o amor incondicional.

SUMÁRIO

UM CONVITE À LEITURA FEITA COM OS OLHOS E COM O CORAÇÃO

Convido você a conhecer o trabalho da incansável transformadora de mundos, Elisama Santos. Tenho o privilégio de testemunhar a potência da sua fala desde que passou a contribuir para a vida familiar das pessoas. Tenho muito orgulho dela.

Tenho uma alegria infinita de pensar que uma mulher negra, advogada, nordestina do interior da Bahia, casada e mãe de dois filhos se fez referência na capacidade de conversar sobre criação de filhos e cultura não violenta nas relações humanas. Ela é uma mulher que se assume em sua inteireza, em suas dificuldades reais e nunca em uma imagem ideal de quem está ali para ensinar o outro a ser feliz. Seu livro é a antítese da autoajuda fácil: faz perguntas para serem respondidas pelas histórias humanas individuais, respeitando as subjetividades, que são o nosso maior tesouro.

Por isso, espere ser surpreendido por essa leitura. Eu sugiro, inclusive, que você preste atenção aos seus próprios sentimentos, quando algum trecho específico do livro chamar sua atenção. Esses serão os momentos em que você será mobilizado, não necessariamente por uma sensação de alegria. Desconstruir os aprendizados de uma vida pode ser muito mais desafiador do que parece – o que não quer dizer que seja impossível. Pode doer, pode dar raiva; você pode ter medo, culpa, arrependimento. Pode sentir que, na sua infância, seus pais não agiram como você gostaria. Pode dar vontade de fazer tudo diferente na sua vida, a partir deste minuto. Fique em paz com cada um desses sentimentos: são todos, sem exceção, parte da aventura de estarmos vivos. Ninguém escapa de nenhum deles quando a travessia é corajosa.

A não violência como padrão das relações familiares ainda é um movimento inovador, por mais paradoxal que isso possa parecer. Não existe nenhuma mãe ou nenhum pai que tenha vivido aceitação social ampla, geral e irrestrita por decidir não bater nos filhos – o mais básico deste paradigma que Elisama retrata nas páginas a seguir. Cuide de você, das suas sensações durante a leitura. Cuide da sua capacidade de resistir às falas alheias que questionarão a sua escolha de educar sem violência. E comece a ler de coração aberto, porque é assim que Elisama vive, escreve e conversa com gente do país inteiro.

Finalmente, eu afirmo e reafirmo: Elisama é um fenômeno que merece ser lido, abraçado, "gargalhado". Eu gargalho muito com ela, porque ela é também o sorriso maiúsculo que desafia a mesmice e encontra um jeito maravilhoso de abraçar quem está por perto. Eu convido você a ser abraçado pelas palavras certeiras, honestas e sempre úteis de Elisama e a abrir seu coração para sentir a capacidade que ela tem de ser uma das operárias deste mundo novo, que pessoas como você, ela e eu queremos construir.

Obrigado, Elis, por este livro. Eu vou me assentar também aqui na poltrona, abrir o livro e aprender um tanto contigo.

Um abraço para você, leitora ou leitor. Felicidades no caminho da humanidade que merecemos resgatar em nós.

Alexandre Coimbra Amaral
Psicólogo, terapeuta familiar, de casais e grupos
Psicólogo do programa Encontro com Fátima Bernardes

PARA INÍCIO DE CONVERSA

As conversas que tenho com pais, de uma forma geral, iniciam de um jeito muito parecido. Eles dizem saber que palmadas, gritos, castigos físicos e psicológicos não são a melhor forma de educar, mas simplesmente não encontram outro caminho para resolverem os entraves diários. Não acredito que alguém bata nos filhos por prazer e grite buscando uma satisfação pessoal. Todos queremos viver de maneira harmoniosa, tendo a conversa como base das nossas relações, de maneira que o ambiente familiar seja tranquilo e acolhedor. Digo "todos", assim, generalizando, porque a conexão é uma necessidade humana básica. Acontece que, entre esse querer tão verdadeiro e honesto e a prática, há uma distância maior do que gostaríamos.

No dia a dia, as crianças não seguem o *script* nem colaboram tão facilmente quanto gostaríamos. Na prática, os desafios começam antes mesmo que estejamos realmente despertos e terminam algumas horas depois de gastarmos a nossa última gota de paciência. Diante da reclamação para não colocar o tênis, da briga entre irmãos, da mordida dada no coleguinha, do escândalo no shopping ou no supermercado, da mentira sobre a nota na prova de matemática e de tantos outros problemas que surgem em uma velocidade assustadora, como agir? Como equilibrar a assertividade e a leveza, o amor e a firmeza? Como não cair nos velhos padrões de gritos e ameaças? Como não repetir o comportamento que tanto repelimos e que, conscientemente, concordamos não ser a melhor alternativa?

Ouço esses questionamentos em quase todas as consultorias, workshops e palestras que ofereço. Eu também já me fiz essas perguntas, inúmeras vezes. Foram elas que me guiaram até aqui e é a partir delas que este livro nasce e se desenvolve. É para respondê-las que ele existe. A ideia de que educação é sinônimo de punição nos é passada ainda muito crianças, por isso é normal que tenhamos dificuldade em fazer de outra maneira.

Recentemente, uma amiguinha do meu filho veio lhe mostrar a cadela recém-chegada em casa. Quando o animalzinho, animado e feliz, pulou em meu pequeno, a sua amiga rapidamente puxou a filhote, deu dois tapas e gritou: "Não pode!". Sorrindo, do jeito mais amável que pude após o susto, pedi que não batesse nela. "Mas ela tem que obedecer, tia!". É nessa conjuntura social que vivemos, nela fomos educados e – principalmente – dentro dela educamos os nossos filhos. A violência na educação é normatizada e naturalizada a ponto de uma criança de menos de 8 anos já ter interiorizado que a forma mais eficaz de conseguir a obediência é batendo. Esse é o nosso padrão e essas são as atitudes pelas quais seremos cobrados por quem nos cerca.

Quando decidi educar sem palmadas não imaginei que seria algo tão desafiador. Que seria necessário mais que boa vontade e desejo para cumprir a minha promessa interna de fazer diferente. Seriam necessárias, além de uma intensa mudança na minha forma de ver a mim mesma e aos meus filhos, ferramentas práticas para serem utilizadas nos momentos de conflito.

Este livro é uma junção do que aprendi em meus anos de estudo, pesquisa, vivência, prática e trocas com outros pais e outras mães. Uma mistura de disciplina positiva, comunicação não violenta, atenção plena e inteligência emocional. Formas de agir, falar e ouvir que transformam as relações, fazem acreditar que educar sem violência é possível e nos permitem alinhar as nossas intenções com as nossas ações. Nas próximas páginas, dividirei com você exemplos de famílias que aconselhei e com quem tive o prazer de trabalhar – alterando os nomes para preservar a identidade. E também contarei histórias minhas, para que a teoria saia do papel e ganhe vida. Para que cada reflexão possa ser aplicada imediatamente. Elas estarão em destaque nos capítulos, para que sejam facilmente encontradas em consultas futuras.

Torço para que você consiga encontrar o seu jeito, passo e ritmo para implementar mudanças significativas em sua rotina. E que o equilíbrio, a tranquilidade e a conexão estejam cada vez mais presentes em nossos dias.

Um abraço apertado,
Elisama Santos

1.
UM NOVO OLHAR SOBRE A EDUCAÇÃO

Nós, pais e mães, amamos os nossos filhos. Em meus anos de consultora em educação e nos vários contatos que faço diariamente pela internet, jamais conheci quem não guardasse em si um amor enorme por eles. Há, em nós, vontade de acertar e de que eles sejam felizes. Observo, no entanto, que a lida diária, com os seus imensos desafios, empurra-nos em ciclos de autoritarismo, permissividade para compensar os momentos de autoritarismo, e culpa. Na sociedade moderna, somos excessivamente sobrecarregados. Casa, trabalho, escola, alimentação, roupas que cabiam perfeitamente ontem e hoje não mais fecham os botões. Uma pressa constante e a intensa sensação de que não temos tempo suficiente para fazer o que seja.

Baseado em sua rotina, você pode afirmar que o imenso amor que sente chega ao seu filho? Você acredita que, nas interações, nas falas, nas pequenas e grandes tarefas realizadas diariamente, o seu amor é transmitido, dando ao seu filho a real noção do lugar que ocupa em sua vida? Para a maior parte dos pais que conheço, a resposta é não. E antes que passe a impressão de que consigo transmitir o meu amor sempre, afirmo apenas que tento. Que é o meu maior compromisso, um esforço diário de alinhar as minhas intenções e atitudes.

Se não nos falta amor e vontade de ofertar o melhor, o que falta então?

Falta inteligência emocional para reconhecermos e lidarmos com as nossas limitações, sentimentos e necessidades antes de lidarmos com as dos filhos. E não a temos porque a educação tradicional, focada no desenvolvimento do raciocínio lógico matemático, na obediência e na supremacia parental sobre as crianças, não nos ajudou a desenvolvê-la.

Não quero dizer que os nossos pais foram insuficientes em sua missão. Eles ofertaram o melhor que podiam, com os conhecimentos que tinham. Cada acerto e erro no caminho nos trouxe exatamente ao lugar em que estamos, e é incoerente amar quem somos sem dar a eles os devidos créditos. Não lhes faltou amor por nós, assim como não nos falta aos nossos filhos. Honrar o esforço de nossos pais, porém, não significa repetir os seus passos. O mundo mudou; temos ao nosso dispor mais informações e possibilidades do que eles jamais tiveram. Diante de uma sociedade assustadoramente intolerante, adoecida física e emocionalmente, fica claro que o foco da nossa educação deve sair do puro aprendizado da matemática, física e português, para o aprendizado da empatia, das habilidades sociais e do autoconhecimento. Queremos filhos educados, saudáveis e felizes, mas os nossos métodos educacionais são baseados em punições, críticas, ameaças e humilhação, o que se mostra claramente incoerente.

A nossa forma tradicional de educar está ultrapassada. Pessoas da mesma geração que a minha foram educadas para um mundo que já não existe, baseado em crenças que já não fazem sentido. Quando éramos crianças, a informação valia ouro. Formação superior e boa escola eram garantia de um futuro bem-sucedido. Nossos pais acreditavam que, quanto mais informação tivéssemos, maiores as nossas chances de sermos adultos realizados. Lembro que, quando uma professora solicitava uma redação sobre determinado tema, eu ia para a biblioteca, para pesquisar. Se a tarefa escolar viesse acompanhada do aviso "indicar mais de uma fonte", seriam duas ou mais idas à biblioteca municipal para encontrar nos livros algo relacionado ao solicitado. Fazia tudo à mão, em papel pautado ou em grandes folhas de cartolina. A informação era algo restrito a poucos, guardada em livros empoeirados, supervisionada por adultos que não nos permitiam conversar ou rir. Cresci e surgiu a internet. O Google. E, de repente, a informação passou a circular de maneira frenética, a estar disponível livremente em milhares de páginas virtuais que podem ser acessadas em segundos.

O mundo mudou rapidamente, e agora, com o excesso de informação, precisamos de filtros. Precisamos selecionar o que realmente nos serve. Precisamos de mais do que saber calcular e diferenciar os verbos transitivos diretos e indiretos. Precisamos de autoconhecimento. Saber reconhecer os próprios sentimentos e emoções e a forma de lidar com eles pode ser o grande diferencial para uma vida plena e feliz. Não o feliz como sinônimo de ausência de tristezas, mas o feliz de quem sabe acolher as próprias angústias e decepções e ter resiliência suficiente para recomeçar depois das quedas.

Nunca nos foi ofertado tanto. Vivemos hoje em um mundo em que sobram opções de diversão, comida, roupas, música. No entanto, toda essa oferta não nos tornou mais felizes, satisfeitos ou realizados. Somos uma sociedade adoecida emocional e fisicamente. Fomos ensinados a obedecer aos nossos pais, mas não fomos ensinados a reconhecer as nossas necessidades. Fomos ensinados a agradar o outro, mas não fomos ensinados a nomear o que sentimos. A educação tradicional nos direciona para fora de nós mesmos. Aprendemos a lidar com o mundo exterior, mas nada nos é ensinado sobre o fantástico e misterioso mundo interior. Nele, precisamos nos aventurar sozinhos. Ensinamos aos nossos filhos o que é uma faca, mas não os ensinamos a lidar com a raiva, que pode ferir muito mais.

Em uma época em que as profissões que mais crescem são focadas em desenvolvimento pessoal, e palavras como "propósito" e "autoconhecimento" circulam até mesmo no meio científico, fica claro que conhecer a si mesmo é essencial para a saúde física e mental do indivíduo. Enquanto vemos adultos embarcando em jornadas para se encontrarem, há de se pensar em uma forma de educar que não permita que as crianças se percam de si mesmas. Não existem apenas a permissividade e o autoritarismo como métodos educacionais, mas caminhos que equilibram os dois. Nos próximos tópicos vamos analisar por que buscar novas formas de educar.

POR QUE ABANDONAR O AUTORITARISMO

ANA E MATHEUS

Iniciamos aquele workshop como os demais: com as apresentações. Cada participante falava seu nome e o motivo de estar, em uma manhã de sábado, sentado em uma sala conversando sobre educação de filhos. Na sua vez, Ana iniciou uma fala agitada. Contou sobre o filho, Matheus, de 4 anos, que a desafiava enormemente. Ela era uma mãe autoritária na maior parte do tempo. Gritava as ordens dentro de casa e, por mais que as lembranças dos gritos e palmadas que recebera na infância lhe doessem muito, não conseguia sair desse padrão. A relação com a criança estava insustentável, visto que o pequeno tinha uma personalidade que não negava o enfrentamento. As palmadas e os castigos passaram a ser uma rotina. Ela sentia que estava perdendo o controle sobre o filho, sensação que fazia com que se tornasse ainda mais impaciente e violenta. As lágrimas rolavam enquanto descrevia a dor que a realidade lhe trazia. As ordens e a firmeza excessiva que utilizava na educação do pequeno Matheus apenas aumentavam a resistência dele para tudo o que ela solicitava. E essa resistência aumentava o cansaço e diminuía a paciência de Ana, tornando-a ainda mais autoritária. Um ciclo pouco saudável para ambos.

Tradicionalmente, a relação de pais e filhos é baseada em poder e controle. A obediência é a busca suprema. Esperamos que a criança aja como determinamos. Que coma no instante em que determinamos, os alimentos que determinamos e na quantidade que determinamos. Pais estão acima dos filhos e, por isso, os quereres e vontades deles não interessam nem devem ser considerados. Conversar, acolher e entender só são uma opção enquanto a criança está "boazinha". A obediência não estimula a responsabilidade. Não expande o senso crítico e a autonomia. Seres obedientes dependem de alguém que lhes diga o que é certo e bom e usam o "fiz o que o chefe mandou" como justificativa para atos que podem inclusive ferir a sua ética e seus valores. O conceito de "obediência" traz consigo impotência.

Considero muito triste que ainda sigamos criando agentes de manutenção do mundo tal como o conhecemos. Vivemos um preocupante momento social, e a passividade que nos assola é, sem dúvida, fruto dessa educação que nos reduz a meros executores de ordens – inicialmente dos pais, depois dos professores, chefes e políticos. Enquanto a obediência pressupõe uma relação de hierarquia e desigualdade, na qual um se coloca em lugar de superioridade, e o outro, de submissão, a cooperação parte do princípio de que somos igualmente dignos. Enquanto a obediência desconsidera as vontades, sentimentos e necessidades do outro, a cooperação considera as necessidades de todos, entendendo que somos semelhantes.

Há outro ponto que merece a nossa atenção. Os filhos crescem, e somos, em consequência, demitidos do cargo de administradores da vida deles. Com sorte, dependendo da relação que criamos ao longo da infância, somos contratados para o posto de consultores. A nossa opinião passa a ser apenas isso, uma opinião. E é nesse momento que o autoritarismo mostra a sua fragilidade. A maioria de nós mentiu para os pais. Eles conhecem partes da nossa adolescência, porque não havia na relação abertura para conversar sobre tudo o que acontecia. Ninguém contrata um consultor que quer mandar na empresa, menospreza as opiniões do proprietário e desconsidera os seus anseios e dúvidas.

Enquanto a obediência pressupõe uma relação de hierarquia e desigualdade, na qual um se coloca em lugar de superioridade, e o outro, de submissão, a cooperação parte do princípio de que somos igualmente dignos.

Enquanto temos crianças que se assustam e têm medo das ameaças e dos castigos, pode ser que se consiga a tão falada obediência. Mas a infância dura apenas 12 anos.

Quando pergunto aos pais e às mães se querem que seus filhos tenham a mesma relação que eles têm com os próprios pais, a resposta é unânime: não. Por mais amor e respeito que tenham por quem lhes educou e cuidou, desejam que os filhos sejam mais próximos, que lhes contem mais sobre o dia e sobre a própria vida. Que lhes peçam a opinião e o colo quando precisarem. Essa relação de amizade e companheirismo não se conquista com ordens e autoritarismo. Intimidade é porta que se abre por dentro e é impossível forçar a entrada.

Ana saiu do workshop com a apostila cheia de anotações. Percebeu que, em sua ansiedade por controle, ouvia muito pouco o filho. Notou também que as brincadeiras e gargalhadas haviam ficado na fase de bebê, que as obrigações do dia a dia a haviam endurecido. Decidiu mudar a forma de fazer pedidos, criar um quadro de rotina e separar um horário diário para a criança. Com todas as principais queixas anotadas em um papel, e em um momento emocionalmente mais tranquilo, pôde notar que era, também, muito dura consigo mesma. Permitir-se olhar com bondade amorosa para a própria realidade fez com que percebesse que o papel de dizer quem o filho deveria ser, como deveria agir, além de determinar todos os seus passos, era exaustivo demais. Um tempo depois me enviou uma mensagem dizendo que muita coisa mudara. Os dias difíceis ainda existiam, claro, mas com bem menos frequência. E que, desde aquele sábado ensolarado, não havia dado mais nenhuma palmada na criança. Eu celebrei.

POR QUE ABANDONAR A PERMISSIVIDADE

MARINA E LUIZA

Marina me procurou preocupada com os comportamentos da filha, Luiza, de 5 anos. A menina tinha pouca tolerância ao desconforto e à dor e chorava por horas seguidas quando contrariada. Por vezes, gritava e atirava os objetos longe. Ela me contou que ver a filha chorando doía demais e que preferia atender a todos os desejos da criança, sempre que fosse possível, a ter de lidar com as consequências da negativa. Com a missão de evitar a dor e as frustrações da filha, a rotina da Marina tornou-se emocionalmente insustentável. Muito além do cansaço que sabia que impunha a si mesma ao assumir uma missão impossível, ela começou a se preocupar com a fragilidade emocional que a criança demonstrava. Quanto mais evitava as frustrações, menos capaz a menina se tornava de lidar com as poucas que experimentava. Entravam, então, em um ciclo pouco saudável para ambas.

Utilizo a palavra "igualdade" na educação dos filhos e, por vezes, sou mal interpretada. Somos semelhantes por sermos humanos que sentem e têm necessidades que se aproximam. Lembrar disso é essencial para conseguirmos ir além dos rótulos e nos comunicarmos compassivamente com eles. No entanto, não podemos nos esquecer de que somos diferentes em nossa experiência de vida, nas responsabilidades, e que as crianças não são capazes de cuidar de si sozinhas. As regras e os acordos familiares são essenciais para um desenvolvimento seguro e sadio.

Crianças acham que são o centro do mundo, e não estou embutindo julgamentos nessa frase. Isso não é bom ou ruim, simplesmente é, faz parte do desenvolvimento. É papel do adulto mostrar para a criança que ela é importante em sua conjuntura familiar, que conta dentro daquela comunidade, que é aceita e querida. Mas que não é o centro do mundo, e sim uma parte especial dele, como todos somos. Todos. Por vezes, com a intenção de acolher, de preservar a sua autoestima e demonstrar respeito, colocamos a criança no centro das nossas prioridades e decisões. E prolongamos uma crença que deveria existir apenas em uma determinada fase da vida.

Respeitar o querer não quer dizer atendê-lo. Acolher o choro não significa evitar o choro a qualquer custo. As pequenas frustrações que vivenciamos na infância são uma oportunidade de fortalecermos os músculos da resiliência para as inevitáveis frustrações que virão no futuro. A angústia, a tristeza, o luto, a decepção e tantos outros sentimentos que sempre consideramos ruins fazem parte da vida de qualquer ser humano. Criar um mundo cor-de-rosa, cercado de almofadas e enfeitado com unicórnios não prepara as crianças para a realidade que encontrarão na vida adulta: a briga com o parceiro ou a parceira amorosa, a demissão do emprego dos sonhos, a perda de um ente querido, que pode, inclusive, ser um de nós. Viver dói, mas isso não precisa, necessariamente, ser um problema. Ensinar que as dores fazem parte da vida, apresentando ferramentas para lidar com elas, é preparar adultos fortes.

Assim que encerramos a nossa conversa, Marina teve a primeira oportunidade de aplicar o que falamos: os limites empáticos. A pequena Luiza queria comer antes do almoço o chocolate que ganhou da avó. Em condições normais, a mãe permitiria, para não lidar com o choro e os gritos da filha. Dessa vez manteve-se firme. Agachou à altura da pequena e informou que poderia comer assim que almoçasse. A menina chorou, como já era esperado. Marina nomeou o sentimento, dizendo que imaginava que Luiza estava frustrada porque queria muito o chocolate e que ela também se sentiria como a filha, se estivesse na mesma situação. Os gritos e choros permaneceram, e a mãe apenas se colocou à disposição de Luiza, para acolhê-la, caso a menina quisesse. Após quase quarenta minutos, a menina pediu um abraço. Marina abraçou a filha da maneira mais acolhedora que pôde, limpou o rosto molhado

Respeitar o querer não quer dizer atendê-lo. Acolher o choro não significa evitar o choro a qualquer custo.

de lágrimas e a convidou para almoçar. Apesar de ter experimentado sentimentos como angústia e medo durante o episódio, ela percebeu que era capaz de equilibrar a assertividade e a empatia na relação com a filha. Com o tempo, as explosões emocionais da Luiza tornaram-se menos frequentes. E a permissividade deixou de ser a regra na família.

AS HABILIDADES DESEJADAS

Peço aos pais e às mães, no início dos treinamentos que dou pelo país, que façam uma lista com as habilidades que desejam ver em seus filhos no futuro. Quem é o adulto que você deseja ver? É interessante que, ao fazer isso, a maioria dos participantes congela. Ouço frases como: "Nossa, que difícil responder." Ou: "Eu nunca pensei sobre isso." A nossa educação é imediatista, por isso enxergamos apenas o presente, esquecendo que estamos educando seres que sairão de casa em breve, cuidando de si e da própria vida sozinhos.

Vivi na casa dos meus pais até os 17 anos, quando mudei de cidade para cursar o ensino superior. De lá para cá, nunca mais voltei. A expectativa de vida do brasileiro é de aproximadamente 76 anos. Se eu viver até essa idade, cerca de 22% da minha vida terá sido com os meus pais. Menos de um quarto. Passamos a maior parte do tempo pensando em formas de conseguir que os filhos façam o que desejamos, nos ouçam, sigam as nossas regras, e nos esquecemos de que essa convivência é muito pequena diante de todo o caminho que percorrerão sem nós.

Ter filhos que colaboram, cumprem as regras da casa, respeitam os mais velhos e os vizinhos é realmente maravilhoso, e não estou dizendo que não devemos buscar alcançar esses objetivos. Apenas quero lembrar-lhe que esses não devem ser os únicos objetivos. A vida vai muito além dos anos que os filhos passarão sob a nossa supervisão. Como estamos preparando as crianças e os jovens para os anos que seguirão longe de nós? Estamos pensando nas habilidades que desejamos ver neles no futuro?

Costumo dizer que plantamos limão e desejamos, de todo o coração, colher lindas, doces e suculentas melancias. A nossa forma de educar tem ensinado as habilidades que buscamos ver? Estamos nutrindo o nosso solo com tudo o que as nossas sementinhas precisam? Estamos ensinando os filhos a negociar e a respeitar os próprios sentimentos e necessidades?

Se hoje, neste exato instante, você fizesse uma lista das características do adulto que sonha que o seu filho seja – não profissionalmente, mas como ser humano – e, logo após, lhe pedisse para listar os comportamentos que habitualmente tem com ele, acredita que a segunda lista levaria o seu filho à primeira? As atitudes que você tem hoje são coerentes com o adulto que deseja ver amanhã?

Não é fácil pensar assim, sobretudo porque estamos habituados a pensar que a única fase realmente importante da vida é a idade adulta. Desrespeitamos as crianças, os adolescentes e, posteriormente, os idosos. Esquecemos, no entanto, que todas as fases são importantes e que os adultos que somos são fruto das crianças que fomos. Sigmund Freud dizia que passamos a vida adulta lidando com os resíduos do que vivemos na infância. Não acredito que podemos educar seres livres de feridas emocionais e dores resultantes da educação que receberam. Por mais esforço que façamos, temos as nossas próprias feridas emocionais, e elas interferem na forma de educar. Mas acredito que, quanto mais temos consciência de nós mesmos e da nossa forma de lidar com essas feridas, maiores são as nossas chances de alinharmos a educação que ofertamos com os adultos que desejamos ver.

É na infância que os filhos aprendem quem são e começam a traçar a personalidade dos adultos que serão.

A maioria de nossas crenças, dos nossos votos e das histórias que contamos a nós mesmos veio da infância. Foi lá que aprendemos a nos relacionar com nós mesmos e com o mundo. Foi na infância que você aprendeu o olhar que lança sobre si. Foi lá que aprendeu a lidar com os próprios erros, com os conflitos que surgem em suas relações.

É na infância que os filhos aprendem quem são e começam a traçar a personalidade dos adultos que serão. Não digo, de forma alguma, que o nosso comportamento é determinante na vida dos filhos, já que outras variáveis entram nessa equação – e um mesmo acontecimento pode ter repercussões diferentes em pessoas diferentes. Porém, nosso comportamento é extremamente importante na formação da personalidade dos filhos.

Peter Drucker, o mais reconhecido pensador sobre a globalização e administração moderna, dizia que a melhor maneira de prever o futuro é criá-lo. Como criaremos o futuro que desejamos se não olhamos para ele? Por isso considero essencial sair do imediatismo da educação e pensá-la a longo prazo.

EDUCAÇÃO A LONGO PRAZO

MIGUEL E A RAIVA

Miguel, meu filho mais velho, quando tinha por volta de 2 anos de idade, me batia quando ficava bravo. Ouvi de quase todas as pessoas próximas que eu deveria bater nele para que entendesse que bater dói. Nunca segui o conselho – apesar de sentir vontade inúmeras vezes –, porque considerava incoerente bater para ensinar a não bater. Tenho uma forte tendência à agressividade e já me envolvi em brigas na escola mais de uma vez. Desejava que meu filho aprendesse a lidar com a própria raiva, algo muito mais profundo do que simplesmente ter medo de me bater. Apresentei formas de lidar com o sentimento – falaremos delas mais profundamente no capítulo 2 –, e, perseverando, ele aprendeu. Aos 4 anos, após um desentendimento com um coleguinha da escola, ele chegou em casa e tivemos a seguinte conversa:

— Ele me pirraçou, mamãe. Muito.
— Puxa, filho. Imagino que você ficou muito bravo, né?
— Fiquei com tanta raiva, mas tanta raiva, que fiquei com vontade de quebrar o osso dele!
— Nossa, muita raiva mesmo! E o que você fez?
— Eu *si* afastei...

Sair do imediatismo habitual e buscar alinhar o futuro com as nossas atitudes presentes é isso. É lembrar que muito além de lidar comigo, hoje, meu filho conviverá com uma infinidade de pessoas.

Como disse anteriormente, lembrar da educação a longo prazo quando estamos em um momento de crise não é fácil, mas sim um esforço diário que é muito valioso.

A RESPONSABILIDADE SOCIAL E OS PAÍSES MAIS FELIZES

— Mãe, quando eu crescer eu quero ser piloto de avião!
— É, filho? Que bacana! E por que você quer ser piloto de avião?
— Porque é muito legal, né, mãe?
— É, é legal, sim. Você já pensou no tanto que o piloto de avião ajuda as pessoas? É uma profissão que cuida de um monte de gente! A profissão que a gente escolhe não é só para a gente, tem que contribuir para a vida das pessoas!
— É, ele leva as pessoas para um monte de lugares. Eu vou ajudar um monte de gente quando eu crescer!

Essa conversa aconteceu na casa de uma amiga, entre ela e o filho de 7 anos. Às vezes esquecemos, mas vivemos em sociedade. A sociedade é a família da nossa família e, como tal, influencia as nossas decisões e é diretamente influenciada por elas. As crianças que hoje educamos desempenharão muitos outros papéis sociais além do de filhos: vizinhos, amigos, colegas de trabalho, chefes. Elas andarão em vários lugares, muitos dos quais talvez nunca possamos conhecer. Estamos educando seres conscientes do seu papel social ou estamos focando apenas em sua carreira profissional? Estamos educando agentes de manutenção ou de transformação do mundo?

Educação não violenta não é modismo, não é invenção de uma comunidade hippie-bicho-grilo-abraçadora-de-árvores, que não pode ser aplicada no cotidiano.

Educação não violenta não é modismo, não é invenção de uma comunidade hippie-bicho-grilo-abraçadora-de-árvores, que não pode ser aplicada no cotidiano. Em 1961, o psicólogo israelense Haim Ginott escreveu sobre educação livre de palmadas, castigos e humilhações. O conceito de inteligência emocional ainda não estava formatado da maneira que o conhecemos, mas Ginott já falava das consequências psicológicas das punições no desenvolvimento humano. No livro *Crianças dinamarquesas*, as autoras Jessica Joelle Alexander e Iben Dissing Sandahl descrevem o estudo que fizeram sobre como a Dinamarca permanece, há mais de quarenta anos consecutivos, sendo considerado o país com as pessoas mais felizes do mundo. O segredo está na forma de educar, baseada na empatia e conversa, na qual os castigos físicos são um crime tipificado em lei.

É em casa que aprendemos como nos relacionar conosco e com o mundo à nossa volta, e esse aprendizado influencia diretamente nossa atuação em sociedade. Não há forma mais coerente e profunda de aprender a respeitar do que sendo respeitado e vendo o respeito dos pais por si mesmos e pelo outro. Até os 7 anos de idade, a grande maioria das nossas convicções sobre como podemos ser amados e aceitos está construída. É na infância que alicerçamos a construção da nossa ética pessoal, é nela que desenvolvemos os votos e crenças que podem nos guiar ao longo da vida. Cuidar da forma como educamos é cuidar do mundo que receberá esses seres mais conscientes de si.

UMA NOVA LINGUAGEM

OS BRINQUEDOS DA CAIXA

A minha sogra encontrou uma caixa com bonecos da infância de Isaac, meu marido. As crianças ficaram eufóricas ao verem a pequena fazendinha colorida. Os brinquedos, ressecados pelos mais de trinta anos guardados, começaram a se quebrar à medida que a brincadeira avançava. Em poucos minutos, o pai, nervoso, começou a reclamar e dizer que não sabiam cuidar das coisas. Eu me aproximei e expliquei para os pequenos:

— Vocês estão muito empolgados com o brinquedo, e eu preciso falar uma coisa muito importante: esses bonequinhos eram do seu pai quando ele era muito pequeno. Trazem lembranças muito gostosas de sentir, e o papai gostaria que vocês tivessem mais cuidado ao brincar. Pode brincar assim, sem bater um no outro.

Falamos um pouco mais sobre brinquedos especiais, e eles compreenderam o que o pai sentia em relação às pequenas peças de plástico que moraram por tanto tempo na caixa. Eles se conectaram à humanidade do pai. E atenderam ao meu pedido. A nossa forma habitual de falar nos distancia mais do que aproxima. A nossa linguagem é baseada na dor, na vergonha, na humilhação, na culpa. E, por isso, ela é bem pouco eficaz.

Queremos conexão e tentamos buscá-la brigando. Queremos proximidade e fazemos chantagem emocional. Marshall Rosenberg, esquematizador da comunicação não violenta, dizia que a maioria dos nossos pedidos é suicida. Suicida porque, da forma como os fazemos, minimizamos as chances de sermos atendidos. Levantamos, constantemente, a resistência de quem nos ouve. E, se o ouvinte está resistente ao que falo, certamente não se conectará comigo e não terá vontade de me atender. Falar em "vontade de atender o outro" na relação de pais e filhos é quase uma afronta, visto que o senso comum acredita que "criança não tem querer". Quantas vezes, antes de iniciarmos um pedido, pensamos na melhor maneira de fazê-lo? Quantas vezes pensamos nos problemas disciplinares com olhar de curiosidade e buscamos soluções que respeitem as necessidades e os sentimentos de todos? Ou melhor, quando pensamos em nossos sentimentos e necessidades em nosso dia a dia?

No dicionário, "linguagem" significa um meio sistemático de comunicar ideias. Quais sistemas de comunicação estamos criando entre nossos filhos? Que linguagem estamos estabelecendo como a habitual em nossas relações? Um olhar cuidadoso pode nos mostrar o quanto somos corresponsáveis pelos problemas que enfrentamos diariamente. Há que se falar, no entanto, que culpa e responsabilidade são muito diferentes, apesar de muito misturadas no nosso linguajar. Não precisamos da culpa, da sensação de impotência e vergonha que ela nos traz; precisamos sim do poder de escolha que a responsabilidade nos dá e que utilizaremos como base para uma educação mais conectada e menos imediatista. É a partir dela que criaremos uma nova forma de comunicar as ideias dentro da nossa família.

Sobrevivemos, como humanidade, pela nossa capacidade de cooperação e empatia. Somos seres de comunidade, e o pensar no coletivo é algo que nasce em nós, como em todos os outros seres que vivem em grupos. Os nossos filhos querem, tanto quanto nós, viver em paz e harmonia; apenas não estão dispostos a abrir mão de quem são e do que querem. Estabelecer uma linguagem mais consciente e conectada à nossa essência compassiva diminui as resistências – as nossas e as deles. Palavras podem ser muros ou pontes. A escolha é nossa.

RESUMO DO CAPÍTULO

- O mundo mudou: não bastam os conhecimentos externos, o autoconhecimento se mostra cada vez mais importante e necessário;
- O foco da educação não violenta não é a obediência, mas o desenvolvimento da responsabilidade;
- O autoritarismo é emocionalmente insustentável, induz à mentira e à desconexão;
- A permissividade produz crianças pouco resilientes e incapazes de lidar com as frustrações que inevitavelmente acontecerão ao longo da vida;
- A educação precisa ser pensada a longo prazo. As habilidades que desejamos ver em nossos filhos no futuro devem ser ensinadas e treinadas no presente;
- Educar sem palmadas não é modismo. O país mais feliz do mundo há quarenta anos, a Dinamarca, baseia a educação das crianças em métodos não violentos;
- Somos corresponsáveis pelos conflitos que vivemos no dia a dia. A linguagem pode contribuir para a conexão ou criar resistência em quem nos ouve.

2.
OS SENTIMENTOS DO SEU FILHO

Enquanto os participantes chegam aos poucos e se acomodam, eu observo os meus parceiros de jornada das próximas horas. Observo os rostos: alguns ansiosos, outros nervosos, outros descrentes. O grupo é em sua maioria feminino – o que é, aparentemente, a regra nesses eventos. Concluídas as apresentações iniciais, informo que falaremos sobre sentimentos. Um burburinho toma conta do ambiente. Falar de sentimentos não parece algo confortável. A maior parte dos olhares me diz: "Vamos para a prática, eu quero é saber o que fazer quando o barco está afundando!", "Não vim aqui para isso!".

Digo que os sentimentos influem diretamente em nosso comportamento, e a forma como estão se sentindo hoje terá influência direta no modo como receberão o que digo. Os sentimentos são bússolas: eles apontam para as nossas necessidades que estão ou não sendo atendidas; seguir sem olhar para eles é andar perdido. Eles dizem muito. Estamos acostumados a dizer para as crianças o que é uma mesa, uma cadeira, para que serve um lápis, mas não estamos acostumados a dizer-lhes o que é a tristeza, a angústia, a frustração, a raiva. Nesse denso e assustador mundo interno, esperamos que elas se aventurem sozinhas. Somos analfabetos emocionais educando novos analfabetos emocionais.

A sala fica em silêncio. Todos agora me olham, querendo entender aonde vou chegar. Ninguém fala que os nossos sentimentos são importantes. Ninguém sequer nos diz que os sentimentos podem existir. Mas eles existem, e seguem pulsando forte em nós. E, por mais que não seja um costume parar para pensar nisso, os sentimentos também pulsam forte em nossos filhos. E uma criança que se sente bem se comporta bem.

Por mais de duas horas falei da importância de sentir, trocando experiências com os participantes. Em poucos minutos alguns tinham os olhos cheios de lágrimas, incluindo os dois únicos homens do grupo. Naquela roda, na qual nos permitimos admitir as nossas vulnerabilidades, percebemos que as emoções nos movem e regem a nossa forma de ser e estar neste mundo. Percebemos, também, que nunca aprendemos a lidar com elas. Compartilhando as nossas histórias de infância, uma linha nos unia e, entre risos e lágrimas, percebemos que essa ausência de sabedoria no manejo do próprio sentir nos deixou sequelas nos relacionamentos, no trabalho e em muitas outras situações na vida. Ao estabelecerem essa conexão com as próprias dificuldades e inabilidades, os pais ganhavam um porquê ainda maior para desenvolver uma nova forma de educar os próprios filhos. As resistências diminuíram. Falar dos sentimentos dos filhos adquiriu um novo significado. Mais receptivos do que nunca, seguimos.

A IMPORTÂNCIA DA INTELIGÊNCIA EMOCIONAL

O termo *inteligência emocional* é recente. O primeiro livro a abordar o tema como o conhecemos hoje foi publicado em 1995, por Daniel Goleman. Até então a inteligência era medida por parâmetros que não consideravam as emoções e as habilidades sociais. Hoje em dia o tema é largamente aceito e difundido na comunidade científica, na área de educação e, principalmente, no mercado profissional. Inteligência emocional compreende a capacidade de reconhecer e lidar com os próprios sentimentos e emoções, utilizando-os a seu favor, bem como a habilidade de compreender e lidar com os sentimentos e emoções do outro.

John M. Gottman e Joan DeClaire, no livro *Inteligência emocional e a arte de educar nossos filhos*, descrevem os resultados de um estudo que realizaram comparando crianças educadas por pais considerados "preparadores emocionais" e pais que ignoravam a importância das emoções. As crianças educadas por "preparadores emocionais" tinham uma quantidade menor de cortisol – hormônio diretamente envolvido na resposta que o organismo dá ao estresse –

na urina. Adoeciam menos, tinham o sistema imunológico mais forte e tinham menos problemas respiratórios. Eram crianças mais maleáveis e resilientes e possuíam maior capacidade de sair de um estado emocional. Em um teste de incêndio, por exemplo, foram capazes de realizar todos os procedimentos de praxe e, poucos minutos depois, concentrarem-se em uma aula de matemática, enquanto os demais seguiam eufóricos e emocionalmente instáveis por mais tempo.

Nós somos seres emocionais. Os sentimentos fazem parte de quem somos, por mais que tenhamos aprendido que são completamente inúteis e podem ser desativados quando quisermos. O grande paradoxo em nossa forma de lidar com o sentir é que, quanto mais fugimos de um sentimento, mais tempo ficamos com ele. Não somos estáticos, e as emoções vão e vêm dentro de nós. Um sentimento dura entre três e trinta minutos, se vivenciado. Se a cada vez que a tristeza, ou a angústia, ou a euforia aparecessem nós simplesmente ficássemos com elas, sem rejeitar a sua existência, sem contar histórias a seu respeito, se simplesmente ficássemos com o bolo no estômago, o nó na garganta, o aperto no peito, perceberíamos que não duram muito. Rapidamente mudam, movem-se, dissipam-se. E dão lugar a outro sentimento. No entanto, se a nossa atitude é fingir que esse sentimento não existe, ele permanece por muito mais tempo "rodando em segundo plano". Quando nos esforçamos em não sentir, gastamos energia em algo impossível, em uma luta inútil. Assim que paramos e "baixamos a guarda", o sentimento volta com mais força. É como um boleto não pago guardado em uma gaveta. Por mais que não estejamos olhando para ele, a conta continua sem ser paga, com os juros crescendo a cada dia.

É nossa responsabilidade, como pais e mães, ensinar que todos os sentimentos são aceitos, algumas atitudes não.

É nossa responsabilidade, como pais e mães, mostrar para os filhos que sentir faz parte da existência e que as frustrações que começam a aparecer por volta dos 8 meses irão acompanhá-los por toda a vida. É nosso dever, se desejamos que sejam pessoas emocional e fisicamente saudáveis, ensinar que todos os sentimentos são aceitos, algumas atitudes não. Ensinar a consciência, em vez do entorpecimento. E essa missão não é nada fácil, sobretudo porque não fomos educados para isso. É o esforço de ensinar enquanto se aprende. Considero importante lembrar que orientar o sentimento não é se empenhar em fazer a criança feliz. Nós não nascemos somente para a felicidade. Nossos filhos também não.

ENTENDENDO A BIRRA E O CHORO SEM MOTIVO

UMA EXPLOSÃO DE FRUSTRAÇÃO

Estávamos no intervalo do workshop e eu conversava com algumas participantes. A filha de uma delas, uma criança de cerca de 18 meses, aproximou-se, pedindo suco. A mãe, que estava com um copo cheio na mão, bebeu a metade e ofereceu o restante para a filha, já que a pequena poderia derramar o excesso de líquido. O choro alto veio logo em seguida. A menina chorava forte, com o corpo todo. Ela se jogou no chão, empurrou o copo, gritando: "Não!" As bochechas da mulher ficaram imediatamente vermelhas; ela estava nitidamente envergonhada com o comportamento da criança.

— Está vendo o que ela faz? Que motivo tinha para esse choro?

Eu sorri, amigavelmente, com a intenção de mostrar que estávamos entre pais, e todos sabíamos que aqueles episódios acontecem, com uma frequência maior do que desejamos.

— Quando ela pediu o suco, o copo estava cheio. Ela criou a expectativa de receber um copo de suco, não meio copo. Entenda, não estou dizendo que está errada ou certa, não estamos nesse campo. Só quero que você perceba que ela está frustrada, como qualquer um de nós fica quando as expectativas não são atendidas.

— Nossa, eu nunca tinha pensado nisso. Faz sentido.

— Empatia é um exercício; com a prática a gente vai ficando cada vez melhor.

Ela sorriu, aproximou-se da filha e a acolheu. Sem o olhar do julgamento, pôde se comunicar com a criança, não com as histórias que alimentava em sua mente. Saíram para que a pequena se acalmasse e, minutos depois, as duas voltaram tranquilas.

Na maior parte das vezes, na maioria das famílias, esse acolhimento não acontece. Não aprendemos a criar empatia com o outro, sobretudo com a criança, e julgamos seu choro indevido, inadequado ou desnecessário. Acreditamos que devemos permitir apenas o choro para o qual vemos sentido. Do contrário, o choro deve ser violentamente reprimido. A partir do nosso analfabetismo emocional, nós nos recusamos a ajudar a criança a lidar com os próprios sentimentos. O comportamento comum de pais e mães é gritar, brigar, às vezes bater.

A birra, por exemplo, é uma explosão emocional. As emoções são tão intensas e fortes na criança que ela simplesmente não dá conta de lidar adequadamente com elas. Físico e emocional se fundem, e o corpo dói. Perceba que, na maior parte das vezes, após o choro demorado, ela dorme. A criança que chora não precisa de julgamento ou repressão, mas de acolhimento. Mais uma vez repito: acolher e atender são coisas muito diferentes. Aceitar o sentimento que surge, sem determinar se é bom ou ruim, não significa dar à criança o que ela quer, para que não chore.

O que esperamos que uma criança faça após ouvir um "não"? "Obrigada, mamãe, por cuidar de mim! Muito sensato da sua parte! Que supermãe você é!". É claro que isso não irá acontecer. Você costuma aceitar com resiliência, sabedoria e brandura as suas frustrações e tristezas? Por que acredita que uma criança, que chegou há pouco tempo no mundo, teria a capacidade emocional de lidar com o que sente? Se analisarmos com tranquilidade e equilíbrio esses momentos, perceberemos que as nossas expectativas sobre a criança são irreais e, por vezes, muito superiores às nossas próprias capacidades.

Nos próximos capítulos vou dividir com você formas de lidar com os sentimentos dos filhos. Mas antes disso quero analisar alguns pontos importantes.

OS CINCO PRINCIPAIS ERROS QUE COMETEMOS DURANTE UMA CRISE DE CHORO

1. MENOSPREZAR OS SENTIMENTOS.

Infelizmente, é muito comum, diante de sentimentos que consideramos desnecessários e inadequados, expressarmos a nossa opinião, travestida de verdade absoluta: "Não precisa chorar", "Que choro falso, não estou vendo lágrimas", "Pare de exagero" e similares. Às vezes, acrescidos a essas falas vêm os rótulos (chorão, escandaloso, mimado – falaremos deles no capítulo 3) e as agressões físicas. A criança passa a associar sentimentos negativos ao próprio sentimento e acrescenta mais camadas de dor ao que sente. A grande maioria dos adultos que recebeu esse tipo de reação dos cuidadores fica triste por estar triste. Conta para si mesma que não deveria sentir o que sente.

2. DAR EXPLICAÇÕES.

Existe o momento ideal de filosofar sobre a vida, com a criança, ou de conversar com ela sobre o motivo de um pedido ter sido negado. A melhor hora não é quando elas estão instáveis emocionalmente, pouco receptivas a novas informações. Vejo, na maioria dos pais e das mães que buscam uma educação baseada no diálogo, a tendência a falar demais no momento do choro. Quando nós, adultos, estamos chateados, tristes ou angustiados, não estamos dispostos a ouvir. Com a criança não é diferente. Da mesma forma que não se ensina a nadar quem está se afogando, o melhor momento de conversar sobre algo que levou a criança a uma crise de choro é depois que todos, pais e filhos, estiverem mais calmos e conscientes para essa conversa. Só assim será possível apresentar outras formas de lidar com a situação, caso ela ocorra novamente.

3. DAR CONSELHOS.

Pais têm uma intensa mania de aconselhar. Consideramos ser a nossa função resolver todos os problemas dos filhos, e falar como devem agir diante das situações se torna quase inevitável. Conselhos bloqueiam a empatia e minam a autonomia. Não estou dizendo que nunca daremos conselhos, mas que o faremos no momento em que as crianças estiverem mais receptivas, o que geralmente acontece após terem sido ouvidas.

4. ATENDER TODOS OS PEDIDOS DA CRIANÇA OU RESOLVER OS PROBLEMAS POR ELA.

Quando nós, adultos, estamos chateados, tristes ou angustiados, não estamos dispostos a ouvir. Com a criança não é diferente.

"Dá logo, para ela parar de chorar!", "Faz o que a criança está pedindo, coitadinha", "Vem, a mamãe faz o que você quer!". Diante da incapacidade de lidar com as lágrimas das crianças e, sobretudo, com o que lhes desperta, alguns pais tendem a silenciar o choro satisfazendo a todas as vontades dos pequenos. A curto prazo essa atitude pode parecer eficaz, mas pode ter como consequência tornar as crianças excessivamente exigentes e insatisfeitas, e os adultos, pouco resilientes, incapazes de lidar com as inevitáveis frustrações da vida.

5. IGNORAR OS SENTIMENTOS.

Em uma linha de raciocínio muito semelhante à que apresentamos no tópico 1("Menosprezar os sentimentos"), ao ignorar os sentimentos consideramos que são indevidos e inadequados e que, se não dermos atenção, eles irão desaparecer como mágica. Insistir em ignorar os sentimentos é educar pessoas incapazes de lidar consigo mesmas.

Todo choro, toda atitude e toda fala infantil está nos transmitindo algo. Só conseguiremos entender essa mensagem codificada se reconhecermos que ela existe. Enquanto nos comunicarmos a partir de rótulos, nós nos afastaremos da real causa dos maiores problemas disciplinares e, consequentemente, das soluções.

RECONHECENDO E NOMEANDO OS SENTIMENTOS

MÔNICA E IGOR

Mônica me procurou angustiada com os problemas de comportamento de Igor, de 2 anos e meio, sobretudo com o irmão recém-nascido. Segundo a mãe, o menino era malvado com o caçula, e isso a preocupava bastante. Ela nunca conversou com o filho a respeito dos sentimentos de rejeição que, muito provavelmente, ele sentia pelo irmão ou sobre a insegurança que a nova vida lhe trouxe. Na realidade, como a maioria das mães bem-intencionadas, em suas conversas com o primogênito Mônica apenas falava que nada havia mudado, que o irmão seria seu melhor amigo e ele precisava cuidar do recém-chegado; isso quando não surgiam os rótulos de "malvado" e "ruim" para Igor. O comportamento do menino se agravou, e os pais passaram a lhe dar palmadas e a colocá-lo de castigo todas as vezes que mexia com o irmão. Isso fazia crescer em Igor o rancor, o sentimento de inadequação, a insegurança e o desejo de vingança. Conversamos sobre os sentimentos do filho mais velho e no quanto a chegada de uma nova criança abalou a rotina familiar. Após algumas orientações, Mônica e Igor tiveram a seguinte conversa:

> — Filho, eu imagino que você esteja confuso e triste. A mamãe já não tem tanto tempo para brincar, muita gente tem chegado aqui em casa e o seu irmão chora bastante. Não é fácil lidar com tanta mudança.

— Eu não gosto dele, não.

— Puxa, imagino...

— Quero que ele vá embora!

— Entendo que queira isso. Tem dia que é legal ter irmão, tem dia que não. Eu também sentia isso com o seu tio, sabia?

— É?

— Sim!

Seguiram conversando por algum tempo. Mônica reconheceu as mudanças, ouviu as reclamações e os sentimentos, expressados da maneira que uma criança de 2 anos e meio é capaz de fazê-lo, e afirmou que o amor que o pai e ela sentiam pelo pequeno continuava imenso, citando situações que mostravam para ele o quanto era especial. Igor foi estimulado a se aproximar do irmão, auxiliando nas trocas de fralda e banhos, e os rótulos de "malvado" saíram da rotina, visto que agora os pais percebiam que apenas agravavam o mau comportamento e aumentavam a rivalidade. Os pais se revezavam para dar atenção e carinho, auxiliando na adaptação à nova realidade. Com os seus sentimentos reconhecidos e validados, Igor passou a se comportar melhor.

O nosso analfabetismo emocional nos faz acreditar que, se vivenciarmos os sentimentos, eles nos empurrarão para uma espiral de dor, da qual nunca mais sairemos. E, se validarmos os sentimentos das crianças, elas chorarão por uma eternidade. Na verdade, é justamente o contrário. Se compreendo que os sentimentos das crianças interferem diretamente no seu comportamento, quanto mais rápido lido com eles e permito que existam, mais rápido eles se esvaziam e dão lugar para um novo sentir.

Aprendemos a falar com a criança "Não faça isso com o amiguinho. Você gostaria que agissem assim com você?", pois imaginamos que estamos estimulando a empatia. No entanto, essa frase apenas coloca a própria criança no centro da situação. Ao contrário, dizer "Meu bem, não faça isso porque o amiguinho não gosta que o tratem assim" é estimular a empatia. No zen-budismo, diz-se que somos semelhantes, não iguais. Pensar se eu gostaria que agissem assim comigo é acreditar que o outro pensa e sente igual a mim, o que não é verdade. Todos nós temos sentimentos e necessidades semelhantes como humanos, no entanto, a intensidade e os gatilhos para cada sentimento são muito particulares. Para reconhecer e nomear o sentimento de uma criança, é preciso sair dos próprios sentimentos, enxergar além do "o que eu estaria sentindo?" e partir para "o que essa criança está sentindo?".

Um amigo me contou que guarda muitas mágoas da infância, devido à forma como o pai falava com ele. O irmão mais velho era explosivo e intenso, da mesma maneira que o pai. Meu amigo, muito diferente. Sensível, falava baixo – como faz até hoje – e com tranquilidade. O pai, acostumado com os enfrentamentos do filho mais velho, utilizava com meu amigo o mesmo tom de voz e a mesma reatividade. Situações que o irmão mais velho levava como naturais o dilaceravam. Brincadeiras que pareciam inofensivas para os outros o magoavam profundamente. O pai imaginava que, como não se ofendia facilmente, podia agir de igual maneira com todos. Esse é o grande problema de esquecermos que somos semelhantes, não iguais.

Esclarecido esse ponto, nomeie os sentimentos da criança. Dar nome ao que ela sente, além de ampliar o repertório emocional, gera conexão, demonstra que entendemos o que ela está vivenciando. A dificuldade, para a maioria de nós, é encontrar nome para os sentimentos, visto que nós, adultos, em geral nomeamos o que estamos sentindo de forma genérica, com adjetivos como "bem" ou "mal", "feliz" ou "triste". Se, neste exato momento, papel e caneta lhe forem entregues para que você escreva as suas impressões sobre este livro, provavelmente não faltarão adjetivos: "interessante", "entediante", "instigante" ou "chato". No entanto, se, em vez de indicar suas impressões, fosse solicitado que você liste o que está sentindo agora, proibindo o uso de palavras e expressões que expressam não um sentimento em si, mas um julgamento – como "bem", "mal", "triste", "feliz" e "sinto que" –, provavelmente as palavras lhe fugiriam. O nosso vocabulário para rotular o outro é muito mais extenso do que as palavras que utilizamos para definir o que sentimos. O nosso conhecimento sobre o mundo fora de nós é muito maior do que sobre o mundo dentro de nós. No momento em que precisamos nomear o que a criança sente, percebemos esta pouca habilidade. Diante disso, o melhor é pesquisar, de forma a ampliar o próprio repertório.

Importante lembrar que precisamos adequar o que falamos à idade e à capacidade de compreensão de quem nos ouve. Veja alguns exemplos:

CRIANÇA DE ATÉ 2 ANOS:

— Você está muito frustrado, não está conseguindo empilhar os bloquinhos!

CRIANÇAS COM MAIOR CAPACIDADE DE COMPREENSÃO:

— Imagino que esteja muito frustrada, filha. Montar esse brinquedo é muito importante para você, e ele não está ficando estável como gostaria.

COM UM ADOLESCENTE:

— Putz, você deve estar superfrustrada com o resultado da prova... se esforçou tanto e estava tão ansiosa!

Nomear o sentimento, em vez de negá-lo ou ignorá-lo, é transformar as palavras em uma ponte. Não tenha medo de nomear o sentimento de maneira equivocada. À medida que a criança desenvolve a consciência do que sente, ela direciona a percepção para o sentimento correto. A intenção não é acertar de primeira, mas investigar junto o que passa dentro deles. Quando sentem que são compreendidas, em regra, as crianças falam. Contam como se sentem, o quanto estão tristes, o quanto queriam muito algo.

Escute atentamente. Sem celular, sem TV, sem distrações. Não interrompa, não aconselhe, não menospreze, não pergunte. Apenas escute e, caso sinta necessidade de falar algo, utilize poucas palavras: "Oh...", "Puxa..."

Espelhe o sentimento. Repetir o que a criança fala, com palavras muito semelhantes, faz com que ela sinta-se compreendida e escutada. Por exemplo, quando ela diz: "Eu queria muito brincar com os meus amigos hoje!", você pode dizer: "Imagino o quanto você queria brincar com os seus amigos, é tão legal estar com eles!". Pense como a criança está se sentindo para levá-la a falar assim: "Eu sou muito boba!". Tente expressar: "Puxa, você parece muito decepcionada com o que aconteceu hoje."

Em regra, respondemos a frases como "Eu sou feia!", "Odeio você!", "A vovó é chata" negando o que a criança diz. "Você não é feia, você é tão linda!", "Ei, você me ama, não fale isso!", "A sua avó é muito legal!". Isso não valida o sentimento da criança ou a orienta a lidar com ele caso apareça novamente. É possível dizer: "Vejo que não está feliz com a sua aparência hoje. Quer falar sobre isso?", "Entendo que esteja muito chateada por eu não ter te deixado sair; estou disposta a conversar quando você utilizar outras palavras", "Imagino que a sua avó tenha feito algo que te desagradou. Quer me contar o que houve?". Perceba que, em nenhuma das situações citadas, o cuidador concorda com a criança, apenas espelha o que ela sente, demonstrando que compreende o que fala.

Nem todas as nossas interações pedem essa escuta empática – seria insustentável fazê-lo. As situações em que necessitam de empatia são muito claras, pelo olhar, pela forma que agem, pelo comportamento que foge ao comum. Na rotina sobrecarregada que em regra vivemos, nem sempre há tempo para a escuta ativa. Se percebemos que não há tempo para uma conversa porque estamos atrasados para um compromisso importante, é muito mais honesto que sejamos sinceros com a criança. "Filho, vejo que está muito triste porque não levaremos o cachorro conosco. Nesse momento não posso falar sobre os seus sentimentos com toda a atenção que eles merecem. Quando chegarmos eu quero ouvir tudo que tem a dizer." A mesma honestidade deve ser aplicada em situações em que estamos emocionalmente abalados. Às vezes o nosso estado emocional está tão fragilizado

Espelhe o sentimento. Repetir o que a criança fala, com palavras muito semelhantes, faz com que ela sinta-se compreendida e escutada.

que não há espaço para a escuta, e isso deve ser comunicado para a criança. "Meu bem, estou muito angustiada agora. Preciso de um tempinho para respirar e me equilibrar. Sinto muito não poder te ouvir. Prometo que assim que melhorar vamos conversar sobre o quanto está chateada com o que aconteceu." Em ambas as situações, cumpra o combinado e retome a conversa assim que possível.

O PODER DA IMAGINAÇÃO

MIGUEL E O FOGUETE

O dia começou como qualquer outro, exceto pelo fato de que Miguel, o meu filho mais velho, queria um foguete de papelão que fizemos e, havia mais de dois meses, joguei no lixo, pois esquecemos no quintal de casa, na chuva. As solicitações infantis não têm hora para aparecer e é impressionante como, por vezes, precisamos exercitar a nossa paciência nos primeiros instantes do dia.

— Mãe, eu quero o meu foguete.
— Filho, tem aquela bola colorida, quer?

A minha tentativa de desviar a atenção do foguete não funcionou. Ele queria o foguete e, ao lembrar que esquecemos no quintal, começou a chorar pedindo-o de volta. No dia em que joguei o brinquedo fora eles foram informados e me ajudaram a colocá-lo no saco, já que costumo mostrar que na vida as nossas escolhas trazem consequências, e a consequência natural de deixar os brinquedos espalhados pelo quintal é que estraguem.

— Eu quero o meu foguteeeeee!
— Filho, imagino que esteja frustrado por procurar o foguete e não encontrar. Sinto muito.
— Mas eu quero. Eu quero!

— Ele era muito legal de brincar, entendo que você queira muito!
— Era muito legal!
— Imagina se a gente tivesse uma caixa de papelão gigante?! A gente ia poder fazer um foguete bem grandão que ia caber a família inteira.

Ainda chorando, ele me olhou desconfiado. Segui empenhada em imaginar:

— Eu ia querer ficar na frente, nas primeiras janelas, pertinho do piloto! E você e Helena poderiam pilotar!
— Ia caber as vovós, né, mãe? E meus amiguinhos!

O choro se dissipou e, por alguns minutos, imaginamos a nossa viagem no espaço sideral, em um foguete feito por nós, na companhia de todos que amamos. Sem receber resistência ao seu sentimento e realizando-o na sua imaginação, o pequeno se acalmou.

O nosso corpo não diferencia o que imaginamos do que vivemos. Por isso, pensar em um limão faz com que a boca se encha de água, como se estivéssemos realmente provando a fruta azeda. Planejar uma viagem, imaginando como será estar nos lugares que desejamos, traz mais prazer do que a própria viagem, já que na imaginação não existem os imprevistos que podem ocorrer na realidade. Se utilizássemos o poder da imaginação no cotidiano, muitos dos problemas que enfrentamos com as crianças seriam evitados. Poucas crianças resistem a embarcar no mundo fantástico da fantasia. Esquecemos que são seres essencialmente imaginativos e desejamos que entendam e aceitem os nossos argumentos sem questionar. Imagine a seguinte cena, com a qual a maioria de nós se identifica: no carro, passeando pela cidade, estão pai, mãe e a criança. Parados no semáforo, a mãe observa um carro de luxo ao lado:

— Nossa, como eu queria um carro desse! – afirma, pensativa.
— A gente ia brigar para dirigir! – responde o marido, sorrin-

do, e continua: — Amor, está fazendo um calor... Estou com tanta vontade de voltar àquele hotel a que fomos no verão!
— Queria morar naquele hotel! Ele é incrível!

Seguem relembrando os dias no hotel e imaginando o carro dos sonhos. Poucos minutos depois, a criança fala:

— Mamãe, eu quero sorvete!
— Você não pode tomar sorvete hoje! – responde a mãe.
— Você estava gripado até ontem, esqueceu? – complementa o pai.

A diferença de tratamento é imensa. Quando a mãe afirma desejar o carro de luxo, e o pai, a viagem do verão, não recebem qualquer resistência. Não há: "Você sabe quanto custa o IPVA desse carro?" ou "Aquela diária é absurda, sem chance!". Ambos apenas sabem que os desejos estão no campo do querer, do abstrato. O querer dos filhos, no entanto, consideramos exigências que precisam ser atendidas ou repelidas com veemência. Se lidássemos com eles da mesma forma que faríamos com um amigo, o diálogo seria:

— Também queria sorvete! Acho que eu ia escolher de maracujá! E você? Deixe-me adivinhar!... Chocolate? – responde a mãe.
— O meu preferido é o de coco – fala o pai.
— Hum, eu ia querer de dois sabores! – suspira, empolgada, a criança.

Na maioria das vezes, "Eu quero" substitui "Eu pensei", "Eu lembrei". Se não encontrar resistência, o desejo é esquecido de forma muito rápida. Além disso, validar o querer das crianças é não limitar os seus sonhos, as suas capacidades e, consequentemente, as suas realizações. Aceitar o querer e embarcar na fantasia nos poupa energia e transforma uma situação potencialmente desgastante em algo divertido.

OS QUERERES E O AQUECIMENTO GLOBAL

Encerrei o workshop, e o meu voo estava agendado para o comecinho da manhã do dia seguinte. Decidi aproveitar o tempo livre visitando os pontos turísticos da cidade. No evento, eu havia falado de algo que utilizo em minha casa, com os meus dois filhos, e que sempre indico aos pais: uma lista de desejos. Todas as vezes que passeamos no shopping ou entramos em uma loja de brinquedos, as crianças sabem que podem querer qualquer coisa e que anotaremos todos os desejos nas respectivas listas de desejos. Não é uma lista do Papai Noel, com data para compra. É uma lista que existe pura e simplesmente para dar asas aos desejos e à imaginação. É a minha forma de dizer que no campo do sonho e dos quereres tudo é possível. Anoto todos os desejos com os detalhes que julgam importantes e, apenas por terem reconhecidos os seus quereres, eles se satisfazem. Raramente ocorre um "Eu queria hoje, compra!". E, se ocorrer, terão a frustração acolhida.

Eu estava hospedada na casa da organizadora do evento. Assim que retornei, no finalzinho da tarde, ela me disse que a lista havia salvado o seu dia. Na mesa da sala, estavam três listas coloridas, com o nome das crianças e cheias de anotações. Com três crianças de 3 a 8 anos, ela lidava com quereres o dia inteiro e, em regra, esforçava-se para falar de consumismo, aquecimento global e excesso de lixo todas as vezes que ouvia um "Eu quero!". Pela primeira vez não ouviu "Mas eu quero!", seguido de choros sentidos.

Explicar sobre o aquecimento global, falar sobre a importância de cuidarmos do planeta e sobre o impacto do consumo desenfreado sobre nossa vida e na de gerações futuras é essencial. O conceito de sustentabilidade deve fazer parte da educação, mas não no momento em que estão pedindo um brinquedo novo. As reflexões sobre o que desejamos, as formas de obter o que desejamos e as consequências do que queremos, bem como as justificativas das nossas negativas, são importantíssimas e precisam fazer parte da rotina da família. Normalmente, depois de passada a crise, os pais não querem voltar ao assunto e refletir sobre ele, mas é exatamente no momento da calmaria que estamos todos, pais e filhos, mais abertos para uma conversa produtiva.

SENTIMENTOS DESAFIADORES

RAIVA, NUVENS E RAIOS

— Mãe, você pode vir aqui?

— Diga, filho.

— Eu quero falar com você. Eu briguei com você hoje. Eu sei que não posso ameaçar, que não posso gritar. Eu sei, mãe! Mas quando a raiva vem, ela vem me tomando todo. É como se fosse uma nuvem de chuva, daquelas bem pretas, sabe? Ela toma a minha barriga, meus braços, minhas pernas. Ela toma meu cérebro. Dói aqui, ó, na testa. Eu peço para ela ir embora, mas ela não vai. E ela manda embora os outros sentimentos e as lembranças do que eu tenho que fazer. As lembranças de você, de mim, de Nena, do papai. Aí eu fico brigando, porque eu esqueço de tudo. Parece um monstro que sobe, assim, ó, do pé até a cabeça. E que fica mais aqui na barriga, parecendo que tem alguém apertando a barriga. Na escola eu não brigo, porque a raiva é uma nuvenzinha pequena aqui dentro de mim, aí eu consigo lidar com ela. Mas aqui não, aqui tem Nena, tem papai, tem você, e eu vou ficando mais nervoso e irritado. Tem dia que vocês me irritam muito. Aqui a nuvem é mais e mais forte, mãe. Eu tento, mas quando eu vejo parece um raio que sai com força e eu começo a brigar. Um raio com muita força mesmo. Eu sei que a raiva é minha e eu que tenho que lidar com ela... é que é tão difícil! E quando você ou o papai gritam, eu fico um pouquinho triste, aí a raiva cresce. Ela tira a tristeza e fica ainda maior. E aí eu não quero ir para o cantinho da calma, eu não quero nada, entende?

Meu filho tinha 5 anos quando tivemos essa conversa. Foi interessante perceber a clareza com que descrevia o sentimento que sempre considerei mais desafiador: a raiva. A grande maioria dos pais que atendo falam que, por mais que estudem e queiram mudar, se descontrolam em segundos. Todos nós temos esse monstro que sobe do pé à cabeça e que, se não estivermos atentos, toma conta de tudo. Em alguns esse monstro só é despertado em situações muito extremas, em outros ele tem um sono leve, e isso não faz de ninguém bom ou ruim. As pessoas são o que são. Por que acreditamos que as crianças podem lidar com ele sozinhas? Por que acreditamos que conseguirão lidar com sentimentos desafiadores, como a raiva, a frustração, a euforia – que é também um sentimento que nos coloca em extremos –, com a ansiedade? Falamos para um filho que ele não pode bater quando estiver bravo e nos esquecemos de orientá-lo como extravasar toda a raiva que está sentindo. O que fazer com o coração que acelera e parece querer pular do peito? O que fazer com a corrente elétrica que percorre o corpo, deixando-o tenso e pronto para o combate?

Todos os sentimentos são aceitos; não existe sentimento bom ou ruim, sentimento proibido ou permitido. Eles existem e surgem dentro de nós sem que tenhamos qualquer controle. Imaginar que podemos controlar o que as crianças sentem é uma ilusão e uma atitude contraproducente; é necessário apresentar formas adequadas de lidar com o sentir. Aceitar os sentimentos não significa aceitar todas as atitudes que vierem em decorrência deles. Todos os sentimentos são aceitos, e algumas atitudes precisam de um direcionamento. É importante que as crianças adquiram responsabilidade pela forma como agem diante do que sentem e que, apesar de não escolher os sentimentos que aparecem, elas saibam que podem escolher a forma de agir diante do que surge. Existem formas saudáveis e não violentas de extravasar a raiva. Bater em um joão-bobo, rugir como um leão, bater palmas, pular, desenhar o que sente, escrever sobre o que sente. Precisamos entender que, assim como orientamos as crianças para o uso adequado de uma faca, precisamos orientá-las para o manejo da própria raiva, ansiedade e frustração, deixando claro que os sentimentos delas são responsabilidade delas mesmas, e não um passe livre para agir como quiserem com as outras pessoas.

ELLEN E PEDRO

Ellen estava enfrentando problemas com o pequeno Pedro. O menino, sempre que ficava bravo, mordia. Quando conversamos, ela já havia apresentado outras formas de lidar com a raiva, mas o pequeno, de quase 3 anos de idade, continuava mordendo, ora quem estivesse por perto, ora si mesmo. Dizia que morder o acalmava. Diante dessa informação, ofertada pelo próprio menino, sugeri à mãe uma abordagem diferente. Um mordedor da raiva. Ellen e Pedro tiveram uma conversa sobre a raiva, sobre como ela aparece e o que desperta dentro de nós. Depois foram juntos escolher um mordedor, daqueles próprios para bebês, para morder sempre que a raiva fosse muito forte. Paralelamente a isso, fizeram alterações no tempo que o menino passava exposto a telas – o que comprovadamente causa mais irritação –, na rotina de sono e no tempo livre para brincar. Os momentos de raiva diminuíram e novas ferramentas foram utilizadas na família. Pedro agora raramente morde alguém ou si mesmo quando está bravo.

Na educação tradicional, aprendemos que alguns sentimentos são ruins, indevidos e que, se aparecem em nós, temos algum *defeito de fábrica*. Somos ruins, malvados ou inadequados. Exatamente por serem tabus nas famílias, nós não aprendemos a lidar com eles, e nos comportamos de maneira indevida quando aparecem. Nós só desenvolvemos ferramentas para lidar com o que assumimos que existe. Só transformamos o que aceitamos. Atendo mães que não aceitam a própria raiva como algo natural e humano, e, cada vez que esse sentimento aparece, travam uma luta interna com ele. Essa briga interna, acrescida ao conflito externo com a criança, resulta em uma explosão emocional, em atitudes impensadas e, posteriormente, em muita culpa. Se, em vez de repudiarem o próprio sentir, passassem a acolhê-lo, seriam mais capazes de descobrir formas saudáveis de lidar com ele. A raiva é um sentimento de segundo plano, não existe por si só. É a capa encobrindo um sentimento que lhe dá causa. Se não lidamos com ela, não encontramos sua causa, e a raiva aparecerá com frequência ainda maior. Insisto tanto em falar dos sentimentos porque acredito que, se a nossa educação tivesse sido direcionada à inteligência emocional, muitos dos problemas que enfrentamos nos relacionamentos, na educação dos filhos e na vida em sociedade não existiriam.

AUTORRESPONSABILIDADE PELO SENTIR

ANA

Uma semana depois de sua primeira consulta, Ana enviou uma mensagem perguntando se poderia encaixá-la na agenda, pois precisava de um novo encontro com urgência. O filho, de 3 anos, era uma criança tranquila, com questões muito comuns no comportamento, e o pedido me despertou estranhamento e preocupação. Marcamos para dois dias depois. Com lágrimas nos olhos e voz embargada, ela me contou que bateu na criança. Os dias estavam sendo muito difíceis, o filho não estava colaborando e ela não tinha paciência. Perguntei onde estavam, com quem estavam, o que estavam fazendo. Queria entender com mais clareza o contexto dos comportamentos – dela e da criança. Ela me disse que estavam em um sítio com amigos. Contou como foram os dias; sua amiga mais próxima teve de retornar antes e Ana e a família ficaram com famílias não tão chegadas. À medida que fomos conversando, percebemos que ela se sentiu incomodada e rejeitada. O sentimento de rejeição mexia profundamente com ela, já que tocava em feridas da infância. O comportamento do menino, ao dizer que não queria tomar banho ou parar de brincar, foi apenas a gota de água que faltava para o transbordamento das suas próprias emoções. Perguntei como foram os dias antes da amiga mais próxima partir. Surgiram muitos conflitos com o pequeno? Ela me disse que foram dias tranquilos, que haviam se divertido muito. A alegria de estar em um grupo que a acolhia a deixava mais tolerante e paciente para acolher. Os mesmos comportamentos do filho despertavam menos irritação. A causa das explosões não era o filho, afinal.

Ninguém é capaz de fazer você feliz ou triste, ninguém é capaz de irritar você. As suas expectativas e as suas necessidades a respeito das pessoas e das situações é que causam os sentimentos. O outro e os eventos que nos acontecem são apenas gatilhos, nunca os responsáveis pelo que sentimos. Ouço, com uma frequência imensa, as seguintes frases: "Ele me irrita muito. Como não fico nervoso?", "Como é que vou lidar com empatia com uma criança que me provoca desse jeito?", "Ela me magoa muito!". Estamos acostumados a responsabilizar o outro pelo que sentimos e a nos responsabilizarmos pelos sentimentos do outro. Anos e anos ouvindo "Assim a mamãe vai ficar triste com você!" nos deixou marcas profundas. Assumir responsabilidade pelo que sentimos nos faz capazes de cuidar melhor de nós mesmos e do outro. Somos cheios de hematomas emocionais, que chamo, carinhosamente, de "roxinhos". Quando batemos o braço na quina da mesa surge uma mancha roxa que não costuma doer constantemente, até esquecemos que ela existe. No entanto, quando algum desavisado toca naquele ponto, sentimos uma dor aguda e incômoda que nos faz reagir imediatamente. Chamar de descuidada a pessoa que tocou e responsabilizá-la pela nossa dor é esquecer que só doeu porque machucados anteriores deixaram aquele ponto sensível. Se o toque fosse em outro lugar, talvez não doesse tanto. Entender que algo dói porque está tocando em pontos sensíveis do nosso corpo emocional faz com que tenhamos mais autonomia diante do que nos acontece. Não é o outro que é responsável pelo que sinto, sou eu. E sou a responsável por cuidar de mim, acolher os meus sentimentos e entender quais são as minhas necessidades. Sou eu quem tem que lidar com a minha própria raiva. Sou eu quem tem que entender que os meus sentimentos são aceitos e inevitáveis e que as minhas atitudes são sempre uma escolha. Sempre. Não digo que é uma escolha fácil, mas é uma escolha. E, se queremos que as crianças se responsabilizem pelo que sentem e fazem, precisamos começar a dar o exemplo. Não há ferramenta educacional mais eficaz do que modelar o comportamento que queremos ver em nossos filhos.

Não digo que não poderemos comunicar aos outros o que sentimos, no entanto há uma diferença enorme entre falar "Estou decepcionada com você!" e "Estou muito decepcionada porque eu esperava que o seu comportamento fosse diferente". Na primeira frase, comunico como me sinto e responsabilizo o outro pelo que sinto; na segunda, comunico o que sinto e assumo que as minhas expectativas são a causa da minha decepção. Assumir que as minhas necessidades mudam a forma como recebo o que acontece me coloca numa posição de decidir como reagir ao que acontece. Na *atenção plena* falamos que, quanto mais atentos ao momento presente, ao que está acontecendo dentro e fora de nós, mais capacidade temos de nos tornar ativos e não reativos. Para sair do ciclo "estímulo – reação" preciso assumir que tenho escolha, que os outros não são os responsáveis pelas minhas atitudes e, conscientemente, partir para o ciclo "estímulo – escolha – ação".

Imagine que você se desentendeu com uma pessoa de que gosta muito. Angustiada e triste, liga para uma amiga desejando desabafar. Marcam em uma cafeteria que frequentam há anos. Você, ansiosa, chegou alguns minutos antes. A sua amiga está quarenta minutos atrasada. A cada instante de atraso você conta para si uma história sobre o quanto sua amiga não a respeita. Como ela pôde se atrasar tanto, logo hoje? Em poucos minutos, você se lembra de vários outros momentos em que a amiga falhou e conclui que essa amizade não vai bem. Somos excelentes em inventar histórias para nós mesmos, criamos dramalhões dignos de novela das oito e nos identificamos com eles, acreditando que são verdades absolutas. Quando a amiga chega, você expõe seu estresse grosseiramente, faz cara feia, utilizando violência não verbal, ou se coloca como vítima da situação, dependendo da sua personalidade ou padrão de comportamento.

Sair do lugar de passividade nos faz parar de esperar que o outro nos faça sentir melhor e nos torna responsáveis pelo que sentimos e pelas nossas atitudes.

Agora imagine que você marcou com essa mesma amiga, mas nesse dia queria apenas bater papo e saber como foi a viagem que ela fez recentemente. No caminho para o café, o pneu do seu carro furou e você precisou parar na borracharia. A cada instante de atraso, você torce para que ela esteja atrasada também, já que detesta fazer os outros esperarem. Finalmente o reparo no pneu acaba e vocês chegam igualmente atrasadas ao encontro. Contam os motivos dos atrasos, cada uma descreve a própria odisseia, depois seguem o papo com tranquilidade.

Nas duas situações, a sua amiga se comportou da mesma maneira: chegou atrasada quarenta minutos ao encontro que marcaram. No entanto, a forma como você recebeu o atraso dela foi completamente diferente, já que você tinha expectativas e necessidades diferentes em relação à chegada dela.

Sair do lugar de passividade nos faz parar de esperar que o outro nos faça sentir melhor e nos torna responsáveis pelo que sentimos e pelas nossas atitudes. Bater na criança, humilhar e explodir é escolha. Deixamos que a nossa raiva cresça a ponto de perdermos a capacidade de autorregulação, porque seguimos responsabilizando o outro: "Ele tem que parar", em vez de "Eu preciso de um tempo para recuperar o equilíbrio". Nenhum dos ensinamentos deste capítulo, nem dos capítulos à frente, será verdadeiramente implementado na rotina se você continuar acreditando que somos controlados pelas nossas reações. A maturidade para orientar a criança no seu caminho de autoconhecimento está em admitir, a nós mesmos, que conhecemos muito pouco sobre nós. O compromisso com a nossa regulação emocional é condição para uma educação emocionalmente inteligente. Essa maturidade e esse compromisso ultrapassam o campo da educação e refletem em todos os âmbitos da nossa vida, sobretudo no relacionamento mais importante que possuímos – aquele que temos conosco e sobre o qual falaremos melhor no capítulo 7. E não há problema algum pular para ele agora, se o seu coração pedir.

RESUMO DO CAPÍTULO

- Os sentimentos das crianças interferem diretamente no comportamento e na saúde física e mental delas;
- A inteligência emocional é a capacidade de reconhecer e lidar com os próprios sentimentos e emoções, utilizando-os a seu favor, bem como compreender e lidar com os sentimentos e emoções do outro;
- Somos responsáveis pela alfabetização emocional dos filhos;
- Não existe choro sem motivo, e birra é um rótulo que utilizamos para desconsiderar os sentimentos da criança;
- Menosprezar, ignorar, dar conselhos, atender e explicar demais atrapalham a empatia e não apresentam formas saudáveis de lidar com os sentimentos;
- Nomear os sentimentos ajuda a aumentar o próprio repertório emocional, espelhar o que os filhos dizem valida o sentimento deles e escutá-los fortalece a conexão entre vocês;
- A imaginação é uma excelente aliada na educação e resolução de problemas cotidianos;
- Todos os sentimentos são aceitos, mas algumas atitudes precisam ser redirecionadas;
- As crianças necessitam de auxílio para lidar com os sentimentos desafiadores, e os pais precisam desenvolver habilidades para lidarem com os próprios sentimentos;
- Assumir a responsabilidade pelo que sentimos nos torna mais capazes de transformar as nossas ações e modelar o comportamento que desejamos ver nos filhos.

3.
NUTRINDO A AUTENTICIDADE

"SERES HUMANOS DIFERENTES DE NÓS"

ALINE E BEATRIZ

Quando Aline me procurou pela primeira vez, a minha agenda estava fechada. Era fim de ano, e resolvi passar dois meses sem atender. Durante esse período, ela me enviou mensagens, perguntando quando abriria um novo horário e pedindo que, assim que disponibilizasse data, lhe informasse. Eu imaginava que ela enfrentava algum problema sério com os filhos adolescentes. As mães de adolescentes que atendo costumam viver situações excessivamente desafiadoras. Uma semana antes de voltar a atender, eu a informei.

Durante a consulta ela falava de um modo acelerado, sem pausas para respiração, o que me fez perceber o quanto ela estava ansiosa e o quanto aquele era um assunto delicado e importante para ela. O que me surpreendeu foi que Beatriz, sua filha, era, segundo Aline, uma adolescente de 12 anos, tranquila e colaborativa. Para a mãe, havia apenas um problema entre elas: a menina odiava estudar. Na escola, passava "de raspão" todos os anos, desde muito nova. Não gostava de fazer as tarefas, não prestava atenção nas aulas. A mãe disse que a filha era muito preguiçosa, e isso a desesperava. Para Aline, ter uma filha que não gostava de estudar era algo inimaginável. Ela, a mãe, era a imagem das alunas superaplicadas que vemos em filmes. Muito estudiosa desde sempre, tirava notas altas e era funcionária pública concursada. Aline me disse ser realizada e feliz profissionalmente, e que devia absolutamente todas as suas conquistas aos estudos. A filha era o seu oposto, ou, pelo menos, a mãe concluía que assim fosse. E esse era um ponto de tensão e extremo desentendimento entre as duas.

Depois de escutá-la, perguntei a Aline se, em algum momento, havia parado para pensar que a filha era um ser humano diferente. Ela me disse que não aceitava que a filha fosse diferente dela nesse ponto. Podia ser em qualquer outro, mas nos estudos, não. Mas era exatamente nesse ponto que a doce e colaborativa Beatriz reivindicava a sua identidade.

Há, na forma em que falamos dos filhos, um tom de posse. Eles são "nossos", acreditamos. E, como são "nossos", fazemos para eles planos e projetos, e desejamos que se encaixem neles, como se não fossem seres humanos singulares. Os filhos que sonhamos e idealizamos durante a gravidez nunca nasceram. Eles são fruto da nossa imaginação. Os bebês que recebemos nos braços são seres únicos e nunca houve ou haverá alguém como eles no mundo. A grande maioria dos problemas de relacionamentos com os filhos parte da não aceitação de quem eles são. Acreditamos que as crianças atenderão as nossas expectativas, que serão os filhos que queremos que sejam, e esquecemos, no entanto, que não somos os filhos que os nossos pais imaginaram que seríamos e que, certamente, ao longo da nossa história, fugimos às projeções, discordamos deles e, por vezes, optamos por caminhos contrários aos que determinaram.

A educação não deve ser um esforço para aniquilar as características que reprovamos em nossos filhos, mas sim para ajudá-los a lidar com todas as suas facetas, desde as que admiramos até as que repugnamos – ou por serem parecidas demais com o que recusamos aceitar em nós, ou por serem absolutamente avessas ao que acreditamos ser o ideal. Buscar enquadrar os filhos em nossas projeções é como encaixar peças que não combinam em um quebra-cabeça; o resultado será muita frustração.

Andrew Solomon, em seu livro *Longe da árvore*, traz os conceitos de "identidade vertical" e "identidade horizontal", que são informações preciosas e deveriam ser distribuídas durante o pré-natal, grampeadas no cartão da gestante. Identidade vertical é aquela que recebemos dos nossos pais; são as características que nos aproximam, demonstram as nossas semelhanças e são compartilhadas por toda a família. Na identidade horizontal moram as diferenças; são as características estranhas aos nossos pais, em que só encontramos ressonância com os nossos pares. Todos temos ambas, e é ilusão acreditar que os filhos terão apenas uma identidade vertical. A forma como lidamos com a sua individualidade faz toda a diferença na autoconfiança e autoestima que levarão por toda a vida. Na educação das crianças não precisamos de certezas, mas de curiosidade e abertura. Curiosidade para entender quem são, sem julgamentos que nos distanciam, e abertura para as diferenças que inevitavelmente surgirão.

Já vi filhos de vegetarianos enlouquecidos por carne. Filha de roqueiros curtindo música pop. Filhos de evangélicos que são ateus. Filhos de matemáticos que odeiam números. Filhos de professores de português que não suportam letras. Educar é muito mais um exercício de aceitação do que de moldagem. Muitas vezes eles são muito diferentes do que esperamos, e isso não precisa ser um pesaroso julgamento, apenas uma constatação.

As relações ficam mais fáceis quando se pode ser quem é. Quando há conforto em vestir a própria pele em casa. Temos, todos nós, em maior ou menor grau, marcas dos pedacinhos que foram arrancados quando tentaram nos encaixar em formas que não nos cabiam. Todos temos hematomas emocionais causados pela não aceitação. Mesmo que não reflitamos a respeito disso, sofremos por não nos sentirmos bons o suficiente. Filhos não são o nosso projeto para o futuro. Vejo pais de amigos e pessoas queridas descrevendo os próprios filhos e percebo que os conhecem pouco. Quem o seu filho é sem as suas expectativas? Sem rótulos, sem julgamentos, sem as "caixinhas" de bom ou ruim? Será que está na hora de se despedir da idealização e de se conectar com esse ser único, especial e importante?

Aceitação e comodismo não são sinônimos. Aceitar é parar de brigar com a realidade, visto que ela está posta e é o que é; podemos apenas escolher como lidar com ela. Pensamentos como "Meu filho não deveria ser assim", "Ela não deveria ser desse jeito" apenas nos distanciam de soluções reais e efetivas para os conflitos diários. Somente aprendemos a lidar com o que aceitamos que existe. Se o seu filho tem uma tendência à agressividade, você encontrará ferramentas para lidar com essa característica quando parar de brigar com a existência dela. Comodismo é inércia, aceitação é atitude.

As relações ficam mais fáceis quando se pode ser quem é. Quando há conforto em vestir a própria pele em casa.

A NOCIVIDADE DOS RÓTULOS

Perguntei para a Aline o que ela pensava sobre pessoas que não gostam de estudar. Ela contou que, na época da escola, não se aproximava dessas pessoas. Na família, tinha exemplos de falta de responsabilidade e comodismo, e repugnava tais atitudes. Ela também não queria que a filha, Beatriz, fosse displicente. Imaginava a menina adulta, sem condições de pagar as próprias contas, frustrada e infeliz. Para a mãe, ser uma aluna brilhante, que tira notas altas em todas as provas, era o único caminho possível para um futuro bem-sucedido.

Nas primeiras vezes que Beatriz chegou da escola, ainda criança, e não mencionou as tarefas de casa ou não demonstrou interesse em fazê-las, Aline concluiu que precisava tomar uma atitude urgente contra aquilo. Gritava, brigava, chamando a menina de preguiçosa e desinteressada. Dizia à filha que se não estudasse, não seria alguém na vida. Os anos passaram e, conforme o esperado, o desinteresse de Beatriz apenas piorava. Mentia sobre as datas das provas, escondia os boletins escolares. À medida que a menina piorava, a mãe aumentava a repressão. Ameaçava, punia, retirava o uso do celular e outros aparelhos eletrônicos. Abria a mochila da menina, vasculhava seus cadernos e livros. Ligava para os professores. Bateu na filha algumas vezes. Pagou acompanhamento psicológico para a menina por seis meses e concluiu que não adiantava nada, pois a filha não se encaixava nos moldes que planejara.

Os primeiros contatos com os livros e a escola, na vida da pequena Beatriz, formaram nela a convicção de que era preguiçosa e desinteressada. Se a mãe, a pessoa adulta em quem mais confiava na vida, a empurrava diariamente para esse papel, era porque sabia das coisas. Beatriz deveria ser o que a mãe lhe dizia que era. Com a genuína intenção de ajudar a filha, Aline aprisionava Beatriz na personagem que repelia. Rótulos são profecias autorrealizáveis.

Constantemente confundimos fatos com opiniões. Beatriz não entregar a tarefa escolar é um fato; considerá-la preguiçosa é uma opinião. A criança não atender ao que lhe foi pedido é um fato, dizer que, por isso, é teimosa é uma opinião. A criança chorar ao ser contrariada é um fato, chamá-la de chorona é uma opinião. Julgamentos fazem parte da vida e fazem parte de nosso mecanismo de autopreservação. Julgar uma situação perigosa, de acordo com a experiência de vida e o conhecimento prévio, pode evitar uma morte. A mente julga, e essa é uma das suas funções. O grande problema é que acreditamos em nossos julgamentos e os tomamos como verdade absoluta. Apresentamos aos filhos as nossas opiniões como se fossem fatos inquestionáveis. Na maioria das vezes, eles acreditam no que dizemos e utilizam as histórias que contamos sobre quem são para construírem a narrativa da própria vida. Não conheci, até hoje, alguém que tenha recebido rótulos na infância e não seja influenciado por eles na vida adulta. Eles geram uma ressonância que ecoa em nós por anos a fio.

Beatriz não sabia que a palavra "preguiçosa" dirigida a ela era apenas a opinião da sua mãe, assim como a própria Aline nunca percebeu que esse era um julgamento, e não um fato a respeito da sua filha. Todos nascemos certos de que somos merecedores de amor e compaixão; todos nascemos suficientemente bons. É a convivência ao longo da vida com os adultos de autoridade, nossos cuidadores e pares, que nos faz concluir que não somos o que deveríamos ser. Aos poucos percebemos o que agrada ou não o outro e vamos, inconscientemente, decidindo o que pode continuar na luz e o que deve ser renegado às sombras. Vamos classificando as nossas características como boas ou ruins, separando pedaços de nós, como se não fôssemos porções inteiras. Ninguém é uma coisa só. Ninguém. Somos, todos, uma multiplicidade imensa de coisas, e acreditar que uma característica isolada nos define é limitar o nosso imenso potencial.

Os nossos julgamentos podem servir como um mapa, uma previsão para nos auxiliar a tomar decisões, mas não devem ser os fatores determinantes para tanto, sobretudo na relação com os filhos. Antes de falar algo para o outro é essencial que nos perguntemos o que desejamos com a nossa fala. Aonde queremos chegar ao chamar uma criança de "preguiçosa", "teimosa", "desobediente", "grosseira", "chata", "insuportável", "danada" ou qualquer outro julgamento? Qual objetivo queremos alcançar com essas falas? Se for a autorreflexão, essa é uma péssima ferramenta. Se for a mudança, é ainda mais ineficaz, visto que essas falas geram culpa, que acorrenta mais do que liberta. Não seria mais produtivo para nós, para os nossos filhos e para a nossa relação que abandonássemos a insustentável missão de dizer quem são ou quem devem ser? Se somos todos multifacetados e complexos, por que insistimos em reduzir os filhos a apenas uma característica, justamente a que menos gostaríamos que se manifestasse?

Além dos efeitos nocivos dos rótulos no desenvolvimento da autoestima da criança, ao nos comunicarmos com os rótulos deixamos de nos comunicar com o presente, com a criança que está diante de nós, com seus sentimentos e necessidades. Enquanto rotulamos, nós nos afastamos das camadas mais profundas das relações.

Passamos dez dias das férias na casa do meu pai, em uma cidade a mais de 500 km da que morávamos. Enquanto Isaac e eu organizávamos as malas no carro, o avô chamou as crianças para se despedir. Miguel, o mais velho, indica que não queria, dizendo um "Não vou" grosseiro. Minha primeira reação foi me chatear. Somos contadores de história compulsivos e, preciso confessar, a minha mente é muito tagarela. Em instantes, começou a ladainha que conheço de cor: "Lá vai Miguel me matar de vergonha. Custa o que falar com o avô? Passou dez dias aqui, caramba! Que absurdo! Esse menino me cansa demais! Vontade de me trancar em casa e nunca mais sair. Saco! Meu pai deve estar pensando que não sei educar, claro! Eu definitivamente não mereço." Respirei, envergonhada.

A empatia é exercício, escolha diária, daqueles que preciso revalidar, me esforçar, me empurrar para fora do meu padrão, das minhas próprias histórias. "Ele ficou dez dias aqui, é isso, claro! Ele não quer se despedir!" Eu me aproximei, com um tom de voz acolhedor, enquanto ele se escondia no carro: "Filho, os dias aqui foram muito, muito legais. Eu também amei. Ir embora é muito difícil, se despedir do vovô dói." Ele engoliu o choro seco, saiu do carro, abraçou rapidamente o avô e voltou para o lugar. Assim que passamos pelo portão, um choro sentido, forte, daqueles soluçados e tremidos, explodiu lavando a alma. Chorou

A empatia é exercício, escolha diária, daqueles que preciso revalidar, me esforçar, me empurrar para fora do meu padrão, das minhas próprias histórias.

com o corpo todo. "Eu não quero ir embora, eu não quero ficar longe do vovô..." Reconheci que despedidas são dolorosas, enquanto suas lágrimas saíam feito cachoeira. A ladainha em minha mente se calou, já não tinha razão de existir. Permitir que a verdade se apresente tem um efeito mágico sobre as histórias que repetimos internamente. Tudo o que fazemos é regido por sentimentos e necessidades, e a vida muda quando trocamos as certezas pela curiosidade de descobrir quais sentimentos e necessidades são esses. Aceitar que os nossos pensamentos não são a verdade é libertador.

RÓTULOS POSITIVOS

LÚCIA, "A BOA MENINA"

Lúcia havia sido uma das últimas a se apresentar no workshop. Tom de voz baixo, pausado e aparentemente calmo. Disse que tinha duas filhas, estava ali porque não conseguia se posicionar diante dos conflitos e isso estava interferindo diretamente na forma como educava. Ela era "a filha boa".

Lúcia cresceu ouvindo que era uma criança maravilhosa, boazinha, que não reclamava de nada e não incomodava ninguém. Os pais diziam, constantemente, que ela não dava o mínimo trabalho e que tinham orgulho da sua obediência. Qualquer tentativa de sair do papel da "boazinha", qualquer questionamento que fizesse era repelido com um "Filha, você não é assim!". Lúcia cresceu ignorando os próprios sentimentos e necessidades, sua missão de vida era ser legal. Figuras de autoridade lhe despertavam muita angústia. Sofreu com chefes que exploravam a sua incapacidade de dizer não. Adoeceu durante o mestrado, porque desejava atender às expectativas do orientador, um homem extremamente exigente. Quando as crianças brigavam, Lúcia se trancava no quarto e chorava ou explodia e sofria com a culpa que a assolava depois. Considerava a raiva um sentimento indevido, que lhe tirava o direito de ser amada e querida. A responsabilidade de educar um outro ser estava mexendo em feridas que Lúcia não sabia que existiam. Aos 31 anos, com auxílio de um psicoterapeuta, buscava conhecer quem era para além da personagem de boa menina.

AMANDA, "A INTELIGENTE"

Em um workshop sobre irmãos, conversávamos sobre o triste costume de aprisionar os filhos em papéis, em regra, antagônicos. Amanda contou que era "a filha inteligente", enquanto o irmão era "o filho burro". Desde muito nova era a melhor aluna da sala. Tirava as melhores notas, e os pais falavam da sua inteligência para todos. Quando concluiu o segundo grau e chegou a hora de prestar o vestibular, Amanda sofreu o peso do rótulo aparentemente positivo que recebeu por tantos anos. Sentia medo diariamente. E se não passasse nas provas? E se, só agora, os pais descobrissem que não era tão inteligente assim? Escolheu um curso com pouca concorrência e mesmo assim não conseguia ficar tranquila. Nas poucas vezes que tentou dividir com os pais as angústias, ouviu: "Não sei por que você está preocupada! Temos certeza que vai passar, você é tão inteligente!". A resposta desconsiderava os seus sentimentos e aumentava seus medos. No dia da prova, em uma crise de pânico, Amanda não conseguiu sequer escrever o próprio nome. Inconscientemente guardava a certeza de que era mais seguro adoecer que pôr em risco o seu papel na família.

NINGUÉM É UMA COISA SÓ

As histórias de Amanda e Lúcia são apenas duas das várias que tenho escutado em minhas trocas diárias com pais. Rótulos considerados positivos são tão prejudiciais quanto os negativos, visto que limitam a existência de quem os recebe a apenas uma pequena porção de si. Personagens são prisões. "A menina boazinha" também discorda, fica irritada, sente angústia, frustração.

Basear a própria existência nas impressões alheias é um peso que ser humano nenhum deveria carregar. As histórias que contam sobre nós mesmos constroem as nossas narrativas e determinam a forma como acreditamos que podemos conseguir amor e aceitação. Todo ser humano quer ser amado e aceito, todos queremos sentir uma conexão profunda com o outro, somos seres de comunidade. Quando, por um motivo qualquer, fugimos da personagem que sempre desempenhamos, sentimos ameaçado o nosso lugar no mundo. Será que ainda vão me amar? Será que ainda vão me aceitar se eu disser não? Será que vão me deixar sozinho? Quem eu vou ser se não for "a inteligente"? "A boazinha"?

Existem, ainda, inúmeros casos de crianças rotuladas por toda a vida por características positivas que, durante as grandes transformações cerebrais e emocionais da adolescência, partiram para o extremo oposto do que sempre foram. A vontade de firmar-se como ser único e diferente dos pais leva, por vezes, a esse comportamento.

Quando Aline me falou sobre Beatriz e seus problemas escolares, pensei que, talvez, fosse a forma de a pequena, inconscientemente, dizer que não é tão boazinha assim. Talvez seja o espaço da vida em que diga: "Eu não sou você, não sou quem você deseja que eu seja!". Não somos uma coisa só. Nenhuma característica isolada nos define ou define os nossos filhos. Somos complexos demais para nos atermos apenas a uma porção de nós mesmos.

AJUDANDO A CRIAR NOVAS IMAGENS DE SI

Ao perceber que, durante todos esses anos, empurrava a filha para o rótulo que repugnava, Aline chorou. As lágrimas escorriam enquanto eu a escutava em silêncio. Nós todos fazemos o nosso melhor e, até aquela manhã, Aline fez o que acreditava ser o mais acertado, diante dos conhecimentos que tinha. Perdoar-se é um passo essencial para seguir em frente, erros são excelentes oportunidades de aprendizado.

Depois de se acalmar, Aline me perguntou o que fazer para mudar. Como Beatriz poderia sair da personagem que desempenha há anos? Iniciamos um processo de desconstrução da imagem que a mãe tinha da própria filha. Ela era somente essa menina que não estuda? Aline me contou que a filha era excelente nas aulas de teatro e que decorava as falas dela e de todos os personagens das peças. Disse que a adolescente escrevia lindas e complexas histórias e que desenhava muito bem. Ao me contar as capacidades da filha, a mãe percebeu a potência da garota. A criatividade e a veia artística da menina eram imensas. Talvez a forma tradicional de estudar, que sempre serviu tão bem para a mãe, não fosse o suficiente para segurar a atenção da pequena artista.

Sugeri, então, que incentivasse a filha a criar histórias sobre os temas de estudo e que testasse ilustrar as aulas em vez de copiar no caderno. Indiquei uma sessão de resolução de problemas (falaremos mais no capítulo 6), visto que Aline jamais perguntou para a filha qual seria o melhor jeito de estudar, e lhe pedi que reduzisse as expectativas e o controle sobre a menina.

Beatriz não tinha de tirar dez em todas as matérias, não tinha de ser a continuação da mãe ou a materialização de seus sonhos. Talvez a menina, mesmo com todos os novos incentivos que a mãe aprendia em nossas consultas, tirasse apenas as notas necessárias para aprovação. A menina deveria organizar o próprio tempo, desenvolver a autonomia que a mãe nunca lhe permitiu ter e arcar com as consequências naturais das suas escolhas. Ao abrir mão da crença de que a menina era preguiçosa, Aline pôde, finalmente, conhecer quem era a filha para além do seu controle.

Vivemos em uma sociedade que costuma rotular. Por mais que nos esforcemos a fugir do padrão de aprisionar as crianças em apenas uma das suas características, isso provavelmente será feito pelos parentes, professores, irmãos, amigos ou pela própria criança; somos contadores de histórias, e é comum que isso aconteça. A forma como lidamos com esses rótulos é o que fará toda a diferença. Os meus filhos, desde muito novos, ouvem – e falam – que ninguém é uma coisa só. Repito isso com bastante frequência em casa, na esperança de que aprendam e se defendam, eles mesmos, da chuva de rótulos que receberão na vida. Deixo algumas sugestões sobre como lidar com a criança que já está aprisionada a um papel:

MUDE AS SUAS LENTES.

Os rótulos são a nossa leitura da realidade, não a realidade em si. A mente busca validar tudo o que tomamos como verdade; ao julgar, direcionamos os fatos para que baseiem nosso ponto de vista. Se acredito que o meu filho é teimoso, todas as minhas interpretações das suas atitudes reforçarão a minha crença. Eu já lanço para ele esse olhar, esperando o momento que repetirei para mim mesma: "Sabia que ele agiria assim, está vendo?!". Buscar novas formas de enxergar essa criança, alterando as lentes com que a olhamos, transforma a relação. Troque a certeza pela curiosidade e lance a sua atenção para momentos em que o seu filho ou filha foge à personagem. Se o considera teimoso, busque observar os momentos em que ele colabora. Se a considera chorona, busque valorizar os momentos em que ela fala sobre o que sente. Ao observarmos e comunicarmos à criança as suas capacidades, ajudamos a ampliar a imagem que ela tem de si.

SEJA UM ARQUIVO VIVO DOS ACERTOS DA CRIANÇA.

Temos o costume de guardar todos os erros dos filhos, enumerados por ordem cronológica, etiquetados por nível de mágoa no nosso arquivo mental. "Hoje acertou, mas ontem...", "Você nunca faz o que peço!", "Desde pequeno você é nervoso desse jeito!", e segue a ladainha diária do quanto são inadequados. Não seria mais encorajador recordá-los das vezes que conseguiram acertar? Dizem que, em uma tribo africana, quando algum de seus membros comete algo prejudicial aos demais, ele é colocado no centro da aldeia e, por dois dias, toda a tribo lhe fala as coisas boas que fez. Segundo eles, todos nascemos bons e, pelos mais diversos motivos, esquecemo-nos disso. Ao relembrar os seus bons feitos, a pessoa se conecta com a sua real essência. Não sei até que ponto essa história é verdadeira, mas acredito no poder imenso de sermos arquivos vivos das boas ações uns dos outros.

DEMONSTRE CONFIANÇA.

Ao concluir que a filha era preguiçosa, Aline tomou para si todas as responsabilidades que poderiam ser da pequena. Certa de que a menina não cumpriria as suas obrigações, ela se antecipava nas cobranças. A falta de confiança em sua capacidade era sentida pela filha, que correspondia demonstrando desinteresse pelas atividades. Nossa confiança em nós mesmos se renova quando sentimos que pessoas que admiramos confiam em nós. Acredite nas capacidades da criança de ir além do rótulo, compartilhe com ela essa confiança e se coloque ao lado para o que precisar.

Um estudo testou o nível de influência do olhar do adulto no desenvolvimento e na autoimagem da criança. No início do ano letivo, três professores receberam instruções sobre as turmas pelas quais seriam responsáveis. A um professor foi dito que a sua turma era dos melhores alunos da escola, selecionados cuidadosamente e colocados juntos. A outro disseram que seus estudantes eram medianos, nem bons, nem ruins. O último foi informado de que estava recebendo a pior turma de estudantes da escola. A realidade é que não houve qualquer separação nas turmas; as turmas foram organizadas de maneira aleatória. No entanto, conforme o esperado, a turma considerada melhor se destacou, a mediana permaneceu na média e a ruim teve os maiores níveis de reprovação. Ficou claro que as lentes através das quais os professores olhavam para as crianças, o arquivo mental que eles tinham sobre maus e bons alunos e a confiança – ou a ausência dela – que tinham na turma influenciavam diretamente no desempenho dos discentes. Não porque as crianças são sensitivas, mas porque as nossas ações exteriorizam as nossas intenções. Se acredito que algo vai dar errado, não dou o máximo de mim. Os nossos pensamentos criam a nossa realidade. O que ganha atenção, ganha força.

ELOGIOS QUE FORTALECEM A AUTOESTIMA

"ATÉ ISSO ESTÁ ERRADO?"

A sala estava cheia, e eu ia falar de autoestima. A maioria de nós não se preocupa com ela. A lista de prioridades está bastante ocupada com a escola, as aulas do contraturno, a educação à mesa e o mercado de trabalho. Autoestima? Não, não dá para acrescentar mais isso.

Reconheci os olhares de decepção de quem quer falar sobre como conseguir a obediência ou como fazer a criança parar de chorar por tudo. O que muitos não entendem é que uma coisa influencia diretamente a outra. A imagem que temos de nós mesmos nos guia em todas as nossas interações. Pergunto o que acham da própria forma de elogiar. "Até o elogio está errado? Será que alguma coisa está certa?", uma mãe me fala, em tom de brincadeira, enquanto todos acompanham sorrindo. Mais uma vez digo que não existe o certo e o errado, mas o que melhor plantamos para o que queremos colher. Pergunto quantos esperam a aprovação do outro para ter certeza de que fizeram algo bom. Peço que sejam honestos comigo e consigo mesmos. "Quantas vezes você fez algo, considerou o resultado muito bom e, ao mostrar para alguém e ser criticado, mudou toda a sua opinião a respeito do seu feito? Quantas vezes dependeu da aprovação alheia para reconhecer as suas realizações?"

Agora todos estavam em silêncio. Divido uma das várias histórias que tenho e que se encaixam perfeitamente no tema. Uma mãe conta algo íntimo. Um pai divide outra vulnerabilidade. Falo de elogios demonstrando as consequências deles em nós. "Somos adultos dependentes de palminhas. Somos sedentos pelos parabéns do outro, como se fossem a permissão que precisamos para considerar o que fazemos bom o suficiente." Todos entendem o que quero dizer. Já não há resistência.

A forma tradicional de elogiar cria dependência. De repente o foco do que fazemos é agradar o papai e a mamãe, ou o adulto mais próximo. Reconhecemos pouco as nossas conquistas, comemoramos pouco as nossas realizações. Será que não há uma forma melhor de falar? Será que não podemos, em vez de nos colocar no foco das realizações de nossos filhos, demonstrar para eles as suas reais capacidades? Será que substituir o "Eu estou orgulhosa!" por "Imagino que você esteja orgulhoso!" empodera e encoraja mais?

Lembro a primeira vez que elogiei o meu filho descrevendo o que tinha feito. O pequeno me trouxe um desenho de uma casa e, em vez de falar o "Que coisa linda!", que saía quase automaticamente, eu descrevi o que tinha feito: "Nossa, você fez uma casa! Ela tem três janelas coloridas! Elas são quadradas, um formato difícil de fazer e você conseguiu! E tem uma árvore na frente!" À medida que descrevia os detalhes do desenho, percebia o pequeno enchendo o peito. Os olhos brilhavam e o sorriso crescia no rosto. Finalizei com um: "Imagino que esteja orgulhoso!". A diferença era nítida!

Um adolescente, ao ser aprovado no Vestibular, em vez de receber o comum "Parabéns", ouviu do pai: "O Vestibular é uma prova muito difícil, exige conhecimento de muitas áreas, e você conseguiu lidar com a sua ansiedade e as outras emoções e aplicar tudo o que estudou por todo esse tempo. Eu imagino que você esteja bem orgulhoso!" Há uma profundidade e inteireza diferentes ao aplicar o elogio descritivo. Além de dar a quem o recebe uma noção dos próprios feitos, se ainda não tem, incentiva a coragem de ir além.

Será que substituir o "Eu estou orgulhosa!" por "Imagino que você esteja orgulhoso!" empodera e encoraja mais?

Carol S. Dweck, em *Mindset: The New Psychology of Success*, traz um estudo, em que se compararam crianças elogiadas como inteligentes e crianças cujos pais valorizaram o esforço. O primeiro grupo, das crianças ditas inteligentes, desenvolveu medo dos desafios, posto que não queriam pôr em risco a personagem de inteligentes. O grupo das crianças em que os esforços e dedicação eram mais valorizados do que o resultado em si, demonstrou maior capacidade de enfrentar desafios e não se deixou deter pelos erros cometidos. Apesar de parecer algo desimportante, as consequências da substituição do elogio tradicional pela descrição das realizações, incentivando a autocelebração, pode transformar a forma como a criança lidará consigo mesma no futuro. Perguntar como se sente diante do que conseguiu realizar leva à reflexão. Descrever ajuda a dar perspectiva. Incentivar o reconhecimento das próprias conquistas fortalece a autoimagem.

ESTIMULANDO A AUTOAVALIAÇÃO

MARIA

Maria me procurou porque estava com problemas com o filho Luã, de 3 anos. Depois de alguns minutos de conversa, ela começou a chorar. Não queria mais falar do filho, apenas desabafar sobre o quanto a maternidade, o casamento e a vida adulta a levaram a caminhos que não imaginava seguir. Estava triste, angustiada e perdida. O ambiente em que cresceu era cheio de críticas. Os pais observavam os erros que cometia com lentes de aumento e não a deixavam esquecer de nenhuma das suas falhas. A cobrança pela perfeição era constante em sua família e, por isso, cada falha trazia em si uma carga emocional muito grande. Maria tinha medo de iniciar uma nova carreira, já que fatalmente cometeria erros. Não queria seguir com a profissão que exercia antes da maternidade, pois não se achava competente o suficiente para retornar ao trabalho e se sentia infeliz na posição em que estava. Durante a infância desenvolveu o padrão de fazer-se invisível, já que quanto menos fosse vista menos seria criticada. No entanto, na maternidade não havia como fugir, não tinha a chance de ser invisível. Na maternidade ela precisava estar ativa.

Maria se considerava uma péssima mãe porque errava muito, e os erros pareciam ser a prova de sua incapacidade e de seu despreparo. Ela havia herdado as lentes de aumento com as quais os pais olhavam para os seus erros, e isso lhe despertava uma culpa que paralisava. Encolhida em algum cantinho dentro de si, esperava que a vida mudasse por si só. Os pais de Maria repeliam os seus erros em vez de ajudá-la a aprender com eles. Agora, adulta, ela se definia a partir das várias falhas que cometia ao longo dos dias. De todas as certezas que tinha na vida, a maior é de que não era boa o suficiente.

A maioria dos pais, no que se refere aos erros que os filhos cometem, divide-se em dois grandes grupos: aqueles que apontam os erros sem qualquer pudor e os que não criticam nem estimulam a autoavaliação.

Os pais que estão no primeiro grupo acreditam que se cobrarem a perfeição dos filhos evitarão sofrimento futuro. Corrigem a postura, a forma de comer, de falar. Guardam em si a convicção de que tudo que sofreram na vida é culpa dos erros que cometeram, logo, quanto mais perfeitas as crianças forem, menores as chances de serem envergonhadas e criticadas por quem quer que seja. Infelizmente, a cobrança excessiva alimenta nos filhos a sensação de inadequação. Quando adultos, essas pessoas geralmente costumam ter medo de arriscar e, assim como Maria, definem-se a partir dos seus erros.

O segundo grupo compreende pais que, em regra, são permissivos, encobrem os erros dos filhos e minimizam as consequências das suas atitudes. Como guardam em si feridas causadas pelas críticas que receberam por toda a vida, decidiram poupar os filhos desse sofrimento. Assim, educam pessoas pouco capazes de reconhecer as próprias falhas e aprender com elas.

Em algum momento da história, começamos a acreditar que podemos viver sem cometer erros. Daí em diante passamos, de geração a geração, a errônea crença de que precisamos ser perfeitos para merecer amor, respeito e compaixão. Colocamos em nossos erros a culpa por todos os nossos sofrimentos e deixamos de enxergá-los como realmente são: uma excelente oportunidade de aprender. Uma vida sem sofrimentos e dores é impossível. Na prática da atenção plena, diz-se que existem dois tipos de sofrimento. O primeiro é inevitável – aquele que nos desperta a frustração dos planos não realizados, da vida que foge ao nosso controle. O segundo é escolha – o que sentimos quando, em vez de lidar com o que é posto em nosso caminho, reclamamos que não deveria acontecer. A briga com a realidade. Quando aceitamos que não há possibilidade de evitar que os nossos filhos cometam erros e que sintam dores advindas do caminhar da vida, podemos focar a nossa atenção em ajudá-los a lidarem melhor com os desafios que surgirão. Se, em vez de estimular a culpa, estimularmos a responsabilidade, estaremos preparando os filhos para a vida real, e não para a vida que as nossas expectativas criaram e que nunca irá existir.

Deixo aqui dicas para ajudar os filhos a lidarem com a realidade:

SEPARE OS FATOS DAS OPINIÕES.

Descrever a situação, sem qualquer julgamento, faz com que a vejamos de maneira mais objetiva e, a partir dessa clareza, possamos ajudar a criança a se conectar com a realidade, e não com os seus pensamentos. Quando a criança comete um erro e, imediatamente, é coberta de julgamentos e opiniões a respeito do que aconteceu, ela perde a oportunidade de pensar e refletir sobre os fatos.

É importante lembrar que demonstrar confiança não significa deixar a criança entregue a si mesma, nem impedir que vivencie as consequências de suas atitudes.

FAÇA PERGUNTAS QUE ESTIMULAM A REFLEXÃO.

Em regra, diante dos erros e falhas, nós temos um discurso pronto de como a criança deveria agir das próximas vezes. O grande problema dessa atitude é que a reflexão vem de fora, não da criança. Se desejamos que desenvolvam a capacidade de refletir sobre os próprios erros, podemos auxiliar o raciocínio com perguntas que lhes façam encontrar as respostas dentro de si. É importante perceber o momento ideal de estimular essa reflexão. Se o seu filho está necessitando de empatia, siga os passos que indiquei no capítulo 2.

DEMONSTRE CONFIANÇA.

Demonstrar para a criança que confiamos em sua capacidade de tomar decisões fortalece nela a autoestima e a responsabilidade, além de estimulá-la a perceber que os erros não a definem.

A SUPERCOLA

Estava na cozinha quando vi o meu filho mais velho passar correndo com algo escondido embaixo da roupa.

— Miguel, o que você está levando aí escondido?
— Oi? Eu? Nada, nada!

Ele saiu com algo escondido. Fingi que não vi e segui preparando o jantar. Em poucos minutos ele chegou, chorando.

— Meu dedo, meu dedo está com uma casquinha de supercola... vai sair, mãe? Vai sair?

E chorou mais. Chorou muito. A mente do pequeno é tagarela como a minha, ele sempre acha que vai ficar com uma cicatriz até a eternidade, ou que vai morrer, ou que nunca mais vai andar.

— Filho, deixa eu ver.

Olhei e percebi só uma camada de cola seca. Nada de dedos grudados. Tenho uma vontade imensa de falar um sonoro: "Eu te avisei para não mexer na cola!", "EU TE AVISEI!". Engoli. "Eu te avisei" é péssimo para ajudar a pensar e interiorizar o ensinamento que as consequências trazem. "Eu te avisei" tira o pensamento do "Putz, não era para eu ter feito isso!" para "Que saco, a minha mãe é chata demais" ou "Eu só faço merda mesmo". Eu odiava – e odeio – ouvir "Eu te avisei".

— Vai sair à medida que você for tomando banho.
— Tira agora, por favor!

Ele me olhou com cara de desespero.

— Filho, você mexeu em algo em que não deve mexer sozinho. E eu vou deixar que você vivencie as consequências das suas atitudes. *[Descrevi o erro sem qualquer julgamento.]*

O choro aumentou.

— Meu bem, eu imagino que você esteja muito angustiado por ver o dedo assim. Eu sinto muito. *[Nomeei o sentimento.]*
— Vai sair, né, mãe? Não vai ficar assim para sempre, né?
— Não, não vai. O que a gente aprendeu com esse erro de hoje? *[Pergunta que costumo fazer para pensarmos juntos nos aprendizados dos erros. Em algumas situações, mais perguntas são necessárias.]*

Resmungando, ele me respondeu:

— Que não pode mexer na supercola sozinho...
— Ótimo, o importante é aprender com os erros. Eu confio que você não vai mexer novamente. Você pode me mostrar o que estava tentando colar? *[Demonstrei confiança.]*

É importante lembrar que demonstrar confiança não significa deixar a criança entregue a si mesma, nem impedir que vivencie as consequências de suas atitudes. Crianças precisam ser orientadas pelos adultos, e a liberdade que têm deve ser dada nos limites que estabelecemos. Falaremos mais sobre este tema no capítulo 6.

RESUMO DO CAPÍTULO

- A educação não deve ser um esforço para aniquilar as características que reprovamos em nossos filhos, mas sim para ajudá-los a lidar com todas as suas facetas, desde as que admiramos até as que repugnamos;
- Rótulos são profecias autorrealizáveis;
- Fato é o que nos acontece, opinião é o que julgamos sobre o que nos acontece. A confusão entre ambos traz muitos prejuízos para as relações, sobretudo com os nossos filhos;

- O que ganha atenção ganha força. Quanto mais foco colocamos nos rótulos, mais aprisionamos os nossos filhos em características que repelimos;
- Comunicar-se com os rótulos tira a presença necessária para lidar com a realidade e encontrar soluções para os problemas disciplinares;
- Rótulos positivos são tão nocivos quanto os negativos, e ambos devem ser evitados;
- Mude as lentes com as quais olha a criança; seja um arquivo vivo dos acertos dela e demonstre confiança;
- Utilize elogios descritivos, dando à criança uma noção das próprias realizações;
- Erros fazem parte do aprendizado e são excelentes oportunidades de crescimento;
- Substitua as críticas por perguntas que estimulem a reflexão.

4.
PREPARANDO PARA A VIDA

A IMPORTÂNCIA DA AUTONOMIA

CÍNTIA E CHARLES

Quando Cíntia nasceu, a mãe era uma adolescente de 18 anos. A gravidez não foi planejada e, mesmo após o nascimento da menina, a mãe não aceitava a sua chegada. Desde muito pequena foi tratada como uma adulta e tinha de cuidar de si mesma. Era responsável pela limpeza da casa, preparava a comida, organizava a rotina e ia e voltava da escola sozinha. Nas poucas vezes que pedia a ajuda da mãe, ouvia que tinha acabado com os sonhos dela, que nunca foi desejada e que era um estorvo. Cresceu com mágoas e dores profundas da infância e, ao engravidar, prometeu a si mesma que faria tudo diferente.

Como é comum que aconteça, Cíntia era o extremo oposto da mãe. Fazia absolutamente tudo pelo filho, Charles. O menino jamais foi incentivado a sequer tirar os pratos da mesa. A mãe escolhia as roupas e as vestia nele, organizava a mochila da escola, o lanche e os brinquedos. Mesmo com o passar dos anos, a única responsabilidade de Charles na família era brincar e se divertir. Cíntia arrumava a casa e preparava a comida enquanto o filho dormia para que, quando acordasse, ela pudesse lhe dedicar atenção exclusiva. Amenizava as consequências dos seus erros e evitava as frustrações a todo custo. Buscando fazer o melhor para o filho, Cíntia criava nele uma dependência preocupante.

Durante a Idade Média, as crianças eram vistas como miniadultos. Tinham de seguir as mesmas regras, comportar-se com igual responsabilidade e comprometimento. Com o passar do tempo, saímos do ponto em que crianças eram adultos em miniatura para o ponto em que crianças são bibelôs incapazes de fazer qualquer coisa por si mesmas. Em regra, ao falar de educação não violenta, as pessoas interpretam que a criança deve ser transformada no centro da vida.

Nesse pensamento cheio de dualidades, achamos que existem apenas os dois extremos. Todas as vezes que fazemos algo pela criança estamos tirando a oportunidade de que ela faça por si.

Os filhos não são nossos, mas deles mesmos, nós somos os seus cuidadores até que tenham a capacidade de cuidar de si sozinhos. Um dia, por mais que não pensemos nisso, reivindicarão a propriedade de si mesmos. O que farão com esse precioso bem? Ao passar pela porta da casa rumo ao desconhecido, levarão de nós uma mochila com os ensinamentos e as experiências que vivenciamos juntos. O que estamos colocando nessa mochila? Que ferramentas estão sendo acrescentadas nesse acervo pessoal, para que possam lidar com os desafios que a vida certamente lhes proporcionará? Estamos sendo educadores ou mimadores de crianças? Estamos preparando adultos conscientes do seu papel ou crianças crescidas, incapazes de resolver problemas e assumir as consequências dos seus atos?

Talvez você considere este capítulo um pouco duro e inesperado. Educação não violenta não é falar manso e levar a criança no colo? Não. Queremos preparar os filhos para a vida, e não os colocar no colo. Devemos dar as ferramentas e as habilidades necessárias para que possam lidar com as intempéries com sabedoria. E não faremos isso tomando todas as decisões por eles. Desenvolver a autonomia, a capacidade de tomar decisões e a responsabilidade pelo cuidado de si pode transformar o futuro das crianças. Lembra das habilidades para o futuro que citei no capítulo 1? Você fez a sua lista? Quais das habilidades estão sendo desenvolvidas em seu dia a dia?

O PAPEL DOS PAIS

Minha mãe conta que não havia conversa em sua casa. Minha avó, uma mulher endurecida pela vida, matriarca autoritária, determinava o que cada um faria, o jeito que faria e o tempo que tinha para cumprir as suas obrigações. Nunca perguntou a opinião de nenhum filho para o que quer que fosse. Também não havia abraços ou amabilidade entre eles. A primeira vez que beijou a mãe em outro lugar que não fosse a mão no momento de pedir-lhe a bênção foi quando a minha avó já estava idosa. A criação que recebi foi bem diferente da que ela recebeu. Conversávamos, trocávamos carinhos e beijos, e as punições eram aplicadas quando lhe faltava outras ferramentas – o que infelizmente era a regra havia alguns anos. Da educação que recebeu ficou um resquício, uma frase que ouvi por muito tempo e que, apesar de curta, diz muito sobre a visão tradicional do que é ser pai e mãe: "Criança não tem querer."

Se a criança não tem querer, os pais devem determinar tudo por elas. O que devem comer, o que devem vestir, a forma como devem falar, os motivos aceitáveis para o seu choro. Muito além de administradores temporários da vida dos filhos, essa linha de pensamento nos coloca no papel de proprietários controladores deles. Esse desejo de controle e a busca pela relação em que pai manda e criança obedece é fonte de intensas frustrações. Antes de ter filhos, eu realmente acreditava que eles seriam como uma receita de bolo que, se seguida à risca, dariam um resultado incrível. Todo comportamento infantil ou adulto que eu julgasse inadequado era, a meu ver, culpa da falta de limites dos pais. Quando o meu primeiro filho chegou, percebi que não vinha junto manual ou controle remoto. Eu não ia encontrar a entrada USB para carregar tudo o que desejava ver na criança. Não tinha lugar para colocar o chip.

Nosso papel é de treinadores que se colocam ao lado, que auxiliam nas intempéries, que estimulam a criatividade, que ofertam a mão sempre que necessário e que apresentam a vida sem filtros.

Determinar quem as crianças são é algo emocionalmente insustentável. Definitivamente esse não é o nosso papel. Se a saída da casa dos pais é algo, salvo raras exceções, inevitável, se o tempo que passarão sob o nosso cuidado é menos de um terço do que viverão, por que continuamos acreditando que precisam das nossas ordens, e não da nossa orientação? Por que seguimos acreditando que sempre saberemos quem são e o que é melhor para elas?

Enquanto tradicionalmente consideramos que controlar os filhos é parte do nosso papel, atrofiamos neles a capacidade de gerir a própria saciedade, de reconhecer as próprias necessidades. Enquanto cobrimos as pedras do caminho com almofadas e os impedimos de reconhecerem os desafios, de lidar consigo próprios e de se levantar após as quedas; enquanto nos esforçamos para fazê-los felizes, nós os tornamos frágeis e despreparados para lidar com todas as infelicidades que certamente acontecerão. Nosso papel é de treinadores que se colocam ao lado, que auxiliam nas intempéries, que estimulam a criatividade, que ofertam a mão sempre que necessário e que apresentam a vida sem filtros. Nosso papel não é fazer por eles. Não é controlar.

ENSINANDO EM VEZ DE COBRAR

LIA E IAN

Lia estava sempre atrasada. Não que fosse uma pessoa desorganizada. As obrigações cotidianas eram muitas, e o dia parecia cada vez mais curto em suas 24 horas. Diariamente tinha a sensação de que precisava de um clone de si mesma para dar conta de toda a demanda. Acordava cedo e preparava o café da manhã. Depois acordava Ian, de 6 anos, e lhe trocava a roupa para ir para a escola. O uniforme ela separava no dia anterior, enquanto o filho dormia. Era mais prático fazer as coisas sem o menino, já que ele tinha um ritmo que incomodava. Depois de vestir a roupa no filho, sentavam à mesa e comiam juntos. Ao acabar, o pequeno saía da mesa e sentava no sofá para ver um episódio do desenho animado preferido, enquanto rapidamente ela e o marido lavavam os pratos e organizavam a cozinha. O pai escovava os dentes da criança e amarrava os cadarços do tênis, enquanto Lia colocava no carro a mochila, também arrumada por ela no dia anterior. O menino sentava na cadeirinha, enquanto os pais lhe prendiam o cinto. Deixavam o pequeno na escola e seguiam para o trabalho.

No comecinho da tarde, Lia pegava o filho na escola, abria a sua mochila e verificava se havia atividade, faziam o exercício, e o filho ia brincar, enquanto ela limpava a casa e organizava as coisas para o dia seguinte. Ela preferia limpar a casa sozinha, porque se o filho ajudasse, no seu ritmo de criança, a tarefa lhe tomava o triplo do tempo. E tempo é dinheiro; Lia não podia desperdiçá-lo. Em nome da praticidade e da correria, vivia sobrecarregada enquanto Ian seguia passivo em toda a sua rotina.

Percebo em nós, pais, um ciclo que é, no mínimo, interessante. Enquanto os filhos são pequenos, fazemos tudo por eles. Escolhemos e vestimos as roupas, colocamos a mesa, selecionamos a comida. Não deixamos que lavem os pratos conosco, porque certamente vão molhar toda a cozinha e atrapalhar o dia. Assim como Lia, somos guiados pela pressa e pela praticidade. Esperar a criança abotoar os próprios botões é perda de tempo. Esperar que limpe a casa conosco, aos 3 anos, é perda de tempo. Esperar que vista a própria roupa é perda de tempo. Precisamos de agilidade. Até que, um belo dia, quando os filhos geralmente têm entre 10 e 14 anos de idade decidimos que eles já têm idade suficiente para lavar os pratos com eficiência. Para organizar os exercícios da escola sem a nossa cobrança. Para arrumar a própria cama e o guarda-roupa. Assim, de uma hora para a outra, decidimos que já fizemos muito por eles e é hora de fazerem sozinhos.

Quanto tempo dedicamos no nosso dia a dia a treinar as crianças para a vida? Quanto tempo dedicamos a ensinar-lhes a lavar os pratos, limpar o banheiro, varrer a casa? Quanto tempo dedicamos para que aprendam a vestir as roupas e amarrar os sapatos?

O treinamento para que saibam cuidar da casa e de si mesmos começa hoje. Com a criança de 2 anos que aprende a guardar os próprios brinquedos. Com a menina de 3 anos que escolhe e veste as roupas sozinha. Com o menino de 5 anos que prepara o sanduíche, usando, inclusive, a faca de pão – sob supervisão. Com a criança de 6 anos que acorda com o despertador e vive as consequências de apertar a função soneca em vez de levantar (chegar atrasado, perder o café da manhã). Enquanto fazemos por eles, tiramos deles a fantástica oportunidade de compreender que são parte ativa da própria vida.

Sobre este treinamento, é muito importante lembrar que os erros irão acontecer. A criança de 2 anos guarda os brinquedos de maneira desordenada. A menina de 3 anos não pensa na harmonia das cores da própria roupa. O menino de 5 anos não vai preparar um sanduíche balanceado como o seu. A criança de 6 anos precisa de auxílio na organização da rotina. A forma como lidamos com os erros e a compreensão de que cada pessoa tem o seu ritmo e jeito de fazer as coisas é o que pode tornar essa fase mais produtiva, leve e fluida. Erros são parte do aprendizado. E a forma que fazemos as coisas é apenas isso, a nossa forma. A sua criança pode encontrar o jeito dela.

O DIA EM QUE PAREI DE VESTIR AS ROUPAS NOS MEUS FILHOS

Por comodidade, por pressa ou por outros motivos, nós vestíamos as crianças a maior parte das vezes. Elas sabiam se arrumar sozinhas, escolhiam o que iam vestir, mas, na hora de colocar a roupa, acabávamos fazendo por elas. Isso me incomodava muito, visto que prezo tanto a autonomia. Em uma reunião de família, acertamos que eu não faria mais isso. Era importante que soubessem cuidar de si mesmas, e vestir a própria roupa era essencial. Mas eu sabia que testariam a nova regra, é da natureza humana testar os limites (ainda bem, evoluímos como sociedade graças a essa característica). E então, depois do banho, Miguel me pediu:

> — Mãe, você me veste.
> — Filho, fizemos um acordo, lembra o que conversamos na reunião de família?
> — Lembro, mas amanhã. Hoje você me ajuda.
> — Não, meu bem. A nossa nova regra já está valendo.

Ele brigou. Tentou me ameaçar, não surtiu efeito. "Eu não respondo a ameaças, filho." Ele gritou. Não adiantou, segui firme e tranquila. "Não gosto que fale comigo nesse tom." Eu havia me preparado mentalmente para o teste, sabia que ele viria. Enquanto o pequeno chorava, eu pensava: "É só uma criança de 5 anos com *pedidos deslocados*, solicitando uma coisa, mas precisando de outra. Eu sou a adulta!". Resolvi entender os seus motivos.

— Por que é tão importante que a mamãe te vista?

— Porque você é rápida, e eu gosto de fazer as coisas rápido!

— Eu visto rápido porque treino faz muito tempo. Você só precisa treinar. E não se preocupe com o tempo, não estamos atrasados. Você tem todo o tempo de que precisa.

Ele chorou. E chorou mais. Por mais de vinte minutos ficamos ali. Depois vestiu a cueca dizendo que eu vestiria a bermuda. Vestiu a bermuda dizendo que eu vestiria a blusa. Vestiu a blusa dizendo que eu vestiria a roupa da próxima vez. Depois de vestido, chorando, ele me abraçou. Agradeci por ter cumprido o nosso acordo. Ficamos abraçados até que se acalmasse. Perguntei se o cantinho da calma iria ajudar, ele me disse que não. Só queria o meu abraço. Após esse episódio, Miguel passou a vestir as roupas sem questionamento. Testou a regra, viu que eu falava sério. Não gritei, não me descontrolei, não cedi. Apenas permaneci gentilmente firme.

Um tempo depois, foi a vez de a pequena testar. O choro durou menos de cinco minutos. Enxugou as lágrimas, vestiu a roupa.

PERMITINDO AS ESCOLHAS

HELEN E MURILO

O intervalo do workshop havia acabado e estávamos retornando para o lugar. O tema a ser discutido seria "autonomia". Enquanto falava de escolhas e da confiança que precisamos ter na capacidade das crianças, Helen me olhava nitidamente incomodada. Assim que abri o espaço para trocas e perguntas, ela levantou a mão e me contou que o filho, Murilo, odiava comer. Magro, abaixo do peso considerado saudável pelo pediatra, o menino se recusava a comer o que ela oferecia. Após uma bateria de exames, constataram que não havia nenhuma justificativa física para a falta de apetite. O prato era cuidadosamente preparado para ele, que se negava a ingerir os alimentos. Frustrada e preocupada, Helen brigava e forçava a alimentação. Às vezes o menino vomitava, às vezes comia uma colher depois de horas de choro. Aos quase 3 anos, a criança sobrevivia à base de suplementos alimentares.

Perguntei se, em algum momento, o menino teve a liberdade de escolher o que comer – dentro de opções predeterminadas por ela –, se preparavam a comida juntos e se ele podia ter alguma liberdade de escolha no momento da refeição. Helen se irritou. Disse que não estava entendendo: se ela não desse a comida, se não forçasse ou brigasse, ele não comeria nada. Ela nunca tentou abandonar o controle sobre o momento da alimentação. Aquele era um tema difícil, delicado e extremamente tenso na família, desde a introdução alimentar. Quando o pequeno via a mãe organizando os pratos para o almoço, chorava e gritava, dizendo que não iria comer. Quanto mais a mãe investia forças em controlar a alimentação do menino, mais energia ele investia em reagir a esse controle. Aconselhei-a que o deixasse descobrir o que é fome, que ele pudesse conhecer os sinais do seu corpo em vez da carga emocional que a mãe acrescentava ao ato simples e natural de comer. Pedi que preparasse os alimentos com ele, que oferecesse as opções e que desse a liberdade de provar e escolher. Ela, nervosa, chorou. Contou que não conseguia abandonar o controle. Essa era a raiz do problema de alimentação do filho.

Por que esperamos que os nossos filhos façam boas escolhas na vida adulta se passamos a infância escolhendo tudo por eles?

Seguindo a linha de "Criança não tem querer", temos a sua irmã gêmea, "Criança não tem escolha". As pessoas consideram absurdo dar à criança a possibilidade de escolher algo, sem pensar no quanto a capacidade de fazer boas escolhas é essencial para o futuro dos filhos. Escolhas pedem ponderação das possíveis consequências, exercitam a empatia e o autoconhecimento e demonstram que a vida é regida pela lei de causa e efeito. Quantas escolhas ruins fizemos na vida adulta por pura falta de prática e habilidade? Por que esperamos que os nossos filhos façam boas escolhas na vida adulta se passamos a infância escolhendo tudo por eles?

É claro que não deixaremos que escolham entre a refeição e o bolo de chocolate ou entre a escola e o cinema. Ofertamos opções predeterminadas e lhes damos a possibilidade de ponderar qual delas parece mais acertada. Quanto mais incentivamos a escolha, menos passiva a criança se torna em sua própria realidade. Escolher a roupa com que vai sair pede a observação do clima, do lugar para onde vai e do que vai fazer; é um treino maravilhoso e que parece muito simples. Meus filhos observam se está frio ou calor para decidirem se a blusa deve ser de manga longa ou uma camiseta. Informo o lugar para onde vamos e peço que pensem que roupa é mais confortável – se vão para um parquinho, o jeans não é a roupa mais adequada, por exemplo. E, caso façam escolhas inadequadas, informo os riscos e permito que vivenciem as consequências.

Estávamos na piscina do condomínio onde moramos e vi um grupo de crianças brincando, sem os pais. Os meninos tinham entre 5 e 7 anos. Um deles contava que não podia entrar na água, enquanto os outros insistiam que entrasse, visto que o pai não saberia. No meu canto, eu me surpreendia com a conversa de crianças tão novas. Após a insistência dos amigos, o pequeno indeciso tirou a roupa e pulou de cueca na água. Nossos filhos farão escolhas diariamente. Escolherão coisas pequenas, como que roupa vestir, e escolhas grandes, como que carreira seguir. Escolherão, inclusive, se vão ou não nos comunicar as próprias escolhas. Se, em vez de ofertar as ferramentas necessárias para embasar boas escolhas, nós as fazemos por eles, estamos lhes tirando a oportunidade de aprender, treinar e errar. Este é o melhor momento para errarem nas escolhas, porque estão sob o nosso cuidado!

A seguir, deixo sugestões de comportamentos que incentivam o desenvolvimento da autonomia:

PERMITA QUE A CRIANÇA ESCOLHA AS ROUPAS QUE ELA IRÁ VESTIR.

Explique o que deve ser levado em consideração e deixe-a livre para escolher. Para facilitar a decisão de crianças menores, separe duas ou três opções.

CONVERSE SOBRE AS SUAS ESCOLHAS.

Compartilhe com os filhos suas reflexões sobre as escolhas que faz, de maneira leve e clara.

CRIEM JUNTOS UM QUADRO DE ROTINA.

Explique as atividades que devem ser feitas diariamente e, juntos, esquematizem a rotina. Permita que a criança escolha a ordem das atividades, sempre que possível.

ESCUTE.

Deixe que o seu filho pergunte, fale e compartilhe as percepções da realidade. Algumas crianças percebem mais o mundo à sua volta do que outras. Não conversar apenas deixará o seu filho perdido em seus próprios medos.

EXPLIQUE SOBRE CONSEQUÊNCIAS.

Existem consequências naturais para muitos dos nossos atos, e comunicar isso para a criança a ajudará a entender causa e efeito. No capítulo 6, falaremos sobre consequências lógicas e consequências naturais.

"FÁCIL" É UM CONCEITO RELATIVO

GIOVANA E MARIA

Giovana estava em minha casa com a filha Maria. A menina estava com bastante enjoo e vômito, e o remédio natural que eu tinha em casa era em comprimidos. A mãe pegou a pílula com uma das mãos, um copo de água com a outra e ofereceu à criança. A pequena, de 5 anos, tentou engolir, mas não conseguiu. Tentou uma, duas, três vezes. O remédio seguia grudado na língua. A água do copo já no fim. A mãe irritada, entendeu que a menina estava fazendo pirraça. "Engole, Maria!" Observei, me recordando da primeira vez que ofertei o mesmo comprimido para Miguel. Eu me aproximei da menina e pedi que enchesse a boca de água e tentasse engolir de vez. Expliquei enquanto demonstrava com gestos. Ela me imitou e conseguiu. Feliz, saltitando, me mostrou a língua: "Consegui, eu consegui!". O simples ato de engolir um comprimido, algo tão corriqueiro, era um desafio para a pequena menina, que nunca o tinha feito. O óbvio não existe. "Fácil" é um conceito relativo.

Li *O mundo de Sofia*, de Jostein Gaarder, quando tinha cerca de 13 anos. Um trecho me marcou bastante. Segundo o autor, o mundo seria como um grande coelho. Nascemos, todos, nas pontas dos finos pelos; nós nos admiramos com a paisagem, nos investimos de curiosidade para a vida. Com o passar dos anos, vamos escorregando cada vez para mais perto da pele, onde a paisagem é sempre igual. Considero uma analogia perfeita.

Daqui do couro acreditamos que as crianças estão vendo o que vemos, mas esquecemos que, de onde estão, no começo da vida, na pontinha dos pelos do coelho, a vista é bem diferente. Enquanto já não temos qualquer curiosidade pelas potencialidades do nosso corpo, as crianças vibram a cada descoberta, exploram com avidez essa casa que habitarão até o fim da vida. Enquanto uma pedra, para nós, é só uma pedra, para a criança é algo que precisa ser explorado, visto, cheirado, analisado. Com os olhos de pessoas recém-chegadas ao mundo, as crianças aprendem em uma velocidade que jamais se repetirá na vida. Em 12 anos saímos do posto de pequenos seres que não andam nem falam para adolescentes que almejam a liberdade.

O nível de descoberta e aprendizado desses anos, o intenso desenvolvimento físico e cerebral é algo admirável! E, mesmo com todo esse aprendizado intenso, com toda essa transformação, seguimos achando que sabem pouco, que fazem pouco. Partindo das nossas vivências e experiências, concluímos o que é ou não fácil, o que já deveriam ou não saber. Lembro que, quando os meus dois filhos começaram a andar, os primeiros passos me fascinaram. Algo que fazemos com tanta segurança e certeza, sem pensar, tão automaticamente, demanda muito esforço deles. Cada passada, cada queda, cada treino. Os pezinhos inseguros, o caminhar cambaleante. No couro do coelho, andar é algo simples e corriqueiro, mas ali, da pontinha do pelo, andar é algo mágico. Para Giovana, engolir o comprimido era algo comum; para Maria, algo completamente novo, cheio de sensações desconhecidas.

Deixo a seguir formas de incentivar a coragem e a autoconfiança:

RECONHEÇA A DIFICULDADE DO DESAFIO E ENCORAJE.

Quando dizemos para uma criança que algo é fácil, mesmo com a intenção de ajudar, estamos desconsiderando a posição de desigualdade que ocupamos; principalmente, estamos minando a sua autoconfiança, visto que dificilmente o que consideramos fácil será fácil para ela também. Não conseguir realizar algo fácil é frustrante. Realizar algo difícil é encorajador. Podemos substituir a tão falada frase: "É fácil!" por "Filho, abrir esse pote é realmente difícil e eu acredito que você consegue!"

ENSINE, NÃO FAÇA PELA CRIANÇA.

Demonstre como fazer, explique sempre que necessário e não faça por ela. Quanto mais agimos no lugar da criança, mais necessários nos tornamos para fazê-lo novamente.

VALORIZE OS ESFORÇOS.

Não atingir os objetivos também faz parte da vida. Por vezes, por mais empenhada que a criança esteja em realizar algo, os seus esforços não serão suficientes para alcançar o que almeja. Valorize a dedicação, reconheça o empenho. Por exemplo: "Sinto muito que tenha perdido pontos na prova de matemática. Vi que você se esforçou bastante, estudou e se dedicou. Estou aqui caso queira conversar."

ENSINANDO O AUTOCUIDADO

SOBRE GULA E SACIEDADE

Em minha família eu ocupava o papel da gulosa. Cresci ouvindo, desde muito pequena, que precisava que alguém controlasse a minha alimentação, vigiasse o meu prato, ou eu passaria dos limites. Comi escondido inúmeras vezes. Foram vários os episódios em que esperava que os meus pais saíssem de casa para que eu pudesse preparar um doce – e comer tudo de uma vez, para não deixar vestígios. Desenvolvi com a comida uma relação de descontrole e tive oscilações bruscas de peso durante a adolescência e início da fase adulta. Até que, ao visitar uma nutricionista com abordagem comportamental, eu descobri algo que me assustou: eu não sabia reconhecer a sensação de saciedade, tampouco os níveis de fome. Todos os sinais que o meu corpo enviava eram recebidos de maneira confusa. Com a guiança externa que sempre existiu sobre a minha alimentação, eu não aprendi a escolher a qualidade ou a quantidade do que entrava em meu corpo. É interessante quando reconhecemos as nossas limitações, porque ganhamos aí uma chance de mudar. Mais interessante ainda é ganhar a oportunidade de fazer diferente com os nossos filhos:

— Eu quero mais, mãe...

Ele já havia comido bastante. Qualquer colher a mais, do meu ponto de vista, seria exagero.

— Meu bem, depois de tudo que você comeu, o que o seu corpo está te dizendo sobre a sua saciedade? Sente a sua barriguinha aí. Ela está cheia? Ela realmente aguenta mais comida? Seu corpo é o seu melhor amigo, filho. O melhor de todos, está sempre com você. Ele te conta tudo que ele precisa.

— É?

— É! Sabe o que acontece quando comemos muito além do que o corpo pede? Ficamos pesados, cansados. Sabe por quê? Porque dá mais trabalho ao corpo, porque ele tem que lidar com um monte de comida que ele não precisa. Eu não vou te dizer que você deve comer mais ou menos. Eu quero que você respeite o seu corpo e cuide dele. Você precisa cuidar dele, porque ele é a sua casa.

Ele fechou os olhos, respirou fundo – ensinei que três respirações profundas nos conectam melhor com o nosso corpo – e me disse:

— É, mãe, acho que só mais uma colher. Meu corpo tá gritando para eu parar.

Os filhos nos trazem a ilusão de que seremos eternos. Esquecemos que podemos morrer amanhã. Que não há no mundo qualquer garantia ou certeza de que estaremos ao seu lado, amarrando os seus sapatos ou controlando a sua alimentação. Esquecemos que viverão em nossa casa por pouco tempo. Existe como preparar alguém para a vida sem prepará-lo para cuidar de si? Cuidar da própria higiene, da alimentação, do corpo, do que ouve e lê, do que fala? Não aprendemos, pelo menos a maioria de nós, a cuidar de nós mesmos. Temos o costume de cuidar do outro e esperar que, em retribuição, ele cuide de nós. E assim passamos para os nossos filhos a impressão de que o outro é mais importante do que eles mesmos, que a opinião alheia vale mais do que a autoimagem. O autocuidado é um aprendizado que devemos interiorizar na vida, como pais, e na vida das crianças.

A seguir, deixo dicas de como fazê-lo:

ESTIMULE O CUIDADO COM A HIGIENE PESSOAL.

Coloque a escova de dentes e o creme dental em lugar de fácil acesso para a crianças. Ensine-a a lavar o corpo, indicando a quantidade de sabonete, xampu e condicionador que deve utilizar, de maneira que, em breve, ela seja a responsável pelo próprio banho. Ensine como verificar se as roupas estão limpas e onde devem ser depositadas se estiverem sujas, deixando clara a rotina de limpeza da casa. Estimule-a a dobrar e a guardar as roupas limpas.

O autocuidado é um aprendizado que devemos interiorizar na vida, como pais, e na vida das crianças.

ESTIMULE O CUIDADO COM A CASA.

Devemos incluir a criança no cuidado da casa não porque um dia terá a casa dela, mas sim porque deve cuidar do ambiente onde mora hoje. Lavar os pratos, arrumar a cama, limpar o banheiro, tirar a poeira dos móveis, colocar e retirar os pratos na mesa para o jantar: são vários os pequenos gestos de cuidado com a casa que a criança pode executar, para que perceba que cuidar do ambiente onde vive é também cuidar de si.

ESTIMULE O CUIDADO COM A SAÚDE.

Explique para a criança, de maneira leve, a função dos alimentos: apresente os que são saudáveis e os que devem ser exceção, e não rotina, na alimentação. Explique a importância do sono, de brincar longe das telas. Não em tom de quem dá uma aula ou um sermão, mas como quem explica como amarrar os sapatos.

ESTIMULE O CUIDADO COM OS SENTIMENTOS.

Conforme tratei no capítulo 2, nomeie os sentimentos, apresente ferramentas para lidar com eles. Cuidar do próprio sentir é essencial para a saúde física e emocional do ser humano.

ESTIMULE O CUIDADO COM AS RELAÇÕES.

Ensinar a olhar para o outro com compaixão, estimular e valorizar os atos de generosidade e gentileza é assumir a responsabilidade social pelas crianças que educamos. É importante que entendam que vivemos em uma interdependência com as outras pessoas e que estamos conectados. Vivemos em rede, não sozinhos.

Estimular a autonomia não quer dizer que deixaremos as crianças entregues a si mesmas, mas que as prepararemos para que, no dia em que assumirem o gerenciamento da própria vida, tenham as ferramentas necessárias para fazê-lo da melhor maneira possível. Segundo o filósofo e doutor em psicologia Juan Ignácio Pozo, o objetivo do mestre é tornar-se desnecessário. Desejo que sejamos bons mestres para as nossas crianças.

RESUMO DO CAPÍTULO

- Os filhos não são nossos, mas deles mesmos. Nós somos os cuidadores até que tenham a capacidade de cuidarem de si sozinhos;
- Desenvolver a autonomia, a capacidade de tomar decisões e a responsabilidade pelo cuidado de si pode transformar positivamente o futuro das crianças;
- O papel dos pais é serem treinadores que se colocam ao lado, que auxiliam nas intempéries, que estimulam a cria-

tividade, que ofertam a mão sempre que necessário e que apresentam a vida sem filtros. Não é fazer pelos filhos. Não é controlar;

- Devemos treinar os nossos filhos para as atividades diárias em vez de apenas cobrar que as tarefas sejam executadas;
- Permita as escolhas, dentro de limites preestabelecidos;
- Crie um quadro de rotinas, escute as dúvidas e anseios e explique sobre consequências;
- O óbvio não existe, o fácil é um conceito relativo;
- Ensine, não faça pela criança. Valorize o esforço dela;
- Estimule o cuidado com a higiene, com a casa, com a saúde, com os sentimentos e com o outro.

5.
MUITO ALÉM DA OBEDIÊNCIA

A COOPERAÇÃO

Segundo o *Dicio*, dicionário *on-line* da língua portuguesa, "obediência" significa: "ato pelo qual alguém se conforma com ordens recebidas. Mando, domínio. Sinônimo de submissão e docilidade." Se contextualizamos historicamente, não é difícil entender por que se tornou a palavra de ordem na educação de crianças.

Por muito tempo vivemos em uma sociedade patriarcal, em que as relações eram baseadas em dominação: do povo pelo governante, da mulher pelo marido, da criança pelo adulto mais próximo. Pessoas que questionavam pouco as autoridades eram mais fáceis de lidar. Estamos caminhando para mudanças nas relações de poder: o governante deve, pelo menos em teoria, ser o representante do povo; homens e mulheres devem ter iguais direitos e deveres dentro das relações. Questionamos a docilidade e a submissão como regra. No entanto, mantivemos esta expectativa irreal sobre os nossos filhos. Queremos que acatem o que desejamos, da forma que desejamos. Não sei como soa para você, mas não desejo seres submissos e dóceis no futuro. Quero filhos responsáveis, conscientes de si e do seu papel no mundo, confiantes, criativos – e nenhuma dessas características combina com docilidade e submissão. A persistência que o mercado de trabalho tanto valoriza no adulto é, na infância, chamada de teimosia. A criatividade, essencial para a resolução de problemas, é repelida na criança como se fosse um mal. Como disse anteriormente, seguimos plantando limões e torcendo para que a colheita seja de lindas, doces e suculentas melancias.

"Cooperação", também segundo o *Dicio*, significa: "ação de cooperar, de auxiliar e colaborar, prestando ajuda ou auxílio; dar contribuição para."

O que lhe parece mais próprio para uma convivência familiar harmoniosa, desenvolvimento de responsabilidades e habilidades que desejamos ver no futuro? Qual das duas palavras melhor traduz os seus anseios? Que tipo de relação parece mais leve, fluida e agradável para você e para a criança?

ÉRICA

Fiz essa pergunta em um dos meus workshops. Érica, uma das mães presentes, levantou a mão imediatamente. Ela me disse que toda aquela teoria era linda, mas não funcionava. O filho, um menino de 4 anos e meio, só fazia qualquer coisa se ameaçado. Ela não batia, considerava isso um ato covarde, mas estava perdida no dia a dia. Conseguir a cooperação seria maravilhoso, mas parecia algo impossível com uma criança que dormia e acordava de mau humor. Perguntei quantas vezes ela pensava em formas de conseguir a cooperação; ela respondeu que sempre começava a falar sem brigar ou gritar. Percebi uma confusão comum: acreditamos que basta não bater e não brigar. Pedi que ela aguardasse até o fim do debate para voltarmos à sua pergunta. Segui apresentando ferramentas, e a observei fazendo várias anotações. Volta e meia surgia uma dúvida. Quando retomamos a conversa, ela contou que nunca havia pensado em nada do que conversamos. Não somos incentivados a estudar para educar filhos e achamos que todos nascemos sabendo. Érica saiu do nosso encontro cheia de ideias.

POR QUE ABANDONAR OS SERMÕES

ISIS E GABRIEL

Isis tinha um filho adolescente de 16 anos. Um dos comportamentos do adolescente que mais a irritava era a roupa que ele retirava antes do banho e deixava no chão do banheiro. Todos os dias ela dava o mesmo sermão, no mesmo horário: "Eu não aguento mais falar com você, Gabriel! Sua roupa vai ficar mofada se você deixar aqui! O que custa colocar no cesto de roupas sujas? Parece que eu falo com as portas nesta casa! Você não me escuta! Todo dia eu tenho que falar a mesma coisa! Você não tem mais idade para isso! Tem que cuidar das suas coisas! Eu quero ver quando tiver a sua casa, se vai ser essa bagunça que você faz aqui."

Em regra, enquanto falava, Isis recolhia toda a roupa do filho e colocava no cesto. Mas aprendeu que deveria falar menos e agir mais, e mudou a postura. O sermão, que tanto a desgastava, saiu da rotina. Ela simplesmente permitiu que as roupas ficassem no canto do banheiro. Durante quase uma semana as roupas se acumularam. Ela as retirava para limpar o cômodo e depois as recolocava no lugar onde estavam. Em pouco tempo Gabriel percebeu que a mãe não lavava mais as suas roupas e que uma camisa de que gostava muito havia mofado. Passou então a pegá-las e a colocá-las no cesto, junto com as de toda a família, para serem lavadas. Uma semana de mudança de postura trouxe resultados mais efetivos do que os vários meses de sermão.

Lembro que, quando os meus pais iniciavam um sermão, na segunda palavra eu desligava a minha capacidade de escuta. Creio que nunca prestei atenção em nenhum desses discursos do início ao fim. Está neste ponto o grande problema dos sermões: eles não conectam, não passam a mensagem que desejamos que passem. Falamos por meia hora e não somos verdadeiramente ouvidos nem por cinco minutos. Em vez de nos conectarmos com os nossos filhos, nós nos distanciamos. A cada vez que discorremos sobre o nosso ponto de vista por muito tempo, retiramos o foco do problema e o colocamos na nossa relação. Em vez de refletir sobre o erro ou sobre o problema a ser resolvido, os pensamentos de "Nossa, como a minha mãe é chata!" ou "Eu sou muito ruim mesmo..." substituem a autoavaliação e o desenvolvimento de responsabilidade.

A nossa linguagem habitual nos desumaniza. Quantas vezes, diante de um sermão, pensamos no que os nossos pais estavam sentindo, buscando identificar os seus sentimentos e necessidades?

A nossa linguagem habitual nos desumaniza. Quantas vezes, diante de um sermão, pensamos no que os nossos pais estavam sentindo, buscando identificar os seus sentimentos e necessidades? Quantas vezes os consideramos humanos como nós? Perceba como são, em regra, as nossas conversas. Nós escutamos o que o outro nos traz já pensando na forma como responderemos aos seus argumentos. A cada vez que os meus filhos entendem que precisam se defender do que digo, eles não me ouvem; a mensagem que busco transmitir não chega a eles. E, convenhamos, o sermão não é chato apenas para eles. Nós também ficamos exaustos e frustrados ao vivenciar diariamente os mesmos problemas, como se os dias apenas se repetissem. Mais adiante, apresentarei formas de melhorar a comunicação com os filhos, quebrando esse triste ciclo. Mas antes é importante frisar estes pontos:

A MUDANÇA DEVE PARTIR DE VOCÊ.

Nenhuma criança vai à livraria mais próxima comprar um livro intitulado *Como melhorar a relação com os adultos* ou *Como estimular a comunicação empática com os seus pais.* Eles também não vão procurar canais no YouTube sobre isso ou ler textos com esse tema nas redes sociais. Pensar em formas de melhorar o dia a dia é dever dos pais. Logo, se os desafios diários são grandes, é o nosso papel planejar mudanças. Somos nós os responsáveis pela melhora.

FALE MENOS, AJA MAIS.

Assim como Isis, a maioria dos pais reclama, briga, reprisa o Sermão da Montanha, e, no fim das contas, age de maneira contrária ao que fala. Há um dito popular que afirma que uma atitude vale mais que mil palavras; essa máxima é preciosa na prática com os filhos. A conversa e o entendimento devem ser a base das relações, mas não devemos confundir isso com um falatório excessivo, repetitivo e vazio. Não é possível forçar seu filho a se comportar como você deseja, mas é possível decidir como agir quando ele não adotar o comportamento desejado. Temos pouco poder sobre o comportamento do outro, mas temos poder sobre o nosso comportamento diante do que o outro faz. Depois de conversar e explicar ao filho as consequências do seu comportamento, Isis decidiu agir. No capítulo 6 falaremos melhor sobre consequências, por ora é importante lembrarmos que a fala e a atitude devem estar alinhadas e que na maioria das vezes que falamos muito estamos agindo pouco.

PERSISTÊNCIA E CONSISTÊNCIA SÃO IMPRESCINDÍVEIS.

Crianças precisam de regras para um desenvolvimento seguro e saudável. A previsibilidade que as regras trazem melhora a capacidade de cooperação e auxilia no desenvolvimento das responsabilidades. Ocorre que a maioria dos pais flexibiliza demais as regras, dando respostas confusas para os filhos. Contribuímos com os maus comportamentos e com o caos diário quando damos respostas diversas para um mesmo comportamento. Se ontem a criança não pôde comer biscoito antes do almoço, mas hoje eu permiti, passei a ideia de que não existe uma regra fixa sobre o tema e que ela deve tentar até que, entre as várias respostas possíveis, apareça a que ela deseja. Persistir nas regras que julgamos essenciais, criando a maioria delas com a criança, oferecendo sempre a mesma resposta com consistência, demonstra que o grito, o choro e a grosseria não são formas eficazes de conseguirem o que querem. A rotina não deve ter a rigidez militar; as exceções existem e são, de certa forma, divertidas, mas devem ocupar o lugar de exceção.

ANTES DE MELHORAR, PIORA.

Quando chamamos o elevador e ele demora a chegar, apertamos o botão inúmeras vezes seguidas. Se o controle remoto para de funcionar, apertamos o botão inúmeras vezes, na esperança de que volte a ligar/desligar a TV. Só depois de percebermos que o elevador está quebrado e não voltará a funcionar ou que o controle está sem as pilhas, buscamos uma outra forma de resolver a questão. O comportamento do seu filho não é diferente. As nossas atitudes reforçam o comportamento das crianças; romper com a lógica conhecida tende, inicialmente, a agravar o comportamento, para só depois melhorá-lo. É provável que seu filho grite mais, chore mais, esperneie mais. Mantenha-se gentilmente firme, amorosamente assertivo. A resistência às mudanças é algo normal e esperado. Persista.

APRENDENDO A OBSERVAR

Nossos problemas na comunicação iniciam com a nossa dificuldade de observar sem julgar. O que os nossos olhos veem e o que a nossa mente processa são coisas muito diferentes. Como dito no capítulo sobre autenticidade, somos contadores de história compulsivos. Contamos as mais diversas histórias, diariamente, sobre todas as situações que vivenciamos. Admito que alguns filmes de Hollywood têm roteiros menos elaborados que os meus pensamentos quando estou perdida entre os meus julgamentos sobre a realidade. O grande problema é que acreditamos nesses julgamentos e os tomamos como verdades absolutas. Quando acreditamos nas histórias que contamos em nossa cabeça, nos distanciamos brutalmente da realidade e desconsideramos as características específicas daquela situação ou contexto. Falamos como se a vida fosse estática, imutável, e esquecemos que ela é fluida e acontece aqui e agora.

Na prática de meditação, dizemos que há, dentro de todos nós, um "eu" observador e que, à medida que temos contato com ele, nos "desidentificamos" com as histórias que passam com imensa velocidade em nossa mente. Acreditamos que nós somos o que pensamos e esquecemos que os pensamentos são criações do nosso imaginário.

Por que falar de observação aqui, neste capítulo sobre cooperação? Porque é a partir do que observamos que decidimos como agir. Se a forma como descrevemos o que acontece conosco está contaminada, todo o restante, muito provavelmente, também estará. A observação é o primeiro passo da comunicação não violenta, que, na ausência de palavra melhor, pode ser descrita como um método de comunicação que nos une à nossa natureza compassiva, fazendo com que falemos e escutemos a partir dela, uma verdadeira revolução na forma de ver as relações intrapessoais, interpessoais e sistêmicas.

Como você descreve os seus principais problemas disciplinares? "Ele nunca colabora!" é um julgamento; "Nas últimas três vezes que pedi que guardasse os brinquedos, ele não o fez" é uma observação. "Ela está me desafiando!" é um julgamento; "Ela continuou desenhando na parede mesmo após eu pedir que parasse" é uma observação. "Ela chora demais!" é um julgamento; "Nas últimas vezes que foi contrariada, ela chorou!" é uma observação. Chorar demais ou de menos depende do referencial de quem fala, não é uma verdade absoluta. Se desejamos efetuar mudanças significativas, positivas e empáticas na relação com os nossos filhos, precisamos reconhecer os nossos julgamentos como criações da nossa mente, percepções baseadas em nossa história, mas não como realidade. Quando falamos que alguém é alguma coisa, estamos julgando. "Você é bonzinho!" é diferente de "Quando você me atende tão rapidamente, eu acho que está sendo bonzinho!". "Você vive deixando as roupas em cima da cama" é um julgamento. Ninguém vive fazendo apenas uma coisa.

Focar na observação verdadeira minimiza a resistência de quem nos ouve, aumentando assim as nossas chances de sermos atendidos.

Outra forma de confundir julgamento com observação são as previsões. No que se refere à vida dos filhos, somos cheios de certezas. "Você vai se dar mal na prova!"; "Você vai quebrar a cara andando com esses amigos"; "Você vai se arrepender de não me ouvir". Não é um problema emitir opinião, desde que deixemos claro que é uma opinião. Um "Eu acho" é a melhor maneira de iniciar essas frases. Sempre, nunca, jamais, raramente e com frequência são palavras que exprimem avaliação, não são observações.

Focar na observação verdadeira minimiza a resistência de quem nos ouve, aumentando assim as nossas chances de sermos atendidos. Se inicio a frase com "Você nunca me atende", induzo o meu filho a interromper a escuta para vasculhar em sua mente um dia em que me atendeu e me provar que estou errada. Isso também vale para quando digo que algo irá acontecer. Induzo quem me escuta a me provar que estou errada, fazendo exatamente o que pedi que não fizesse. Pense em sua própria história, quantas vezes quis provar para os seus pais que eles estavam errados? Quantas vezes quis demonstrar que tinha o controle da situação, ignorando completamente suas solicitações? A forma como falamos pode chamar um filho para a briga ou convidá-lo a baixar a guarda, e é um exercício diário ter atenção ao que buscamos em nossas conversas e interações.

PEDIDOS ASSERTIVOS

Estávamos na praia e o meu filho mais velho, Miguel, aproximou-se pedindo água de um jeito que julgo grosseiro.

— Me dá água!
— Filho, eu não gosto que falem comigo com grosseria. De que forma você pode falar para que eu tenha vontade de te atender?

Ele parou, cerrou os punhos com raiva pela negativa, depois se acalmou. Então tentou de um jeito diferente, mais amável:

— Mãe, você pode comprar água?
— Posso sim, meu bem. Obrigada por falar com respeito.

Um amigo observava a cena e começou a sorrir.

— Nós, adultos, não pensamos no jeito como vamos pedir, imagine uma criança!
— Não pensamos porque não fomos ensinados a isso. Aprender a pedir deveria ser ensinado desde que a gente começa a falar – respondo.

Todas as nossas interações com o outro são embutidas de pedidos. Estamos sempre pedindo, mesmo que inconscientemente. Não existe falar por falar. Pedimos escuta, atenção, retorno, cumplicidade, opinião. Pedimos sem saber que estamos pedindo. E é exatamente essa falta de consciência no pedir que faz da maioria dos nossos pedidos suicidas: pedimos de uma forma que diminui as chances de sermos atendidos. E, se você precisa pedir a mesma coisa inúmeras vezes para o seu filho, fica claro que é o momento de mudar a estratégia, considerando os seguintes pontos:

FAÇA PEDIDOS POSITIVOS.

Fale o que deseja que o seu filho faça, não o que não deseja. Comunicamos para a criança o que queremos que ela não faça e deixamos que conclua sozinha a melhor forma de agir. Dizer o que espera é a melhor forma de ter o seu pedido atendido. O óbvio não existe, e o que pode parecer óbvio para você talvez não seja para o seu filho. Além disso, frases que iniciam com "não" aumentam a resistência da criança. Importante lembrar que crianças de até 2 anos não compreendem o não da forma como falamos, negar algo é um conceito complexo para elas. Por isso, é comum uma criança pequena olhar para os pais, repetir o "nãaaaaaaaao" e continuar com o comportamento.

FAÇA PEDIDOS CONCRETOS E EXEQUÍVEIS.

Outro ponto comum na nossa comunicação são os pedidos vagos. Carinho, amor, respeito, cuidado são conceitos relativos e que não deixam claro para quem escuta o que esperamos. Como o seu filho pode demonstrar respeito? Como pode demonstrar carinho? O mais interessante no exercício de tirar os nossos pedidos da abstração é que tomamos consciência de que alguns desejos nossos jamais serão atendidos, porque são irreais. Eu falava muito sobre respeito com o meu filho mais velho, até que parei para pensar no que seria respeito para mim e concluí que seria ele fazer o que eu quero, do jeito que quero, sem questionar. Ok, eu iria viver sem achar que ele me respeitava, porque ele jamais agiria assim. Uma amiga percebeu que o "quero que você me ame" que tanto falava ao namorado jamais seria atendido, porque ela não sabia formular como ele poderia demonstrar esse amor. Se ela não conseguia saber como se sentiria amada, por que ele conseguiria?

FAÇA PEDIDOS CURTOS.

Grandes discursos são difíceis de acompanhar. Quanto menos palavras utilizamos ao pedirmos algo aos nossos filhos, maiores as chances de termos o pedido atendido. "Tira a toalha molhada de cima da cama, você sabe que pode mofar o colchão! Todos os dias eu falo! Além disso, a toalha não seca. Custa muito colocar no varal?" Pode ser substituído por "Filho, a toalha!", em tom de lembrete, não de bronca.

FAÇA PEDIDOS POSSÍVEIS.

Quantas vezes pedimos que os filhos façam algo que a sua pouca maturidade, idade e desenvolvimento psicológico não permitem? Quantas vezes as nossas expectativas sobre eles são irreais e contrárias à sua natureza infantil? Certa vez, em um workshop, um casal conversava comigo sobre a teimosia do filho. A criança de cerca de 3 anos estava no evento, e eles reclamavam porque não ficava quieta, como haviam pedido ao saírem de casa. Quais as chances de uma criança de 3 anos permanecer sentada, quieta, por cinco horas? Expliquei que, em situações como aquela, eles precisavam ajudar a criança a cumprir o combinado: livros, cadernos e canetas, brinquedos que fazem pouco barulho.

FAÇA PEDIDOS CONSCIENTES.

Qual a importância do que você está pedindo? Quais são os sentimentos que tem a respeito deste pedido? Quais são as necessidades que busca suprir com ele? Quando nos conectamos com o que sentimos, a forma de pedir muda. Tenha consciência das suas expectativas a respeito do que pede e comunique à criança.

"Nós vamos hoje para um evento em que você não pode correr nem fazer barulho. É muito importante para nós que tudo corra bem, esperamos por esse dia com ansiedade. Sei que ficar quietinha pode ser muito difícil. Como podemos te ajudar a cumprir a regra?"

TRAZENDO LEVEZA AO DIA A DIA

LÍGIA

Lígia participou de um evento em que falamos sobre formas de conseguir a cooperação. Com dois filhos adolescentes, a cooperação era algo de que ela precisava muito e que parecia impossível de conseguir. No entanto, ela saiu do evento disposta a tentar. Ao chegar em casa, teve a primeira oportunidade de colocar o aprendizado em prática. As roupas espalhadas sobre a cama eram motivo de longos sermões diários. Desta vez, não. Fez um bilhete bem-humorado e deixou sobre a pilha. O filho pegou o bilhete, sorriu e não fez nada! As roupas continuavam lá. Lígia lembrou que precisava persistir. Na manhã seguinte, apesar da imensa vontade de seguir com um sermão, fez um novo bilhete divertido. E eis que o menino juntou os dois bilhetes, colou na porta do guarda-roupa e guardou todas as peças que estavam na cama. A mensagem que recebi dela, na mesma manhã, me dizia que não acreditava que tinha dado certo. Tanto desgaste diário com sermões quando a solução era simples e estava ao seu alcance.

Uma das palavras mais importantes na educação de filhos é a criatividade. Na realidade, a criatividade é essencial para a vida. Por muito tempo ouvimos que era algo ruim, que não servia para nada, que importante mesmo eram a matemática e o português, enquanto deixávamos essa importante ferramenta empoeirada em alguma gaveta da nossa mente. Filhos são um chamado para sermos mais divertidos, criativos e alegres. São uma licença para sermos bobos e ilógicos. Precisamos aproveitar mais essa oportunidade. O aprendizado não precisa ser duro e sisudo, pode ser leve e fluido.

O sermão pode ser substituído por um bilhete engraçado, como o que a Lígia utilizou. Pode, inclusive, ser aplicado a crianças que não sabem ler. Meus filhos, mesmo antes da alfabetização, amavam quando eu lhes deixava bilhetes, era especial a mamãe escrever para eles. A voz nervosa e irritada pode ser substituída por uma voz de robô. As ordens podem ser cantadas. A rotina pode ser vivida em ritmo de brincadeira. Basta um esforço consciente para que as coisas mudem.

Normalmente, quando falo sobre criatividade na educação, ouço a seguinte frase: "Depois de um dia cheio, de trabalhar e resolver problemas, eu estou exausto. Não tenho paciência ou disposição para pedir as coisas brincando." Educar é uma missão cansativa, sobretudo da forma isolada e solitária que, em regra, os pais atuais exercem a parentalidade. A pergunta é: o que cansa mais? Brigar ou brincar? Se temos poucas forças em nossos reservatórios, de que forma vamos utilizá-las? A experiência tem me mostrado que, todas as vezes que quero conseguir algo na base do "faça porque eu estou mandando", entro em uma disputa de poder que drena a minha energia. O mau comportamento piora, eu aumento a repressão a ele e o que poderia ser resolvido com cinco minutos de brincadeira leva vinte minutos de estresse e, no final das contas, fico com o corpo inteiro dolorido e com a sensação de que fui atropelada por um caminhão. Definitivamente, não é a melhor maneira de canalizar as energias, sobretudo em dias cansativos.

MINHA IRMÃ E AS CRIANÇAS

Certo dia, minha irmã estava em minha casa e, aproveitando a sua visita, pedi-lhe que desse banho nas crianças, à época com 4 e 2 anos. Era final do dia e estávamos todos exaustos. Ela, de um jeito sério, chama as crianças, que respondem um não em coro. Aconselho um chamado mais divertido, visto que, com aquele ânimo, nem eu tinha vontade de ir com ela. Novo convite, dessa vez, mais divertido: "Quem quer brincar de espuma na barriga?" Em menos de dois minutos os dois já estavam sem roupa, aguardando no banheiro. Trazer leveza aos dias leves é fácil. Difícil é aplicá-la nos dias inesperados, confusos, decepcionantes, mas é exatamente nesses dias que é mais necessária.

REUNIÕES DE FAMÍLIA

As tarefas domésticas eram um motivo de estresse na casa de Lígia. Assim como saiu do workshop disposta a tornar os dias mais leves, Lígia tinha em mente a missão de tirar o controle das suas mãos e tornar a família inteira mais participativa nas decisões. Dois dias após o evento, ela reuniu os dois filhos adolescentes e o marido, e, juntos, decidiram quem ficaria responsável por fazer cada uma das tarefas. Ao contrário do que sempre fazia, determinando quem deveria fazer o quê, como e quando, Lígia permitiu que escolhessem qual atividade lhes interessava mais, estabelecendo um prazo para que as cumprissem. E, pela primeira vez nos últimos anos, as atividades domésticas eram cumpridas pelos filhos e marido sem estresse ou desentendimentos. Por terem tido a oportunidade de escolher, os adolescentes se comprometeram mais do que quando as atividades eram impostas. A mãe pôde então perceber que muito da carga que insistia em carregar poderia ser dividida com a família.

Imagine a seguinte cena: você trabalha em uma equipe na qual todos se sentem valorizados. A chefe reúne o grupo uma vez por semana para decidirem juntos os projetos mais relevantes, organizar a rotina e ouvir eventuais queixas. Todos têm o direito de voz e voto e, mesmo quando a questão é uma regra que não pode ser alterada, a solicitação é ouvida e a negativa é dada de maneira respeitosa. Agora vamos mudar a cena. Novamente você trabalha em equipe, mas nela todos se consideram menosprezados pela chefe. As decisões são tomadas unilateralmente, e você e seus colegas apenas recebem um comunicado com o comportamento esperado. No comunicado, a frase "Comportamentos contrários ao determinado serão punidos com descontos no salário ou demissões" é uma constante. Qual das equipes funciona melhor? Em qual delas os funcionários são mais criativos, interessados e comprometidos com as regras? Em qual delas há mais mentira? A maior parte dos pais decide tudo na vida em família. A criança, como dito no capítulo sobre autonomia, é passiva na rotina. Mas será que eles não se comprometeriam mais com decisões e regras que ajudaram a construir? Reuniões de família deixam a rotina mais leve e fluida, desenvolvem a responsabilidade na criança, incentivando a capacidade de resolver problemas. Além disso, fortalecem nela a convicção de que suas opiniões são válidas e importantes, estimulando que se posicione sempre que julgar necessário. Estimulam a escuta, a capacidade de negociação e o cuidado coletivo. São muitos os livros que falam delas exatamente por conta dos seus inúmeros benefícios. Descubra a melhor forma de incorporar as reuniões em sua rotina familiar, considerando os seguintes pontos:

REALIZE PERIODICAMENTE.

Incorporar as reuniões à rotina familiar é colocá-las no rol dos compromissos de todos. Pode ser semanal, quinzenal, no máximo mensal.

TENHA UMA PAUTA.

Deixe um papel e uma caneta em lugar de fácil acesso para que todos possam escrever – ou ditar para um adulto, no caso das crianças que não são alfabetizadas – os temas que julgarem pertinentes. Em minha casa, a pauta fica na porta da geladeira.

NÃO INTERROMPA.

As reuniões não são um momento para broncas e sermões, nem uma oportunidade para que você busque convencer a todos de que seu ponto de vista é o melhor. Cada membro da família tem o direito de falar e expor a sua opinião, sem interrupções. Quando um fala, o outro escuta. Caso considere pertinente, tenha um objeto da fala; quem estiver com ele nas mãos fala, enquanto os outros escutam.

AS DECISÕES VALEM PARA TODOS.

As decisões tomadas na reunião de família devem ser seguidas por todos da casa, inclusive os pais. Seguir as regras criadas demonstra respeito e, principalmente, modela o comportamento que esperamos das crianças.

ORGANIZEM A SEMANA.

As reuniões são uma excelente oportunidade para incorporar a organização do dia na rotina das crianças. Conversem sobre a programação de todos, aulas que ocorrem no contraturno da escola, compromissos com amigos ou colegas, além da divisão das tarefas domésticas.

PLANEJEM COISAS BOAS.

Muito além de buscar soluções para os problemas, aproveite a oportunidade para planejar a festa de aniversário, a próxima viagem em família, a diversão ou o lazer que terão, juntos, na semana.

RESPEITE A FAIXA ETÁRIA DA CRIANÇA.

Crianças a partir dos 4 anos são perfeitamente capazes de participar das reuniões, contribuindo da forma que a sua pouca idade e experiência de vida permitem. Respeite os seus esforços e suas falas, não ria ou ridicularize suas ideias.

RESUMO DO CAPÍTULO

- A cooperação desenvolve responsabilidades, além de tornar os dias mais fluidos e leves;
- Sermões são chatos e cansativos. Algumas atitudes valem mais que horas de falatório;

- Persistência e consistência são imprescindíveis para que as crianças compreendam e sigam as regras;
- É normal que as coisas piorem antes de melhorar. Mantenha-se gentilmente firme;
- Observações verdadeiras são descrições da realidade isentas de julgamento. Quanto mais contaminamos os fatos com as nossas opiniões, maior a resistência de quem nos ouve;
- Faça pedidos positivos, concretos e exequíveis, curtos, possíveis e conscientes;
- Humor e criatividade tornam os dias mais leves e fluidos. Use e abuse deles;
- Inclua as reuniões de família na rotina. Elas são excelentes oportunidades de saber o ponto de vista de todos e equalizar os seus interesses, além de desenvolverem a responsabilidade e fortalecerem a autoestima.

6.
ABANDONANDO AS PUNIÇÕES

Meus pais cantavam no coral da igreja, e uma vez por semana aconteciam os ensaios. Enquanto os adultos ensaiavam, as crianças ficavam brincando em uma sala próxima. De tempos em tempos, um adulto aparecia, observava se estava tudo bem e saía. Certa vez, enquanto brincávamos de jogar um bicho de pelúcia para o alto para depois pegá-lo antes de atingir o solo, a minha irmã, Déborah, subiu em uma pesada cadeira de madeira, que, não sei explicar ao certo como, virou e bateu em sua cabeça. Eu tinha 8 anos, ela, 6. As crianças ao redor eram todas da mesma faixa etária. Imediatamente o sangue escorreu pelos seus cabelos e o grito ensurdecedor saiu acompanhado de muito choro. Ficamos todas apavoradas, mas não pelo sangue no cabelo da minha irmã. Corremos para perto e tentamos tapar a sua boca para que os adultos não chegassem. Umas com voz de choro, outras nervosas, mas todas com a mesma fala: "Para, Déborah, não grita, senão a gente vai apanhar!"

Bater em crianças é algo considerado normal na cultura brasileira, norte-americana e em diversos outros países. Em nenhuma outra relação os castigos físicos são permitidos. Somente na relação em que a desigualdade emocional e física é mais gritante é que as agressões são travestidas de método educativo. São incentivadas e estimuladas. Não existe criança que precisa apanhar, por mais terrível que pareça o seu comportamento. O ato de bater diz mais sobre a falta de habilidade de lidar com as emoções de quem bate que sobre a necessidade de ser corrigido de quem apanha. Este é um capítulo destinado a apresentar maneiras assertivas e amorosas de educar os nossos filhos sem ferir a sua autoestima ou a nossa relação com eles e, antes de me aprofundar nestes métodos, desejo falar sobre os malefícios das palmadas e demais castigos:

INDUZEM A MENTIRA.

A criança aprende que irá apanhar ou ser castigada SE o adulto descobrir o seu mau comportamento. A mentira se faz muito presente na relação de pais e filhos exatamente porque o medo que as punições despertam a torna mais atraente e fácil.

NÃO DESENVOLVEM A RESPONSABILIDADE.

O foco não é aprender com os erros e falhas cometidos e repará-los sempre que possível. As punições normalmente induzem a pensamentos de "Como meus pais são injustos" ou "como eu sou ruim" em vez de estimularem a autoavaliação e a busca por formas mais construtivas de agir em situações semelhantes.

NÃO FUNCIONAM A LONGO PRAZO.

É importante frisar que, momentaneamente, as punições parecem eficazes. Elas encerram o comportamento no momento em que ocorrem – e na frente do adulto. Acontece que não apresentam formas mais adequadas de lidar com o sentimento que gerou aquele comportamento, não ofertam para a criança ferramentas para utilizarem nas situações futuras. A educação que apenas reprime o comportamento não prepara para o futuro, não desenvolve a autodisciplina.

ABALA A AUTOESTIMA.

Muitos estudos têm sido realizados para comprovar o que deveria ser óbvio. Palmadas e castigos físicos abalam a autoestima, prejudicam o desenvolvimento saudável da autoimagem e podem, em alguns casos, estimular um comportamento antissocial. A maioria deles está disponível em uma busca rápida nos sites de pesquisa.

ESTIMULAM A OPRESSÃO A CRIANÇAS MENORES.

O uso da força sempre que existir uma condição de superioridade, perpetuando um triste ciclo de violência.

INDUZEM AO DESEJO DE VINGANÇA OU À AUTORRECRIMINAÇÃO.

Ambos ferindo a relação da criança consigo mesma e com os pais.

MISTURA CONCEITOS QUE JAMAIS DEVERIAM CAMINHAR JUNTOS.

Violência e amor. Se ensino aos meus filhos que bato neles porque os amo, estou informando que, em determinadas situações, os sentimentos e julgamentos deles justificam as palmadas sobretudo se nomeados como amor.

E OS CASTIGOS?

Encerrei a fala sobre os efeitos prejudiciais das palmadas e uma mãe levantou a mão. Disse que nunca bateu, mas não vê nada de prejudicial em colocar a criança de castigo, retirar-lhe algo que gosta ou mandá-la para o quarto para pensar no que fez. É interessante esta crença de que podemos determinar quais pensamentos a criança deve ter quando mal conseguimos lidar com os nossos pensamentos. Pergunto para o grupo o que pensavam durante o castigo. "Alguém aqui, durante o tempo em que era obrigado a ficar sentado, pensando nas suas atitudes, realmente refletia sobre o próprio comportamento? Passava pela cabeça de vocês 'De que forma mais construtiva posso lidar com esta situação quando ela ocorrer novamente?'. Todos rimos, porque, pela nossa experiência, essa era uma reflexão tão diferente que chegava a ser engraçada.

Uns contaram que pensavam em vingança. Outros disseram que ficavam se sentindo culpados e tristes. Outros contaram que desejavam fugir de casa ou que os pais morressem. E outros disseram que se distraíam em poucos minutos e brincavam ou, caso fosse proibido brincar, inventavam histórias engraçadas em pensamento. A autoavaliação não foi citada por ninguém. A mãe que levantou a mão sorriu. Contou que estava no grupo da vingança e que havia esquecido. Seguimos.

COMPREENDENDO O MAU COMPORTAMENTO

VINGANÇA, QUE NOME ESQUISITO

Meu filho Miguel estava apresentando comportamentos inadequados quase todos os dias, sempre direcionados a mim, como uma espécie de provocação, e isso estava me preocupando. Por mais explosiva que seja a personalidade da criança, várias atitudes agressivas por dia demonstram que algo precisa ser mais bem cuidado. Tivemos então a seguinte conversa:

— Filho, acho que estamos precisando conversar. Esses dias você tem feito coisas de que eu não gosto, e você sabe que eu não gosto. Eu quero entender melhor o que tá acontecendo. Você me ajuda?

— Humrum...

— Você está pensando assim: "Você não manda em mim!", e por isso está me tratando assim?

— Não, não é isso!

— Ok... Você fica bravo comigo e quer me deixar brava também?

— É... É isso...

— Sabe como é o nome dessa vontade de magoar o outro quando estamos magoados? De deixar com raiva porque estamos com raiva? Vingança. Todo mundo sente. A gente fica com o coração doendo e quer que o outro sinta isso também. Mas sabe qual é o grande problema da vingança?

— Vingança? Que nome esquisito... Não, qual o problema?

— É que um fica magoando e brigando com o outro e ninguém se entende. É melhor a gente brigar ou se entender?

— Se entender, né, mãe?

— Então... A vingança não é o melhor jeito de conseguir isso. Como você acha que posso te ajudar nessas horas?

— Não sei...

— Vamos combinar uma coisa? Quando você estiver com essa vontade de vingança, você me diz: "Mamãe, quero me vingar de você! Tô muito bravo!", e aí a gente conversa sobre esse sentimento e ele vai embora. Sabia que, quando conversamos sobre o que sentimos, o desejo de vingança desaparece?

— É? Eu vou falar então...

— Se eu esquecer de conversar, você me lembra?

— Lembro. E se eu esquecer, mãe? E se nós dois 'esquecer'? Se a gente não conseguir e ficar só brigando?

— Vamos tentar sempre lembrar, um ajudando o outro. Mas de vez em quando vamos esquecer... E aí a gente vai ter novas oportunidades de tentar de novo. Você lembra o que temos que fazer quando queremos muito conseguir alguma coisa?

— Hum... Treinar, né?

— Humrum... Então vamos treinar. Combinado?

— Combinado.

— Jura de dedinho?

— Juro.

Cruzamos os dedos mínimos, selando o nosso acordo. Desse dia em diante, na maior parte das vezes em que o desejo de vingança aparecia, ele falava: "Mãe, eu quero me vingar de você!". E nós sentávamos para conversar.

Quando plantamos uma sementinha e, de repente, algo parece errado, nós não a culpamos e dizemos que deve ficar bem porque lhes demos água diariamente. Nós paramos para pensar como podemos ajudar a plantinha a ficar novamente saudável. Falta água? Ou recebeu água em excesso? Será que o problema é o sol? Como está o adubo? No entanto, com as crianças, acreditamos que o mau comportamento é uma prova de que não nos consideram ou amam, de que são ruins e não reconhecem os nossos esforços. Rotulamos de teimosos, malcriados e desobedientes. Quando passaremos a olhar para o desenvolvimento infantil com curiosidade e não julgamento, como fazemos com as plantas?

Nenhum mau comportamento surge do nada. Nenhuma criança se comporta mal porque quer acabar com o humor do papai e da mamãe. Nós somos movidos por sentimentos e necessidades e, se queremos ferramentas assertivas e empáticas para lidar com os entraves que surgem diariamente, precisamos olhar para os maus comportamentos de maneira mais profunda. O que significa mau comportamento? Será que tudo que julgamos ser um mau comportamento em nossos filhos é realmente um mau comportamento ou é algo que faz parte do desenvolvimento? Será que não estamos colocando sobre as crianças expectativas que nem mesmo nós conseguimos atingir? Crianças de 2 anos costumam se jogar no chão quando frustradas, crianças de 4 anos têm forte tendência à oposição, adolescentes se afastam dos pais. Se o comportamento aparece em quase todos os exemplares da espécie, não seria a hora de pararmos de enxergar tais atitudes como comportamentos ruins e entendermos que fazem parte do desenvolvimento do ser humano? Quanto mais entendemos as fases do desenvolvimento, mais fácil fica compreender o comportamento dos nossos filhos. Perceber que determinadas características fazem parte do crescimento pode nos tornar mais hábeis a lidar com elas e a apresentar ferramentas para que as crianças também sejam capazes de fazê-lo.

Nenhum mau comportamento surge do nada. Nenhuma criança se comporta mal porque quer acabar com o humor do papai e da mamãe.

No capítulo 2 falamos o quanto os sentimentos estão ligados ao comportamento. Em regra, quando nos sentimos bem, nos comportamos bem. Prestar atenção aos sentimentos da criança faz com que tenhamos uma melhor compreensão do que a levou a agir de determinada maneira. Que histórias estava contando em sua cabeça? Que interpretação deu à realidade? Que sentimentos essa história despertou? Que comportamentos esse sentimento costuma desencadear? Por mais complexo que esse processo possa parecer, ele nos dá um bom mapa dos padrões dos nossos filhos. Se o fizermos pensando em nosso comportamento, também teremos um excelente panorama do nosso próprio padrão. Quando falo sobre as histórias que contamos em nossa cabeça, a maioria das pessoas se identifica. Aparentemente, todos nós temos um talento natural para roteiristas de drama. As crianças também contam as suas histórias e, para agravar um pouco a situação, elas têm uma percepção bem limitada da realidade, interpretando-a de maneira mais simplista: tudo se refere a gostarmos ou não delas, no melhor estilo quem não está comigo, está contra mim. Nesta perspectiva, quanto mais brigamos, nos chateamos, falamos mal do seu comportamento, mais ela entende que não a amamos ou não a aceitamos como é. E, inconscientemente, decide se comportar de forma ainda pior.

Rudolf Dreikurs, psiquiatra e educador, baseado nas ideias de Alfred Adler, dividia as causas do mau comportamento em quatro. Essa divisão foi adotada em várias teorias sobre o comportamento infantil, inclusive a *disciplina positiva*, desenvolvida por Jane Nelsen, famosa terapeuta familiar e de casais norte-americana. Segundo ele, a criança, ao considerar que não é aceita e amada em seu meio social, acredita que pode conseguir a aceitação e o amor que lhe faltam de maneiras equivocadas.

Os objetivos equivocados são: atenção indevida, disputas de poder, vingança e a inadequação assumida.

ATENÇÃO INDEVIDA.

A criança acredita que é amada e aceita quando está no centro das atenções. E, a partir dessa convicção, busca receber atenção de modos nem sempre adequados. A minha lida diária com meus filhos e com outras famílias tem me mostrado que atenção ruim é melhor que nenhuma atenção. Crianças precisam de atenção como precisam de comida, água e noites tranquilas de sono. É necessidade básica. Ao identificarmos que o mau comportamento da criança parte de uma necessidade de atenção, devemos mostrar-lhes a forma adequada de consegui-la e minimizar a nossa resposta ao comportamento ruim.

MIGUEL E O XIXI.

Quando Helena, minha filha caçula, nasceu, a capacidade que eu tinha de dar atenção a Miguel, então com 2 anos, foi bruscamente reduzida. Não é nada fácil equilibrar a chegada de um bebê e a relação com a criança mais velha. Eu buscava incluí-lo no cuidado com a irmã, na rotina da casa e em várias situações, mas os meus esforços não impediram a interpretação equivocada de que ele já não era tão amado e querido. Todas as vezes que eu amamentava a caçula, ele fazia xixi fora do lugar. No meio da sala, no quarto. A minha reação era sempre a mesma: arrancava a pequena dos seios, colocava em um lugar onde estivesse segura e saía reclamando, brigando e limpando o xixi, tudo ao mesmo tempo. Depois de mais de dez dias nesse ciclo, eu percebi o que estava acontecendo: o xixi virou uma forma eficaz de comunicação. Eu odeio cheiro de xixi. Não gosto de sentir o molhado no chão e tenho nojo de pocinhas amarelas no meio da casa. O meu impulso de limpar era mais rápido que o meu raciocínio, e ele percebeu isso. Fazer xixi fora do lugar era algo que funcionava para conseguir a minha atenção. Mudei imediatamente o meu comportamento. Mais uma vez, enquanto amamentava a caçula, ele fez xixi fora do lugar. Segui com a amamentação, contive o furacão que queria explodir dentro de mim e calmamente disse: "Filho, nós fazemos xixi no banheiro. Você esqueceu?". Depois conversamos sobre como poderia dar-lhe atenção enquanto amamentava. Decidimos por livros. No dia seguinte ele subiu em minha cama e fez xixi. Era a piora antes da melhora, eu sabia. Repeti o meu comportamento, a minha fala e lembrei dos livros. Novo dia, eu novamente amamentando. Eu já estava esperando uma piora maior, tipo encontrar xixi dentro da geladeira. E ele apareceu com um livro, um sorriso e um "Mamãe, pode ler?"

DISPUTAS DE PODER.

Há um ditado popular que diz: "Quando um não quer, dois não brigam." Cresci ouvindo a minha mãe citá-lo, porque na maior parte da vida fui adepta às brigas. Ela também recitava um versículo bíblico: "A palavra branda desvia o furor, mas a palavra dura suscita a ira." Só após a chegada dos filhos e do meu empenho em procurar formas mais empáticas de educar que compreendi toda a sabedoria contida nas palavras dela. Se a criança está disputando poder com os pais, o melhor a fazer é sair da disputa, declarar que posteriormente, quando estiverem mais calmos, resolverão aquela situação. Queremos vencer a briga e esquecemos que, dentro dos nossos relacionamentos mais íntimos e importantes, todos se machucam com as disputas. Não há vencedores. Não quero dizer aqui que faremos o que a criança quer, mas sim que não vamos manter o tom bélico que adotamos em muitas situações com os filhos, sobretudo com as crianças que têm personalidade mais desafiadora. Em vez de "Você. Vai. Pegar. Agora. Porque. Eu. Estou. Mandando", dito com pausas raivosas entre as palavras, podemos simplesmente declarar que o assunto será resolvido quando estivermos mais tranquilos. "Estamos nervosos e eu não quero disputar nada com você. Assim que me acalmar, volto para resolvermos." Utilize as técnicas de cooperação descritas no capítulo anterior. Redirecione a energia de busca de poder desta criança para algo produtivo. Repito: interromper a disputa não significa ceder e adotar a permissividade. As regras e a demonstração afetiva e respeitosa dos limites da convivência são essenciais para o desenvolvimento saudável da criança e podemos fazê-lo sem que isso se transforme numa queda de braços com os nossos filhos.

VINGANÇA.

Enquanto nos dois objetivos equivocados anteriores a criança, inconscientemente, conclui que para ser amada e aceita precisa estar no centro das atenções ou no controle, na vingança ela já concluiu que não é amada ou aceita e o que tem a fazer é vingar-se. Magoada e ressentida, a criança busca atingir aquele que foi o causador da sua dor. Todos, em maior ou menor grau, sentimos vontade de retaliar a quem nos feriu. Crianças são humanas e, assim como nós, recebem a visita de todos os sentimentos. Bater e castigar apenas agravam o mau comportamento, já que reforçam a crença de que ela não é amada e querida e aumentam o consequente desejo de revanche. Converse com a criança, ouça os sentimentos que estão alimentando o desejo de vingança e o mau comportamento deixa de existir.

INADEQUAÇÃO ASSUMIDA.

A criança considera que não é amada nem aceita e que nunca será, e por isso desiste de tentar. Torna-se apática e desmotivada, certa de que é incapaz. Infelizmente, diante dessa situação, os pais tendem a piorar as coisas e agravar tal convicção, fazendo críticas exacerbadas e empurrando-a ainda mais para a personagem que repelem. Ou fazem tudo no lugar da criança, diminuindo ainda mais sua autonomia. Ao identificar que o mau comportamento do seu filho parte de uma convicção de inadequação, estimule a ação, encoraje, demonstre confiança e ajude-o a encontrar novas formas de olhar para si mesmo. Volte para o capítulo sobre autenticidade e utilize as ferramentas propostas.

Os objetivos equivocados descobertos por Dreikurs são um excelente guia para que possamos identificar o que está por trás do mau comportamento, mas não resumem todas as possibilidades. É importante estar atento e perceber quais são os sentimentos e as necessidades que motivam as ações das crianças. Tédio e euforia são grandes desencadeadores de mau comportamento, por exemplo. Necessidades físicas não atendidas, como sono, fome e sede, também. Certo é que nenhuma criança que se comporta mal o faz porque nasceu com defeito de fábrica ou porque lhe faltam punições. Resta a nós apurar o olhar para compreender melhor as suas ações. O que falta à sua plantinha?

ALTERNATIVAS AOS CASTIGOS E PALMADAS

A pergunta que mais escuto quando falo sobre métodos educativos que fogem ao binômio punição e recompensa é: "E o que fazer?" Não sabemos como conseguir a cooperação sem ameaças, como estimular o bom comportamento sem recompensas, como incentivar a mudança de postura sem punições. Na vida real não há castigo e recompensa. Nossas atitudes têm consequências, e colheremos amanhã o que plantamos hoje. Abrir mão das punições é incentivar que a criança aprenda a se responsabilizar por seu comportamento, compreendendo que há causa e efeito no que faz, mostrando formas adequadas de agir na situação quando se repetir. No que se refere a punições, dois pontos são muito importantes:

PALMADAS NÃO SÃO AS RESPONSÁVEIS PELA EDUCAÇÃO DE NINGUÉM.

Muitas vezes me deparo com alguém agradecendo as palmadas que levou, afirmando que elas moldaram o seu caráter. É triste ver essa supervalorização da violência. Meus pais me deram colo, cuidaram quando estava doente, me alimentaram com carinho e amor. Não deixaram nada nos faltar em casa, esforçaram-se ao extremo para que tivéssemos uma educação de qualidade. Eles nos levavam ao McDonald's, que ficava em outra cidade, em datas especiais. Eram exemplo de lealdade e honestidade. O meu pai é um dos homens mais batalhadores que conheço. Admiro a sua trajetória de vida. É também compassivo e amoroso, mesmo com cara de bravo. A minha mãe é leal e forte, e é uma amiga como poucas são. Nunca a vi deixar de ajudar alguém que precisava. Como posso desmerecer o exemplo, a dedicação e todo o resto e acreditar que as palmadas me educaram? Até quando vamos sustentar esse discurso raso?

BONS COMPORTAMENTOS SURGEM DE BONS SENTIMENTOS.

Tão ilógico como supervalorizar as palmadas é esquecer que nos comportamos bem quando nos sentimos bem. Fazer a criança se sentir mal, culpada ou impor-lhe sofrimento e esperar que desta dor surjam os comportamentos adequados não faz sentido. Compreender os sentimentos que consideramos ruins e desenvolver ferramentas para lidar com eles, regulando-os, é a chave para desenvolvermos novas formas de agir.

Esclarecidos esses pontos, podemos focar em formas de ajudar a criança a desenvolver a autorresponsabilidade e a disciplina, auxiliando-a a construir formas mais construtivas de agir:

FALE POSITIVAMENTE.

Quando a criança se comporta de forma inadequada, tendemos a dizer a ela o quanto está errada, sem, contudo, demonstrar como esperamos que se comporte. Explicar o que não queremos que ela faça não deixa claro o que queremos, como exposto no capítulo 5. Explique à criança melhores formas de agir em vez de esperar que ela conclua sozinha.
"Pare de jogar areia no menino, é por isso que detesto te trazer para o parquinho!" pode ser substituído por "Jogar areia pode machucar o menino, você pode construir um castelo com essa areia, o que acha?"

OFEREÇA ESCOLHAS.

Enquanto as ameaças despertam a sensação de que a criança é passiva diante daquilo que lhe acontece, as escolhas demonstram que o que lhe acontecerá é consequência de como decide agir, como protagonista da própria vida. Apesar de aparentemente sutil, essa mudança de postura pode transformar a forma como enxerga a si mesma diante do que ocorre. Infelizmente, somos levados a crer que não temos escolhas em grande parte do que nos acontece e isso se deve ao lugar passivo em que a educação tradicional nos coloca. "Se você não parar de jogar a areia, nós vamos embora!" pode ser substituído por "Você tem duas opções: ou para de jogar areia no amiguinho e procura outra forma de brincar ou vamos para casa e voltamos em um dia que você esteja mais tranquilo. O que você escolhe?"

PERMITA QUE EXPERIMENTE AS CONSEQUÊNCIAS.

A lei de causa e efeito rege a vida e, quanto mais cedo os nossos filhos aprendem isso, melhor. Na maior parte das vezes, os pais informam as possíveis consequências das atitudes dos filhos, até ameaçam, mas não permitem que realmente vivenciem o efeito de suas atitudes. Nos próximos tópicos, vamos esclarecer a diferença entre as consequências lógicas e as naturais e como aplicá-las no cotidiano. "Eu já falei para você parar! Vamos embora agora! Não aguento mais!" pode ser substituído por "Parece que você escolheu ir embora. Vamos para casa e voltamos outro dia".

CONSEQUÊNCIAS NATURAIS

Consequências naturais são aquelas que não dependem de qualquer atitude do adulto para que aconteçam. São efeitos lógicos e previsíveis das atitudes tomadas. Sair em dias de baixa temperatura sem a roupa adequada tem como consequência sentir frio. Esquecer o lanche em cima da mesa tem como consequência sentir fome. Usar o calçado inadequado para brincar tem como consequência machucar os pés ou estragar os sapatos. Não há necessidade de que façamos nada para que essas consequências ocorram, elas são a sequência natural das atitudes citadas. Causa e efeito. Permita que as crianças vivenciem o resultado do que fazem, porque, no futuro, quando saírem da nossa casa, não haverá papai ou mamãe para resolver os problemas que criarem. Há, no entanto, algo que fazemos e que pode dificultar – e muito – o aprendizado único e especial do momento. "Eu te avisei!" Tripudiar sobre a criança que sofre com as consequências do que viveu muda o foco do problema para a relação, impedindo a autoavaliação e o desenvolvimento da autorresponsabilidade. Demonstrar empatia e compaixão auxilia o processo de crescimento, além de desenvolver a humanidade.

"Eu te avisei que você iria cair se subisse aí! Está vendo? Se machucou!" pode ser substituído por "Eu sinto muito que você tenha se machucado" e uma conversa sobre o aprendizado que a situação gerou, no momento oportuno.

CONSEQUÊNCIAS LÓGICAS

Diferente das consequências naturais, as consequências lógicas dependem da interferência do adulto para que sejam experimentadas. Não são uma sequência natural e previsível para a atitude da criança. Ocorre nesse ponto a confusão comum em sua aplicação. O castigo é travestido de consequência lógica e aplicado de maneira desproporcional e desmedida. Em seu livro *Disciplina positiva*, Jane Nelsen chama atenção para algo bastante importante: as consequências lógicas só devem ser aplicadas como último recurso educativo, não podem ser o centro da forma de instruir os nossos filhos. O foco deve ser a busca pela solução do problema, não a repreensão do que acontece de maneira diferente da que esperamos. Quando mudamos o nosso pensamento para buscar a melhora, a criatividade nos direciona para mais possibilidades. Lembre-se: o que ganha atenção ganha força. Caso decida aplicá-las, lembre-se de escolher consequências que respeitem a criança, sem humilhar ou punir. Elas também devem ser previamente acordadas e diretamente ligadas à atitude inadequada. Se a criança não guarda os brinquedos, os pais podem colocá-los em um lugar inacessível até que ela se comprometa a cuidar deles, desde que isso seja previamente acordado e de forma respeitosa, como exposto anteriormente.

O foco deve ser a busca pela solução do problema, não a repreensão do que acontece de maneira diferente da que esperamos.

RESOLVENDO PROBLEMAS JUNTOS

As crianças se comprometem melhor com as regras que ajudaram a construir. Não somente elas; somos todos mais impulsionados a cumprir os acordos cuja criação dos termos estivemos verdadeiramente envolvidos. Problemas disciplinares que se repetem e estão difíceis de resolver são mais bem cuidados quando a busca por soluções é feita em conjunto. Crianças a partir dos 4 anos são perfeitamente capazes de participar dessa busca e de se comprometerem com as descobertas feitas.

TENHA EMPATIA.

Inicie a conversa falando do ponto de vista da criança, demonstrando que entende – ou quer entender – a forma como age ou pensa. Ao sentir-se compreendida, fica mais fácil que se abra para o processo, diminuindo assim a sua resistência. "Eu imagino que, depois de brincar muito, você fique cansado para guardar tudo. E que às vezes aparece algo mais interessante para fazer!"

HUMANIZE-SE.

Depois de demonstrar que entende a criança, fale sobre o seu ponto de vista. Por que aquela atitude o preocupa ou incomoda? Que sentimentos ou necessidades serão atendidos a partir da mudança? "O problema é que, quando os brinquedos ficam espalhados, a gente pode pisar e se machucar, além de quebrar tudo, e isso me preocupa. Eu gosto de ver a casa arrumada e me esforço para manter tudo assim."

FAÇA UMA CHUVA DE IDEIAS.

Convoque a criança a pensar em soluções que atendam às necessidades de ambos. Neste momento, todas as ideias são válidas e devem ser anotadas, sem restrições ou julgamentos. Deixe que a criança comece, para que se sinta mais à vontade durante o processo. "Vamos pensar em um jeito de resolver esse problema? Acho que podemos encontrar uma forma que seja legal para nós dois. Eu vou anotar as ideias e depois escolhemos as que vamos seguir, ok?"

ESCOLHA.

Depois de ter as ideias anotadas em um papel, hora de escolher as que atendem a todos os envolvidos. Não julgue ou critique a ideia da criança, apenas diga se concorda ou discorda, justificando de maneira breve. Lembre-se que acordos pedem que ambos os lados cedam, portanto, aceite que existem outros modos de chegar a um mesmo objetivo:

— Eu não gosto da ideia de deixar bagunçado e não arrumar. Vamos riscar essa.

— Mamãe, eu não quero arrumar logo depois de brincar, risca essa também.

— Acho que tudo bem você arrumar antes de ir para a escola, assim fica organizado a maior parte do dia. Tudo bem para você também?

— Sim!

— Ótimo! Então fechamos o nosso acordo!

ACOMPANHE.

Observe se a criança está cumprindo o acordo feito e, caso não esteja, convoque para uma nova conversa buscando entender o que está acontecendo e se algo precisa ser ajustado. Neste acompanhamento, podem, também, estabelecer uma consequência lógica para o descumprimento do acordo caso o comportamento permaneça.

Por mais que, aparentemente, este processo exija tempo, ele costuma ser a solução mais rápida. Quinze minutos de uma conversa, uma vez na semana, são menos cansativos e estressantes que meia hora de sermão diário. Resolver o problema juntos nos poupa tempo, além de fortalecer a relação e desenvolver o raciocínio voltado para a busca por soluções na criança. As vantagens são inúmeras.

O RESERVATÓRIO DE AMOR

VERA E MARCELO

Vera iniciou a nossa conversa falando baixo e pausadamente. Percebi que chorava. Estava cansada e desesperançosa. Marcelo, o filho mais velho, apresentava um comportamento cada dia mais desafiador. Gritava, brigava e reclamava na maioria das interações com a família, e ela já não sabia o que fazer. Admitiu que o comportamento dele a repelia e, quanto mais distante se colocava, pior ele se comportava. Era um ciclo que já não sabia quebrar. Não é difícil chegar a esse tipo de situação. Por vezes nos distanciamos das crianças sem perceber, reforçando nelas a crença de que não são amadas e aceitas, e elas nos respondem com comportamentos inadequados. Pensamos juntas em formas de demonstrar que ele era amado e aceito, que era querido na família. Ela aumentaria seu tempo com o filho, brincando, lendo ou desenhando. Também daria mais atenção aos bons comportamentos, conforme descrito no capítulo 3. Por último, decidimos que faria – ou compraria – um bolo e diria ao menino que estavam festejando a existência dele. Alguns dias depois recebi uma foto dos dois, Marcelo, sorridente com chapéu de aniversariante, abraçado pela mãe, em um lindo momento de comemoração. Vera contava que ele parecia outra criança. Celebrei.

Durante todo o capítulo falamos do quanto a criança precisa se sentir amada e aceita para se desenvolver bem, para que seus bons sentimentos transbordem para o seu comportamento. Amamos os nossos filhos, daríamos a nossa vida por eles se fosse necessário. Fazemos muito por eles. Pensamos em seu bem-estar, em sua saúde, em seu desenvolvimento, em seu futuro. Mas quanto tempo temos passado com eles? O que temos feito com eles? Quanto desse imenso amor estamos transmitindo? Quantas vezes estamos desacelerando para acompanhar o seu ritmo? Quantas gargalhadas damos juntos diariamente? Quantos abraços, quantas conversas, quantos carinhos?

Quantos minutos lhes dedicamos sem qualquer distração ao redor? Como temos respondido a uma das perguntas mais especiais que podem nos fazer: "Quer brincar?" É essa pergunta que nos convida a compartilhar os universos imaginários, a massa de modelar, a tinta, que nos convoca a viver um pouquinho no seu mundo. Qual foi a última vez que você brincou por quinze minutos, sem se deixar levar pelo celular ou pela TV? Não trinta minutos, não quarenta. Quinze. Quinze minutos sem pensar nas contas que venceram ontem e ainda não estão pagas, nos e-mails que não foram respondidos, nos pratos que precisam ser lavados. Quinze minutos de inteireza, de entrega, de atenção verdadeira. Você consegue se lembrar de qual foi a última vez que fez isso?

Temos, todos nós, um reservatório de amor. Um lugar onde recarregamos nossas energias e guardamos todo o carinho e o cuidado que recebemos e que nos mantém emocionalmente nutridos. Quando os níveis no reservatório estão baixos, quando nos sentimos sozinhos e desamparados, nossas atitudes exprimem o vazio interior. A espera no caixa do supermercado parece mais difícil, a fechada no trânsito provoca mais irritação, o choro da criança parece mais estridente. O reservatório de amor cheio aumenta o nosso pavio, amplia os nossos limites e expande a nossa capacidade de lidar com o imprevisto. Com as crianças também é assim. Elas se tornam mais capazes de lidar com as frustrações e mais resilientes quando se sentem seguras, amadas e aceitas. A conexão transforma a relação. Sentir-se conectada aos pais faz com que acolha mais facilmente as negativas que recebe. Conexão alonga o pavio, evitando explosões. Antes de focar nos maus comportamentos e dar força apenas ao que não quer ver crescer, reflita sobre como está o reservatório de amor da sua criança.

É importante lembrar que nem sempre os baixos níveis no reservatório de amor são responsabilidade da nossa falta de tempo. Por vezes, condições adversas alteram a segurança emocional da criança e nos resta estar atentos para interferir quando necessário. Quando o meu filho estava com cerca de 4 anos, seu comportamento mudou inesperadamente. Busquei formas de lidar com o

Temos, todos nós, um reservatório de amor.

que estava acontecendo, mas diariamente a demanda aumentava. Aos poucos percebi que as perguntas que fazia estavam mudando: ele me perguntava sobre a morte, sobre doenças, sobre acidentes. Era nítido que estava mudando a forma de olhar o mundo e isso estava lhe transmitindo maior insegurança, a qual refletia em seu comportamento. Aumentamos as nossas conversas e o nosso tempo juntos. O fortalecimento desse cuidado não mudou o mundo ao nosso redor, não alterou os seus medos, mas fez com que se sentisse forte o suficiente para lidar com eles, e isso transformou os nossos dias.

CRIANÇAS ESTRESSADAS

EVA E GUSTAVO

Eva era aluna de um dos meus cursos on-line. No grupo em que as alunas e alunos se apoiam, ela escreveu sobre o comportamento do pequeno Gustavo, de 2 anos. Estava desesperada. O menino batia quando contrariado, tanto na escola quanto em casa. Contou que já havia tentado usar todas as ferramentas que conhecia e nada resolvia o problema. Pedi a ela que me contasse um pouco sobre a rotina, dos horários em que o filho ficava na escola, do esforço que faz de pegá-lo no meio da tarde para que pudessem conviver. No entanto, a convivência estava extremamente desgastante. O mau comportamento começava na porta da escola e ia até a hora de dormir. Perguntei sobre o tempo que ficava exposto a telas, se brincava na areia, se havia massa de modelar. Sugeri mudanças na rotina e inclusão de atividades que canalizassem a energia que não está sendo gasta. Na mesma noite, Eva, agradecendo pela conversa, me enviou uma foto do pequeno Gustavo brincando com a mangueira no quintal de casa. A tarde fora tranquila como há muito tempo não era.

Umas das primeiras perguntas que faço aos pais quando me contam dos problemas disciplinares é: sua criança tem brincado livremente? A brincadeira tem papel essencial no desenvolvimento saudável. É por meio dela que a criança decifra o mundo ao seu redor. É nela que treina a sua capacidade de lidar com o estresse, a ansiedade, a angústia e vários outros sentimentos. A brincadeira é um treino para a vida. Extravasa a energia, descarrega as tensões. Os benefícios dos exercícios físicos e do movimento são comprovados cientificamente. Enquanto vemos os adultos correndo para as academias e para diversos outros exercícios físicos, as crianças estão cada dia mais expostas a telas. Tablets, celulares, televisões, smartphones. As horas em frente às mais diversas telas superam o tempo de brincadeira livre e nós pagamos a conta. Crianças estressadas, adoecendo física e emocionalmente. Crianças nervosas, que explodem ao menor sinal de desagrado. Não busco aqui julgar nenhum pai ou mãe. A televisão é uma babá eficiente, deixa a criança quieta por um bom tempo, e, na rotina excessivamente atarefada em que vivemos, a quietude é um presente. Inúmeras obrigações diárias, uma lista de tarefas a fazer que é maior que a capacidade de executá-la. A televisão vira uma tábua de salvação neste mar revolto. Por isso digo que não julgo. Porque a rotina, por vezes, também me engole. A grande questão é: vale a pena? Que consequências tem trazido essa quietude? Que preço a ausência de movimento tem cobrado?

Crianças precisam brincar, assim como precisam de água, comida e sono. Precisam. Correr, gritar, sujar-se de areia, de tinta. Sentir a massa de modelar nas mãos. Desenhar, colar, pintar. Ter contato com a natureza, sentir a grama nos pés. Viver presos em apartamentos não reduziu as suas necessidades. Brincar nutre a alma. Crianças bem nutridas são mais felizes, e esta felicidade se reflete na convivência.

Crianças precisam brincar, assim como precisam de água, comida e sono.

RESUMO DO CAPÍTULO

- Punições não educam a longo prazo, induzem à mentira e ferem a relação da criança com os pais e consigo mesma;
- Muito do que julgamos ser um mau comportamento faz parte do desenvolvimento do ser humano, e entender suas fases nos torna mais hábeis a lidar com elas;
- Crianças precisam do sentimento de aceitação e de amor, e o mau comportamento reflete formas equivocadas de consegui-los;
- Atenção indevida, disputa de poder, vingança e inadequação assumida são quatro raízes de mau comportamento, segundo Rudolf Dreikurs;
- Observar as necessidades e os sentimentos que estão por trás do comportamento nos faz desenvolver formas construtivas de agir;
- Falar positivamente, oferecer escolhas e deixar que a criança experimente as consequências das suas atitudes são alternativas às punições;
- Consequências naturais são aquelas que não dependem de qualquer atitude do adulto para que aconteçam. São efeitos lógicos e previsíveis das atitudes tomadas;
- Consequências lógicas dependem da interferência do adulto para que sejam experimentadas e devem ser utilizadas com foco na resolução de problemas;
- As crianças se comprometem mais com as regras que ajudaram a construir. Crianças a partir dos 4 anos são perfeitamente capazes de participar dessa busca e de se comprometerem com as descobertas feitas;

- O reservatório de amor influencia diretamente no comportamento das crianças. A conexão é essencial para boas relações;
- Menos exposição a telas e mais brincadeiras reduzem o estresse e refletem na saúde física e emocional da criança.

7.
UM NOVO OLHAR SOBRE NÓS

Certa vez, ao concluir um workshop, percebi que ninguém se levantou com pressa. Apesar de a sala estar bem cheia, e depois das várias horas sentados ali, juntos, ainda estávamos digerindo tudo o que foi dito e dividido. As histórias contadas, as lágrimas que alguns derramaram, os risos que muitos deram. Existia uma energia quase palpável. Uma das mães disse que educar é um exercício de autoconhecimento. O grupo concordou. "Tudo começa de dentro", falou um pai. "Tenho que reaprender a lidar comigo", outra mãe completou. "Eu vim para falar do meu filho, e estou saindo com muitas reflexões a meu respeito", ouvi de alguém sentado no fundo da sala. Mais uma vez o grupo concordou. É incoerente buscar a não violência na relação com os filhos e ser carrasco de si mesmo. Pedi a todos que respeitassem o próprio tempo, a própria história e o próprio processo. Não existe um ponto de chegada, tudo é caminhada. "Acolhimento, empatia e compaixão precisam fazer parte da nossa relação com nós mesmos. Quando estamos cheios deles, fica mais fácil transbordar para os nossos filhos." A sala começou a ficar vazia, e eu, como em todos os eventos, torci intimamente para que não esquecessem aquelas últimas palavras e que fossem pacientes e amorosos pais e mães de si mesmos.

Este é o capítulo mais importante do livro. Nenhum dos ensinamentos anteriores fará sentido se você não prestar atenção a cada linha a partir daqui. Se não se empenhar verdadeiramente em mudar a sua comunicação consigo mesmo. Perfeição não existe. As falhas continuarão ocorrendo na sua casa, de vez em quando a voz sairá mais alta que o necessário. A vontade de bater, de humilhar ou de se colocar como vítima do mundo também continuará existindo. E o surgimento delas não é uma prova de que você nasceu com defeito. Até aqui falamos de formas não violentas de educar os nossos filhos, e conhecê-las pode ter feito você perceber que recebeu uma educação que não fortaleceu a sua autoestima, a sua autoimagem e o seu amor-próprio. Que os seus pais não tinham ferramentas para lidar com as suas emoções de maneira saudável e positiva. E que, muito provavelmente, existem feridas profundas na criança que você foi. Ok, está tudo bem. Respeite a sua história, o seu processo, o seu tempo. Nenhuma das informações adquiridas nessa leitura alterou o seu chip ou reprogramou a sua mente. Você continua sendo você. Os seus padrões continuam por aí, os seus supostos defeitos permanecem existindo. Nenhuma mudança é instantânea, não se queremos que ela seja duradoura. Está na hora de baixar a guarda e as armas em sua relação consigo mesmo. Este é um capítulo que convida você a hastear a bandeira branca e fazer as pazes com a sua complexidade. Você merece.

A SUA PRIORIDADE É VOCÊ

Enquanto estou escrevendo este livro, vivencio um processo de estresse muito grande. Não pela escrita, mas pela fase que estou atravessando em minha vida. Dois filhos, cuidados com a casa, trabalho, crise no casamento e a minha mãe tratando um câncer de mama. Meu corpo passou a dar os sinais de que está sobrecarregado. Primeiro me enviou o sinal do ganho de peso. Vinte e seis quilos a mais em dois anos. Vinte e seis! Mas eu continuei, fingindo não perceber. Ele então me enviou movimentos faciais involuntários. Continuei ignorando. Novo sinal, um zumbido pulsátil, o que significa que estou ouvindo o meu coração pulsar em meu ouvido. Agora, neste exato momento, as letras saem enquanto escuto o "tum-tum-tum". Esse foi um sinal que não pude ignorar. E, em meio ao furacão de obrigações diárias, encaixei consultas médicas e mais visitas ao consultório da minha terapeuta. Em algum momento da jornada da maternidade, esqueci que cuidar de mim era essencial para cuidar do outro. Quanto mais pesada a rotina menos lembramos que existimos. Não há tempo para ligar para uma amiga, para um banho de piscina, para saborear a comida com tranquilidade. Pagar a aula de dança, de boxe ou de ioga é luxo, é supérfluo. Não há tempo de parar para pensar, porque os braços precisam se movimentar freneticamente equilibrando os pratos imaginários que giram ao nosso redor, em um malabarismo estafante. "E se você morrer hoje, Elisama?", perguntou a terapeuta, me dando uma necessária sacudida. Parei então para refletir que, se não me cuido, não aguento. Cuidar de mim é cuidar de todos que precisam do meu cuidado. É manter os braços fortes e saudáveis para o malabarismo. É também aceitar que alguns dos pratos que insisto em manter girando no ar precisam se espatifar no chão, pelo bem da minha saúde mental. A minha prioridade deve ser eu. A sua prioridade deve ser você.

Os pais me falam que a prioridade deles são as crianças. Sempre. Então, enquanto a criança está com o cartão de vacinação em dia e as consultas ao pediatra regularizadas, eles estão com uma sensibilidade no dente desde que os filhos nasceram e não encontram tempo para ir ao dentista. A lista de obrigações os assola e os cuidados consigo mesmo vão sendo empurrados para depois. O nosso compromisso conosco pode ser desmarcado, adiado, riscado da lista por tempo indeterminado. Qualquer coisa parece ser mais importante que você. Essa educação que faz focar no outro nos distanciou do autocuidado. Amar-se é algo presunçoso. Associamos humildade a nos diminuirmos. Pensar em si é egoísmo, e Deus nos livre de sermos egoístas. Por isso cuidamos de todos, nos doamos — sobretudo nós, as mulheres — esperando que o outro, como prova de amor e reconhecimento, cuide de nós. Filhos precisam do nosso cuidado, do nosso carinho e da nossa atenção, mas não devem ser a nossa prioridade, não a única. São nossa prioridade também. Dizer sim para o outro enquanto amargamos inúmeros nãos para nós mesmos tem o seu preço. Às vezes descontamos na relação com as crianças, às vezes descontamos nos relacionamentos amorosos. Às vezes quem paga o preço é o corpo, como no meu caso. Não digo aqui que você fará apenas o que quer, sem ponderar consequências ou sem pensar no bem-estar do seu filho. Digo que é importante pensar no seu bem-estar também. Que as escolhas devem ser pensadas ponderando os interesses e possibilidades de ambos. Digo, principalmente, que você existe e que, se não cuidar desse ser fantástico que é, ninguém o fará. Quer ter uma relação de mais amorosidade e leveza com a sua criança? Mantenha-se nutrido em suas necessidades de carinho, atenção, compreensão, pertencimento. É impossível cuidar da criança sem cuidar do adulto que cuida dela, por isso deixo algumas sugestões para que você possa viver melhor consigo e, logo, com seu filho:

CUIDE DO SEU CORPO.

É impossível cuidar da criança sem cuidar do adulto que cuida dela.

Quanto tempo você tem dedicado a cuidar do seu corpo? Não me refiro a atender os padrões de beleza vigentes. Quantas horas tem dormido por dia? Já percebeu que, quanto menos dorme, menos paciência tem com os problemas diários? Qual foi a última vez que tomou um banho de verdade? Que massageou os próprios pés? Seu corpo não é apenas um meio de transporte. Ele não existe apenas para levar a sua cabeça para todos os lugares. Ele é a sua casa. É onde você vai morar até o seu último dia de vida. Preste atenção aos sinais que dá, escute-o com atenção. Dê as pausas que ele merece; pare, sente-se e respire sempre que ele pedir. Uma pausa de cinco minutos não fará o seu dia desmoronar, mas fará um bem imenso a você.

CUIDE DO QUE OUVE E LÊ.

Em poucas horas nas redes sociais, somos bombardeados com todo tipo de postagem. De um lado, as tragédias, notícias devastadoras e informações sobre o quanto o mundo está violento. Do outro, amigos que parecem viver em uma terra de felicidade absoluta, fazendo com que acreditemos que os problemas que vivemos são fruto de uma total incapacidade de lidar com a nossa própria vida. Esses recortes da realidade nos despertam frustração, angústia, decepção, medo. Ferem a nossa confiança em nós e em um futuro melhor. Por que permanecer alimentando algo que influencia diretamente o seu bem-estar? Falamos bastante sobre a importância do sentir em nossa vida, e a relação entre sentimento e comportamento não se aplica apenas às crianças, mas a nós também. Aprenda a filtrar o que merece ou não a sua atenção. Lembre-se de que o que ganha atenção ganha força.

CUIDE DO QUE FALA.

Quantas vezes você tem se calado por medo de ofender, de não ser aceito ou simplesmente porque acredita que não deve falar? Às vezes, abrimos mão de coisas importantes porque estamos mais preocupados com o outro do que conosco. Comece a dizer "sim" para você, o que, às vezes, acarreta "não" para o outro. E, como já vimos, a cada vez que você diz um não a você para agradar ao outro, alguém paga por esse não. Digamos que seu cônjuge convida você para jantar com um casal de amigos. Você não gosta do casal, mas, para não brigar, acaba aceitando. E passa o caminho todo de cara feia, resmungando, e uma curva errada vira motivo para uma briga. Você sente que ele está lhe devendo algo porque você abriu mão de algo importante para você, por ele. Seria melhor falar com sinceridade: "Amor, sinto muito, mas hoje não dou conta de conversar com os seus amigos. O dia foi bem cansativo e eu quero ficar em casa. Pode ir sozinho, ou podemos marcar um dia em que eu esteja mais disposta." Entenda que, na forma tradicional de educação, somos treinados a acreditar que agradar ao outro deve ser a nossa prioridade. Vivemos com a pergunta "O que será que vão pensar?" pairando em nossa mente e guiando os nossos dias. É você quem deve defender os seus interesses e posicionamentos, é você quem tem que pensar em seu bem-estar. Essa é uma tarefa sua, não do outro. E, caso decida atender ao outro, faça isso conscientemente, assumindo a responsabilidade pela sua escolha.

CUIDE DAS SUAS ESCOLHAS.

Há um tempo, ser uma boa mãe ou um bom pai era apenas manter os filhos vivos. Hoje acrescentamos um milhão de quesitos para nos julgarmos bons pais. A escola de pedagogia alternativa, a alimentação sempre fresca, recém-preparada e de preferência orgânica. Não terceirizar a infância e, ao mesmo tempo, não parar a vida ou a carreira depois dos filhos. Exercitar-se diariamente, manter os dentes brancos e saudáveis e o sorriso estampado no rosto. Saber sempre a dose certa de "sins" e "nãos" da educação. Não dá. É simplesmente impossível atender a todas essas expectativas e permanecer emocional e fisicamente saudável. Eleja as suas batalhas. Escolha o que deve ou não ficar em sua rotina. Olhe para as suas escolhas e perceba quais ainda fazem sentido e quais são reproduzidas automaticamente e você já nem sabe o porquê. Quais estão libertando a sua rotina? Quais estão aprisionando a sua vida? Tudo bem voltar atrás, mudar algumas decisões, refazer as escolhas, desde que estejamos cientes das consequências.

CUIDE DA SUA DIVERSÃO.

Quando alguém me procura para consultoria relatando impaciência para lidar com os problemas disciplinares, pergunto o que a pessoa tem feito para se divertir. Em regra, a resposta é "Nada". Esquecemos que a diversão, as gargalhadas e os momentos de lazer aumentam a nossa paciência. Isso nos torna mais capazes de respirar fundo, em vez de explodir diante da primeira contrariedade. Há aqui dois pontos importantes. O primeiro é que a diversão muda após a chegada dos filhos, e é preciso desapego para lidar com essa mudança de forma leve. É preciso descobrir novas formas de diversão, novos lazeres que se encaixam na nova fase da vida. Alguns pais se apegam ao que era divertido antes do nascimento das crianças e acreditam que não há forma de curtir com os filhos, e se tornam pais sisudos e reclamões. Redefinir a diversão faz parte do amadurecimento. O segundo ponto é que ter filhos é um passe livre para voltar a brincar, para se conectar novamente com a criança que você foi. É um passe livre para banho de mangueira, para pulos malucos na piscina, para brincar na lama, para brincar de corrida com o carrinho do supermercado. As crianças são uma excelente oportunidade de reconexão com os nossos prazeres mais genuínos, com a nossa essência que sabe o valor do hoje, cujo sinônimo é "presente" não por acaso. Diversão é necessidade básica.

DESATIVANDO OS AUTOMATISMOS

LETÍCIA

Iniciamos a consulta e, em poucos minutos, Letícia já havia repetido três vezes que não era uma boa mãe. Ela trabalhava o dia quase todo e, nos demais momentos, ficava em casa cuidando das crianças. Mostrava-se preocupada com o bem-estar da família e muito cuidadosa com as suas responsabilidades. Nossa intenção era buscar formas empáticas de lidar com problemas disciplinares da filha mais velha; no entanto, eu sentia que a convicção de que era uma mãe ruim influenciava diretamente nas suas reações aos comportamentos da menina. Perguntei o que significava ser uma boa mãe, e ela gaguejou. Pedi que pegasse um papel e uma caneta e listasse as características que ela achava que deveria ter. A lista de obrigações era imensa. Uma boa mãe tem que ser paciente e tranquila. Tem que gostar de brincar todos os dias. *Tem que* um monte de coisas. Assim que concluiu a lista, pedi que lesse para mim. A mulher chorou enquanto as palavras saíam. "Você acha que essa boa mãe é humanamente possível?", perguntei. Ela apenas balançou a cabeça em negativa. Percebeu então que, se não mudasse o conceito do que era ser mãe, a frustração a acompanharia até o fim dos dias. Combinamos que ela começaria a refletir sobre as cobranças que fazia a si mesma, sobre a forma como lidava com o mundo por conta dessas cobranças. Que buscaria estar presente e atenta. A mudança na postura diante de si refletiu diretamente em todas as suas relações.

Quantas coisas você faz diariamente no piloto automático? Acorda pensando nas pendências diárias, alimenta-se pensando no que tem a fazer, chega aos lugares sem saber ao certo que caminho pegou. Come sem sentir o sabor da comida, caminha pela rua sem perceber os cheiros e sons que a vida tem. Conversa, escuta e responde com a mesma reatividade, sem qualquer protagonismo na própria vida. Será que tem mesmo que ser assim? Na prática da atenção plena buscamos estar presentes. Certa vez a Monja Coen, famosa representante do zen-budismo no Brasil, comentou sobre quais são os melhores pensamentos para iniciarmos o dia. Segundo ela, devemos iniciar o dia estando presente nele. Sentindo o pé tocar o chão. Sentindo os músculos do braço se alongarem. Sentindo a água encher a mão e chegar ao rosto, percebendo a sua temperatura e o que esse toque desperta em nós. A mente é um cavalo selvagem. Ela pode estar em diversos lugares ao mesmo tempo. Pode estar no passado ou no futuro. O corpo só pode estar no aqui e agora. Sentir o corpo é ancorar no presente. É a melhor forma de tirar a atenção da mente tagarela.

Somos contadores de histórias. E tudo, absolutamente tudo que você utiliza para definir quem é faz parte de inúmeros roteiros criados em sua mente. Muitas dessas histórias vieram dos seus pais, dos seus amigos, das pessoas que foram importantes em sua vida. E você continua contando e recontando todas elas, agindo de acordo com o script, como se fosse apenas mais uma personagem dessa narrativa. Quando Letícia olhou para a história que buscava entender, pôde perceber o quanto era violento consigo mesma tentar se encaixar naquele padrão, mas esse momento só foi possível porque ela saiu do automático. Porque se tornou consciente. Por alguns instantes, questionou as histórias que a contadora de histórias em sua mente repetia sem parar. E esse questionamento lhe permitiu agir diferente.

Quantas escolhas você tem feito de maneira consciente? Quantas vezes tem pensado antes de agir? Quantas vezes tem se permitido atuar de maneira diversa da personagem que desenvolveu durante a infância? Todos desenvolvemos capas para nos proteger das dores na infância. A "durona", a "chorona", o "reclamão", o "brigão", a "dengosa", a "gulosa". Entramos nessas personagens tão cedo que já não lembramos quem somos sem elas. E seguimos falando as suas falas e agindo de acordo com as suas atitudes. "Eu sou assim!", dizemos, sem perceber que ninguém é uma coisa só, que agir sempre do mesmo jeito é desconsiderar as peculiaridades de cada situação. Para desativar o piloto automático, a receita é eficaz, mas excessivamente desafiadora: questione a sua mente. Respirar fundo e perceber que as histórias que contamos são apenas histórias nos faz mais fortes e capazes de decidir como agir, em vez de apenas reagir.

Veja algumas sugestões para você se desconectar do personagem infantil:

OBSERVE SEM JULGAR.

Separar a realidade das histórias que contamos sobre ela é o primeiro passo para tomar decisões conscientes e alinhadas com as nossas intenções.

SINTA.

Perceba quais sentimentos essa realidade lhe desperta e para quais necessidades eles apontam. Descrever o que acontece, livre de julgamentos, interfere diretamente em como nos sentimos diante da realidade.

DECIDA COMO AGIR.

Somos ativos na vida quando pensamos sobre as ações, em vez de apenas reagir ao que nos acontece sem qualquer reflexão anterior. Se não decidirmos conscientemente estar presentes em nossas ações, agiremos de modo automático sem perceber.

O piloto automático é importante para a nossa sobrevivência, e isso é um fato difícil de questionar. Se aparecer um leão em sua frente neste exato momento, todos os seus instintos de sobrevivência serão acordados, virando a chave do seu raciocínio para o modo instintivo, disparando o alerta: "Fuja ou lute!". Convenhamos que, em um momento como esse, seria fatal parar para descrever com clareza a realidade, analisar os próprios sentimentos, sentir os músculos se contraindo de medo e só então decidir como agir. Viraríamos lanchinho de leão. O grande problema é que nos acostumamos a agir de modo automático. E vivemos sem ver, estamos sem estar. Qual foi a última vez que você brincou com a sua criança percebendo o barulhinho da risada dela? Qual foi a última vez que sentiu o calor que a sua mão transmite ao tocar o braço de seu filho? Estar presente nos mínimos detalhes é um esforço diário, mas tem uma recompensa indescritível. Melhora a nossa relação conosco, com o outro e com o mundo.

ACEITANDO A SUA HUMANIDADE

SÍLVIA

Em um encontro, estávamos falando sobre como lidar com a criança quando estamos com raiva. Lá no fundo, vi uma mão balançar pedindo a fala. Sílvia contou que não aceitava a própria agressividade. Que não admitia sentir o que sente. Disse que se inscreveu no workshop porque queria aprender a não se sentir daquele jeito. Ela foi uma menina rotulada como brava durante toda a infância. Cresceu com a fama de briguenta e sempre considerou a tendência à explosão o seu maior defeito. Era o traço da sua personalidade mais rejeitado pelos seus pais, o que mais lhe causou dor na vida. Sorri compassivamente. "Só aprendemos a lidar com o que aceitamos que existe. Está tudo bem ser você." Ela balançou a cabeça, com os olhos cheios de lágrimas. Falou da raiva com as crianças, da raiva que sente desde criança. Disse que não podia se aceitar. Não podia. Dividi, então, um pouco da minha história, que tem muitos pontos semelhantes aos dela. A raivosa, brava, briguenta. Sílvia. Eu. Dividir uma vulnerabilidade em momentos como esse tem um efeito lindo de se vivenciar. Compartilhamos da mesma humanidade. Nós duas, algumas outras pessoas da sala. Já não éramos espécies com defeito de fabricação. Sílvia agradeceu e me prometeu buscar formas de lidar com quem era em vez de travar verdadeiras batalhas com o próprio sentir. Relembrei intimamente o meu caminho de aceitação e quanta coisa mudou desde o dia em que decidi parar de brigar comigo mesma, por isso torci para que ela persista. Como se tivesse lido os meus pensamentos, entre lágrimas, Sílvia sorriu.

Todos os sentimentos que visitam você diariamente fazem parte da experiência humana. Não são opcionais, são itens de série. Não dá para desinstalar ou pedir uma nova configuração. Por muitos anos, ouvimos que nossos sentimentos ou características eram indevidos e inadequados, por isso interiorizamos que deveríamos ser pessoas diferentes do que somos, para merecermos amor e respeito. "Assim o papai não ama!", "Mamãe não ama você quando fala assim!", "Você não pode ser assim!" e as variações dessas frases fizeram parte da infância da maioria de nós. Somamos a isso os estereótipos criados pelo senso comum do que seriam as pessoas de sucesso, as boas mães, os bons pais. O resultado somos nós, adultos que, em regra, amargam diariamente a certeza de que não são bons o suficiente e precisam brigar com essas características que os tornam inadequados, para que tenham força para mudá-las. Se bater, brigar e humilhar parece ser o que educa, nos acostumamos a estabelecer essa linguagem bélica e violenta internamente. Aceitar o que repelimos em nós é algo que não pode ser uma opção, senão nos acomodaremos em versões desprezíveis de nós mesmos. Será?

Todos os sentimentos que visitam você diariamente fazem parte da experiência humana.

Quando as pessoas têm o primeiro contato comigo, estranham. Sou uma mulher de fala firme e tom alto. Também sou craque na cara de brava e mesmo o meu melhor sorriso não é calmo e tranquilo. Alguns colegas na escola me chamavam de El Niño, em referência a um furacão que causava alterações climáticas em muitos lugares do mundo. Por muitos anos fui a advogada mais brava do escritório, e meu marido brincava que os funcionários do supermercado que frequentávamos avisavam uns aos outros quando eu estacionava o meu carro, para que conferissem todos os rótulos e preços antes de eu entrar. Resumindo, a minha imagem é a última que você criaria em sua mente ao pensar em alguém que trabalha com não violência. No entanto, aprendi que nenhuma das minhas características me define ou deve ser determinante em meu comportamento. Que sou muito mais que uma pessoa que tem tendências a explosões de raiva. E, mesmo sem o tom de voz doce que por muito tempo eu queria ter, levo acolhimento e empatia para as famílias. Eu, a menina brava.

Eis o grande paradoxo da vida: só conseguimos transformar aquilo que aceitamos. Você só conseguirá aprender a lidar com as características mais desafiadoras quando aceitar que existem. Brigar consigo mesmo é uma batalha sem vencedores, inútil e dolorida. Acolher-se e perceber qual a sua forma de estar nesse mundo é o que pode tornar os seus dias mais leves e fluidos. Autenticidade. Ficar atento ao que por tantos anos o definiu e perceber que é possível ressignificar as suas experiências. Redesenhar os conceitos de sucesso, de felicidade, de maternidade e de paternidade, porque os conceitos predefinidos não conseguem abarcar toda a diversidade de pessoas e suas peculiaridades.

A parentalidade não nos deu superpoderes ou nos fez sobre-humanos. Não aprendemos todas as coisas, não temos todas as respostas. E, principalmente, não há uma linha de chegada que, ao ser cruzada, nos deixará mais felizes e seguros. A linha reta e constante é a morte. A vida oscila, e ser humano é viver nessa dança. Tristezas, frustrações, angústias, medos, dúvidas. Todos os sentimentos fazem parte da vida. Não brigue com eles, não acredite que pode viver sem o que nos faz humanos. Não brigue consigo. Seja qual for a característica que você tem vontade de arrancar de si, ela não o define. Ninguém é uma coisa só. E você pode criar ferramentas para lidar com ela, sem se desrespeitar no caminho. Tudo o que este livro apresentou para lidar com os sentimentos dos filhos, motivando-os, pode ser aplicado em nossa relação interna.

ACEITANDO A SUA REALIDADE

ELISA

Elisa e eu conversávamos sobre os problemas disciplinares do pequeno Heitor, quando perguntei como estava o tempo de diversão e brincadeira do menino. Ele tem corrido? Pinta? Brinca com areia? Massa de modelar? Ela me disse que o menino não tinha espaço para brincar, pois moravam em um apartamento pequeno e não havia área de lazer no condomínio. Ela fez uma lista do que gostaria de fazer e não podia. Os argumentos para não transformar os desejos em realidade eram muitos: a falta de tempo, o trabalho, a falta de espaço. "Sei que as teorias são lindas, mas não estão vivas. Cada família tem as suas possibilidades e sua história, e a gente faz o que cabe nelas. O que você pode fazer hoje, sendo Elisa, mãe de Heitor, essa mulher que trabalha o dia quase todo, que mora em um apartamento pequeno e que está com pouca grana? O que você e seu companheiro podem fazer para satisfazer à necessidade de brincadeira do filho?". Pela primeira vez, ela foi convocada a sair da briga com as próprias possibilidades e aprender a lidar com elas. Concluímos o nosso encontro e, um tempo depois, recebi uma foto do pequeno brincando com caixas e tinta, em um espaço bem pequeno na microvaranda do apartamento, com um sorrisão no rosto.

As crianças acordam cedo e, na minha cabeça, a ladainha interna começa: "Eles têm que voltar a dormir. Não é possível acordar tão cedo! Vão passar o dia chatos e eu vou ter que lidar com o mau humor deles e com o meu. Isso não é justo!". Helena chora pela 32.941ª vez no dia e lá vai a minha mente: "De novo, não aguento mais o choro dessa menina! Como eu pude parir alguém tão sensível? Em algum momento eu vou estragar essa criança para sempre!". O marido se esquece de fazer algo que pedi e lá vem a contadora de histórias: "Ele não me respeita. Ele tinha que lembrar, eu nunca peço nada e, quando peço, não faz! Isso é falta de consideração. Ele não podia ser assim." Não sei se você se identifica com alguns dos meus diálogos internos, mas todos eles têm em comum algo que fazemos diariamente sem perceber: brigar com a realidade. Gastamos um tempo precioso e muita energia reclamando e dizendo que a realidade deveria ser diferente do que é, como se as nossas reclamações fossem capazes de mudar o que está acontecendo. A realidade está posta, é o que é. Posso acrescentar mais diversão ao dia que tem grandes probabilidades de ser difícil por conta do horário em que as crianças acordaram, posso acolher o choro de Helena e apresentar formas de lidar com o que lhe causa dor, posso pedir ao marido que saia novamente para buscar o que pedi ou posso eu mesma fazê-lo. Alimentar a minha tagarelice mental não resolverá nenhum dos meus problemas. Deixar-me levar pelas histórias que conto a respeito do que me acontece apenas aumentará a minha angústia e a sensação de que sou o único ser humano do mundo a ter problemas.

A aceitação da realidade engloba, inclusive, aceitar o que essa realidade desperta em nós. Ouvimos tantas vezes que não tínhamos motivos para chorar que acreditamos realmente que a nossa tristeza é indevida. Ficamos tristes por nos sentirmos tristes. Queremos controlar o incontrolável, e essa briga, para variar, não resolve nada. Aceitar o que as situações despertam em nós nos torna mais potentes para lidarmos emocionalmente com elas de forma mais inteligente e assertiva. Eu tenho uma tendência a ser mais grosseira com as crianças quando estou com os meus pais. A necessidade de ser aceita e amada por eles, de demonstrar que sei ser uma boa mãe e que as minhas teorias funcionam fala alto quando estamos próximos e, se não me vigiar, pareço uma criança dando piruetas e falando: "Olha, mãe, olha, pai, o que eu consigo fazer!". Em outros tempos, essa constatação me faria entrar em um ciclo de autodepreciação que incluiria as palavras "ridícula", "criançona" e "carente". Atualmente, evitando brigar com quem sou, reconheço a minha necessidade de reconhecimento e amor, e me coloco atenta a essa tendência. Saio de casa pensando: "Hoje estou com uma tendência maior a ser impaciente com as crianças, preciso me observar." Triplico a vigilância sobre os meus atos e evito agir impulsivamente. Ao aceitar e assumir a minha limitação, evito que os pensamentos de "Como eles estão insuportáveis hoje!" diminuam o meu discernimento. Somos humanos, cíclicos como toda a natureza, e esses ciclos incluem dias ruins, dias de mau humor, dias de mais energia e dias de cansaço. Dias ensolarados e dias chuvosos. Assumir as nossas incapacidades e criar estratégias para lidar com elas deve ser o nosso normal.

Não podemos controlar o ritmo das ondas ou a força do mar, mas podemos decidir de que forma vamos navegar.

A aceitação da realidade engloba, inclusive, aceitar o que essa realidade desperta em nós.

AUTOCOMPAIXÃO E AUTOEMPATIA

HELENA, O CHORO E EU

Helena, a minha filha caçula, arrumava-se para sair, enquanto eu, sentada no sofá, esperava. Não estava em um dia tranquilo e eu tenho consciência de que esperar não é um ponto forte em mim. Ela demorava e eu comecei a me irritar. Chamei uma, duas vezes, enquanto ela me pedia para esperar. Gritei, chamando de um jeito grosseiro. Instantaneamente ela chorou. Um choro sentido, doído. "Você não foi gentil comigo!", me falou com o rosto lavado em lágrimas. Tenho cuidado para não encaixar a minha pequena na personagem da filha boazinha, porque seria muito fácil fazê-lo. Ela é uma criança maleável e amorosa, de acordo com os meus julgamentos, claro. Vê-la chorando daquele jeito disparou em mim uma série de pensamentos violentos. "Eu sou muito grossa, não precisava falar assim. Magoei a menina sem necessidade alguma. Por que tenho que ser como um bicho selvagem? O que passou em minha cabeça quando decidi ter filhos? É lógico que não nasci para isso! Depois vou dar palestras falando sobre empatia. Fraude!". Respirei fundo e tomei consciência do que estava fazendo. Era a minha voz julgadora e implacável apontando as minhas imperfeições sem qualquer piedade. Abracei a minha filha, que logo voltou para o quarto para concluir o que estava fazendo, depois de combinarmos que o faria em cinco minutos. Sentei e ofereci conforto a mim mesma. "Você está em um dia difícil, muitas coisas estão saindo diferente do planejado. É realmente angustiante viver o que está vivendo. Ter paciência nessas horas exige muito. Vai ficar tudo bem, da próxima vez você consegue, tenho certeza." Passei as mãos carinhosamente em volta dos meus braços. O coração aliviou um pouco. Com a compaixão que pude me ofertar, me senti mais capaz de fazer melhor.

Este é o último tópico do livro. Coloquei este tema cuidadosamente no final, porque desejo que ele fique gravado em sua memória, que encontre espaço no seu coração e cresça muito. Como anda o seu diálogo interno? De que forma você trata a si mesmo quando é menos que perfeito? Quais histórias conta quando a sua humanidade o relembra de que você não é um robô infalível? Trata a si mesmo com bondade amorosa ou inicia sessões de humilhação e autoflagelo?

A maioria de nós está acostumada a se xingar. A guardar para si as piores palavras, as maiores grosserias. Consideramos normal dar voz ao "eu" julgador que mora em nossa cabeça e deixamos que, do alto do seu trono de gelo, ele nos aponte os dedos frios e nos envergonhe com brutalidade. "Está vendo? Bem feito! Eu não faço nada certo! Não presto atenção, não me esforço. Dá nisso!". Existe também a versão autopiedosa: "Eu sou muito azarado, nada dá certo para mim. Por que me iludi, achando que finalmente as coisas seriam tranquilas e fáceis? É lógico que não!". Não podemos esquecer a versão que prevê o futuro. "Onde eu estava com a cabeça quando achei que daria conta de mais uma função na empresa? Eu mal dou conta do que está em minha mesa! A minha vida está um caos! As crianças passam tanto tempo sem mim, agora então! Eu sou muito irresponsável e egoísta!". Independentemente da variação do discurso, todos guardamos em nós esse ser implacável. Alguns andam atentos à sua chegada; outros tantos – arrisco dizer que a maioria de nós – se identificam com esse discurso e acreditam nas histórias nefastas que ele conta.

Por um tempo acreditei que deveríamos brigar com essa voz. Revidar, chamar de louca, dizer que não nos conhece e não faz ideia do que está falando. Até que entendi que essa voz traduz sentimentos e necessidades meus e que escutá-la sem me identificar com o que ela diz pode me ensinar muito. Na situação com a minha filha Helena, a voz exprimia, de maneira deslocada e grosseira, o meu sentimento de preocupação com o desenvolvimento emocional da pequena, o meu desejo de cuidar dela e de nutrir as características que ela possui e que eu admiro bastante, e também o meu desejo de alinhar o meu discurso com as minhas ações. Às vezes, a voz é apenas o nosso medo de mudanças e transformações gritando desesperadamente para que fiquemos parados no mesmo lugar, porque é melhor um problema conhecido do que um problema desconhecido. De toda forma, ela não existe para nos destruir. Só precisamos traduzir o que ela está tentando nos falar, sem nos perdermos em suas histórias.

Marshall Rosenberg dizia que, se colocarmos orelhas de girafas – elas são o símbolo da comunicação não violenta, porque são o animal com maior coração, além de o pescoço grande ajudar a ver com melhor perspectiva e ajuda na capacidade de observação –, nunca mais ouviremos uma crítica, uma ofensa. Porque essas orelhas cheias de empatia são capazes de enxergar por trás do que nos falam, identificando os sentimentos e necessidades do outro. Toda fala expressa algo, somos movidos por sentimentos e necessidades. E mesmo a mais violenta das nossas falas internas é também uma parte de nós que quer cuidar, só não sabe como.

Por vezes, como no exemplo que dei, não estou em condições de traduzir o que a voz julgadora tem a dizer. Por vezes, apenas dedico a mim uma palavra de encorajamento, como faria a alguém que amo muito. Aceitar os próprios sentimentos, acolhê-los sem dizer que estão certos ou errados, devidos ou indevidos, e ofertar um carinho – literalmente, tocar seu corpo com gentileza –, expressa um cuidado e respeito que podem transformar o nosso dia a dia. Ouvimos tantas vezes que erramos porque não prestamos atenção ou porque não tomamos cuidado que interiorizamos a convicção de que erros são sempre evitáveis e que, se não os evitamos é porque somos irresponsáveis. Acreditamos que é possível viver sem erros. Que uma vida impecável é apenas uma questão de esforço pessoal. Não poderíamos estar mais equivocados.

Nós erramos e erraremos até o dia que morrermos. Não gosto muito dos conceitos de erros e acertos, porque acredito que são absolutamente relativos, mas utilizo aqui para fins didáticos. Entenda erro como fazer algo diverso do que planejou, que frustra as expectativas. Ser menos que perfeito. Todos agiremos assim. Observe a natureza. Ela é cíclica e impermanente. Hoje chove, amanhã faz sol. As estações se revezam. A maré enche e se esvazia.

A lua muda de fases. Nós fazemos parte desta natureza cíclica. Nós também temos essas fases e, em algumas, será fácil e simples seguir o que se acredita, em outras tantas será árduo e desafiador. Acertar hoje não garante o acerto de amanhã. Mais uma vez afirmo que a linha reta é a morte. A vida oscila. Tenha carinho e compaixão por suas oscilações. Pelos dias complicados, pelas palavras ditas sem pensar. Tudo que você menos precisa em dias difíceis é do dedo gélido e violento do grande julgador apontando as suas imperfeições. Mesmo que ninguém tenha compreendido os seus sentimentos, seja o primeiro a fazê-lo. Desabafe consigo mesmo, abra o seu coração. Deixe que os sentimentos saiam sem pudores. Acolha a si mesmo.

Todos temos uma lista de pessoas por quem morreríamos. Tenho a minha lista de pessoas especiais pelas quais eu daria a minha vida, sem pestanejar. Certo dia, percebi que eu não estava na minha lista. Eu faria pouquíssimas coisas por mim. Eu não abria espaços na agenda, eu não ouvia as minhas necessidades, eu não enfrentaria o mundo defendendo a mim mesma. O choque da constatação me fez mudar a minha forma de me tratar. Eu jamais falaria com as minhas amigas como falava comigo mesma. Eu jamais falaria com qualquer pessoa que estava nesta lista como falava comigo mesma. Na verdade, eu jamais falaria com ninguém como eu falava comigo mesma. Fiz então o compromisso de me colocar no topo da lista. Ali, junto com as pessoas que mais amo na vida, os seres que fazem do meu mundo um lugar especial. Os seres que me mostram que vale a pena viver. O meu nome precisava estar ali. Não posso afirmar que a compaixão é algo simples e fácil de aplicar no meu dia a dia. Não é. No entanto, estou atenta. Busco traduzir todas as vozes que falam na minha cabeça. Acolher a todas elas. Somos uma só, afinal.

Encerro este livro convidando você a fazer o mesmo. A tratar-se como a alguém por quem você morreria. A dar importância aos seus sentimentos e necessidades. A não deixar que a voz julgadora cale todas as outras que vivem em sua cabeça. Convido você a deixar as lágrimas virem quando quiserem, enxugá-las com carinho e reconhecer e aceitar tudo que dói, sem julgamentos. A respeitar e amar o seu corpo hoje, mesmo que completamente diferente do que desejava que fosse. É amor que você merece e é esse amor e essa bondade por si que podem transbordar para a sua relação com as crianças. Convido você a reconhecer que, todos os dias, em todos os momentos, você tem feito o melhor que pode. Que poder fazer ainda melhor não diminui as suas conquistas até aqui. Você tem feito o seu melhor, e eu duvido que, ao acordar, você pense que quer ser o pior de você. Levantamos da cama com as melhores intenções, mesmo que não ditas. Respeite, ame e honre a sua história. Este livro fala de educação de filhos, e, independentemente da criação que tivemos na infância e do que foi o melhor dos nossos pais, hoje somos nós os responsáveis pela nossa educação. Que sejamos pais amorosos, gentis e assertivos de nós mesmos, assim será mais fluido e leve fazê-lo com os nossos filhos.

Não esqueça a sua humanidade.

Não esqueça que você é merecedor de amor, respeito e empatia.

Não esqueça que você é bom o suficiente. Você é boa o suficiente.

Eu confio em você e espero que você aprenda a confiar também.

Estamos juntos!

RESUMO DO CAPÍTULO

- Nenhuma mudança é instantânea. Respeite a sua história, o seu ritmo e o seu processo de aprendizado e implementação de tudo que leu até aqui;
- Coloque você mesmo em sua lista de prioridades. Cuidar de si é, também, cuidar de todos que estão sob os seus cuidados;
- Manter-se nutrido em suas necessidades aumenta a sua capacidade de compreensão e acolhimento;
- Cuide do seu corpo, do que ouve, lê e fala, das suas escolhas e da sua diversão;

- Questione sua mente. Não se deixe levar por todas as histórias que ela conta. E lembre-se de desativar o piloto automático sempre que possível;
- Aceitação não é sinônimo de comodismo. Acolha todas as suas características e sentimentos, e esta atitude o ajudará a desenvolver ferramentas para lidar com elas;
- Brigar com a realidade não resolverá nenhum dos nossos problemas. A energia que gastamos brigando com o que deveria ser e não é pode ser mais bem direcionada se a utilizarmos buscando estratégias para lidar com o que nos acontece;
- A natureza é cíclica e nós também o somos. Em algumas fases, agir de acordo com o que acreditamos é simples e fluido; em outras, é extremamente desafiador;
- Seja seu amigo. Trate a si mesmo como a alguém que ama muito. Autocompaixão e autoempatia podem deixar os dias mais leves;
- Você tem feito o seu melhor. Você é bom o suficiente. Confie em si mesmo.

AGRADECIMENTOS

Não escrevi este livro sozinha. Cada letra aqui presente existe porque sou cercada de pessoas incríveis e amorosas, e a elas tenho muito a agradecer.

À minha mãe, minha sogra e as minhas cunhadas, pelo apoio e cuidado sempre presente, pelos milhares de vezes em que liguei e que, ao ouvirem a minha voz acelerada: "Pode cuidar das crianças hoje?", me acolheram calmamente e receberam os meus pimpolhos para que eu pudesse escrever ou viajar. À minha mãe ainda acrescento o colo sempre presente, a passagem que pagou para que eu pudesse realizar a minha primeira palestra em outra cidade, depois de me ver chorando porque teria de cancelar. As histórias que hoje contei, as salas lotadas pelo país a fora e a sustentabilidade da minha carreira foram impulsionadas por aquele gesto.

Ao meu marido, que aguentou as minhas oscilações de humor e ansiedade, que me apoiou quando desisti da minha profissão de formação e me aventurei em uma nova carreira. Por cuidar das nossas crias enquanto a mamãe está a quilômetros de distância ajudando outros pais a cuidarem dos seus filhos.

Ao meu pai, por sempre acreditar em meu potencial, por alimentar a minha veia empreendedora quando eu não sabia que ela existia. Por me ajudar a realizar muitos sonhos.

À minha irmã, pelas horas no telefone, ora chorando, ora rindo. Por ser mais que uma irmã, mas uma amiga, uma parceira, cúmplice e confidente. Se antes de nascer me fosse dado o direito de escolher quem seria a minha irmã, seria com ela que eu dividiria o quarto e a vida novamente.

À minha amiga Eduarda Morais, por ter lido os dois primeiros capítulos escritos e, de maneira assertiva e amorosa, me dizer que eu tinha potencial para mais. Este livro não seria o que é sem suas opiniões, correções e seu carinho.

Às minhas amigas queridas, que me apoiam, que me fazem sentir especial, que nutrem a minha necessidade de pertencimento.

Aos meus filhos, por me fazerem mãe. Agradeço a complexidade de vocês, suas imperfeições, os desafios que me trouxeram e trarão. Agradeço os abraços e o colo que me ofertam diariamente.

Às minhas seguidoras e seguidores nas redes sociais.

Às minhas alunas e aos meus alunos. A todos que me permitem saber um pouco de sua história e acompanham o meu caminhar. Eu celebro a existência de cada um de vocês.

Agradeço, principalmente, a Deus, ao universo, à força potente que já operou tantos milagres em minha vida.

Agradeço, enfim, a você, leitor, que acreditou que este livro poderia ajudá-lo em sua jornada de pai ou mãe. Que tenha valido a pena.

Este livro foi composto na tipografia Frutiger LT Std, em corpo 10/15, e impresso em papel off-white na Geográfica.